Manfred Locke

Allgemeine dynamische Systeme

Grundlagen einer Theorie allgemeiner dynamischer Systeme

von

Manfred Locke

Mit 30 Abbildungen und 1 Tabelle

Akademie-Verlag · Berlin 1984

Autor: *Dr. sc. techn. Manfred Locke*
Hochschuldozent für Systemtheorie
Technische Hochschule Leipzig

Erschienen im Akademie-Verlag, DDR-1086 Berlin, Leipziger Straße 3—4

Lizenznummer: 202 · 100/500/84
Printed in the German Democratic Republic
Gesamtherstellung: VEB Druckhaus „Maxim Gorki", 7400 Altenburg
LSV 1095
Bestellnummer: 763 325 1 (6811)

03000

Vorwort

In dieser Monographie wird eine Theorie vorgestellt, in deren Mittelpunkt das allgemeine dynamische System steht. Modelle dafür wurden in den letzten Jahren von mehreren Autoren aufgestellt und untersucht. Eine einheitliche Auffassung über die zweckmäßigste Struktur hat sich bisher allerdings nicht ergeben. Aus diesem Grunde scheint es notwendig zu sein, zunächst die Tragfähigkeit und Nützlichkeit unterschiedlicher Modelle möglichst umfassend zu untersuchen, ehe sich eine bestimmte Struktur allgemein durchsetzen kann. Im vorliegenden Buch wird ein Beitrag dazu gegeben und als Modell des allgemeinen dynamischen Systems eine mathematische Struktur verwendet, die als Verallgemeinerung des zeitvariablen Automaten verstanden werden kann. In der Arbeit werden dann allerdings Einschränkungen auf zeitinvariante Verhältnisse vorgenommen, um den mathematischen Aufwand zu begrenzen.

Das Buch will auf eine Entwicklung aufmerksam machen, die sich international durchzusetzen beginnt, aber noch zu wenig bekannt ist. Gleichzeitig will es zur Mitarbeit auf diesem Gebiet und zu weiteren Untersuchungen anregen. Das Feld der Möglichkeiten dafür ist groß und interessant. Es bietet dem Theoretiker genügend Ansätze für vertiefende Arbeiten und dem praktisch orientierten Forscher und Anwender zahlreiche Anregungen für Anwendungsuntersuchungen, durch die neue Wege erschlossen werden. Die verwendete mathematische Sprache ist im Grunde genommen einfach und erfordert lediglich ein einführendes Studium von Grundlagen der Mengenlehre und der Algebra.

Es ist mir ein Bedürfnis, an dieser Stelle Herrn Prof. Dr. habil. G. Wunsch (Dresden) für das förderliche Interesse zu danken, das er meinen Bemühungen auf diesem Gebiet der Systemtheorie entgegengebracht hat. Frau Ch. Kuntze und Frau M. Böhme danke ich für ihre Hilfe beim Anfertigen des Manuskripts.

M. Locke

Inhaltsverzeichnis

0. Einleitung

0.1. Die Situation der mathematischen Systemtheorie

Als mathematische Systemtheorie bezeichnet man heute i. allg. die Zusammenfassung aller derjenigen Forschungsergebnisse und wissenschaftlichen Bemühungen, die auf die Erkenntnis der mathematischen Struktur abstrakter Systeme und ihrer Eigenschaften gerichtet sind. Im Unterschied zu den meisten Fachwissenschaften, die sich mit der Erforschung konkreter Systeme befassen, also mit unter einem bestimmten Aspekt betrachteten Objekten und Erscheinungen der Realität, steht im Mittelpunkt systemtheoretischen Interesses immer das abstrakte System, das als Invariante einer Klasse konkreter Systeme verstanden oder, was logisch völlig gleichwertig damit ist, mit dieser Klasse gleichgesetzt werden kann. Die Erforschung abstrakter Systeme mit mathematischen Methoden bringt demzufolge Erkenntnisse hervor, die für alle konkreten Systeme der betreffenden Klasse gelten, für die das abstrakte System steht. Darauf beruht die Leistungsfähigkeit der mathematischen Systemtheorie.

Die Untersuchung konkreter Systeme erfolgt in den Fachwissenschaften in vielen Fällen mit Hilfe mathematischer Modelle. Diese Modelle kann man als Objektmodelle bezeichnen, weil sie den Zweck haben, bestimmte Seiten und Zusammenhänge eines Objektes widerzuspiegeln. Ein abstraktes System der mathematischen Systemtheorie kann dann auch als Invariante einer Menge äquivalenter Objektmodelle aufgefaßt werden. Seine Erforschung liefert demnach Wissen über diese Modelle, das für die Analyse und Synthese fachspezifischer Objektmodelle, für ihre Anwendbarkeit, Zweckmäßigkeit und dergleichen und damit für ihre Konstruktion relevant ist. Insofern kann man die mathematische Systemtheorie auch als Theorie der mathematischen Modellierung verstehen, vor allem der Modellierung dynamischer Systeme.

Die Systemtheorie hat für bestimmte Klassen dynamischer Systeme kunstvoll ausgearbeitete und sehr effektive Theorien bereitgestellt. Als besonders schönes und vor allem sehr leistungsfähiges Beispiel kann die Theorie der zeitkontinuierlichen linearen, zeitinvarianten Systeme mit konzentrierten

Parametern angesehen werden, die heute weitgehend ausgereift und abgeschlossen vorliegt. Allerdings sind bisher nicht für alle praktisch bedeutsamen Systemklassen vergleichbare Resultate erzielt worden. Das gilt z. B. für viele nichtlineare Systeme und solche mit verteilten Parametern, deren gründliche Erforschung mit den analytischen Methoden der Systemtheorie und unter Verwendung modernster Ergebnisse der mathematischen Grundlagenforschung gegenwärtig in vollem Gange ist. Insgesamt besteht die mathematische Systemtheorie heute aus einer Vielzahl von Teildisziplinen, die sich mit dem Studium unterschiedlicher Systemklassen befassen. Dabei zeigt sich eine Fülle von speziellen Systemmodellen einerseits und von zur Anwendung kommenden Methoden andererseits, die für den Außenstehenden als Divergenz der Entwicklung in Erscheinung tritt und die Verständlichkeit der Theorie zunehmend erschwert.

In diese Fülle Ordnung zu bringen, ist schwierig. Logisch befriedigende Klasseneinteilungen nach einheitlichen Kriterien lassen sich kaum finden oder erweisen sich als starr und gekünstelt. Wir verzichten deshalb hier auf einen solchen Versuch und geben statt dessen eine Art «Lebensbaum» der Systemtheorie an, der die den Gegenstand der speziellen Systemtheorien ausmachenden Systemklassen in einer gewissen geordneten Weise zum Ausdruck bringt, die unserem Empfinden am besten entspricht (Abb. 0.1).

Die in den einzelnen Systemklassen vorliegenden abstrakten Systeme werden mit Hilfe geeigneter mathematischer Modelle untersucht, die als deren idealtypische Repräsentanten aufzufassen sind und die wir im Unterschied zu den Objektmodellen *Systemmodelle* nennen wollen. Allerdings ist es allgemein üblich, zwischen dem abstrakten System und seinem Systemmodell sprachlich nicht zu unterscheiden. Sofern wir es nicht für notwendig halten, den inhaltlichen Unterschied besonders hervorzuheben, werden wir uns dieser Gepflogenheit anschließen und ebenfalls vom *abstrakten System* sprechen, wo eigentlich ein idealtypisches Modell vorliegt. Es zeigt sich nun, daß im allg. mehrere Modelle ein und desselben Systems möglich sind, die vergleichsweise sowohl Vorteile wie Nachteile aufweisen, so daß Übergänge zwischen ihnen durchaus sinnvoll sind. Die zunehmende Modellvielfalt erschwert aber andererseits mitunter auch das Verständnis des abstrakten Systems, dessen Repräsentanten sie sind, insofern nämlich, als gar nicht mehr immer ohne weiteres überschaubar ist, ob sie dasselbe System widerspiegeln oder nicht und ob die mit ihrer Hilfe gefundenen Eigenschaften solche des Systems sind, die unabhängig von seiner Modellierung bestehen, oder solche des Modells, die mit dem Modellansatz verbunden sind und sich aus ihm erklären.

Tab. 0.1. zeigt eine Gegenüberstellung von Systemstrukturen wichtiger Systemklassen anhand einer Zustandsbeschreibung, wobei der Einfachheit

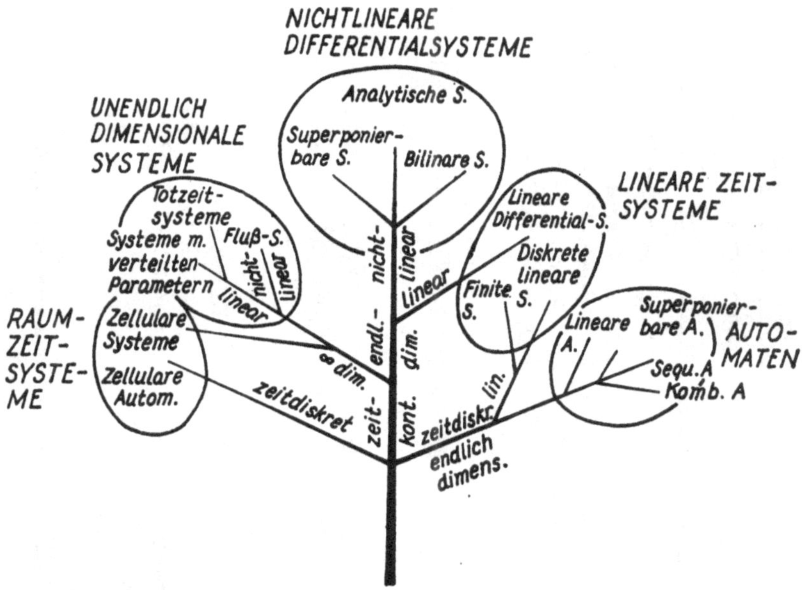

Abb. 0.1. «Lebensbaum» der Systemtheorie

halber nur die Zustandsgleichungen verwendet und die Ausgangsgleichungen beiseite gelassen wurden. Natürlich muß eine solche Übersicht vereinfachen.

Es werden deshalb nur die Grundstrukturen der Räume deutlich, denen die Variablen angehören, also Euklidischer Raum, Hilbert-Raum usw., ohne daß z. B. die speziellen Eigenschaften der verwendeten Hilbert-Räume erkennbar werden. Aber auch so ist die große Palette von Raumstrukturen und Abbildungen zu erkennen, die existiert. Je mehr man in die Einzelheiten eindringt, um so breiter und reicher wird sie und um so mehr entsteht anderseits auch der Eindruck einer zunehmenden Divergenz der Entwicklung, die es insbesondere dem Außenstehenden, aber doch potentiellen Nutzer erschwert, ihr zu folgen und Nutzen aus ihr zu ziehen.

0.2. Überblick über Anliegen und Probleme einer Theorie allgemeiner dynamischer Systeme

In dieser Situation zeichnet sich international die Tendenz ab, die divergierende Vielfalt der systemtheoretischen Einzelforschungen zu integrieren und ihre Einheit in der Vielfalt herzustellen, aufzuzeigen und zu bewahren. Das geschieht

Tab. 0.1. Übersicht über grundlegende Systemklassen

Systemklassen	Zustandsgleichungen	$x(t) \in$	$x \in$	$z(t) \in$	$t \in$	Erläuterungen
I. Automaten						Γ Menge der ganzen Zahlen
Sequentielle Automaten	$z(t+1) = f(z(t), x(t))$	A	A^*	Z	Γ	A, Z endl. Mengen, A^* Wortmenge
Lineare Automaten	$z(t+1) = Az(t) + Bx(t)$	K^m	$W^*(K^m)$	K^n	Γ	K Galoisfeld, $W^*(K^m)$ Wortmenge
Superponierbare Automaten	$z(t+1) = Az(t) \circ Bx(t)$[1])	U^m	$W^*(U^m)$	U^n	Γ	$U \leqq \mathbb{R}$, $W^*(U^m)$ Wortmenge, $\circ$ Operation der Superposition
II. Lineare Systeme						$\mathbb{R}$ Menge der reellen Zahlen
Differentialsysteme	$\dot{z}(t) = Az(t) + Bx(t)$	$\mathbb{R}^m$	H_1	$\mathbb{R}^n$	$\mathbb{R}$	$\mathbb{R}^m$, $\mathbb{R}^n$ Eukl. Räume, H_1 Hilbert-Raum, l_2 Raum der unendl. Folgen
Diskrete Systeme	$z(t+1) = Az(t) + Bx(t)$	$\mathbb{R}^m$	$l_{2,m}$	$\mathbb{R}^n$	Γ	$l_{2,m} = \{(\xi_1, \ldots, \xi_m) \mid \xi_i \in l_2\}$
Finite Systeme	$z = Gx^2)$	$\mathbb{R}$	$W^*(\mathbb{R})$	$\mathbb{R}$	Γ	$z = (z(0) \ldots z(N-1))^T$, $x = (x(0) \ldots x(N-1))^T$
III. Nichtlineare Differentialsysteme						
Bilineare Systeme	$\dot{z}(t) = Az(t) + x(t)\, Bz(t)$	$\mathbb{R}^m$	H_2	$\mathbb{R}^n$	$\mathbb{R}$	H_2 Hilbert-Raum
Superponierbare Systeme	$\dot{z}(t) = Az(t) \circ Bx(t)$	U^m	H_3	U^n	$\mathbb{R}$	$U \leqq \mathbb{R}$, H_3 Hilbert-Raum
Analytische Systeme	$\dot{z}(t) = f(z(t)) + x(t)h(z(t))$	$\mathbb{R}^m$	H_4	$\mathbb{R}^n$	$\mathbb{R}$	f, h analytisch, H_4 Hilbert-Raum
IV. Unendlich-dimensionale Systeme						
Lineare Syst. mit verteilten Parametern	$\dot{z}(t) = Az(t) + Bx(t)$	H_5	Φ	H_6	$\mathbb{R}$	$\Phi = \{\varphi \mid \varphi: \mathbb{R} \to H_5\}$, $H_{5,6}$ Hilbert-Räume
Totzeitsysteme	$\dot{z}(t) = Az(t) + \sum_i a_i z(t-t_i) + Bx(t)$	$\mathbb{R}^m$	H_6	H_7	$\mathbb{R}$	$H_{6,7}$ Hilbert-Räume
Flußsysteme	Spezielle partielle Diff.gl.					

V. Raum-Zeit-Systeme						
						$\varphi_t: \Gamma^n x\{t\} \to Z,\ \psi_t: \Gamma^n x\{t\} \to A$
Zellulare Automaten	$z(\mathfrak{x}t+1) = f(\varphi_t, \psi_t, t)$	A	A^*	Z	Γ	$\varphi_{t_0}: \mathbb{R}^n x\{t_0\} \to Z, \psi: \mathbb{R}^n \times T \to A$
Zellulare Systeme	$z(\mathfrak{x}, t) = f(\varphi_{t_0}, \psi, \mathfrak{x}t)$	A	$\{\psi\}$	Z	T	A^* Menge der Raumwörter

[1]) Die Elemente der Matrizen A, B sind spezielle Funktionen:

$$a_{ij}, b_{ij} \in H^0 = \{h/u, u' \in U: h(u \circ u') = h(u) \circ h(u')\}.$$

„$\circ$" kennzeichnet eine verallgemeinerte Superpositionsoperation. Die i-te Komponente von $z(t+1)$ wird damit

$$z_i(t+1) = a_{i1}\big(z_1(t)\big) \circ \cdots \circ a_{in}\big(z_n(t)\big) \circ b_{i1}\big(x_1(t)\big) \circ \cdots \circ b_{im}\big(x_m(t)\big).$$

Die Untersuchung derartiger Systeme wurde hauptsächlich von *Gössel* angeregt und betrieben (GÖSSEL [1]—[4]).

[2]) Es sind skalare Ein- und Zustandsgrößen angenommen. G ist eine zyklische Matrix, deren Elemente Impulsantworten oder Gewichtsfolgen sind:

$$G = \begin{pmatrix} g_0 & g_{N-1} \cdots g_1 \\ g_1 & g_0 \quad \cdots g_2 \\ \vdots & \vdots \qquad \vdots \\ g_{N-1} & g_{N-2} \cdots g_0 \end{pmatrix}, \quad x = (1\ 0\ 0 \ldots)^T \Rightarrow z = (g_0 g_1 \cdots g_{N-1})^T.$$

durch die Suche nach den mehreren oder allen Systemklassen gemeinsamen Grundlagen und Eigenschaften und deren Untersuchung. Dieser Vorgang ist etwa vergleichbar mit der Herausbildung abstrakter Grundlagendisziplinen der Mathematik. Er hat sich in den sechziger Jahren angebahnt, wurde in den siebziger Jahren forciert betrieben und wird auch gegenwärtig weitergeführt. Das Ziel ist die Ausarbeitung einer Theorie allgemeiner dynamischer Systeme, in deren Mittelpunkt das allgemeine dynamische System steht, das begrifflich so gefaßt wird, daß aus ihm die speziellen dynamischen Systeme der Teildisziplinen entwickelt werden können, und das demnach die Invariante dieser Systeme ist. Seine Untersuchung auf einer relativ hohen Abstraktionsebene fördert Erkenntnisse zutage, die in die Teildisziplinen zurücktransformiert werden bzw. dort als Orientierungshilfen dienen können.

Worin besteht der Wert einer solchen Theorie?

1. Sie stellt auf der Basis eines einheitlichen Begriffsystems zusammenfassende strukturelle Gesichtspunkte deutlich heraus und ermöglicht es so, einen allgemeinen Überblick zu gewinnen, Ordnung zu schaffen und Einheitliches sichtbar zu machen. Gleichzeitig lassen sich Lücken und Ansatzpunkte für die Untersuchung neuer Systemklassen systematischer erkennen (Ordnungsaspekt).
2. Sie ermöglicht die Analyse einzelner Teilgebiete der Systemtheorie bezüglich ihrer Grundstrukturen und die Anwendung von Ergebnissen und Methoden, die für solche Strukturen bereits erforscht wurden, zur weiteren Untersuchung dieser Teilgebiete. Sie wirkt damit auf die Beförderung des gegenseitigen Erfahrungsaustausches und auf die gegenseitige Befruchtung der Disziplinen (integrativer Aspekt).
3. Sie ermöglicht die Erkenntnis allgemeiner Gesetze in den speziellen und damit die verallgemeinerte Anwendung bereits vorhandener Ergebnisse einzelner Teildisziplinen (generalisierender Aspekt).
4. Im Rahmen ihres Begriffsystems ermöglicht sie die Aufdeckung neuer Gesetzmäßigkeiten und die Formulierung neuer Aussagen, die für alle Teilgebiete gültig sind, soweit sie vom allgemeinen Systemkonzept erfaßt werden. Dies kann dort zu neuen Erkenntnissen führen und dort neue Richtungen weisen und Untersuchungen anregen (kognitiver Aspekt).
5. Sie ermöglicht die Erschließung neuer Systemklassen, insbesondere auch die Formalisierung von Klassen, die von den traditionellen Teildisziplinen wegen der dort bestehenden reichen mathematischen Strukturierung nicht erfaßt werden können (extensiver Aspekt).
6. Sie ermöglicht die Darstellung allgemeiner Zusammenhänge und Gesetze ohne überflüssigen Ballast und unnötige Einschränkungen (Linearität, Zeitkontinuität usw.). Damit vereinfacht sie die Beschreibung der Zu-

sammenhänge, und das Wesentliche tritt deutlicher zutage (sprachökonomischer Aspekt).

7. Sie ermöglicht die rationelle Grundlegung der Systemtheorie in der Aus- und Weiterbildung, die Darstellung der Zusammenhänge und Gemeinsamkeiten der Teildisziplinen und das Verständnis des Ganzen sowie des Zusammenhanges der Teilgebiete und Teilprobleme (bildungspolitischer Aspekt).

Die Theorie allgemeiner dynamischer Systeme existiert heute noch nicht als eine stabile, in sich geschlossene und einheitliche Theorie. Vielmehr gibt es Beiträge vieler Systemtheoretiker zu ihrer Herausbildung, die auf der Grundlage meist unterschiedlicher Systembegriffe sozusagen das Feld der Möglichkeiten erforschen und Teilerkenntnisse zu den Hauptproblemen beitragen. Aber die Herausbildung eines stabilen Kerns der Theorie ist vor allem dadurch sehr erschwert, daß bisher keine allgemein akzeptierte mathematische Fassung des allgemeinen dynamischen Systems gefunden worden ist. Fast alle Beiträge unterscheiden sich schon in dieser Definition mehr oder weniger voneinander, was natürlich den Vergleich der Ergebnisse erschwert. Hier unterscheidet sich die Theorie allgemeiner dynamischer Systeme erheblich und leider zu ihrem Nachteil von der Automatentheorie, von der sie methodologisch weitgehend angeregt und befruchtet wird. Jedoch muß dies dem wesentlich allgemeineren Inhalt des Systembegriffs zugeschrieben werden, und es scheint notwendig zu sein, die Tragfähigkeit und Nützlichkeit der unterschiedlichen Begriffe zunächst möglichst umfassend und tiefgründig zu erforschen, ehe man die Herausbildung einheitlicher Begriffe erwarten kann. In diesem Sinne ist auch die vorliegende Arbeit zu verstehen.

Bedeutende Beiträge zur Theorie allgemeiner dynamischer Systeme wurden vor allem von folgenden Forschern geleistet: B. D. O. Anderson, M. A. Arbib, L. v. Bertalanffy, H. Blomberg, R. E. Kalman, G. Klir, P. E. Liepa, D. Macko, E. G. Manes, J. L. Massey, T. Matsuo, M. D. Mesarovic, F. Pichler, G. Straka, Y. Takahara, T. G. Windeknecht, G. Wunsch, A. W. Wymore (vgl. Literaturverzeichnis). Es sind dabei drei Arbeitsrichtungen zu erkennen.

1. *Die mengentheoretische Richtung.* Das System wird durch Angabe einer gewissen Anzahl von Mengen A, B, C, ... definiert, die gar nicht oder nur schwach strukturiert sind, und durch Angabe gewisser Abbildungen f, g, h, ... von diesen Mengen bzw. Kreuzprodukten aus ihnen in die Mengen:

$$S = (A, B, \ldots, f, g, \ldots).$$

Anstelle der Abbildungen werden mitunter auch Relationen verwendet, die durch besondere Maßnahmen zu Abbildungen präzisiert werden. Die Mengen A, B usw. sind Trägermengen der in den speziellen Theorien auftretenden Räume. Sie lassen sich inhaltlich als Mengen von Signalen, Signalwerten und Zuständen interpretieren. Diese Richtung ist am weitesten verbreitet und ausgebaut. Sie fußt vor allem auf den Arbeiten folgender Wissenschaftler: ARBIB, BLOMBERG, KALMAN, KLIR, MACKO, MESAROVIC, PICHLER, TAKAHARA, WINDEKNECHT, WUNSCH, WYMORE, MATSUO.

2. *Die algebraische Richtung.* Das System wird durch Angabe einer gewissen Anzahl von allgemeinen Algebren $(A, D_{A1}, D_{A2}, \ldots, D_{An})$, $(B, D_{B1}, D_{B2}, \ldots, D_{Bm})$ definiert und durch Angabe von Morphismen $\varphi, \psi, \ldots$, welche gewisse Algebren des Systems in andere Algebren so überführen, daß deren strukturelle Eigenschaften erhalten bleiben:

$$S = (\mathfrak{A}, \mathfrak{B}, \ldots, f, g, \ldots),$$

$$\mathfrak{A} = (A, D_{A1}, \ldots, D_{An}) \text{ mit } D_{Ai}: A^{k_i} \to A_0$$

Bedeutende Beiträge haben geliefert: ANDERSON, ARBIB, LIEPA, MANES. Diese Richtung trägt dem Sachverhalt Rechnung, daß die Trägermengen des Systems i. allg. eine bestimmte Struktur aufweisen, indem in ihnen Verknüpfungen der Elemente erklärt sind, Operationen mit reellen oder komplexen Zahlen aus einem Körper u. a. Während beim mengentheoretischen Ansatz nicht nur von der konkreten Natur dieser Verknüpfungen abstrahiert wird, sondern auch davon, daß es sie gibt, wird beim algebraischen Ansatz diese letzte Abstraktion nicht vollzogen. So finden die Verknüpfungen ihre abstrakte Berücksichtigung bei der Definition des Systems in der Verwendung von Algebren anstelle von Mengen. Allerdings ist der Unterschied nicht so prinzipiell, wie es zunächst scheinen mag, denn man kann relativ leicht von einem Ansatz zum anderen übergehen.

3. *Die kategorientheoretische Richtung.* Hierbei geht es nicht um den Beschreibungsansatz für das System, sondern darum, ob eine mit den Mitteln der anderen Arbeitsrichtungen gefundene Eigenschaft eine wirkliche Eigenschaft des Systems oder eine des mathematischen Modells ist. Zu diesem Zweck werden Klassen von Modellen gebildet, und es wird untersucht, ob eine Eigenschaft für die ganze Klasse gilt oder nicht. Es wird dabei das abstrakte System mit der Klasse seiner äquivalenten Systemmodelle logisch gleichgesetzt. Mathematisch wird das abstrakte System jetzt als eine Kategorie definiert.

$$\mathfrak{S} = \big(S_1, S_2, \ldots, \text{Mor}\,(S_1, S_2), \text{Mor}\,(S_1, S_3), \ldots\big),$$

$S_1, S_2, \ldots$ Systemmodelle mit gewissen gemeinsamen Eigenschaften;

$\text{Mor}\,(S_1, S_2), \ldots$ Mengen von Morphismen, z. B.

$\text{Mor}\,(S_1, S_2) = \{f, g, \ldots\}$ mit $f: S_1 \to S_2$, $g: S_1 \to S_2$ usw., wobei $f, g, \ldots$ strukturerhaltende Eigenschaften besitzen.

Sprachlich wird häufig weiterhin von den Elementen der Kategorie als von abstrakten Systemen gesprochen. Das erklärt sich, wie bereits erwähnt, daraus, daß es sich generell eingebürgert hat, zwischen dem abstrakten System und seinem mathematischen Modell praktisch keinen Unterschied zu machen.

Die kategorientheoretische Arbeitsrichtung ist relativ jung und wird hauptsächlich von Takahara verfolgt.

Im folgenden beziehen wir uns auf die erstgenannte Arbeitsrichtung, zu der auch die vorliegende Arbeit ihren Beitrag leisten will. Die auf ihrer Grundlage sich abzeichnende Theorie allgemeiner dynamischer Systeme untersucht vor allem folgende Hauptprobleme, die hier natürlich zunächst nur sehr kurz aufgezählt werden können:

a) Wesentliche Grundeigenschaften von Systemen (Kausalität, antizipatives Verhalten, Steuerbarkeit, Beobachtbarkeit u. a.);
b) den Vergleich von Systemen (Homomorphie, Isomorphie, Äquivalenz, Dualität u. a.);
c) die Vereinfachung von Systemen (Reduktion, Approximation, Simulation);
d) die Realisierung von Systemen;
e) die Kopplung von Systemen (Kopplungsstrukturen, abstrakte Kompositionen, Netzmodelle);
f) die Zerlegung von Systemen (Dekompositionen, Stratifikationen, spezielle Zerlegungen).

Sicherlich ist diese Aufzählung nicht vollständig. So ist beispielsweise die Systemklassifizierung bezüglich des Ordnungsaspekts und zur Verknüpfung der allgemeinen mit den speziellen Theorien ebenfalls von Interesse. Aber die oben genannten Probleme sind insbesondere unter dem sogenannten kognitiven Aspekt die hauptsächlichen Probleme bzw. Problemklassen.

In der vorliegenden Arbeit werden die genannten Probleme auf der Basis eines axiomatischen Systembegriffs untersucht, der aus einer Verallgemeinerung des zeitvariablen Automaten hervorgegangen ist. Natürlich können sie im Rahmen dieser Arbeit nicht umfassend und abschließend behandelt werden, aber es sollen doch wesentliche Grundlagen behandelt und für weitere Untersuchungen bereitgestellt werden. Die hier vorgestellten Aussagen stellen teilweise Ergebnisse dar, die nach Kenntnis des Autors im Rahmen anderer Kalküle noch nicht gefunden wurden, teilweise sind es aber auch Ergebnisse, die es an anderer Stelle so ähnlich gibt und die hier in der Sprache unserer Theorie formuliert werden. Prinzipiell ist zu vermuten, daß es Transformationsbeziehungen gibt, die diese Ergebnisse von einem Kalkül in den anderen zu übertragen erlauben. Allerdings sind diese Beziehungen bisher nicht untersucht worden und daher auch nicht wirklich bekannt. Wesentlich ist, daß wir hier eine geschlossene Darstellung der Grundzüge einer Theorie allgemeiner dynamischer Systeme anstreben und vorstellen, die ihre Hauptlinien hervortreten läßt. Dabei lassen wir uns von dem Gedanken leiten, daß neben die Untersuchung des abstrakten Systems, bei dem von seinem inneren Aufbau aus wechselwirkenden Teilen abstrahiert und sein ganzheitliches Verhalten betrachtet wird, gleichgewichtig die Betrachtung des strukturierten oder organisierten System treten muß, bei dem die aus seinem inneren Aufbau resultierenden Probleme im Mittelpunkt des Interesses stehen. Wir haben die Kapitelgliederung deshalb so vorgenommen, daß dies deutlich hervortritt.

Im Mittelpunkt des ersten Kapitels steht das System als ganzheitliches Objekt. Es werden grundlegende Definitionen gegeben und dann Untersuchungen durchgeführt zur Homomorphie und Äquivalenz von Systemen, zur Reduktion, insbesondere zur vollständigen und partiellen Zustandsreduktion, zu einigen grundlegenden Systemeigenschaften sowie zur Realisierung von Systemabbildungen durch allgemeine dynamische Systeme. Damit werden die wesentlichen das abstrakte System betreffenden Probleme behandelt.

Das zweite Kapitel dient der Vorbereitung auf das dritte. In ihm werden gewisse Grundstrukturen von gekoppelten Systemen und ihre Eigenheiten sowie die Zerlegung allgemeiner dynamischer Systeme in Subsysteme behandelt, die auf solche Weise gekoppelt sind. Die Untersuchung dieser einfachen Strukturen ist deshalb sinnvoll, weil sich aus ihnen nahezu beliebig komplexe Systeme aufbauen lassen, was im dritten Kapitel untersucht wird.

Das dritte Kapitel befaßt sich mit solchen strukturierten Systemen, die das definierte Globalverhalten eines allgemeinen dynamischen Systems haben. Sie werden Netze allgemeiner dynamischer Systeme genannt, und einige ihrer grundlegenden Eigenschaften werden untersucht.

Schließlich werden im vierten Kapitel einige Anwendungsaspekte behandelt, welche die Möglichkeiten darzulegen versuchen, die sich für die Anwendung der Theorie abzeichnen. Dieses Kapitel kann nicht viel mehr als Anregungen geben, da wegen des hohen Abstraktionsniveaus der Theorie ihre Anwendungsmöglichkeiten prinzipiell sehr breit und vielfältig sind und andererseits die Anwendung oft nicht auf direktem Wege möglich ist, sondern der Transformation in die spezielleren und mathematisch reicher strukturierten Kalküle der mehr traditionellen Systemtheorien bedarf. Dies aber ist ein Vorgang, der selbst wieder ausführliche wissenschaftliche Untersuchungen fordert und im Rahmen dieser Arbeit nicht erledigt werden kann.

Die gesamte verwendete Literatur ist im Literaturverzeichnis zusammengestellt. Dabei sind auch solche Quellen angegeben, die in der Arbeit nicht zitiert werden, aber in irgendeiner, meist indirekten Weise auf sie Einfluß gehabt haben.

1.. Das allgemeine dynamische System

1.1. Grundbegriffe

1.1.1. Einführung

Die Bemühungen um die Herausbildung eines abstrakten Systembegriffs, der die Grundlage für weitgehend alle Systeme der systemtheoretischen Teildisziplinen abgeben kann, soweit sie deterministisch arbeiten, haben noch nicht zu allgemein akzeptierten Definitionen geführt, aber sie haben doch zwei Grundmodelle übereinstimmend hervortreten lassen: das abstrakte Input-Output-System und das abstrakte Zustandssystem, das allgemeines dynamisches System genannt wird. Die Entwicklung zweier solcher Grundmodelle stimmt mit den vor allem in der Analogtechnik üblichen Grundformen der Systembeschreibung überein, mit der Eingangs-Ausgangs-Beschreibung einerseits und der Zustandsbeschreibung andererseits. In den Einzelheiten und Feinheiten unterscheiden sich die verschiedenen Definitionen namhafter Systemtheoretiker, aber — von wenigen Ausnahmen abgesehen — nicht in der Grundstruktur. Besondere Bedeutung auf diesem Gebiet haben die Arbeiten von Blomberg, Kalman, Mesarović/Takahara, Pichler, Matsuo, Windeknecht, Wunsch und Wymore erlangt (vgl. Arbib/Falb/Kalman [1], Blomberg [1], [2], Blomberg/Ylinen [1], Mesarović/Eckman [1], Mesarović/Takahara [1], Pichler [1], Windeknecht [1], [2], [3], Wunsch [1], [2], Peschel/Wunsch [1], Wymore [1], Ylinen/Ruuth/Sinervo [1], Matsuo [1]).

Beim abstrakten Input-Output-System werden die Zusammenhänge zwischen Eingangs- und Ausgangsgrößen betrachtet. Die wohl am weitesten gehende Abstraktion wurde von Mesarović/Takahara vorgenommen. Dort wird das System als eine Relation S zwischen zwei Mengen X, Y definiert:

$$S \subseteq X \times Y. \tag{1.1}$$

X wird als Menge der Eingangsgrößen, Y als Menge der Ausgangsgrößen des Systems interpretiert. Über diese Mengen und die Relation selbst werden zunächst keine weiteren Annahmen vorausgesetzt, sondern erst später zur

Unterscheidung spezieller Systeme eingeführt. Es ist klar, daß eine so festgelegte Systemdefinition außerordentlich allgemein ist und sowohl Systeme der Physik und Technik erfaßt als auch solche anderer Bereiche, wie sie etwa in Leitungssystemen der Industrie, im biologischen Bereich und anderswo auftreten. So kann man S beispielsweise so interpretieren, daß $(x, y) \in X \times Y$ nur dann zu S gehört, wenn y eine Lösung eines durch x spezifizierten Entscheidungsproblems ist. X ist dabei eine Menge von Entscheidungsproblemen und Y eine Menge von Lösungen dieser Probleme. Wenn die Relation S so festgelegt wird, daß sie jedem Problem $x \in X$ seine möglichen Lösungen $y \in Y$ zuordnet, kann sie als Repräsentant eines heuristischen Lösungsverfahrens angesehen werden. Ordnet sie jedem $x \in X$ genau eine Lösung $y \in Y$ zu, kann sie als Repräsentant eines algorithmischen Lösungsverfahrens interpretiert und als Entscheidungssystem bezeichnet werden.

Solche Interpretationen des relationalen Systembegriffs (1.1) sind möglich. Aber natürlich stellen z. B. Entscheidungssysteme im hier gebrauchten Sinne keine dynamischen Systeme dar und sind demzufolge auch nicht im Gegenstand der Theorie allgemeiner dynamischer Systeme enthalten oder berücksichtigt. Für dynamische Systeme ist die Relevanz von Zeitprozessen charakteristisch. Auch diese Systeme werden mit dem relationalen Systembegriff $S \subseteqq X \times Y$ bei geeigneter Interpretation erfaßt. Ein Beispiel soll dies veranschaulichen.

Für zeitkontinuierliche, lineare, zeitinvariante Systeme mit konzentrierten Parametern, einem Eingangssignal x und einem Ausgangssignal y kann der Zusammenhang zwischen x und y bekanntlich durch eine gewöhnliche lineare Differentialgleichung beschrieben werden:

$$a_n \frac{\mathrm{d}y(t)^{(n)}}{\mathrm{d}t^n} + \cdots + a_1 \frac{\mathrm{d}y(t)}{\mathrm{d}t} + a_0 y(t) = b_m \frac{\mathrm{d}x(t)^{(m)}}{\mathrm{d}t^m} + \cdots + b_1 \frac{\mathrm{d}x(t)}{\mathrm{d}t} + b_0 x(t). \tag{1.2}$$

Die Lösung dieser Differentialgleichung ordnet jedem $x \in X$ ein $y \in Y$ zu, das außer von x auch noch von den Anfangsbedingungen $y(0), y'(0), \ldots, y^{(n-1)}(0)$ zu Beginn des Vorganges abhängt. Jedem x werden also i. allg. mehrere $y \in Y$ zugeordnet, wenn mehrere Anfangsbedingungen möglich sind. Für S gilt jetzt

$$S = \{(x, y) \mid (x, y) \times X \in Y \wedge x, y \text{ erfüllen } (1.2)\}. \tag{1.3}$$

Das System S wird von Mesarović/Takahara funktional genannt, wenn es eine Abbildung ist

$$S\colon X \to Y \quad \text{mit} \quad (x, y_1) \in S \wedge (x, y_2) \in S \Rightarrow y_1 = y_2. \tag{1.4}$$

Das obige Beispiel eines dynamischen Systems ist zunächst kein funktionales System. Aber es kann als Vereinigung von funktionalen Systemen aufgefaßt werden. Bezeichnet $\alpha = \big(y(0), y'(0), \ldots, y^{(n-1)}(0)\big)$ ein Tupel von Anfangsbedingungen, dann wird die Lösung von (1.2) für jedes $x \in X$ eindeutig, und es gilt

$$S_\alpha = \big\{(x, y) \mid (x, y) \in X \times Y \wedge x, y \text{ erfüllen } (1.2) \\ \wedge (\forall\, y \in Y)\big((y(0), y'(0), \ldots, y^{(n-1)}(0)\big) = \alpha\big\}. \tag{1.5}$$

S_α ist jetzt eine Abbildung von der Menge X in die Menge Y, d. h. $S_\alpha : X \to Y$. Wenn A eine Menge möglicher Anfangsbedingungen bezeichnet, so kann das System (1.3) als Vereinigung aller S_α repräsentiert werden. Es gilt

$$S = \bigcup_{\alpha \in A} S_\alpha \subseteqq X \times Y. \tag{1.6}$$

In diesem Beispiel sind die Elemente von X und Y Zeitfunktionen. Da dies für dynamische Systeme überhaupt charakteristisch ist, tritt als geeignetere Grundlage für solche Systeme an die Stelle des Systems (1.1) das sog. Zeitsystem (Mesarović/Takahara [1], Windeknecht [1])

$$S \subseteqq (A^T \times B^T). \tag{1.7}$$

Hierin sind A, B, T nichtleere Mengen. Die Menge A heißt *Eingabemenge* oder auch *Eingabealphabet*. Sie enthält die zulässigen Werte der Eingangsgröße. Die Menge B heißt *Ausgabemenge* (*Ausgabealphabet*). Sie enthält die möglichen Werte der Ausgangsgröße. T ist die durch eine Ordnungsrelation R geordnete Menge aller Zeitpunkte t. Für sie gilt (Windeknecht [1])

$$T = \{t \mid t_0 \mathsf{R} t\} \cup \{t_0\}. \tag{1.8}$$

Die Ordnungsrelation R ist die $<$-Relation. Für sie gilt

a) $\sim (t\mathsf{R}t)$ für alle $t \in T$,

b) $t\mathsf{R}t' \wedge t'\mathsf{R}t'' \Rightarrow t\mathsf{R}t''$ für beliebige $t, t', t'' \in T$,

c) $t \neq t' \Rightarrow t\mathsf{R}t' \vee t'\mathsf{R}t$ für beliebige $t, t' \in T$.

Die Mengen A^T und B^T bezeichnen die Mengen aller Abbildungen von T in A bzw. B

$$A^T = \{x \mid x : T \to A\}, \qquad B^T = \{y \mid y : T \to B\}.$$

x, y heißen *Zeitfunktionen*. Der Definitionsbereich $D(S)$ von S ist die Menge der zulässigen Eingangsfunktionen des Systems

$$D(S) = \big\{x \mid \exists\, y(y \in B^T \wedge (x, y) \in S)\big\}. \tag{1.9}$$

Andererseits ist der Wertebereich $W(S)$ von S die Menge der möglichen Ausgangsfunktionen des Systems

$$W(S) = \{y \mid \exists\, x(x \in A^T \wedge (x, y) \in S)\}. \tag{1.10}$$

Natürlich ist $D(S) \subseteqq A^T$ und $W(S) \subseteqq B^T$, da i. allg. sowohl A^T als auch B^T Funktionen enthalten können, die zueinander nicht in der Relation S stehen.

In der Systemdefinition (1.7) wird in gewisser Weise implizit auf das Kausalitätsprinzip Bezug genommen, nämlich insofern, als durch die Festlegung der Mengen B^T nur Zeitfunktionen für $t \geqq t_0$ am Ausgang zugelassen sind. Dadurch werden diejenigen nichtkausalen Systeme ausgeschlossen, deren Ausgangssignal bereits für $t < t_0$ auftritt, wenn das Eingangssignal erst von $t = t_0$ an einwirkt, wie das beispielsweise beim idealen Tiefpaß der Fall ist, der in der linearen Systemtheorie eine gewisse Bedeutung besitzt. Eine Systemtheorie, die solche Systeme ausschließt, geht daher von vornherein von der Vorstellung des aus realen Systemen der Wirklichkeit abstrahierten abstrakten Systems aus.

Andererseits ist die hier implizierte Kausalität nicht deterministischer Art, weil S nach (1.7) i. allg. weder eine Abbildung ist noch Eigenschaften besitzt, die sinnvoll als Kausalitätseigenschaften interpretiert werden können. Wir werden hier aber die verschiedenen Maßnahmen nicht weiter behandeln, die Mesarović/Takahara, Windeknecht u. a. durchgeführt haben, um kausales Verhalten zu erhalten. Wir werden im nächsten Abschnitt einen Systembegriff definieren, der diese Eigenschaften besitzt. Hier soll nur abschließend dazu festgestellt werden, daß heute Übereinstimmung darüber besteht, das dynamische Input-Output-System S als eine Menge von sog. Systemabbildungen $S_i : X \to Y$ mit $X \subseteqq A^T$, $Y \subseteqq B^T$ und gewissen zusätzlichen Eigenschaften aufzufassen, die kausales Verhalten sichern.

Eine Erweiterung dieses Begriffs auf Systeme, deren dynamische Vorgänge nicht nur von der Zeit sondern auch vom Ort abhängen, ist in jüngster Zeit von Wunsch geleistet worden (vgl. Wunsch [2]). Da wir hier Systeme mit ortsabhängigen Vorgängen (Raum-Zeit-Systeme) nicht explizit betrachten werden, wollen wir auf diesen Systembegriff auch nicht weiter eingehen.

Die beim Input-Output-System sichtbar gewordenen Schwierigkeiten, eine Systembeschreibung mit eindeutigem Verhalten zu erhalten, haben zum allgemeinen dynamischen System geführt, bei dem neben den Eingangs- und Ausgangsfunktionen noch Zustände als dritte Kategorie von Bestimmungsgrößen eines dynamischen Systems auftreten. Es ist prinzipiell möglich, das allgemeine dynamische System aus dem Input-Ouput-System herzuleiten. Das wird i. allg. in der Literatur über allgemeine dynamische Systeme auch getan. Natürlich ist es notwendig, den Zusammenhang zwischen beiden Systemen aufzudecken, damit die Überführung beider Grundmodelle ineinander möglich wird. In diesem einleitenden Kapitel ist das allerdings noch nicht erforderlich, denn ebenso wie man das abstrakte Input-Output-System durch Abstraktion aus den Input-Output-Beschreibungen spezieller Systemklassen erhalten kann, ebenso kann man das allgemeine dynamische System durch Abstraktion aus den Zustandsbeschreibungen gewinnen, wie sie z. B. in Tab. 0.1. ansatzweise erkennbar sind. Abstrahiert man nämlich von den speziellen Strukturen der Räume, in denen die Variablen der Systeme auftreten und auch von speziellen Eigenschaften der Funktionen, welche diese Variablen miteinander verknüpfen, so zeigt sich sehr schnell, daß allen diesen Systemen folgendes gemeinsam ist.

Es existieren als Trägermengen der Raumstrukturen: die Menge der Eingabewerte, der Ausgabewerte, der Eingangsfunktionen, der Ausgangsfunktionen und der Zustände. Ferner existiert eine Menge, deren Elemente als Zeitpunkte interpretiert werden können. Und es existieren zwei Abbildungen, von denen die eine die Überführung eines Zustandes bei Einwirkung eines Eingangssignals in einen neuen Zustand festlegt und die andere die dabei auftretende Ausgabe definiert. Es wird deshalb heute das allgemeine dynamische System i. allg. als Oktupel von 6 Mengen und 2 Abbildungen formuliert. Allerdings gibt es auch davon abweichende Modelle (z. B. Klir [1, 2], Wymore [1]), auf die wir hier aber nicht eingehen wollen. Überhaupt wollen wir hier keine Vor- und Gegenüberstellung der verschiedenen vorgeschlagenen Modelle vornehmen. Das muß Gegenstand einer besonderen Studie sein, die im Rahmen dieser Arbeit nicht zu unseren Zielen gehört. Es soll aber vermerkt werden, daß die in den Systemvorschlägen auftretenden Unterschiede die nach dem oben erwähnten Abstraktionsprozeß verbleibenden Möglichkeiten betreffen, die Variablenmengen und Abbildungen festzulegen. Die verschiedenen Systemdefinitionen können insbesondere bezüglich der Signaldefinitionen danach unterschieden werden, ob diese auf endlichen Zeitintervallen oder auf dem Zeitintervall aller (positiven) reellen bzw. ganzzahligen Zeitpunkte definiert sind. Ihle [1] hat einen Vergleich der Systemansätze gerade bezüglich dieses Unterschieds durchgeführt und gezeigt, daß er in seiner mathematischen und praktischen Auswirkung nicht wesentlich ist.

Im weiteren wird ein Systembegriff definiert, der aus einer Verallgemeinerung des Begriffs des zeitvariablen Automaten hervorgegangen ist (Dauscha u. a. [1]), und zwar auf Vorschlag von Ihle (Locke/Ihle [1, 2, 4], Ihle [1]), der auch zu seiner Untersuchung Wichtiges beigetragen hat (Locke/Ihle [3], Ihle [1]). Die Definition wird axiomatisch vorgenommen und erfährt danach eine inhaltliche Interpretation. Auf diese Weise führen wir eine streng mathematische Grundlegung der Theorie allgemeiner dynamischer Systeme ein, die es erlaubt, die weitere Untersuchung des allgemeinen dynamischen Systems und damit zusammenhängender Probleme auch streng mathematisch durchzuführen, so daß wir gesicherte Ergebnisse erhalten. Wo es erforderlich ist, geben wir dazu jeweils die inhaltliche systemtheoretische Interpretation an.

1.1.2. Grundlegende Definitionen

Wir definieren die auf ein System einwirkenden Eingangsfunktionen und die von ihm erzeugten Ausgangsfunktionen auf Intervallen einer Menge T, die als Zeitmenge interpretiert wird. Dabei nehmen wir an, daß T entweder die Menge $\mathbb{R}$ der reellen oder die Menge Γ der ganzen Zahlen ist:

$$T \in \{\mathbb{R}, \Gamma\}. \tag{1.11}$$

In anderen Definitionen wird T mitunter als beliebige Teilmenge von $\mathbb{R}$ genommen (vgl. z. B. Arbib/Falb/Kalman [1], Peschel/Wunsch [1], Wymore [1]). Jedoch bringt unsere Beschränkung auf die beiden additiven Gruppen $\mathbb{R}$, Γ offenbar keine Einschränkung des praktischen Anwendungsbereiches der Theorie mit sich, dafür aber Vorteile in der mathematischen Behandlung. Wir verwenden weiter folgende Bezeichnungen

$$T^+ = \begin{cases} \mathbb{R}^+ & \text{falls} \quad T = \mathbb{R}, \\ \mathbb{N}z, & \text{falls} \quad T = \Gamma. \end{cases} \tag{1.12}$$

Hierin ist $\mathbb{R}^+ = [0, \infty)$ und $\mathbb{N}z = \{0, 1, 2, \ldots\}$. Damit können wir folgende Definition formulieren:

Definition 1.1. Sei $T \in \{\mathbb{R}, \Gamma\}$ und A eine beliebige nichtleere Menge. Dann heißt

$$p : D(p) \to A \quad \text{mit} \quad D(p) := (0, t_p] \cap T \quad \text{und} \quad t_p \in T^+ \tag{1.13}$$

Intervallfunktion.

Der Definitionsbereich der Intervallfunktionen ist also auf positive Abschnitte der Zeitachse mit dem nicht zu ihm gehörenden »Anfangszeitpunkt« Null und einem zunächst beliebigen, aber endlichen positiven »Endzeitpunkt« t_p beschränkt, der das Intervall abschließt. Für $T = \mathbb{R}$ ist $D(p)$ links offen. Für $T = \Gamma$ ist t_p die Anzahl der »Buchstaben« des »Wortes« p nach der üblichen Redeweise der Automatentheorie. Für $t_p = 0$ ist $D(p) = \emptyset$ und p ist die »leere Funktion«, die mit e bezeichnet werden soll.

Die Verwendung von Intervallfunktionen anstelle von Funktionen, die über der gesamten Zeitachse definiert sind, entspricht nicht der in der Analogtechnik üblichen Denkweise und ist zunächst mehr an der Automatentheorie orientiert. Wenn man jedoch bedenkt, daß auch bei zeitkontinuierlichen Systemen die auftretenden Zeitfunktionen nur während endlicher Zeitintervalle tatsächlich von Interesse sind, so ist die Intervallfunktion eigentlich auch für solche Systeme der natürlichere Ansatz. Die in der Definition getroffene Festlegung, den Definitionsbereich einseitig abzuschließen, ergibt sich aus dem Vorhaben, eine Verknüpfung zweier Intervallfunktionen vorzunehmen, die wiederum eine Intervallfunktion liefert. Daß dabei eine Rechtsabschließung gegenüber der ebenfalls möglichen Linksabschließung des Definitionsbereiches vorgenommen wird, erfolgt im Hinblick auf zeitvariable Systeme, bei denen es nützlich ist, den »letzten Wert« einer Intervallfunktion zu kennen. Die Verknüpfungsoperation definieren wir folgendermaßen.

Definition 1.2. Seien p, q zwei Intervallfunktionen. Dann heißt die Verknüpfung pq von p und q *Verkettung*, wenn folgendes gilt

$$pq : D(pq) \to A \quad \text{mit} \quad pq(t) = \begin{cases} p(t), & t \in D(p), \\ q(t - t_p), & t \in D(pq) \setminus D(p). \end{cases} \tag{1.14}$$

Hierin ist $D(pq) = (0, t_p + t_q] \cap T$. $D(pq) \setminus D(p)$ bezeichnet die Differenzmenge

$$D(pq) \setminus D(p) = \{t/t \in D(pq) \wedge t \notin D(p)\} = (t_p, t_p + t_q] \cap T. \tag{1.15}$$

Bei der Verkettung pq wird also die Funktion q einfach nach rechts verschoben und an p angehängt. Im Zeitpunkt $t = t_p$ besitzt pq den Wert $(pq)(t_p) = p(t_p)$ (vgl. Abb. 1.1.)

Es sei X eine bezüglich der Verkettungsoperation abgeschlossene Menge von Intervallfunktionen. Dann gilt folgender Satz.

Satz 1.1. X ist bezüglich der Verkettung Halbgruppe mit neutralem Element.

B e w e i s. X ist voraussetzungsgemäß abgeschlossen, so daß die Verkettung zweier Intervallfunktionen ebenfalls der Menge X angehört. Sie ist außerdem assoziativ. Gemäß Definition 1.2. ist nämlich

$$\big((pq)\, r\big)(t) = \begin{cases} (pq)(t), & t \in (0, t_p + t_q] \cap T, \\ r(t - t_p - t_q), & t \in (t_p + t_q, t_p + t_q + t_r] \cap T, \end{cases}$$

und folglich wiederum gemäß Definition 1.2. weiter

$$\big((pq)\, r\big)(t) = \begin{cases} p(t), & t \in (0, t_p] \cap T, \\ q(t - t_p), & t \in (t_p, t_p + t_q] \cap T, \\ r(t - t_p - t_q), & t \in (t_p + t_q, t_p + t_q + t_r] \cap T. \end{cases}$$

Andererseits erhält man analog

$$\big(p(qr)\big)(t) = \begin{cases} p(t), & t \in (0, t_p] \cap T, \\ (qr)(t - t_p), & t \in (t_p, t_p + t_q + t_r] \cap T. \end{cases}$$

Mit

$$(qr)(t - t_p) = \begin{cases} q(t - t_p), & t \in (t_p, t_p + t_q] \cap T, \\ r(t - t_p - t_q), & t \in (t_p + t_q, t_p + t_q + t_r] \cap T \end{cases}$$

folgt die Assoziativität $\big((pq)\,r\big)(t) = \big(p(qr)\big)(t)$ für alle t des Definitionsbereiches und damit die Assoziativität der Verkettung. Für beliebige $p, q, r \in X$ gilt also stets $(pq)\,r = p(qr)$. Das neutrale oder Einselement von X ist die *»leere Funktion«* e. Es gilt offenbar $ep = pe = p$.

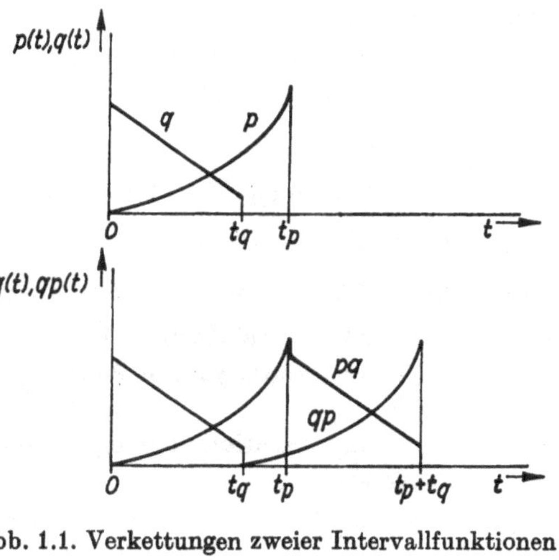

Abb. 1.1. Verkettungen zweier Intervallfunktionen

Die Menge aller Intervallfunktionen bezeichnen wir mit $\mathscr{W}(T, A)$

$$\mathscr{W}(T, A) = \big\{p|(\exists\, t_p \in T^+)\,\big(p : D(p) \to A\big)\big\}. \tag{1.16}$$

Dann ist $X \subseteqq \mathscr{W}(T, A)$. Mit $\mathscr{W}_{\bar{t}}(T, A)$ soll die Menge aller Intervallfunktionen mit gleicher »Länge« $\bar{t}$ bezeichnet werden:

$$\mathscr{W}_{\bar{t}}(T, A) = \{p|p \in \mathscr{W}(T, A) \wedge t_p = \bar{t}\}. \tag{1.17}$$

Analog bezeichnet $X_{\bar{t}}$ diejenige Teilmenge von X, die alle Intervallfunktionen der Länge $\bar{t}$ enthält

$$X_{\bar{t}} = \{p|p \in X \wedge t_p = \bar{t}\}. \tag{1.18}$$

Es ist $\mathscr{W}(T, A) = \bigcup_{\bar{t} \in T^+} \mathscr{W}_{\bar{t}}(T, A)$ und $X = \bigcup_{\bar{t} \in T^+} X_{\bar{t}}$. Natürlich ist $X_{\bar{t}}$ keine Halbgruppe mehr. Aber sie kann als erzeugende Menge einer Halbgruppe von Intervallfunktionen bzw. der Verkettungsoperation angesehen werden.

Satz 1.2. Sei $X_{\bar{t}}$ eine Menge von Intervallfunktionen gleicher Länge $\bar{t}$. Dann erzeugt sie bezüglich der Verkettungsoperation eine Halbgruppe X von Intervallfunktionen der Länge $k\bar{t}$ mit $k \in \mathbb{N}z \setminus \{0\}$.

Beweis. Der Satz ist unmittelbar einleuchtend. Jede Anwendung der Verkettungsoperation auf Elemente aus $X_{\bar{t}}$ führt zu Intervallfunktionen mit doppelter Länge. Durch paarweise Verkettung aller Funktionen aus $X_{\bar{t}}$ entsteht $X_{2\bar{t}}$. Durch paarweise Verkettung aus $X_{\bar{t}}$ und $X_{2\bar{t}}$ entsteht $X_{3\bar{t}}$. Wegen der Assoziativität der Verkettung ist $X_{3\bar{t}}$ eindeutig festgelegt, und ebenso sind es alle anderen $X_{k\bar{t}}$. Die erzeugte Menge ist $X = \bigcup_{k \in \mathbb{N}z \setminus \{0\}} X_{k\bar{t}}$. Diese Menge ist bezüglich der Verkettung abgeschlossen, denn für beliebige $p, q \in X$ ist $pq \in X$ auf Grund des Bildungsgesetzes der Menge X, und in ihr gilt das Assoziativgesetz. Sie ist also Halbgruppe mit Intervallfunktionen der Länge $k\bar{t}$ ($k \in \mathbb{N}z \setminus \{0\}$). Allerdings besitzt X noch kein neutrales Element, da die leere Funktion e in ihr nicht enthalten ist. Man kann aber durch Hinzufügen von e aus X zu einer Halbgruppe X_e mit dem neutralen Element e übergehen: $X_e = X \cup \{e\}$.

Es sei X' eine beliebige Halbgruppe von Intervallfunktionen bezüglich der Verkettung. $X_{\bar{t}}$ sei eine Teilmenge von X' mit Funktionen gleicher Länge $\bar{t}$. X bezeichne die von $X_{\bar{t}}$ vermittels der Verkettung erzeugte Halbgruppe. Dann ist offensichtlich $X \subseteqq X'$, d. h., X ist eine Unterhalbgruppe von X'. Das führt zu folgender Schlußfolgerung:

Folgerung 1.1. In jeder bez. der Verkettungsoperation bestehenden Halbgruppe X von Intervallfunktionen ist die von einer beliebigen Menge $X_{\bar{t}}$ von Intervallfunktionen der Länge $\bar{t}$ modulo der Verkettung erzeugte Halbgruppe als Unterhalbgruppe enthalten, wenn $X_{\bar{t}} \subseteqq X$ ist.

Die Bedeutung dieser Feststellungen besteht darin, daß sie Grundlagen für Verkettungen von Systemen abgeben, die in unterschiedlichen Zeitskalen arbeiten, bei denen also einerseits $T = \mathbb{R}$, andererseits $T = \Gamma$ ist oder umgekehrt.

Wir kommen nun zur Definition des allgemeinen dynamischen Systems.

Definition 1.3. Eine algebraische Struktur $S = (A, X, B, Y, Z, T, F, G)$ heißt *allgemeines dynamisches System*, wenn gilt:

1. A, B, Z sind beliebige nichtleere Mengen.
2. $T \in \{\mathbb{R}, \Gamma\}$.

3. $X \subseteq \mathscr{W}(T, A)$. X ist bezüglich der Verkettungsoperation eine Halbgruppe von Intervallfunktionen mit neutralem Element. $Y \subseteq \mathscr{W}(T, B)$.
4. $F = (f_{t_0})_{t_0 \in T}$ ist eine Familie von Abbildungen

$$f_{t_0} : Z \times X \to Z \tag{1.19.a}$$

mit folgenden Eigenschaften von f_{t_0}:

a) $f_{t_0}(z, e) = z,$ (1.19.b)

b) $f_{t_0}(z, pq) = f_{t_0+t_p}(f_{t_0}(z, p), q)$ (1.19.c)

für alle $t_0 \in T$, $z \in Z$, $p, q \in X$.
5. $G = (g_{t_0})_{t_0 \in T}$ ist eine Familie von Abbildungen

$$g_{t_0} : Z \times X \to Y \tag{1.19.d}$$

mit folgenden Eigenschaften von g_{t_0}:

a) $D(g_{t_0}(z, p)) = D(p),$ (1.19.e)

b) $g_{t_0}(z, e) = e,$ (1.19.f)

c) $g_{t_0}(z, pq) = g_{t_0}(z, p)\, g_{t_0+t_p}(f_{t_0}(z, p), q)$ (1.19.g)

für alle $t_0 \in T$, $z \in Z$, $p, q \in X$.

Ein so definiertes »allgemeines dynamisches System« ist zunächst eigentlich nichts weiter als eine spezielle mathematische Struktur. In der Definition ist keinerlei inhaltliche Interpretation enthalten, wie das in anderen Systemdefinitionen meist der Fall ist (vgl. z. B. ARBIB/FALB/KALMAN [1], KALMAN [2], MESAROVIĆ/TAKAHARA [1]). Damit entsprechen wir den Erfordernissen mathematischer Strenge, welche die Verwendung nicht definierter Begriffe beim Aufbau mathematischer Theorien verbietet. Aber andererseits erhält die mathematische Definition ihre systemtheoretische Relevanz erst durch die inhaltliche Interpretation der in ihr auftretenden Größen und Zusammenhänge. Ehe wir das tun, wollen wir noch festhalten, daß zwei allgemeine dynamische Systeme $S = (A, X, B, Z, T, F, G)$ und $S' = (A', X', B', Z', T', F', G')$ gleich sind, wenn gilt:

$$S = S' \Leftrightarrow A = A', X = X', B = B', Z = Z', T = T', F = F', G = G'.$$

Interpretation. X ist eine Menge von Intervallfunktionen, die über die Eingänge auf das System einwirken können. Jedes $p \in X$ ist eine mögliche Eingangsfunktion des Systems. Sie ist entweder kontinuierlich ($T = \mathbb{R}$) oder diskret

($T = \Gamma$) festgelegt. Über ihre Struktur wird zunächst keine Aussage gemacht. Sie kann also z. B. sowohl eine skalare wie eine Vektorfunktion oder ein Mehrfachtupel von Funktionen usw. sein. X ist demnach eine Menge von zulässigen Eingangsfunktionen des Systems. Sie muß so festgelegt werden, daß in ihr keine Funktionen enthalten sind, die vom System nicht verarbeitet werden können. Andererseits wird sie in den speziellen Theorien praktisch oft auch im Hinblick auf gewisse mathematische Zweckmäßigkeiten oder Bequemlichkeiten bestimmt, indem z. B. Differenzierbarkeitseigenschaften, Stetigkeitseigenschaften usw. angenommen werden.

Y ist eine Menge von möglichen Ausgangsfunktionen. In ihr müssen mindestens alle Funktionen enthalten sein, die als Ergebnis der Einwirkung von Eingangsfunktionen am Ausgang des Systems auftreten können. Dabei muß beachtet werden, daß »Ausgang« hier einfach der abstrakte Ausdruck für die tatsächlichen Ausgangskanäle des Systems ist. Da wir bei den Ausgangsfunktionen ebenso wie bei den Eingangsfunktionen von deren innerer Struktur absehen, ist eine solche abstrakte Fassung des Ausgangsgeschehens notwendig und zweckmäßig.

A bzw. B sind Mengen, durch welche die möglichen Werte der Eingangs- bzw. Ausgangsfunktionen aus den Mengen X bzw. Y festgelegt werden. Mit der Interpretation der Menge T als Zeitmenge ist A bzw. B die Menge der Werte der Eingangs- bzw. Ausgangsfunktionen, die zu einem bestimmten Zeitpunkt $t \in T$ am Eingang bzw. Ausgang des Systems bestehen. Bei dieser Interpretation stellen dann die auf den kontinuierlichen oder diskreten Zeitintervallen $(0, t_p] \cap T$ definierten Funktionen $p \in X$ bzw. $y \in Y$ mit Werten aus A bzw. B die zeitlichen Änderungen am Eingang bzw. Ausgang des Systems dar und können genauer auch als Eingangszeit- bzw. Ausgangszeitfunktionen bezeichnet werden. Wenn das System darüber hinaus als informationsverarbeitendes System angesehen wird, werden die Eingangsfunktionen als Eingangssignale, die Ausgangsfunktionen als Ausgangssignale interpretiert und bezeichnet. Dies ist aber schon wieder eine zusätzliche Interpretation des Systems.

Z ist die Menge der sog. Zustände des Systems. Ihre Bedeutung wird aus der Interpretation der Abbildungen f_{t_0} und g_{t_0} erkennbar.

f_{t_0} wird als Überführungsfunktion bezeichnet. Sie beschreibt die Überführung des Systems aus einem Anfangszustand in einen Endzustand, der sich einstellt, wenn eine Eingangsfunktion, die zu einem Anfangszeitpunkt t_0 begonnen hat, auf das System einzuwirken, beendet ist. Das ist zur Zeit $t_0 + t_p$ der Fall. Also gilt

$$z(t_0 + t_p) = f_{t_0}(z(t_0), p). \tag{1.20}$$

Hierin ist $p \in X$ die auf dem Intervall $(0, t_p] \cap T$ definierte Funktion, von der angenommen wird, daß sie vom Zeitpunkt t_0 an, also im Intervall $(t_0, t_0 + t_p] \cap T$, auf das System einwirkt. Bei dieser Interpretation wird also ein Punkt $s \in D(p)$ des Definitionsintervalls von p nicht als ein »absoluter« Zeitwert interpretiert, sondern als ein »relativer« Zeitwert einer auf t_0 bezogenen Zeitskala. Es vereinfacht sich dadurch die mathematische Beschreibung gegenüber dem Fall, wo p auf $(t_0, t_0 + t_p] \cap T$ definiert ist, was natürlich ebenfalls möglich und in gewisser Weise vielleicht auch anschaulicher ist. Aber man kann sich einfach mit der Vorstellung behelfen, daß die tatsächlich auf das System im Intervall $(t_0, t_0 + t_p] \cap T$ einwirkende Funktion x identisch mit der um t_0 nach rechts verschobenen Funktion p ist und daß die beschriebene »Nullnormierung« des Definitionsbereiches von p die Beschreibung vereinfacht. Jedenfalls ist, wenn t_0 ein beliebiger Zeitpunkt ist, zu dem das Eingangssignal x auf das System einzuwirken beginnt, der am Eingang zu einem beliebigen Zeitpunkt t $(t_0 < t \leqq t_0 + t_p)$ anliegende Funktionswert

$$x(t) = p(t - t_0). \tag{1.21}$$

Dabei ist $x(t) \in A$. Setzen wir $t = t_0 + s$, so gilt $p(s) = x(t_0 + s)$. Hieraus wird nochmals deutlich, daß die Zeitwerte $s \in D(p)$ als Punkte einer auf t_0 bezogenen Zeitskala aufgefaßt werden müssen.

Die Bedingung (1.19.b) ist eine Konsistenzbedingung, durch die festgelegt wird, daß der Zustand des Systems erhalten bleibt, wenn die leere Eingangsfunktion auf das System einwirkt. Damit ist $z(t_0)$ als Anfangszustand eindeutig determiniert. Wenn nämlich f_{t_0} zu einem beliebigen $p \in X$ festlegt, in welchen Folgezustand $z(t_0)$ überführt wird, so tut sie dies auch für $e \in X$, d. h. für die Funktion mit der Länge Null. Wegen $t_e = 0$ ist $t_0 + t_e = t_0$, und damit muß $f_{t_0}(z(t_0), e) = z(t_0)$ gefordert werden, weil sonst kein definierter Anfangszustand existiert. Genau dies leistet die Bedingung (1.19.b). Gleichzeitig ist damit auch festgelegt, daß dieser Anfangszustand durch die Eingangsfunktion nicht verändert werden kann, d. h. nicht in einen anderen »Anfangszustand« übergehen kann.

Die Bedingung (1.19.c) bringt eine fundamentale Eigenschaft des Zustands zum Ausdruck, nämlich die, die Vergangenheit eines Eingangsgeschehens so zu speichern, daß von dem Zeitpunkt an, zu dem der Zustand bekannt ist, nur noch die Kenntnis der Einwirkung von diesem bis zu einem beliebigen späteren Zeitpunkt erforderlich ist, um den neuen Zustand zu diesem Zeitpunkt zu bestimmen. Diese Eigenschaft macht den Zustandsbegriff praktisch so bedeutsam. Der Zustand fixiert sozusagen die gesamte Vorgeschichte des Systems, soweit das für die Voraussage des zukünftigen Geschehens erforderlich ist. Es ist zweckmäßig, sich zunächst klar zu machen, daß eine solche Eigen-

schaft keineswegs schon mit der Eindeutigkeit der Abbildung f_{t_0} gegeben ist. Abb. 1.2. veranschaulicht dies. Im Beispiel (a) ist eine Abbildung gegeben, die wohl eindeutig ist, aber (1.19.c) nicht erfüllt.
Um den Zustand z_1 zu erreichen, genügt die Kenntnis von (z_2, q) nicht, wie das im Beispiel (b) der Fall ist. Vielmehr muß hier (z_1, pq) bekannt sein, also eine »längere« Vergangenheit. Die Vorgeschichte ist im Zustand nicht gespeichert, jedenfalls nicht ausreichend. Dagegen kann dies im Beispiel (b) behauptet werden, denn was vor dem Zeitpunkt $t_0 + t_p$, zu dem p endet, geschehen ist, bleibt jetzt gleichgültig. Es ist in z_2 insofern gespeichert, als bei Einwirkung von q der Zustand z_1 genauso erreicht wird, wie aus dem früheren Zustand z_1 bei Einwirkung der vorherigen Eingangsfunktion p und anschließender Eingangsfunktion q.

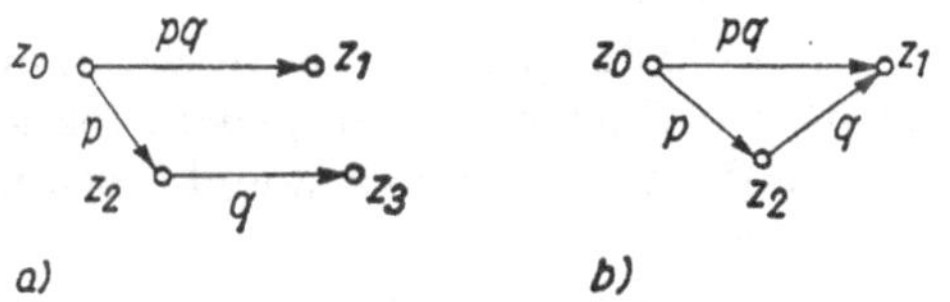

Abb. 1.2. Grafische Darstellung von Teilmengen zweier Abbildungen $f_{t_0}: Z \times X \to Z$

Wir nennen die Eigenschaft (1.19.c) Zustandseigenschaft. In der Literatur sind dafür auch andere Bezeichnungen üblich, z. B. Kompositionseigenschaft, Halbgruppeneigenschaft u. a. Wir möchten abschließend hierzu noch vermerken, daß $f_{t_0}(z, p)$ natürlich auch nicht von zukünftigen Eingangserregungen, die sich etwa an p anschließen, abhängig ist. Dann würde nämlich $f_{t_0}(z, (pq)_{(0,t_p]}) \neq f_{t_0}(z, (pq')_{(0,t_p]})$ bei $q \neq q'$ sein, wobei $(pq)_{(0,t_p]}$ und $(pq')_{(0,t_p]}$ die auf das Intervall $(0, t_p) \cap T$ eingeschränkten Funktionen pq bzw. pq' darstellen, in dem sie aber gerade identisch sind. Das wäre aber ein Widerspruch zur Definition der Abbildung f_{t_0} und ist demzufolge unmöglich, was eben bedeutet, daß zukünftige Eingangssignale auf jetzige Zustände keinen Einfluß haben. Dies ist eine Art Kausalitätseigenschaft, die auch in die Definition von g_{t_0} eingegangen ist.

g_{t_0} wird als *Ergebnisfunktion* bezeichnet. Sie ordnet einer Eingangsfunktion $p \in X$ die vom System erzeugte Ausgangsfunktion zu, die sich ergibt, wenn p zur Zeit t_0 auf das im Zustand $z(t_0)$ befindliche System einzuwirken beginnt. Das zu einem Zeitpunkt t $(t_0 < t \leqq t_0 + t_p)$ am Ausgang auftretende Signal ist $y(t) = g_{t_0}(z(t_0), p)\ (t - t_0)$. In der normierten Darstellung mit $t = t_0 + s$

erhält man folglich

$$y(t_0 + s) = g_{t_0}\big(z(t_0), p\big)(s) \quad \text{für } 0 < s \leqq t_p. \tag{1.22}$$

Die Definitionsintervalle von p und $g_{t_0}(z, p)$ sind gleich. Das wird durch (1.1.9.e) festgelegt. Im Falle abstrakter Automaten ist eine solche Festlegung nicht erforderlich. Es läßt sich zeigen, daß dort Eingabe- und zugehöriges Ausgabewort die gleiche Länge haben. Das geschieht auf rekursivem Wege. Da im Falle allgemeiner dynamischer Systeme eine rekursive Definition von Zeitfunktionen nicht möglich ist, muß die Eigenschaft gleicher Länge in die Definition aufgenommen werden.

Bedingung (1.19.f) legt fest, daß bei Eingabe der leeren Funktion e am Ausgang ebenfalls die Funktion e auftritt. Dies ist sinnvoll, da zur Übertragung der leeren Funktion weder Zeit benötigt noch dabei ein Prozeß ausgelöst wird, der etwa zu einer anderen Ausgangsfunktion führen könnte.

Bedingung (1.19.g) sagt aus, daß die Eingabe von q ab Zeitpunkt $t_0 + t_p$ keinen Einfluß auf das bis zu diesem Zeitpunkt ausgegebene Signal $g_{t_0}(z, p)$ hat. Dies ist ein Ausdruck der Kausalität des Systems, und die Bedingung soll deshalb Kausalitätsbedingung heißen.

f_{t_0} bzw. g_{t_0} sind Elemente von Abbildungsfamilien F bzw. G. In ihnen sind alle zu den verschiedenen Zeitpunkten $t_0 \in T$ wirksamen Abbildungen zusammengefaßt. Im Falle zeitinvarianter Systeme sind alle diese Abbildungen einer Familie natürlich gleich, und dann kann F bzw. G einfach durch f bzw. g ersetzt werden. In der Literatur werden f und g für den allgemeinen Fall zeitvariabler Systeme meist auf den Mengen $T \times Z \times X$ definiert. Man benötigt dann keine Abbildungsfamilien, sondern nur die Abbildungen f und g zur Verhaltensbeschreibung. Wir verwenden hier aber die in Definition 1.3. angegebene Schreibweise, weil sie Vorteile beim Übergang zu den praktisch wichtigen zeitinvarianten Systemen aufweist.

Es ist naheliegend, den Begriff des Teilsystems folgendermaßen zu definieren.

Definition 1.4. Sei $S = (A, X, B, Y, Z, T, F, G)$ ein allgemeines dynamisches System. Dann heißt eine Struktur $S' = (A', X', B', Y', Z', T, F', G')$ *Teilsystem* von S, wenn gilt:

1. $A' \subseteqq A$, $B' \subseteqq B$, $Z' \subseteqq Z$, $X' \subseteqq X$, $Y' \subseteqq Y$ und X', Y' sind bezüglich der Verkettung abgeschlossen.
2. Für alle $f_t' \in F'$ ist $f_t' : Z' \times X' \to Z'$ die Einschränkung von $f_t \in F$ auf $Z' \times X'$ derart, daß für alle $t \in T$ und $(z, p) \in Z' \times X'$

$$f_t'(z, p) = f_t(z, p) \in Z' \tag{1.23.a}$$

ist.

3. Für alle $g_t' \in G'$ ist $g_t' : Z' \times X' \to Y'$ die Einschränkung von $g_t \in G$ auf $Z' \times X'$ derart, daß für alle $t \in T$ und $(z, p) \in Z' \times X'$

$$g_t'(z, p) = g_t(z, p) \in Y' \qquad (1.23.\text{b})$$

ist.

Es ist klar, daß ein so bestimmtes S' tatsächlich ein System ist, weil die Wertebereiche von f_t' bzw. g_t' für alle $t \in T$ in Z' bzw. Y' liegen. Dann gelten die Zustandsbedingung (1.19.c) und die Kausalitätsbedingung (1.19.g). Sei $z \in Z'$, $p, q, pq \in X'$. Dann ist $f_t'(z, pq) = f'_{t+t_p}(f_t'(z, p), q)$. Wegen $f_t'(z, p) \in Z'$ ist $f'_{t+t_p}(f'(z, p), q)$ dann ebenfalls ein Zustand aus Z'. Andererseits ist $g_t'(z, pq) = g_t'(z, p)\, g'_{t+t_p}(f_t'(z, p), q)$. Gemäß (1.23.b) gehören $g_t'(z, p)$ und $g'_{t+t_p}(f_t'(z,p), q)$ zur Menge Y'. Diese Menge ist aber voraussetzungsgemäß bezüglich der Verkettung abgeschlossen, so daß auch $g_t'(z, pq) \in Y'$ ist. Also ist S' tatsächlich ein System. Aus den Überlegungen folgt aber auch, daß Teilstrukturen $S' = (A', X', B', Y', Z', T, F', G')$ existieren, die nur einzelne Bedingungen der Definition 1.4. erfüllen und deshalb keine Systeme sind, z. B. wenn $f_t'(z,p) \in Z \setminus Z'$ oder wenn $pq \notin X'$ bei $p', q' \in X$ u. a.

Natürlich können Teilsysteme auch dadurch entstehen, daß nur eine oder einige der Mengen Teilmengen des Systems sind. Ist z. B. $A' = A$, $X' = X$, $B' = B$, $Y' = Y$ und $Z' \subset Z$, dann kann man genauer von Z-Teilsystemen sprechen. Analog können X-, AX-Teilsysteme usw. auftreten.

In der Definition 1.3. des allgemeinen dynamischen Systems sind f und g auf $Z \times X$ definiert. Wir wollen jedes Element $(z, x) \in Z \times X$ eine *Situation* nennen und die Menge $Z \times X$ demzufolge die *Situationenmenge* des Systems. In der Definition wird verlangt, daß f und g jeder Situation einen Zustand und eine Ausgangsfunktion zuordnen. Tatsächlich werden aber diese Abbildungen mitunter nicht für alle Elemente der Situationenmenge definiert sein. Das ist z. B. aus der Automatentheorie gut bekannt, kann aber auch für andere Systemklassen als möglich angenommen werden. Es ist zweckmäßig, solche Systeme als partielle Systeme zu bezeichnen im Unterschied zu den vollständig bestimmten Systemen, die definitionsgemäß allgemeine dynamische Systeme oder, wenn keine Mißverständnisse möglich sind, einfach auch Systeme genannt werden. Wir werden uns im folgenden ausschließlich mit den vollständig bestimmten Systemen beschäftigen. Dies ist vertretbar, da das Studium dieser Systeme auf jeden Fall zunächst einmal erforderlich ist, um Grundeinsichten zu gewinnen. Außerdem wird dadurch manches Problem einfacher handhabbar. Übrigens ist auch in der eingangs genannten systemtheoretischen Literatur die Behandlung partieller Systeme nur ansatzweise zu finden.

Aus der Systemdefinition folgt, daß allgemeine dynamische Systeme in einer einheitlichen Zeitskala arbeiten. Eingangs- und Ausgangsfunktionen sind also entweder alle zeitkontinuierliche Funktionen ($T = \mathbb{R}$) oder alle zeitdiskrete Folgen ($T = \Gamma$). Mit diesem Systembegriff werden demnach solche Systeme nicht erfaßt, die Umsetzungen der Zeitskala besorgen, also z. B. AD-Umsetzer. Wir werden hierauf bei der Behandlung der Kopplung von Systemen noch einmal zurückkommen.

Wir definieren nun noch einige mit der Zustandsmenge eines Systems zusammenhängende Begriffe.

Definition 1.5. Es sei $S = (A, X, B, Y, Z, T, F, G)$ ein allgemeines dynamisches System.

1.5.1. Ein Zustand $z \in Z$ heißt vom Zustand $z' \in Z$ *erzeugt*, wenn es zu jedem Zeitpunkt $t_0 \in T$ ein $p \in X$ gibt, so daß $z = f_{t_0}(z', p)$ gilt. Eine nichtleere Teilmenge Z' von Z heißt *erzeugende Zustandsmenge* (oder *Menge erzeugender Zustände*) des Systems, wenn gilt

$$Z' = \{z' \mid z' \in Z \wedge (\forall\, z \in Z)\,(\exists\, z' \in Z')\,(z \text{ ist von } z' \text{ erzeugt})\}\,. \tag{1.24}$$

z' heißt *minimale erzeugende Zustandsmenge*, wenn es keine erzeugende Zustandsmenge Z^+ mit $Z^+ \subset Z'$ gibt.

1.5.2. S heißt *zusammenhängend* vom Zustand $z' \in Z$, wenn jedes $z \in Z$ von z' erzeugt wird. S heißt *zusammenhängend*, wenn ein $z' \in Z$ so existiert, daß S von z' zusammenhängend ist. Das System S heißt stark zusammenhängend, wenn es von jedem seiner Zustände zusammenhängend ist.

1.5.3. Ein Z-Teilsystem von S mit der Zustandsmenge Z^* heißt *Kern* des Systems und wird mit $K(S)$ bezeichnet, wenn gilt

$$Z^* = \left\{z^* \mid z^* \in Z \wedge (\forall\, t_0 \in T)\left(\exists\, (z, p) \in Z \times X\right)\left(z^* = f_{t_0}(z, p)\right)\right\}. \tag{1.25}$$

Diese Definitionen sind vorzugsweise, aber nicht ausschließlich, für zeitinvariante Systeme formuliert worden. Für zeitvariable Systeme, bei denen der Zeitindex t_0 eigentlich erst seinen Sinn erhält, müßten weitere Unterscheidungen eingeführt werden, z. B. müßte dann ein von z' t_0-erzeugter Zustand von dem im Sinne von Definition 1.5.1. von z' erzeugten Zustand unterschieden werden usw. Wir verzichten hier auf solche Details, da wir die Theorie nicht speziell für zeitvariable Systeme entwickeln wollen.

Aus der Definition 1.5.2. folgt, daß die minimale erzeugende Zustandsmenge eines zusammenhängenden Systems einelementig ist. Außerdem kann für stark zusammenhängende Systeme geschlußfolgert werden, daß in einer beliebigen Teilmenge Z' der Zustandsmenge des Systems die Zustände dieser Teilmenge durch f_{t_0} nicht für alle $p \in X$ wieder in Z' überführt werden. Wäre das so, dann würden die nicht zu Z' gehörenden Zustände aus Z nicht von $z' \in Z'$ erzeugt werden, und S wäre von diesen Zuständen nicht zusammenhängend. Das aber ist ein Widerspruch zur Voraussetzung. Hieraus folgt:

Folgerung 1.2. Ein allgemeines dynamisches System S ist stark zusammenhängend genau dann, wenn S das einzige Teilsystem von S mit den Mengen A, X, B, Y ist.

Aus der Definition 1.5.3. kann leicht gefolgert werden, daß jeder Folgezustand der Zustandsmenge des Kerns eines allgemeinen dynamischen Systems selbst wieder zu dieser Zustandsmenge gehören muß. Der Kern ist also tatsächlich wieder ein allgemeines dynamisches System. Außerdem folgt aus der Definition sofort, daß $K(S) = S$, wenn die Zustandsmenge des Kerns die volle Zustandsmenge des Systems ist, d. h., wenn $Z^* = Z$ ist.

Bei der Kopplung von Systemen kann der Fall auftreten, daß die Eingangsmenge eines Systems auf eine Teilmenge eingeschränkt wird. Daraus ergeben sich möglicherweise Konsequenzen für den Kern des Systems, die wir im folgendem Satz formulieren.

Satz 1.3. Es sei $\tilde{S}$ ein X-Teilsystem von $S = (A, X, B, Y, Z, T, F, G)$ mit $\tilde{X} \subset X$. Dann ist $\tilde{Z}^* \subset Z^*$ (Z^* bzw. $\tilde{Z}^*$ Zustandsmengen von $K(S)$ bzw. $K(\tilde{S})$), wenn und nur wenn es ein $z^* \in Z^*$ gibt, so daß zu jedem Zeitpunkt $t_0 \in T$ für alle $(z, p) \in Z \times X$ mit $z^* = f_{t_0}(z, p)$ gilt

$$(z, p) \in Z \times (X \setminus \tilde{X}). \tag{1.26}$$

Beweis. 1. Wenn $\tilde{Z}^* \subset Z^*$, dann existiert mindestens ein $z^* \in Z^*$ derart, daß $\tilde{Z}^* = Z^* \setminus \{z^*\}$. Zu diesem Zustand gibt es gemäß Kerndefinition zu keinem Zeitpunkt eine Situation $(z', p') \in Z \times \tilde{X}$ mit $z^* = f_{t_0}(z', p')$, aber zu jedem Zeitpunkt eine (nicht notwendig gleiche) Situation $(z, p) \in Z \times X$ mit $z^* = f_{t_0}(z, p)$. Es muß folglich sein

$$(z, p) \in (Z \times X) \setminus (Z \times \tilde{X}).$$

Wegen $(Z \times X) \setminus (Z \times \tilde{X}) = Z \times (X \setminus \tilde{X})$ gilt demnach die Aussage des Satzes.

2. Wenn ein $z^* \in Z^*$ mit der Eigenschaft (1.26) für alle (z, p) mit $z^* = f_{t_0}(z, p)$ existiert, dann kann die Zustandsmenge $\tilde{Z}^*$ von $K(\tilde{S})$ diesen Zustand nicht enthalten. Denn wenn $(z, p) \in Z^* \times (X \setminus \tilde{X})$ ist, kann $z^* = f_{t_0}(z, p)$ im Teilsystem $\tilde{S}$ nicht eintreten, weil p auf dieses System voraussetzungsgemäß nicht einwirkt. Es muß also $\tilde{Z}^* = Z^* \setminus \{z^*\} \subset Z^*$ sein. Der Satz 1.3. ist somit bewiesen.

Die Bedeutung dieses Satzes besteht darin, daß er eine Bedingung für auftretende Einschränkungen der Zustandsmenge eines Systems angibt, wenn die Menge der zulässigen Eingangssignale eingeschränkt wird. Das kann insbesondere bei der Kopplung von Systemen geschehen, wenn die Eingangssignale eines Systems S_2 die Ausgangssignale eines anderen Systems S_1 sind und $Y_1 \subset X_2$ ist. Dann gelangen nur Eingangssignale $y \in Y_1$ auf den Eingang des Systems S_2 und anstelle von X_2 ist Y_1 die eigentliche Eingangssignalmenge. Das bedeutet aber, daß nicht S_2 wirksam ist, sondern ein X-Teilsystem mit eingeschränkter Menge der Eingangsfunktionen. Es hängt dann nur noch von den inneren Eigenschaften von S_2 ab, ob sein Kern dabei ebenfalls eingeschränkt wird, d. h., ob seine Zustandsmenge eingeschränkt wird oder nicht. Wenn die Bedingungen des Satzes 1.3. erfüllt sind, wird dies geschehen, und anstelle von S_2 ist dann sogar nur noch ein XY-Teilsystem wirksam. Das ist bei der Untersuchung der Kopplung von Systemen zu beachten. Wir werden später darauf zurückkommen und im übrigen i. allg. immer annehmen, daß $K(S) = S$ ist.

1.1.3. Einige spezielle Systemklassen

Die Einführung spezieller Systemeigenschaften in die Definition des allgemeinen dynamischen Systems führt zu speziellen Klassen dynamischer Systeme mit mathematisch reicheren Strukturen. Sie ermöglicht den Übergang von der Theorie allgemeiner dynamischer Systeme zu den traditionellen Systemtheorien für bestimmte Systemklassen. Sie erlaubt aber auch die Erschließung neuer, bisher nicht erforschter Systemklassen, denn es gibt viele Möglichkeiten für die Einführung spezieller Systemeigenschaften. Wir behandeln den Gegenstand der Systemklassifikation hier nur am Rande. Eine ausführliche Darstellung ist bei Locke [4], Peschel/Wunsch [1] und Wunsch [1, 2] zu finden. Die folgende Definition legt zunächst Systemklassen mit wenigen zusätzlichen Eigenschaften fest, die aber zu wichtigen Vereinfachungen führen bzw. den Weg dorthin eröffnen.

Definition 1.6. Es sei $S = (A, X, B, Y, Z, T, F, G)$ ein allgemeines dynamisches System.

1.6.1. S heißt *zeitinvariant*, wenn für alle $t_0, t_1 \in T$ gilt

$$f_{t_0} = f_{t_1}, \quad g_{t_0} = g_{t_1}. \tag{1.27}$$

1.6.2. S heißt *zeitkontinuierlich*, wenn $T = R$ ist. Es heißt *zeitdiskret*, wenn $T = \Gamma$ ist.

1.6.3. S heißt *initiales System*, wenn es ein $z_0 \in Z$ derart gibt, daß es zu Beginn seiner Arbeit immer in diesem Zustand ist. z_0 heißt der Anfangszustand des Systems. S wird ***schwach initial*** genannt, wenn eine Menge Z_0 von Anfangszuständen existiert und $Z_0 \subset Z$ ist. Es wird $S = (A, X, B, Y, Z, T, F, G, Z_0)$ notiert.

1.6.4. S heißt *autonomes System*, wenn $A = \{a_0\}$ eine Einermenge ist. Es heißt *Quasisystem*, wenn es keine Ausgangsfunktionen besitzt: $B = Y = \emptyset$.

1.6.5. S heißt *Moore-System*, wenn eine Abbildungsfamilie $M = (m_{t_0})_{t_0 \in T}$ mit $m_{t_0}: Z \to B$ existiert, so daß

$$g_{t_0}(z, p)(s) = m_{t_0+s}(f_{t_0}(z, p_{(0,s]})) \tag{1.28}$$

für alle $t_0 \in T$, $s \in D(p)$, $z \in Z$, $p \in X$ gilt.

1.6.6. S heißt *Medwedew-System*, wenn

$$g_{t_0}(z, p)(s) = f_{t_0}(z, p_{(0,s]}) \tag{1.29}$$

für alle $t_0 \in T$, $s \in D(p)$, $z \in Z$, $p \in X$ gilt.

Die zeitinvarianten Systeme sind in der Technik von besonders großer praktischer Bedeutung. Wir werden später deshalb oft diese zusätzliche Eigenschaft als gegeben ansehen, weil sich dabei auch der mathematische Aufwand sofort reduziert. Denn aus der Definition 1.6.1. bzw. aus (1.27) folgt sofort, daß sowohl F als auch G jeweils nur eine Funktion enthält, so daß wir F durch $f: Z \times X \to Z$ und G durch $g: Z \times X \to Y$ ersetzen können. Das zeitinvariante System wird also folgendermaßen notiert: $S = (A, X, B, Y, Z, T, f, g)$. Gleichzeitig entfällt hier die Unterscheidung der s- und der t-Zeitskala, da wegen der Zeitinvarianz t_0 immer Null gesetzt werden kann, so daß wir stets in der s-Zeitskala arbeiten können, wobei wir dann natürlich für s wieder t schreiben, weil das gebräuchlicher ist.

Je nachdem, ob die Menge $\mathbb{R}$ der reellen Zahlen oder die Menge der ganzen Zahlen die Zeitmenge eines allgemeinen dynamischen Systems ausmacht, arbeitet es in einer kontinuierlichen oder diskreten Zeitskala, und seine Ein- und Ausgangsfunktionen sind auf einem Kontinuum definiert (kontinuierliche Funktionen), oder sie sind Folgen (Wörter). Da diese Alternative den wesentlichen Unterschied in der Beschreibung von Systemen der Analogtechnik und der diskreten Technik ausmacht, können zeitkontinuierliche Systeme praktisch als analoge, zeitdiskrete praktisch als diskrete Systeme angesehen werden.

Die bei zeitdiskreten Systemen auftretenden Funktionen sind Folgen $p: (0, t_p] \cap \Gamma \to A$ bzw. $y: (0, t_y] \cap \Gamma \to B$, die in Anlehnung an den Sprachgebrauch der Automatentheorie auch *Wörter* genannt werden. Die Mengen $W(T, A)$ bzw. $W(T, B)$ entsprechen den freien *Worthalbgruppen* der Automatentheorie. X bzw. Y sind dann Teilmengen davon. Die Automaten stellen tatsächlich einen bedeutenden Anteil der zeitdiskreten Systeme dar. Im engeren Sinne sind Automaten allerdings solche zeitdiskreten Systeme, deren Mengen A, B, Z endlich und die zeitinvariant sind. Im weiteren Sinne ist der Automatenbegriff aber nicht auf endliche Mengen eingeschränkt, und er schließt neuerdings auch zeitvariable Automaten ein (vgl. DAUSCHA u. a. [1]).

Für zeitdiskrete Systeme kann das Übergangs- und Ergebnisverhalten einfacher als im allgemeinen Fall charakterisiert werden.

Satz 1.4. Es sei $S = (A, X, B, Y, Z, \Gamma, F, G)$ ein zeitdiskretes System. X sei der von A erzeugten freien Halbgruppe $W(A)$, Y der von B erzeugten freien Halbgruppe $W(B)$ isomorph. Dann kann S durch $(A, B, Z, \hat{F}, \hat{G})$ beschrieben werden, wenn für $\hat{F}, \hat{G}$ gilt:

1. $$\hat{F} = (\hat{f}_{t_0})_{t_0 \in \Gamma} \text{ mit } \hat{f}_{t_0}\colon Z \times A \to Z, \tag{1.30.a}$$

2. $$\hat{G} = (\hat{g}_{t_0})_{t_0 \in \Gamma} \text{ mit } \hat{g}_{t_0}\colon Z \times A \to B \tag{1.30.b}$$

für alle $t_0 \in \Gamma$.

Beweis. Es sei $(A, B, Z, \hat{F}, \hat{G})$ mit den Eigenschaften (1.30.) gegeben. Dann können $\hat{f}_{t_0}$ und $\hat{g}_{t_0}$ von $Z \times A$ auf $Z \times W(A)$ wie folgt erweitert werden. Es sei z ein beliebiger Zustand aus Z und $a_1 a_2 \dots a_n$ ein beliebiges Element aus $W(A)$. Dann erweitern wir den Definitionsbereich von f_{t_0}, g_{t_0} durch Definition folgendermaßen

$$\hat{f}_{t_0}(z, a_1 a_2 \dots a_n) = \hat{f}_{t_0+n-1}\big(\hat{f}_{t_0}(z, a_1 \dots a_{n-1}), a_n\big), \tag{1.31.a}$$

$$\hat{g}_{t_0}(z, a_1 a_2 \dots a_n) = \hat{g}_{t_0}(z, a_1 \dots a_{n-1})\, \hat{g}_{t_0+n-1}\big(\hat{f}_{t_0}(z, a_1, \dots, a_{n-1}), a_n\big), \tag{1.31.b}$$

$$\hat{f}_{t_0}(z, e) = z, \tag{1.31.c}$$

$$\hat{g}_{t_0}(z, e) = e. \tag{1.31.d}$$

Auf diese Weise erhält man Abbildungen der Menge $Z \times W(A)$ in die Menge Z bzw. in die Menge $W(B)$, die erweiterte Überführungsfunktion bzw. erweiterte Ergebnisfunktion genannt und wieder mit $\hat{f}_{t_0}$ bzw. $\hat{g}_{t_0}$ bezeichnet werden. Durch Induktion über w kann leicht bewiesen werden, daß für alle $a \in A$, v, $w \in W(A)$, $z \in Z$ und $t_0 \in \Gamma$ gilt:

$$\hat{f}_{t_0}(z, aw) = \hat{f}_{t_0+1}\big(\hat{f}_{t_0}(z, a), w\big), \tag{1.32.a}$$

$$\hat{f}_{t_0}(z, vw) = \hat{f}_{t_0+l(v)}\big(\hat{f}_{t_0}(z, v), w\big), \tag{1.32.b}$$

$$\hat{g}_{t_0}(z, aw) = \hat{g}_{t_0}(z, a)\, \hat{g}_{t_0+1}\big(\hat{f}_{t_0}(z, a), w\big), \tag{1.32.c}$$

$$\hat{g}_{t_0}(z, vw) = \hat{g}_{t_0}(z, v)\, \hat{g}_{t_0+l(v)}\big(\hat{f}_{t_0}(z, v), w\big). \tag{1.32.d}$$

Der Anfangsschritt $w = e$ des induktiven Beweises ist für alle vier Fälle trivial. Im Induktionsschritt wird von w auf wa' für ein beliebiges $a' \in A$ geschlossen.

Die Anwendung der Definition (1.31.a) von links nach rechts liefert

$$\hat{f}_{t_0}(z, awa') = \hat{f}_{t_0+l(aw)}\big(\hat{f}_{t_0}(z, aw), a'\big). \qquad (1.33.\text{a})$$

Aus der Induktionsvoraussetzung (1.32.a) folgt hieraus

$$\hat{f}_{t_0}(z, awa') = \hat{f}_{t_0+l(aw)}\Big(\hat{f}_{t_0+1}\big(f_{t_0}(z, a), w\big), a'\Big). \qquad (1.33.\text{b})$$

Bei Anwendung der Definition von rechts nach links erhält man für die rechte Seite von (1.33.a) schließlich

$$\hat{f}_{t_0+1}\big(\hat{f}_{t_0}(z, a), wa'\big). \qquad (1.33.\text{c})$$

Damit ist (1.32.a) bewiesen. Analog werden die übrigen drei Gleichungen (1.32) bewiesen. Da sich die Grundgedanken dabei immer wiederholen, verzichten wir auf die explizite Durchführung dieser restlichen Beweise.

Es muß noch vermerkt werden, daß $l(v)$ die Länge von v bezeichnet, d. h. in diesem Falle die Anzahl der Buchstaben von v. Analog ist $l(aw)$ die Anzahl der Buchstaben von aw.

Wegen der angenommenen Existenz isomorpher Abbildungen h von X auf $W(A)$ und l von Y auf $W(B)$ lassen sich $\hat{f}_t$ und $\hat{g}_{t_0}$ so konstruieren, daß für die erweiterten Funktionen $\hat{f}_{t_0}$ und $\hat{g}_{t_0}$ gilt

$$f_{t_0}(z, p) = \hat{f}_{t_0}\big(z, h(p)\big), \qquad (1.34.\text{a})$$

$$l\big(g_{t_0}(z, p)\big) = \hat{g}_{t_0}\big(z, h(p)\big). \qquad (1.34.\text{b})$$

Es genügt also, das zeitdiskrete System durch die im Satz 1.4. angegebene sogenannte kanonische Beschreibung zu repräsentieren. Die angenommene Existenz von Isomorphismen von X auf $W(A)$ und von Y auf $W(B)$ ist keine wesentliche Einschränkung, weil im Falle zeitdiskreter Systeme i. allg. die uneingeschränkte Aneinanderreihung von Buchstaben erlaubt sein wird.

Es ist in der Automatentheorie üblich, die Arbeitsweise eines Automaten (A, B, Z, f, g) mit $f\colon Z \times A \to Z$ und $g\colon Z \times A \to B$ folgendermaßen zu interpretieren

$$z(t + 1) = f\big(z(t), a(t)\big), \qquad (1.35.\text{a})$$

$$b(t) \quad = g\big(z(t), a(t)\big). \qquad (1.35.\text{b})$$

Die Interpretation für zeitdiskrete Systeme in der kanonischen Beschreibung $(A, B, Z, \hat{F}, \hat{G})$ mit (1.30) soll sein

$$z(t_0 + 1) = \hat{f}_{t_0}\big(z(t_0), a(t_0)\big), \qquad (1.36.\text{a})$$

$$b(t_0 + 1) = \hat{g}_{t_0}\big(z(t_0), a(t_0)\big). \qquad (1.36.\text{b})$$

Die Beschreibung von $S = (A, X, B, Y, Z, \Gamma, F, G)$ ergibt dagegen mit $p: \{1\} \to A$:

$$z(t_0 + 1) = f_{t_0}\bigl(z(t_0), (1, p(1))\bigr), \tag{1.37.a}$$

$$y(t_0 + 1) = g_{t_0}\bigl(z(t_0), (1, p(1))\bigr). \tag{1.37.b}$$

Das führt mit $s = t - t_0$ für $s = 1$ zunächst auf

$$z(t_0 + 1) = f'_{t_0}\bigl(z(t_0), a(t_0 + 1)\bigr), \tag{1.38.a}$$

$$y(t_0 + 1) = g'_{t_0}\bigl(z(t_0), a(t_0 + 1)\bigr). \tag{1.38.b}$$

Mit Hilfe eineindeutiger Abbildungen $v_{t_0}: A \to A$ für alle $t_0 \in T$ mit $v_{t_0}(a') = a$ genau dann, wenn $f'_{t_0}\bigl(z(t_0), v_{t_0}(a'(t_0 + 1))\bigr) = \hat{f}_{t_0}\bigl(z(t_0), a(t_0)\bigr)$, ist die Überleitung von (1.38) in (1.36) ohne weiteres möglich. Beide Schreibweisen drücken nur unterschiedliche Interpretation der Arbeitsweisen des Systems aus.

Für zeitkontinuierliche Systeme ist die Überführung in eine kanonische Darstellung nicht so einfach möglich. Es müssen Raumstrukturen mit besonderen Eigenschaften eingeführt und von den Systemabbildungen bestimmte analytische Eigenschaften gefordert werden. Eine ausführliche Darstellung des Problems gibt Wunsch [1].

In der Definition des Moore-Systems bezeichnet $p_{(0,s]}$ die auf $(0, s] \cap T$ eingeschränkte Eingangsfunktion p, von der zugleich angenommen wird, daß mit ihr auch alle $p_{(0,s]}$ für $s \in D(p)$ zu X gehören. Nach (1.28) ist ein Moore-System ein System, dessen Ausgangssignalwert zu jedem Zeitpunkt nur von dem in diesem Zeitpunkt bestehenden Zustand z abhängt. Mit $s = t - t_0$ ist nämlich $y(t) = g_{t_0}\bigl(z(t_0), p\bigr)(t - t_0) = m_t\bigl(f_{t_0}(z(t_0), p_{(0,s]})\bigr) = b(t)$. Die Abbildung m_t von der Menge Z in die Menge B der Ausgangssignalwerte wird *Markierungsfunktion* genannt. Sie ordnet jedem $z \in Z$ einen Signalwert zu. Hierzu muß allerdings bemerkt werden, daß zum Zeitpunkt t nicht alle Zustände des Systems erreichbar zu sein brauchen. Wenn nämlich der Kern des Systems von S verschieden ist, dann ist die Markierungsfunktion m_t zunächst durch (1.28) gar nicht für alle Zustände festgelegt, sondern nur für diejenigen, die tatsächlich auftreten können. Den übrigen Zuständen kann man aber in beliebiger Weise Ausgangssignale als Markierung zuordnen und so erreichen, daß m_t tatsächlich eine Abbildung von Z in B wird. Es soll also vereinbart werden, daß keine nichtmarkierten Zustände vorhanden sind. Dann kann das Moore-System auch durch Angabe der Familie $M = (m_t)_{t \in T}$ anstelle der Familie $G = (g_t)_{t \in T}$ charakterisiert werden: $S_M = (A, X, B, Y, Z, T, F, M)$ ist Notation des Moore-Systems.

Satz 1.5. Sei $S = (A, X, B, Y, Z, T, F, G)$ ein allgemeines dynamisches System. Dann gibt es ein Moore-System $S_M = (A, X, B, Y, Z', T, F', m)$

mit zeitunabhängiger Markierungsfunktion $m: Z' \to B$ derart, daß zu jedem $z \in Z$ ein $z' \in Z'$ existiert und umgekehrt, für das

$$m\big(f_t'(z', p_{(0,s]})\big) = g_t(z, p)\,(s) \tag{1.39}$$

für alle $t \in T$, $s \in D(p)$ und $p \in X$ gilt.

Beweis. Wir konstruieren ein System $(A, X, B, Y, Z', T, F', M)$ mit folgenden Eigenschaften:

$$Z' = B \times Z, \tag{1.40.a}$$

$$f_t'\big((b, z), p\big) = \begin{cases} (b, z) & \text{für } p = e, \\ \big(g_t(z, p)\,(t_p), f_t(z, p)\big) & \text{für } p \in X \setminus \{e\}, \end{cases} \tag{1.40.b}$$

$$m_t\big((b, z)\big) = b \tag{1.40.c}$$

für alle $f_t' \in F'$, $m_t \in M$, $(b, z) \in Z'$, $p \in X$, $t \in T$. Es muß bewiesen werden, daß dieses System ein Moore-System ist, daß $m_{t_1} = m_{t_2} = m$ für alle $t_1, t_2 \in T$ gilt und daß die Bedingung (1.39) zutrifft.

Daß die Markierungsfunktion m_t zeitunabhängig ist und deshalb $m_t = m$ für alle t gesetzt werden kann, folgt sofort aus (1.40.c). Um zu zeigen, daß das konstruierte System ein Moore-System ist, ordnen wir ihm eine geeignete Abbildungsfamilie $G' = (g_{t_0}')_{t_0 \in T}$ zu und zeigen, daß $S' = (A, X, B, Y, Z', T, F', G')$ ein allgemeines dynamisches System ist, das die Bedingungen (1.19) und (1.28) erfüllt. Wir definieren die gesuchte Abbildung g_t' folgendermaßen

$$g_t' : Z' \times X \to Y \tag{1.41.a}$$

$$\text{mit } g_t'(z', e) = e, \quad g_t'(z', p)\,(s) = m\big(f_t'(z', p_{(0,s]})\big) \; \big(s \in D(p)\big) \tag{1.41.b}$$

$$D\big(g_t'(z', p)\big) = D(p). \tag{1.41.c}$$

Wir beweisen nacheinander die Gültigkeit der Gleichungen (1.19) für das System S'.

(1.19.b): Für $p = e$ ist nach (1.40.b) $f_t'\big((b, z), e\big) = (b, z)$. Hierbei ist also die Gültigkeit der Bedingung (1.19.b) direkt in die Definition des Systems aufgenommen worden. Das ist deshalb notwendig, weil $g_t(z, p)\,(t_p)$ für die leere Funktion nicht definiert ist wegen $D(e) = \emptyset$, $W(e) = \emptyset$.

(1.19.c): Aus $f_t'\big((b, z), pq\big) = \big(g_t(z, pq)\,(t_p + t_q), f_t(z, pq)\big)$ folgt mit $g_t(z, pq) = g_t(z, p)\, g_{t+t_p}\big(f_t(z, p), q\big)$ und $f_t(z, pq) = f_{t+t_p}\big(f_t(z, p), q\big)$:

$$f_t'\big((b, z), pq\big) = \Big(g_{t+t_p}\big(f_t(z, p), q\big)\,(t_q), f_{t+t_p}\big(f_t(z, p)\big), q\Big).$$

Unter Verwendung von (1.40.b) erhält man hieraus

$$f_t'\big((b, z), pq\big) = f'_{t+t_p}\big((g_t(z, p)\,(t_p), f_t(z, p)), q\big)$$
$$= f'_{t+t_p}\big(f_t'((b, z), p), q\big).$$

Folglich ist die Zustandsbedingung erfüllt.

(1.19.e, f): Für die durch (1.41) festgelegte Ergebnisfunktion g_t' gelten offensichtlich $D\big(g_t'(z', p)\big) = D(p)$ und $g_t'(z', e) = e$ per definitionem, so daß die Bedingungen (1.19.e, f) ebenfalls erfüllt sind.

(1.19.g): Diese Bedingung ist erfüllt, wenn

$$g_t'(z', pq)\,(s) = \begin{cases} g_t'(z', p)\,(s) & \text{für } s \in D(p), \quad (1.42.a)\\ g'_{t+t_p}\big(f_t'(z', p), q\big)\,(s - t_p) & \text{für } s \in D(pq) \setminus D(p) \quad (1.42.b)\end{cases}$$

ist. Da $g_t'(z', p)\,(s) = g_t'(z', p_{(0,s]})\,(s)$ für alle $s \in D(p)$ ist, weil $p_{(0,s]}$ die Einschränkung von p auf $(0, s] \cap T$ bedeutet, ist die Kausalitätsbedingung (1.19.g) auch erfüllt, wenn gilt

$$g_t'\big(z', (pq)_{(0,s]}\big)\,(s) = \begin{cases} g_t'(z', p_{(0,s]})\,(s) & \text{für } s \in D(p), \quad (1.43.a)\\ g'_{t+t_p}\big(f_t'(z', p), q_{(0,s-t_p]}\big)\,(s - t_p) & \text{für } s \in D(pq) \setminus D(p). \quad (1.43.b)\end{cases}$$

Aus (1.41.b) folgt zunächst, daß (1.42) bzw. (1.43) erfüllt sind, falls

$$m\big(f_t'(z', (pq)_{(0,s]})\big) = \begin{cases} m\big(f_t'(z', p_{(0,s]})\big) & \text{für } s \in D(p), \quad (1.44.a)\\ m\big(f'_{t+t_p}(f_t'(z', p), q_{(0,s-t_p]})\big) & \text{für } s \in D(pq) \setminus D(p) \quad (1.44.b)\end{cases}$$

gilt. Es muß nun gezeigt werden, daß diese Gleichungen tatsächlich gelten, wenn die Bedingungen (1.40) zutreffen. Für die linke Seite von (1.44) erhält man mit (1.40)

$$m\big(f_t'(z', (pq)_{(0,s]})\big) = m\big(f_t'((b, z), (pq)_{(0,s]})\big) \quad (1.45.a)$$
$$= m\big(g_t(z, (pq)_{(0,s]})\,(s), f_t(z, (pq)_{(0,s]})\big) \quad (1.45.b)$$
$$= g_t\big(z, (pq)_{(0,s]}\big)\,(s). \quad (1.45.c)$$

Für die rechte Seite von (1.44.a) ergibt sich

$$m\big(f_t'(z', p_{(0,s]})\big) = m\big(g_t(z, p_{(0,s]})\,(s), f_t(z, p_{(0,s]})\big) \quad (1.46.a)$$
$$= g_t(z, p_{(0,s]})\,(s). \quad (1.46.b)$$

Schließlich liefert die rechte Seite von (1.44. b)

$$m\left(f'_{t+t_p}\left(f_t'(z', p), q_{(0,s-t_p]}\right)\right)$$

$$= m\left(f'_{t+t_p}\left(g_t(z, p)\,(t_p), f_t(z, p), q_{(0,s-t_p]}\right)\right) \tag{1.47.a}$$

$$= m\left(g_{t+t_p}\left(f_t(z, p), q_{(0,s-t_p]}\right)(s - t_p), f_{t+t_p}\left(f_t(z, p), q_{(0,s-t_p]}\right)\right) \tag{1.47.b}$$

$$= g_{t+t_p}\left(f_t(z, p), q_{(0,s-t_p]}\right)(s - t_p)\,. \tag{1.47.c}$$

Weil S voraussetzungsgemäß ein allgemeines dynamisches System ist, für das

$$g_t\left(z, (pq)_{(0,s]}\right)(s) = \begin{cases} g_t(z, p_{(0,s]})\,(s), & s \in D(p) \\ g_{t+t_p}\left(f_t(z, p), q_{(0,s-t_p]}\right)(s - t_p), & s \in D(pq) \setminus D(p) \end{cases}$$

ist, sind die Gleichungen (1.44) bei Gültigkeit von (1.40) erfüllt und damit bei Gültigkeit von (1.41) auch (1.43). Damit ist die Kausalitätseigenschaft für S' ebenfalls bewiesen. Das aus S durch (1.40) definierte System ist also tatsächlich ein Moore-System.

Die Eigenschaft (1.39) ist ebenfalls gegeben. Unter Verwendung von (1.40) erhält man

$$\begin{aligned} m\left(f_t'(z', p_{(0,s]})\right) &= m\left(f_t'((b, z), p_{(0,s]})\right) \\ &= m\left(g_t(z, p_{(0,s]})\,(s), f_t(z, p_{(0,s]})\right) \\ &= g_t(z, p_{(0,s]})\,(s) \\ &= g_t(z, p)\,(s) \end{aligned}$$

für alle $t \in T$, $s \in D(p)$, $p \in X$, $z' \in Z'$, $z \in Z$, $b \in B$. Davon wurde oben bereits Gebrauch gemacht. Die Richtigkeit des Satzes ist damit bewiesen.

Das Moore-System ist eine Spezialisierung des allgemeinen dynamischen Systems bzw. der Ergebnisfunktion g_{t_0}. Eine andere solche Spezialisierung ist das *Medwedew-System*, das zugleich Sonderfall des Moore-Systems ist. Der Wert der Ausgangsfunktion des Medwedew-Systems ist in jedem Zeitpunkt identisch mit dem zu diesem Zeitpunkt bestehenden Zustand, denn mit $s = t - t_0$ ist $y(t) = g_{t_0}(z, p)\,(t - t_0)$ und wegen $z(t) = f_{t_0}(z, p_{(0,s]})$ ist $y(t) = z(t)$. Hieraus folgt, daß das Medwedew-System ein Moore-System mit einer umkehrbar eindeutigen zeitinvarianten Markierungsfunktion von Z auf B ist. Ein solches System steht in einem engen Zusammenhang zum Quasisystem (A, X, Z, T, F), das keine Ausgangssignale aufweist. Da beim Medwedew-System die Ausgangsfunktionswerte einfach mit den Zuständen identisch sind, wird es in der Literatur mitunter auch einfach als System ohne Output bezeichnet, d. h. als Quasisystem, und zwischen beiden wird dann kein Unterschied gemacht. Man kann aber begrifflich durchaus zwischen beiden unterscheiden. In der Interpretation sind dann Medwedew-Systeme solche, bei denen die Zustände tatsächlich nach außen geführt werden können, und Quasisysteme solche, bei denen das nicht möglich ist. Unabhängig davon kann man beliebige allgemeine dynamische Systeme als Quasisysteme betrachten, wenn man sich nur für das Zustandsverhalten interessiert und von den Ausgangsgrößen absieht.

Der Grenzfall des allgemeinen dynamischen Systems ist das sogenannte gedächtnislose oder statische System.

Definition 1.7. Ein allgemeines dynamisches System $S = (A, X, B, Y, Z, T, F, G)$ heißt gedächtnisloses (oder statisches) System, wenn gilt:

1. $Z = \{z_0\}$ ist Einermenge.
2. $f_{t_0}(z_0, p) = z_0$ für alle $t_0 \in T$, $p \in X$.
3. Es existiert eine Abbildungsfamilie $\hat{G} = (\hat{g}_t)_{t \in T}$ mit

$$\hat{g}_t\big(p(s)\big) = g_{t_0}(z_0, p)\,(s) \tag{1.48}$$

für alle $s \in D(p)$, $t, t_0 \in T$.

Die Abbildung $\hat{g}_t$ ist wegen $p(s) = a(t)$ eine Abbildung von A in B, d. h. $\hat{g}_t : A \to B$. Man verifiziert leicht, daß ein solches System die Systembedingungen erfüllt. Die Bedingungen (1.19. b, c) sind schon deshalb erfüllt, weil es nur einen Zustand besitzt, den es unabhängig von jeder Eingangseinwirkung beibehält. (1.19. e, f) sind definitionsgemäß durch (1.48) erfüllt. Zu überprüfen bleibt (1.19. g). Aus (1.48) folgt $\hat{g}_t\big((pq)\,(s)\big) = g_{t_0}(z_0, pq)\,(s)$. Nun ist

$$g_{t_0}(z_0, pq)\,(s) = \begin{cases} g_{t_0}(z_0, p)\,(s), & s \in D(p), \\ g_{t_0+t_p}\big(f_{t_0}(z_0, p), q\big)\,(s - t_p), & s \in D(pq) \setminus D(p), \end{cases}$$

wegen $f_{t_0}(z_0, p) = z_0$ folgt also

$$\hat{g}_t\big((pq)\,(s)\big) = \begin{cases} g_{t_0}(z_0, p)\,(s), & s \in D(p), \quad (1.49.\text{a}) \\ g_{t_0+t_p}(z_0, q)\,(s - t_p), & s \in D(pq) \setminus D(p). \quad (1.49.\text{b}) \end{cases}$$

Andererseits ist

$$(pq)\,(s) = \begin{cases} p(s), & s \in D(p), \\ q(s - t_p), & s \in D(pq) \setminus D(p). \end{cases}$$

Demnach

$$\hat{g}_t\big((pq)\,(s)\big) = \begin{cases} \hat{g}_t\big(p(s)\big), & s \in D(p), \quad (1.50.\text{a}) \\ \hat{g}_t\big(q(s - t_p)\big), & s \in D(pq) \setminus D(p). \quad (1.50.\text{b}) \end{cases}$$

Wendet man (1.48) auf die rechte Seite der letzten Gleichung an, so erhält man

$$\hat{g}_t(p(s)) = g_{t_0}(z_0, p)\,(s), \qquad s \in D(p), \tag{1.51.a}$$

$$\hat{g}_t(q(s - t_p)) = g_{t_0+t_p}(f_{t_0}(z_0, p), q)\,(s - t_p) \quad s \in D(pq) \setminus D(p). \tag{1.51.b}$$

Mit $f_{t_0}(z_0, p) = z_0$ stimmen also die rechten Seiten von (1.49) und (1.51) überein. Damit ist auch die Kausalitätsbedingung erfüllt. Ein gedächtnisloses System kann also als ein spezielles dynamisches System aufgefaßt werden.

In allen praktischen Anwendungen sind die linearen Systeme von besonderer Bedeutung. Ihre Definition erfordert allerdings die Einführung von Raumstrukturen und speziellen Abbildungseigenschaften. Die Mengen des Systems werden dabei üblicherweise zu Trägermengen linearer Räume erklärt, in denen eine Addition für die Elemente der Mengen und eine Multiplikation dieser Elemente mit Elementen aus einem Körper K erklärt sind, die den sog. Raumaxiomen genügen. Das lineare System läßt sich dann wie folgt definieren.

Definition 1.8. Ein allgemeines dynamisches System $S = (A, X, B, Y, Z, T, F, G)$ heißt *linear*, wenn gilt:

1. A, B, Z sind Träger linearer Räume über einem Körper K.
2. Für alle $\bar{t} \in T^+$ sind $X_{\bar{t}}$, Y , $Z \times X_{\bar{t}}$ Träger linearer Räume über dem Körper K mit

a) $p_1 + p_2 = p :\Leftrightarrow$

$$(\forall\, p_1, p_2, p \in X_{\bar{t}})\,(\forall\, t \in D(p))\,\big(p(t) = (p_1 + p_2)\,(t) = p_1(t) + p_2(t)\big), \tag{1.52.a}$$

$\alpha p_1 = p :\Leftrightarrow$

$$(\forall\, p_1, p_2 \in X_{\bar{t}})\,(\forall\, \alpha \in K)\,(\forall\, t \in D(p))\,\big(p(t) = (\alpha p_1)\,(t) = \alpha p_1(t)\big); \tag{1.52.b}$$

b) $y_1 + y_2 = y :\Leftrightarrow$

$$(\forall\, y_1, y_2, y \in Y_{\bar{t}})\,(\forall\, t \in D(y))\,\big(y(t) = (y_1 + y_2)\,(t) = y_1(t) + y_2(t)\big), \tag{1.52.c}$$

$\alpha y_1 = y :\Leftrightarrow$

$$(\forall\, y_1, y \in Y_{\bar{t}})\,(\forall\, \alpha \in K)\,(\forall\, t \in D(y))\,\big(y(t) = (\alpha y_1)\,(t) = \alpha y_1(t)\big); \tag{1.52.d}$$

c) $(z_1, p_1) + (z_2, p_2) = (z_1 + z_2, p_1 + p_2),$ (1.52.e)

$$\alpha(z, p) = (\alpha z, \alpha p). \tag{1.52.f}$$

3. Für alle $t_0 \in T$, $\bar{t} \in T^+$, $(z_1, p_1), (z_2, p_2) \in Z \times X_{\bar{t}}$, $\alpha \in K$ ist

a) $$f_{t_0}\big((z_1, p_1) + (z_2, p_2)\big) = f_{t_0}(z_1, p_1) + f_{t_0}(z_2, p_2), \tag{1.52.g}$$

$$f_{t_0}\big(\alpha(z, p)\big) = \alpha f_{t_0}(z, p). \tag{1.52.h}$$

b) $$g_{t_0}\big((z_1, p_1) + (z_2, p_2)\big) = g_{t_0}(z_1, p_1) + g_{t_0}(z_2, p_2), \tag{1.52.i}$$

$$g_{t_0}\big(\alpha(z, p)\big) = \alpha g_{t_0}(z, p). \tag{1.52.j}$$

In Anlehnung an den Sprachgebrauch der Operatorenrechnung werden Abbildungen mit der Eigenschaft (1.52.g, i) *additiv*, solche mit der Eigenschaft (1.52.h, j) *homogen* genannt. Lineare Systeme sind demnach Systeme, deren Bestimmungsmengen Träger linearer Räume und deren Abbildungen additiv und homogen sind.

Ein linearer Raum wird einfach auch als *Vektorraum* bezeichnet, seine Elemente als Vektoren. Da es in jedem Vektorraum M genau ein Nullelement 0 mit der Eigenschaft $0 + m = m \in M$ gibt, existiert im Zustandsraum und im Raum der Eingangsfunktionen gleicher Länge jeweils genau ein *Nullelement*. Es sei 0 das Nullelement aus Z und $\mathbf{0}$ das aus $X_{\bar{t}}$. Dann gilt

$$f_{t_0}(z, p) = f_{t_0}(z + 0, \mathbf{0} + p) = f_{t_0}(z, \mathbf{0}) + f_{t_0}(0, p), \tag{1.53.a}$$

$$g_{t_0}(z, p) = g_{t_0}(z + 0, \mathbf{0} + p) = g_{t_0}(z, \mathbf{0}) + g_{t_0}(0, p) \tag{1.53.b}$$

für alle $z \in Z$, $p \in X_{\bar{t}}$. Der erste Summand der rechten Seite von (1.53.a) läßt sich als der aus der freien Bewegung des Systems hervorgegangene Zustand interpretieren, wenn die »*Nullerregung*« $\mathbf{0}$ am Eingang auftritt. Der zweite Summand ist dann der aus der erzwungenen Bewegung hervorgegangene Zustand, wenn am Anfang der »Nullzustand« 0 bestanden und im Intervall $(0, t_p] \cap T$ die Eingangsfunktion p eingewirkt hat. Der neue Zustand $f_{t_0}(z, p)$ entsteht also aus einer freien und aus einer erzwungenen Bewegung. Analog setzt sich die Ausgangsfunktion additiv aus einer freien Bewegung $g_{t_0}(z, \mathbf{0})$ der Ausgangsgrößen und aus einer erzwungenen Bewegung $g_{t_0}(0, p)$ zusammen.

Lineare Systeme besitzen gegenüber dem allgemeinen dynamischen System bereits eine wesentlich stärkere mathematische Strukturierung. Durch Einführung weiterer Eigenschaften bez. der Räume und vor allem bezüglich der Abbildungen bzw. durch Einführung anderer Eigenschaften gelangt man schließlich zu den in den speziellen Systemtheorien untersuchten Systemen und damit zu einer direkten Verknüpfung der allgemeinen mit den speziellen Theorien.

1.2. Homomorphie und Äquivalenz

1.2.1. Zustandshomomorphie

Die mengentheoretisch-algebraische Definition des allgemeinen dynamischen Systems legt den Gedanken nahe, ähnlich wie in der abstrakten Algebra und der Theorie abstrakter Automaten Homomorphie- und Äquivalenzbegriffe zu definieren. Wir formulieren im folgenden zunächst den Begriff des Zustandshomomorphismus und leiten ein allgemeines Homomorphietheorem für zustandshomomorphe Systeme her. Dazu betrachten wir den Fall zweier Systeme, die sich in den Zustandsmengen Z, Z' und in den Abbildungsfamilien F, F', G, G' unterscheiden, aber nicht in den übrigen Bestimmungselementen. Insbesondere soll also auch die Zeitmenge für beide Systeme gleich sein. Das bedeutet, daß wir Systeme vergleichen, die entweder zeitkontinuierlich oder zeitdiskret arbeiten.

Definition 1.9. Es seien $S = (A, X, B, Y, Z, T, F, G)$ und $S' = (A, X, B, Y, Z', T, F', G')$ zwei allgemeine dynamische Systeme und $H = (h_t)_{t \in T}$ eine Folge von Abbildungen von Z auf Z'. Dann heißt H ein *Zustandshomomorphismus* (Z-Homomorphismus) von S auf S', wenn für beliebige $z \in Z$, $p \in X$ und $t \in T$ gilt:

1. $$h_{t+t_p}\big(f_t(z, p)\big) = f_t'\big(h_t(z), p\big), \tag{1.54.a}$$

2. $$g_t(z, p) = g_t'\big(h_t(z), p\big). \tag{1.54.b}$$

Das System S' heißt *zustandshomomorphes* Bild des Systems S, wenn es einen Zustandshomomorphismus von S auf S' gibt. Es wird dann auch zustandshomomorph (Z-homomorph) zu S genannt, und man sagt, daß S auf S' Z-homomorph abgebildet wird.

Ein zu einem System S Z-homomorphes System S' ist demnach durch folgende Eigenschaften gekennzeichnet. Es verfügt über die gleichen Funktionenmengen für Ein- und Ausgangsfunktionen sowie über die gleichen Mengen für die Werte dieser Funktionen. Es kann also die gleichen Eingangsfunktionen empfangen und verarbeiten. Dabei arbeitet es in der gleichen Zeitskala wie S. Zu jedem Zeitpunkt t entspricht jedem Zustand $z \in Z$ von S ein Zustand $z' \in Z'$ von S' derart, daß er ein zu diesem Zeitpunkt einsetzendes Signal p in dasselbe Ausgangssignal überführt, das S hervorbringt, wenn es zur Zeit t im Zustand z ist und ebenfalls p einwirkt. Dabei können zu verschiedenen Zeitpunkten ein und demselben Zustand $z \in Z$ von S verschiedene $z' \in Z'$ von S' entsprechen. Dem Folgezustand $f_t(z, p)$ des Systems S, in den S zur Zeit $t + t_p$ übergeht, wenn es zur Zeit t im Zustand z ist und p einwirkt, ist im Z-homomorphen System S' durch h_{t+t_p} gerade der Zustand zugeordnet, der Folgezustand des Systems S' ist, wenn es zur Zeit t im Zustand $h_t(z)$ ist und ebenfalls p einwirkt (Abb. 1.3.a).

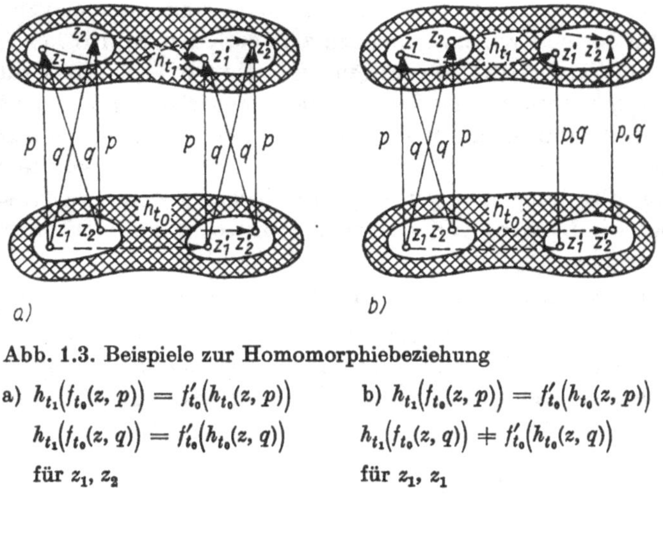

Abb. 1.3. Beispiele zur Homomorphiebeziehung

a) $h_{t_1}(f_{t_0}(z, p)) = f'_{t_0}(h_{t_0}(z, p))$
$h_{t_1}(f_{t_0}(z, q)) = f'_{t_0}(h_{t_0}(z, q))$
für z_1, z_2

b) $h_{t_1}(f_{t_0}(z, p)) = f'_{t_0}(h_{t_0}(z, p))$
$h_{t_1}(f_{t_0}(z, q)) \neq f'_{t_0}(h_{t_0}(z, q))$
für z_1, z_1

Es ist natürlich der Fall denkbar, daß $H = (h_t)_{t \in T}$ eine Folge von eindeutigen Abbildungen von Z auf Z' ist, in der die Bedingung (1.54.a) nicht erfüllt ist, d. h., in der die Zuordnung des Folgezustandes von $z \in Z$ im System S' nicht dem Zustand $f_t'(h_t(z), p)$ entspricht, sondern irgendeinem anderen Zustand (Abb. 1.3.b bei Eingangssignal q).

Eine solche Folge von Abbildungen kann aber nicht sinnvoll als Homomorphismus angesehen werden, weil damit die gleiche Verarbeitung der Eingangsfunktionen beider Systeme nicht gewährleistet ist. Wenn S und S' homomorphe Systeme sein sollen, muß man verlangen, daß nicht nur ein bestimmtes $p \in X$ nach (1.54.b) verarbeitet wird, sondern jede beliebige Eingangsfunktion aus X, wie das in der Definition 1.9. auch ausgedrückt wird. So muß das z. B. mit $p, q, pq \in X$ auch für pq gelten. Demnach muß $g_t(z, pq) = g_t'(h_t(z), pq)$ sein. Wegen $g_t(z, pq) = g_t(z, p)\, g_{t+t_p}(f_t(z, p), q)$ und $g_t'(h_t(z), pq) = g_t'(h_t(z), p)$ $g'_{t+t_p}(f_t'(h_t(z), p), q)$ sowie $g_t(z, p) = g_t'(h_t(z), p)$ ist dies aber nur dann erfüllt, wenn $g_{t+t_p}(f_t(z, p), q) = g'_{t+t_p}(f_t'(h_t(z), p)\, q)$ ist. Das ist aber der Fall, wenn $f'_t(h_t(z), p) = h_{t+t_p}(f_t(z, p))$ gilt.

Wegen der Eindeutigkeit von h_t entspricht jedem Zustand $z \in Z$ von S genau ein Zustand $z' \in Z'$ von S', aber nicht notwendig umgekehrt. Ist letzteres der Fall und h_t für jedes t umkehrbar eindeutig, so heißt H ein *Z-Isomorphismus*. Wir sagen dann, daß S und S' Z-isomorphe Systeme sind. Wenn $h_{t_1} = h_{t_2} = h$ für alle $t_1, t_2 \in T$ ist, d. h., wenn alle Abbildungen der Folge H gleich sind, dann kann H durch h ersetzt werden. h wird in diesem Falle *stationärer Z-Homomorphismus* oder, falls h eindeutig ist, *stationärer Z-Isomorphismus* genannt.

Es ist offensichtlich, daß der Begriff des stationären Homomorphismus von besonderer Bedeutung für zeitinvariante Systeme ist.

Satz 1.6. Es seien $S = (A, X, B, Y, Z, T, f, g)$ und $S' = (A, X, B, Y, Z', T, f', g')$ zwei zeitinvariante allgemeine dynamische Systeme, S' sei zustandsreduziert und $H = (h_t)_{t \in T}$ ein Z-Homomorphismus von S auf S'. Dann ist H sogar ein stationärer Z-Homomorphismus, und es ist $h_{t_1} = h_{t_2} = h$ für alle $t_1, t_2 \in T$.

Beweis. Es seien $g_{t_1}(z, p)$ und $g_{t_2}(z, p)$ zwei Ausgangssignale des Systems S. Wegen der Homomorphiebedingung (1.54.b) ist dann

$$g_{t_1}(z, p) = g'_{t_1}(h_{t_1}(z), p),$$

$$g_{t_2}(z, p) = g'_{t_2}(h_{t_2}(z), p).$$

Wegen der Zeitinvarianz von S ist $g_{t_1} = g_{t_2} = g$, und wegen der Zeitinvarianz von S' ist $g'_{t_1} = g'_{t_2} = g'$. Also muß

$$g'_{t_1}(h_{t_1}(z), p) = g'_{t_2}(h_{t_2}(z), p),$$

$$g'(h_{t_1}(z), p) = g'(h_{t_2}(z), p)$$

sein. Dies ist für beliebige $t_1, t_2 \in T$ in zustandsreduzierten Systemen (vgl. Abschnitt 1.4.) aber nur dann erfüllt, wenn $h_{t_1}(z) = h_{t_2}(z)$ ist, da andernfalls die Ausgangsfunktion von S' vom Zustand des Systems unabhängig sein müßte. Andererseits ist für zeitinvariante Systeme auch die Homomorphiebedingung (1.54.a) erfüllt, wenn $h_{t_1}(z) = h_{t_2}(z) = h(t)$ für beliebige $t_1, t_2 \in T$ ist. Seien $f_{t_1}(z, p)$, $f'_{t_2}(z, p)$ zwei beliebige Folgezustände von S und $f'_{t_1}(h(z), p)$, $f'_{t_2}(h(z), p)$ zwei Zustände von S'. Damit (1.54.a) erfüllt ist, muß sein

$$h(f_{t_1}(z, p)) = f'_{t_1}(h(z), p),$$

$$h(f_{t_2}(z, p)) = f'_{t_2}(h(z), p).$$

Mit $f_{t_1} = f_{t_2} = f$ muß folglich $f'_{t_1}(h(z), p) = f'_{t_2}(h(z), p)$ sein. Das ist aber gerade der Fall, wenn $f'_{t_1} = f'_{t_2}$ ist. Umgekehrt folgt aus $f'_{t_1} = f'_{t_2} = f'$, daß

$f_{t_1} = f_{t_2}$ sein muß. (1.54.a) ist also erfüllt, wenn S und S' zeitinvariant und h ein stationärer Z-Homomorphismus ist.

Aus diesen Überlegungen ergibt sich offensichtlich nachfolgende Schlußfolgerung.

Folgerung 1.3. Ein zeitvariables System $S' = (A, X, B, Y, Z', T, F', G')$ kann zu einem zeitinvarianten System $S = (A, X, B, Y, Z, T, f, g)$ nicht stationär homomorph sein.

Als zeitvariabel wird hierbei ein allgemeines dynamisches System bezeichnet, das nicht zeitinvariant ist. Natürlich folgt aus den Überlegungen auch, daß zwei zeitvariable Systeme u. U. sehr wohl stationär homomorph sein können. Im folgenden wollen wir ein Homomorphietheorem für allgemeine dynamische Systeme formulieren, das von einem stationären Z-Homomorphismus ausgeht. Wir tun dies schrittweise und beginnen mit der Definition einer Kongruenzrelation in einem allgemeinen dynamischen System.

Definition 1.10. Z sei die Zustandsmenge eines allgemeinen dynamischen Systems S und R eine Äquivalenzrelation in Z. Dann heißt R Kongruenzrelation in S, wenn für beliebige $(z, z') \in \mathsf{R}$, $p \in X$ und $t \in T$ gilt:

a) $$\big(f_t(z, p), f_t(z', p)\big) \in \mathsf{R}, \tag{1.55.a}$$

b) $$g_t(z, p) = g_t(z', p). \tag{1.55.b}$$

Aus der Definition der Kongruenzrelation ergeben sich sofort zwei Folgerungen.

Folgerung 1.4. $\sim$ bezeichne eine *Äquivalenzrelation* in der Zustandsmenge eines allgemeinen dynamischen Systems S mit der Eigenschaft $g_t(z, p) = g_t(z', p)$ für beliebige $z, z' \in Z$ mit $z \sim z'$ und alle $t \in T$, $p \in X$. Dann ist $\sim$ sogar eine Kongruenzrelation in S.

Da $g_t(z, p) = g_t(z', p)$ für alle $p \in X$ gilt, wenn $z \sim z'$ ist, so gilt es auch mit $p, q \in X$ für $pq \in X$. Also ist $g_t(z, pq) = g_t(z', pq)$. Aus der Kausalitätseigenschaft des Systems folgt sofort: $g_t(z, p)\, g_{t+t_p}\big(f_t(z, p), q\big) = g_t(z', p)\, g_{t+t_p}\big(f_t(z', p), q\big)$. Wegen $g_t(z, p) = g_t(z', p)$ muß also auch $g_{t+t_p}\big(f_t(z, p), q\big) = g_{t+t_p}\big(f_t(z', p), q\big)$ sein. Also ist $f_t(z, p) \sim f_t(z', p)$ erfüllt und $\sim$ eine Kongruenzrelation. Die Eigenschaft (1.55.a) ergibt sich demnach aus der Eigenschaft (1.55.b), und es wäre hinreichend, diese allein zur Definition der Kongruenzrelation zu verwenden. Wir haben die Form der Definition 1.10. gewählt, um schon darin die Besonderheiten der Kongruenzrelation deutlich hervorzuheben.

Folgerung 1.5. h sei ein stationärer Z-Homomorphismus von einem allgemeinen dynamischen System S auf ein allgemeines dynamisches System S'.

Dann ist die durch h in der Zustandsmenge Z von S induzierte Äquivalenzrelation R_h eine Kongruenzrelation in S.

Beweis. Die durch h in Z induzierte Äquivalenzrelation R_h ist durch

$$\mathsf{R}_h := \{(z, z') \in Z^2 \mid h(z) = h(z')\} \tag{1.56}$$

festgelegt. Es muß gezeigt werden, daß für beliebige $(z, z') \in \mathsf{R}_h$ die Bedingungen (1.55.a, b) gelten. Wegen Folgerung 1.4. genügt es, die Gültigkeit von (1.55.b) zu zeigen. Aus der Definition des stationären Z-Homomorphismus folgt

$$g_t(z, p) = g_t'(h(z), p),$$

$$g_t(z', p) = g_t'(h(z'), p)$$

für beliebige $(z, z') \in Z^2$, $p \in X$, $t \in T$. Wegen $h(z) = h(z')$ bei $(z, z') \in \mathsf{R}_h$ ist $g_t'(h(z), p) = g_t'(h(z'), p)$ und demnach auch $g_t(z, p) = g_t(z', p)$. Folglich ist (1.55.b) erfüllt und somit auch (1.55.a). Folgerung 1.5. ist damit bewiesen.

Wir bezeichnen die Zerlegung der Zustandsmenge Z eines allgemeinen dynamischen Systems modulo der durch den stationären Homomorphismus h induzierten Äquivalenzrelation R_h mit Z/R_h. Sie ist gegeben durch

$$Z/\mathsf{R}_h := \{[z] \mid z \in Z \wedge [z] \text{ Äquivalenzklasse} \wedge (\forall z' \in [z]) (h(z') = h(z))\}. \tag{1.57}$$

Die zugehörige kanonische (oder natürliche) Abbildung, die jedem $z \in Z$ die Äquivalenzklasse $[z] \in Z/\mathsf{R}_h$ zuordnet, der z angehört, bezeichnen wir mit $\bar{h}$. Es gilt

$$\bar{h} := \{(z, [z]) \in (Z \times Z/\mathsf{R}_h) \mid z \in [z]\}. \tag{1.58.a}$$

$\bar{h}(z)$ ist also die Menge aller Zustände aus Z, die durch h auf denselben Zustand aus Z' abgebildet werden

$$\bar{h}(z) = [z] = \{z' \in Z \mid h(z') = h(z)\}. \tag{1.58.b}$$

Anderseits sei φ eine Abbildung, die einer beliebigen Äquivalenzklasse $[z] \in Z/\mathsf{R}_h$ das allen Elementen dieser Klasse gemeinsame Bild bei h zuordnet:

$$\varphi := \{([z], z') \in (Z/\mathsf{R}_h \times Z') \mid (\forall \bar{z} \in [z]) (h(\bar{z}) = z')\}. \tag{1.59}$$

Die Abbildung φ ist offenbar eine eineindeutige Abbildung. Angenommen, $[z], [z^+] \in Z/\mathsf{R}_h$ seien zwei Äquivalenzklassen mit $\varphi([z]) = \varphi([z^+]) = z'$. Dann müßten zwei Zustände $\bar{z} \in [z]$ und $\bar{z}^+ \in [z^+]$ existieren mit $h(\bar{z}) = h(\bar{z}^+) = z'$. Hieraus folgt aber, daß $[z] = [z^+]$ sein muß. Also ist φ eineindeutig. Aus der Definition von h folgt, daß φ auch surjektiv ist.

Die Hintereinanderausführung der beiden Abbildungen φ und $\tilde{h}$ schreiben wir einfach $\varphi\tilde{h}$ und definieren sie wie üblich

$$\varphi\tilde{h} = \left\{(z, z') \in Z \times Z' \mid (\forall\, z \in Z) \left((\varphi\tilde{h})\,(z) = \varphi\big(\tilde{h}(z)\big)\right)\right\}.$$

Folgerung 1.6. h sei ein stationärer Z-Homomorphismus von S auf S', $\tilde{h}$ sei die nach (1.58) definierte kanonische Abbildung modulo der durch h in Z induzierten Äquivalenzrelation R_h, und φ sei eine nach (1.59) definierte eineindeutige Abbildung. Dann ist das in Abb. 1.4. dargestellte Diagramm kommutativ, d. h., für alle $z \in Z$ gilt

$$(\varphi\tilde{h})\,(z) = h(z). \tag{1.60}$$

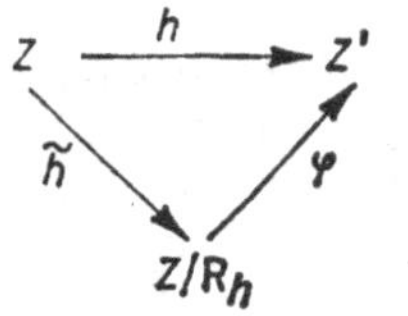

Abb. 1.4.

In einem kommutativen Diagramm ist es gleichgültig, auf welchem Wege man von Z nach Z' gelangt.

Satz 1.7. Es sei h ein stationärer Z-Homomorphismus von einem allgemeinen dynamischen System $S = (A, X, B, Y, Z, T, F, G)$ auf ein allgemeines dynamisches System $S' = (A, X, B, Y, Z', T, F', G')$ und R_h die durch h in Z induzierte Äquivalenzrelation. Dann ist

$$\bar{S} = S/\mathsf{R}_h = (A, X, B, Y, \bar{Z}, T, \bar{F}, \bar{G}) \tag{1.61.a}$$

ein allgemeines dynamisches System, wenn gilt

1. $\bar{Z} = Z/\mathsf{R}_h$, (1.61.b)

2. $\bar{F} = (\bar{f}_t)_{t\in T}$, und für alle $\bar{f}_t$ ist

$$\bar{f}_t : Z/\mathsf{R}_h \times X \to Z/\mathsf{R}_h \tag{1.61.c}$$

mit

$$\bar{f}_t([z], p) = [f_t(z, p)] = \{z^+ \in Z \mid (z^+, f_t(z, p)) \in \mathsf{R}_h\} \tag{1.61.d}$$

für beliebige $[z] \in Z/\mathsf{R}_h$, $p \in X$, $z \in [z]$.

3. $\bar{G} = (\bar{g}_t)_{t\in T}$, und für alle $\bar{g}_t$ ist

$$\bar{g}_t : Z/\mathsf{R}_h \times X \to Y \tag{1.61.e}$$

mit

$$\bar{g}_t([z], p) = g_t(z, p) \tag{1.61.f}$$

für beliebige $[z] \in Z/\mathsf{R}_h$, $p \in X$, $z \in [z]$.

Beweis. Wir beweisen zunächst die Repräsentantenunabhängigkeit der Gleichungen (1.61.d, f). Sei $\bar{z}$ ein anderer Repräsentant der Klasse $[z]$. Dann ist $\bar{f}_t([z], p) = [f_t(\bar{z}, p)]$ und $\bar{g}_t([z], p) = g_t(\bar{z}, p)$. Wenn (1.61.d, f) unabhängig von der Wahl des Repräsentanten sein soll, muß $[f_t(z, p)] = [f_t(\bar{z}, p)]$ und $g_t(z, p) = g_t(\bar{z}, p)$ sein. Weil R_h nicht nur Äquivalenz-, sondern sogar Kongruenzrelation ist (vgl. Folgerung 1.5.), folgt die Gültigkeit von $g_t(z, p) = g_t(\bar{z}, p)$ sofort aus der Definition von R_h und $[z]$. Aus ihr folgt auch $(f_t(z, p), f_t(\bar{z}, p)) \in \mathsf{R}_h$, d. h. $f_t(z, p) \in [f_t(\bar{z}, p)]$ und $f_t(\bar{z}, p) \in [f_t(z, p)]$. Wegen $[f_t(z, p)] \in Z/\mathsf{R}_h$ und $[f_t(\bar{z}, p)] \in Z/\mathsf{R}_h$ gilt demnach $[f_t(z, p)] = [f_t(\bar{z}, p)]$. Also sind die Gleichungen (1.61.d, f) unabhängig von der Wahl des Repräsentanten aus $[z]$.

Damit S/R_h ein allgemeines dynamisches System ist, müssen die Bedingungen (1.19.b, c, e, f, g) erfüllt sein, d. h., es muß

$$\bar{f}_t([z], e) = [z], \tag{1.62.a}$$

$$\bar{f}_t([z], pq) = \bar{f}_{t+t_p}(\bar{f}_t([z], p), q), \tag{1.62.b}$$

$$D(\bar{g}_t([z], p)) = D(p), \tag{1.62.c}$$

$$\bar{g}_t([z], e) = e, \tag{1.62.d}$$

$$\bar{g}_t([z], pq) = \bar{g}_t([z], p)\, \bar{g}_{t+t_p}(\bar{f}_t([z], p), q) \tag{1.62.e}$$

für beliebige $[z] \in Z/\mathsf{R}_h$, $p, q, pq \in X$ gelten.

(1.62.a): Folgt unmittelbar aus (1.61.d) und (1.19.b).

(1.62.b): Seien $p, q, pq \in X$ beliebige Eingangsfunktionen von S/R_h. Dann folgt

$$\begin{aligned}
\bar{f}_t([z], pq) &= [f_t(z, pq)] && \text{(aus (1.61.d))}\\
&= [f_{t+t_p}(f_t(z, p), q)] && \text{(aus (1.19.c))}\\
&= \bar{f}_{t+t_p}([f_t(z, p),]\, q) && \text{(aus (1.61.d))}\\
&= \bar{f}_{t+t_p}(\bar{f}_t([z], p), q) && \text{(aus (1.61.d)).}
\end{aligned}$$

(1.62.c): Folgt unmittelbar aus (1.61.f) und (1.19.e).

(1.62.d): Folgt unmittelbar aus (1.61.f) und (1.19.f).

(1.62.e): Seien $p, q, pq \in X$ beliebige Eingangsfunktionen von S/R_h. Dann folgt

$$\begin{aligned}\bar{g}_t([z], pq) &= g_t(z, pq) && \text{(aus (1.61.f))}\\ &= g_t(z, p)\, g_{t+t_p}\big(f_t(z, p), q\big) && \text{(aus (1.19.g))}\\ &= \bar{g}_t([z], p)\, \bar{g}_{t+t_p}\big([f_t(z, p)], q\big) && \text{(aus (1.61.f))}\\ &= \bar{g}_t([z], p)\, \bar{g}_{t+t_p}\big(\bar{f}_t([z], p), q\big). && \text{(aus (1.61.d)).}\end{aligned}$$

Damit ist Satz 1.7. bewiesen. Ein nach diesem Satz konstruiertes System ist tatsächlich ein allgemeines dynamisches System. Wir werden es *Faktorsystem* nennen.

Nach diesen Vorbereitungen können wir einen Satz formulieren, den wir in Anlehnung an den Sprachgebrauch der abstrakten Algebra *Homomorphiesatz* nennen wollen.

Satz 1.8. (*Homomorphiesatz* für allgemeine dynamische Systeme). Jedes allgemeine dynamische System S', auf das ein allgemeines dynamisches System S mittels eines stationären Zustandshomomorphismus h abgebildet wird, ist stationär Z-isomorph zu einem Faktorsystem S/R_h, das von der durch h induzierten Äquivalenzrelation R_h erzeugt wird. Umgekehrt ist jedes Faktorsystem ein stationär zustandshomomorphes Bild von S.

Beweis. Wir beweisen zunächst, daß S' stationär Z-isomorph zu S/R_h ist, wobei S/R_h nach Satz 1.7. konstruiert sein soll. Der stationäre Z-Isomorphismus von S/R_h auf S' sei φ und nach (1.59) definiert. Dann ist φ auf jeden Fall umkehrbar eindeutig und surjektiv. Andererseits muß es noch die folgenden Gleichungen erfüllen

$$\varphi\big(\bar{f}_t([z], p)\big) = f_t'\big(\varphi([z]), p\big),$$
$$\bar{g}_t([z], p) = g_t'\big(\varphi([z]), p\big).$$

Wegen der Definition von φ ist $\varphi([z]) = h(z)$. Mit (1.61.d) ist also

$$f_t'\big(\varphi([z]), p\big) = f_t'\big(h(z), p\big),$$
$$\varphi\big(\bar{f}_t([z]), p\big) = \varphi\big([f_t(z, p)]\big) = h\big(f_t(z, p)\big).$$

Also muß sein

$$h\big(f_t(z, p)\big) = f_t'\big(h(z), p\big).$$

Dies ist aber erfüllt, weil h stationärer Z-Homomorphismus ist. Mit (1.61.f) und (1.59) ist andererseits

$$g_t'\big(\varphi[z], p\big) = g_t'\big(h(z), p\big),$$
$$\bar{g}_t\big([z], p\big) = g_t(z, p).$$

Also muß sein

$$g_t(z, p) = g_t'(h(z), p).$$

Dies ist aber ebenfalls erfüllt, weil h stationärer Z-Homomorphismus ist. Also ist φ stationärer Z-Isomorphismus von S/R_h auf S'. Damit ist der erste Teil des Satzes 1.8. bewiesen. Für den Beweis des zweiten Teils muß gezeigt werden, daß jedes Faktorsystem ein stationär Z-homomorphes Bild von S ist. Sei h ein stationärer Z-Homomorphismus von S auf S'. Dann ist die durch (1.58) definierte kanonische Abbildung $\bar{h}$ ein stationärer Z-Homomorphismus von S auf S/R_h. Es ist nämlich

$$\begin{aligned} \bar{h}(f_t(z, p)) &= [f_t(z, p)] && \text{(nach (1.58.b))} \\ &= \bar{f}_t([z], p) && \text{(nach (1.61.d))} \\ &= \bar{f}_t(\bar{h}(z), p) && \text{(nach (1.58.b)).} \end{aligned}$$

Außerdem ist

$$\begin{aligned} g_t(z, p) &= \bar{g}_t([z], p) && \text{(nach (1.61.f))} \\ &= \bar{g}_t(\bar{h}(z), p) && \text{(nach (1.58.b)).} \end{aligned}$$

Also ist $\bar{h}$ der gesuchte Z-Homomorphismus und auch der zweite Teil des Satzes bewiesen.

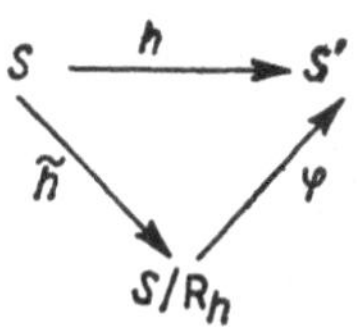

Abb. 1.5.

Folgerung 1.7. Jeder stationäre Z-Homomorphismus h von einem allgemeinen dynamischen System S auf ein allgemeines dynamisches System S' ist eine Verkettung $\varphi\bar{h}$ des kanonischen stationären Z-Homomorphismus $\bar{h}$ von S auf das Faktorsystem S/R_h und eines stationären Z-Isomorphismus von S/R_h auf S'

$$h = \varphi\bar{h} \wedge (\forall\, z \in Z)\,\big(h(z) = (\varphi\bar{h})\,(z) = \varphi(\bar{h}(z))\big). \tag{1.63}$$

Dies wird üblicherweise durch das in Abb. 1.5. gezeigte Diagramm veranschaulicht. Die Folgerung 1.7. ergibt sich unmittelbar aus Satz 1.8.
Aus ihm und den Definitionen folgt sofort, daß mit $h(z) = z'$, $\bar{h}(z) = [z]$ und $\varphi([z]) = z'$ für beliebige $z \in Z$ $\varphi(\bar{h}(z)) = \varphi([z]) = z' = h(z)$ ist.

Die Bedeutung des Homomorphiesatzes (Satz 1.8.) beruht u. a. darauf, daß er die Grundlage für Untersuchungen zur Existenz unterschiedlicher homomorpher Bilder eines Systems abgibt, die ihrer Struktur nach bekannt sind, wenn alle entsprechenden R_h bekannt sind. Da diese aber nicht nur Äquivalenzrelationen, sondern sogar Kongruenzrelationen sind, ergibt sich eine starke Einschränkung der möglichen homomorphen Bilder eines Systems.

Es seien R_1, R_2 zwei Kongruenzrelationen in einem allgemeinen dynamischen System S. Wir definieren zwei Operationen, eine Multiplikation $\cdot$ und eine Addition $+$, auf folgende Weise.

$$\mathsf{R}_1 \cdot \mathsf{R}_2 = \{(z, z') \mid (z, z') \in \mathsf{R}_1 \wedge (z, z') \in \mathsf{R}_2\} \tag{1.64.a}$$

$$\mathsf{R}_1 + \mathsf{R}_2 = \Big\{(z, z') \mid \exists\, (z_0, z_1, \ldots, z_n)\, (z_0 = z \wedge z_n = z' \wedge (\forall\, i \in \{0, 1, \ldots, n-1\})\, \big((z_i, z_{i+1}) \in \mathsf{R}_1 \vee (z_i, z_{i+1}) \in \mathsf{R}_2\big)\Big\}. \tag{1.64.b}$$

Die Operation $\cdot$ ist offensichtlich mit der Durchschnittsbildung identisch Die zweite Operation $+$ ist komplizierter. Ein geordnetes Paar (z, z') von Zuständen $z, z' \in Z$ des Systems gehört dann zu $\mathsf{R}_1 + \mathsf{R}_2$, wenn es eine Folge $(z_0, z_1, z_2, \ldots, z_n)$ von Zuständen aus Z derart gibt, daß von Zustand $z_0 = z$ aus über die Zustände $z_1, \ldots, z_{n-1}$ zu $z_n = z'$ fortgeschritten werden kann, wobei zwei Zustände z_i, z_{i+1} entweder in der Relation R_1 oder in der Relation R_2 stehen müssen. Abb. 1.6. veranschaulicht beide Operationen.

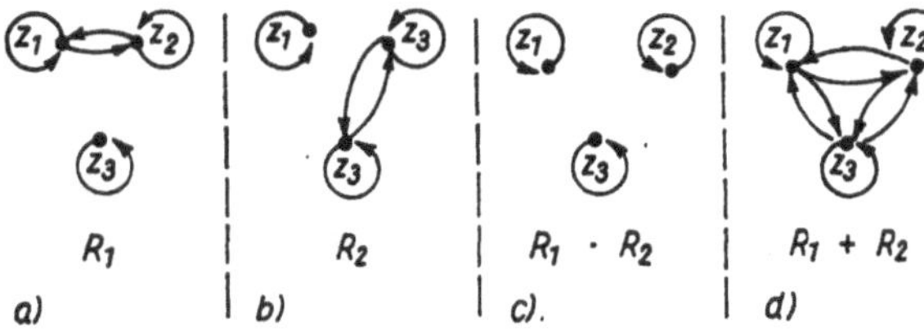

Abb. 1.6. Relationen in der Zustandsmenge eines Systems

Satz 1.9. Es seien R_1 und R_2 zwei Kongruenzrelationen in einem allgemeinen dynamischen System $S = (A, X, B, Y, Z, T, F, G)$. Dann sind die durch Multiplikation und Addition sich ergebenden Relationen $\mathsf{R}_1 \cdot \mathsf{R}_2$ und $\mathsf{R}_1 + \mathsf{R}_2$ ebenfalls Kongruenzrelationen.

Beweis. 1. Für alle $(z, z') \in \mathsf{R}_1 \cdot \mathsf{R}_2$ muß

$$\big(f_t(z, p), f_t(z', p)\big) \in \mathsf{R}_1 \cdot \mathsf{R}_2,$$

$$g_t(z, p) = g_t(z', p)$$

für beliebige $t \in T$, $p \in X$ gelten. Aus der Definition folgt, wenn $(z, z') \in \mathsf{R}_1 \cdot \mathsf{R}_2$, so ist $(z, z') \in \mathsf{R}_1$ und $(z, z') \in \mathsf{R}_2$. Weil R_1, R_2 Kongruenzrelationen sind, ist mit $(z, z') \in \mathsf{R}_1$ auch $(f_t(z, p), f_t(z', p)) \in \mathsf{R}_1$ und mit $(z, z') \in \mathsf{R}_2$ auch $(f_t(z, p), f_t(z', p)) \in \mathsf{R}_2$. Also ist mit $(z, z') \in \mathsf{R}_1 \cdot \mathsf{R}_2$ auch $(f_t(z, p), f_t(z', p)) \in \mathsf{R}_1$ und $(f_t(z, p), f_t(z', p)) \in \mathsf{R}_2$ und somit $(f_t(z, p), f_t(z', p)) \in \mathsf{R}_1 \cdot \mathsf{R}_2$.

Weiter folgt aus der Definition sofort, daß für $(z, z') \in \mathsf{R}_1 \cdot \mathsf{R}_2$ auch $g_t(z, p) = g_t(z', p)$ sein muß, weil unabhängig davon, ob $(z, z') \in \mathsf{R}_1$ oder $(z, z') \in \mathsf{R}_2$ gilt, in beiden Fällen $g_t(z, p) = g_t(z', p)$ ist, da beide Relationen Kongruenzrelationen sind. $\mathsf{R}_1 \cdot \mathsf{R}_2$ und $\mathsf{R}_1 + \mathsf{R}_2$ sind auch Äquivalenzrelationen. Das folgt aus der Definition (vgl. auch S. 61).

2. Für alle $(z, z') \in \mathsf{R}_1 + \mathsf{R}_2$ muß

$$(f_t(z, p), f_t(z', p)) \in \mathsf{R}_1 + \mathsf{R}_2,$$

$$g_t(z, p) = g_t(z', p)$$

für beliebige $t \in T$, $p \in X$ gelten. Sei nun $(z, z') \in \mathsf{R}_1 + \mathsf{R}_2$ ein beliebiges Element aus $\mathsf{R}_1 + \mathsf{R}_2$. Dann existiert eine Folge $(z_0, z_1, \ldots, z_n)$, welche die Bedingung (1.64.b) erfüllt. Dann existiert auch die Folge $(f_t(z_0, p), f_t(z_1, p), \ldots, f_t(z_n, p))$ für beliebige $t \in T$, $p \in X$. Wegen $z_0 = z$, $z_n = z'$ ist $f_t(z_0, p) = f_t(z, p)$ und $f_t(z_n, p) = f_t(z', p)$. Außerdem folgt aus $(z_i, z_{i+1}) \in \mathsf{R}_1$ auch $(f_t(z_i, p), f_t(z_{i+1}, p)) \in \mathsf{R}_1$ und aus $(z_i, z_{i+1}) \in \mathsf{R}_2$ auch $(f(z_i, p), f(z_{i+1}, p)) \in \mathsf{R}_2$ für $i = 0, 1, \ldots, n-1$. Damit folgt aber aus $(z_i, z_{i+1}) \in \mathsf{R}_1 \vee (z_i, z_{i+1}) \in \mathsf{R}_2$ auch $(f_t(z_i, p), f_t(z_{i+1}, p)) \in \mathsf{R}_1 \vee (f_t(z_i, p), f_t(z_{i+1}, p)) \in \mathsf{R}_2$, und folglich ist mit $(z, z') \in \mathsf{R}_1 + \mathsf{R}_2$ auch $(f_t(z, p), f_t(z', p)) \in \mathsf{R}_1 + \mathsf{R}_2$.

Außerdem muß mit $(z, z') \in \mathsf{R}_1 + \mathsf{R}_2$ auch $g_t(z, p) = g_t(z', p)$ gelten. Sei $(z_0, z_1, \ldots, z_n)$ die zu (z, z') gehörige Folge mit $z_0 = z$, $z_n = z'$ und $(z_i, z_{i+1}) \in \mathsf{R}_1 \vee (z_i, z_{i+1}) \in \mathsf{R}_2$ für $i = 0, 1, \ldots, n-1$. Dann folgt aus der Definition

$$(z_0, z_1) \in \mathsf{R}_1 \vee (z_0, z_1) \in \mathsf{R}_2 \Rightarrow g_t(z_0, p) = g_t(z_1, p),$$

$$(z_1, z_2) \in \mathsf{R}_1 \vee (z_1, z_2) \in \mathsf{R}_2 \Rightarrow g_t(z_1, p) = g_t(z_2, p)$$

usw.

Man erkennt, daß für $(z, z') \in \mathsf{R}_1 + \mathsf{R}_2$ auch $g_t(z, p) = g_t(z', p)$ für beliebige $t \in T$, $p \in X$ gilt, wenn R_1, R_2 Kongruenzrelationen sind. Damit ist der Satz 1.9. bewiesen.

Auf der Grundlage des Satzes 1.9. läßt sich eine weitere Aussage formulieren.

Satz 1.10. Es sei V die Menge aller Kongruenzrelationen in einem allgemeinen dynamischen System S. In dieser Menge seien Multiplikation und Addition nach (1.64) definiert. Dann ist $V_S = (V, \cdot, +)$ ein *Verband.*

Beweis. Zunächst folgt aus Satz 1.9., daß V bezüglich Addition und Multiplikation abgeschlossen ist, weil mit $\mathsf{R}_1, \mathsf{R}_2 \in V$ auch $\mathsf{R}_1 \cdot \mathsf{R}_2 \in V$ und $\mathsf{R}_1 + \mathsf{R}_2 \in V$

ist. Es muß die Gültigkeit der Verbandsaxiome bewiesen werden, d. h., es muß bewiesen werden, daß folgende Eigenschaften gelten

a) $R_1 \cdot R_1 = R_1$ $\quad R_1 + R_1 = R_1$ idempotent (1.65.a),

b) $R_1 \cdot R_2 = R_2 \cdot R_1$ $\quad R_1 + R_2 = R_2 + R_1$ kommutativ (1.65.b),

c) $R_1 \cdot (R_2 \cdot R_3) = (R_1 \cdot R_2) \cdot R_3$ $\quad R_1 + (R_2 + R_3) = (R_1 + R_2) + R_3$ assoziativ (1.65.c),

d) $R_1 \cdot (R_1 + R_2) = R_1$ $\quad R_1 + (R_1 \cdot R_2) = R_1$ absorptiv (1.65.d).

1. Wir betrachten zuerst die Multiplikation. Die Gültigkeit von (1.65.a) ist evident. Ebenso einfach einzusehen ist die Gültigkeit von (1.65.b), weil die logische Konjunktion kommutativ ist, d. h., weil ganz allgemein $a \wedge b = b \wedge a$ gilt. Die Richtigkeit der Gleichung (1.65.c) bestätigt man mit Hilfe der Definition der Multiplikation:

$$R_1 \cdot (R_2 \cdot R_3) = \{(z, z') \mid (z, z') \in R_1 \wedge (z, z') \in R_2 \cdot R_3\}$$

$$= \{(z, z') \mid (z, z') \in R_1 \wedge (z, z') \in R_2 \wedge (z, z') \in R_3\},$$

$$(R_1 \cdot R_2) \cdot R_3 = \{(z, z') \mid (z, z') \in R_1 \cdot R_2 \wedge (z, z') \in R_3\}$$

$$= \{(z, z') \mid (z, z') \in R_1 \wedge (z, z') \in R_2 \wedge (z, z') \in R_3\}.$$

Schließlich ist (1.65.d) erfüllt, wenn für alle $(z, z') \in R_1 \cdot (R_1 + R_2)$ auch $(z, z') \in R_1$ gilt und umgekehrt. Es ist:

$$(z, z') \in R_1 \cdot (R_1 + R_2) \Leftrightarrow (z, z') \in R_1 \wedge (z, z') \in R_1 + R_2.$$

Also folgt aus $(z, z') \in R_1 \cdot (R_1 + R_2)$ auch $(z, z') \in R_1$. Ist umgekehrt $(z, z') \in R_1$, so auch $(z, z') \in R_1 + R_2$, weil natürlich $R_1 \subseteqq R_1 + R_2$ ist. Also folgt aus $(z, z') \in R_1$ auch $(z, z') \in R_1 \cdot (R_1 + R_2)$, womit auch (1.65.d) erfüllt ist.

2. Wir betrachten nun die Addition. Auch hier ist (1.65.a) evident. Die Gültigkeit von (1.65.b) folgt hier aus der Kommutativität der logischen Alternative, d. h., weil $a \vee b = b \vee y$ ist. (1.65.c) bestätigt man wie folgt. Definitionsgmäß ist

$$(R_1 + R_2) + R_3 = \{(z, z') \mid \exists\, (z_0, z_1, \ldots, z_n)\, (z_0 = z, z_n = z',$$

$$(z_i, z_{i+1}) \in (R_1 + R_2) \cup R_3 \quad \text{für} \quad i = 0, 1, \ldots, n-1)\}. \tag{1.66}$$

Sei $(z_i, z_{i+1}) \in R_1 + R_2$. Dann existiert wieder eine Folge $(\mathfrak{z}_0, \ldots, \mathfrak{z}_m)$ mit $\mathfrak{z}_0 = z_i$, $\mathfrak{z}_m = z_{i+1}$ und $(\mathfrak{z}_j, \mathfrak{z}_{j+1}) \in R_1 \cup R_2$ für $j = 0, 1, \ldots, m-1$. Zu jeder Folge $(z_0, z_1, \ldots, z_n)$ aus (1.66) existiert also eine Folge $(\acute{z}_0, \acute{z}_1, \ldots, \acute{z}_e)$ mit $\acute{z}_0 = z$, $\acute{z}_e = z'$

und $(\acute{z}_i, \acute{z}_{i+1}) \in R_1 \cup R_2 \cup R_3$ für $i = 0, 1, \ldots, e - 1$. Hierzu existiert durch geeignete Zusammenfassung eine weitere Folge $(\grave{z}_0, \grave{z}_1, \ldots, \grave{z}_p)$ mit $\grave{z}_0 = z, \grave{z}_p = z'$ und $(\grave{z}_i, \grave{z}_{i+1}) \in R_1 \cup (R_2 + R_3)$ für $i = 0, 1, \ldots, p - 1$). Demzufolge gilt auch

$$(R_1 + R_2) + R_3 = \{(z, z') \mid \exists\, (\grave{z}_0, \grave{z}_1, \ldots, \grave{z}_p)\, (\grave{z}_0 = z, \grave{z}_p = z',$$
$$(\grave{z}_i, \grave{z}_{i+1}) \in R_1 \cup (R_2 + R_3) \text{ für } i = 0, 1, \ldots, p - 1)\}.$$
$$= R_1 + (R_2 + R_3).$$

Damit ist (1.65.c) auch für die Addition bewiesen. Bleibt die Richtigkeit von (1.65.d) zu zeigen. Sie ist gegeben, wenn für alle $(z, z') \in R_1 + (R_2 \cdot R_2)$ auch $(z, z') \in R_1$ gilt und umgekehrt. Es ist

$$(z, z') \in R_1 + (R_1 \cdot R_2) \Leftrightarrow \exists\, (z_0, \ldots, z_n)\, (z_0 = z, z_n = z',$$
$$(z_i, z_{i+1}) \in R_1 \cup (R_1 \cdot R_2)$$
$$\text{für } i = 0, 1, \ldots, n - 1). \tag{1.67}$$

Wegen $R_1 \cdot R_2 = R_1 \cap R_2$ ist $R_1 \cup (R_1 \cdot R_2) = R_1 \cup (R_1 \cap R_2) = R_1$. Also gilt für alle i in (1.67): $(z_i, z_{i+1}) \in R_1$. Weil R_1 Äquivalenzrelation ist, folgt daraus, daß für alle $(z, z') \in R_1 + (R_1 \cdot R_2)$ auch gilt: $(z, z') \in R_1$. Ist umgekehrt $(z, z') \in R_1$, so existiert eine Folge $(z_0, \ldots, z_n)$, die (1.67) erfüllt. Sie ist identisch mit (z, z'). Damit ist der Satz 1.10. vollständig bewiesen.

Aus der Verbandstheorie ist bekannt, daß sich in jedem Verband eine Ordnungsrelation $\leqq$ definieren läßt, die reflexiv, antisymmetrisch und transitiv ist, und es kann gezeigt werden, daß in der durch diese Relation halbgeordneten Trägermenge des Verbands für je zwei Elemente ein Supremum und ein Infimum existieren. Es sei $V_S = (V, \cdot, +)$ der Verband der Kongruenzrelationen in einem allgemeinen dynamischen System. Wir definieren die Ordnungsrelation $\leqq$ wie folgt. Seien R_1, R_2 zwei Kongruenzrelationen aus V. Dann gilt

$$R_1 \leqq R_2 :\Leftrightarrow R_1 \cdot R_2 = R_1. \tag{1.68}$$

Die so definierte Ordnungsrelation ist reflexiv, denn $R_1 \leqq R_1$ ist wegen $R_1 \cdot R_1 = R_1$ gemäß (1.65.a) erfüllt. Sie ist antisymmetrisch, denn

$$R_1 \leqq R_2 \wedge R_2 \leqq R_1 \Rightarrow R_1 = R_2 \tag{1.69}$$

ist gegeben, weil definitionsgemäß (1.69) genau dann gilt, wenn mit $R_1 \cdot R_2 = R_1$ und $R_2 \cdot R_1 = R_2$ auch $R_1 = R_2$ ist. Wegen (1.65.b) folgt aber aus $R_1 \cdot R_2 = R_1$ auch $R_2 \cdot R_1 = R_1$ und somit sofort $R_2 = R_1$. Schließlich ist $\leqq$ auch transitiv, d. h., wenn $R_1 \leqq R_2$ und $R_2 \leqq R_3$, so auch $R_1 \leqq R_3$. Dies ist aber dann gegeben, wenn mit $R_1 \cdot R_2 = R_1$ und $R_2 \cdot R_3 = R_2$ auch $R_1 \cdot R_3 = R_1$ ist. Man erkennt sofort:

$$R_1 \cdot R_2 = R_1 \Rightarrow R_1 \cdot (R_2 \cdot R_3) = R_1 \Rightarrow (R_1 \cdot R_2) \cdot R_3 = R_1 \Rightarrow R_1 \cdot R_3 = R_1.$$

Wir zeigen, daß für beliebige Paare (R_1, R_2) ein Supremum und Infimum existieren. Es ist

$$\inf(R_1, R_2) = R_1 \cdot R_2, \tag{1.70.a}$$

$$\sup(R_1, R_2) = R_1 + R_2. \tag{1.70.b}$$

(1.70.a) gilt dann, wenn $R_1 \cdot R_2 \leqq R_1$, $R_1 \cdot R_2 \leqq R_2$ ist und für beliebige R_3 mit $R_3 \leqq R_1$, $R_3 \leqq R_2$ folgt, daß $R_3 \leqq R_1 \cdot R_2$. Zunächst gilt

$$R_1 \cdot R_2 \leqq R_1 \Leftrightarrow (R_1 \cdot R_2) \cdot R_1 = R_1 \cdot R_2, \tag{1.71.a}$$

$$R_1 \cdot R_2 \leqq R_2 \Leftrightarrow (R_1 \cdot R_2) \cdot R_2 = R_1 \cdot R_2. \tag{1.71.b}$$

Die Gültigkeit der rechten Gleichungen in (1.71) folgt sofort aus den Gleichungen (1.65). Sei nun $R_3 \leqq R_1$ und $R_3 \leqq R_2$. Es ist $R_3 \leqq R_1 \cdot R_2$ genau dann, wenn $R_3 \cdot (R_1 \cdot R_2) = R_3$ ist. Wegen $R_3 \cdot (R_1 \cdot R_2) = (R_3 \cdot R_1) \cdot R_2$ ist voraussetzungsgemäß weiter $R_3 \cdot (R_1 \cdot R_2) = R_3 \cdot R_2 = R_3$. Damit ist $R_1 \cdot R_2$ Infimum von (R_1, R_2).

(1.70.b) gilt dann, wenn $R_1 \leqq R_1 + R_2$, $R_2 \leqq R_1 + R_2$ ist und für beliebige R_3 mit $R_1 \leqq R_3$, $R_2 \leqq R_3$ auch $R_1 + R_2 \leqq R_3$ ist. Zunächst gilt

$$R_1 \leqq R_1 + R_2 \Leftrightarrow R_1 \cdot (R_1 + R_2) = R_1, \tag{1.72.a}$$

$$R_2 \leqq R_1 + R_2 \Leftrightarrow R_2 \cdot (R_1 + R_2) = R_2. \tag{1.72.b}$$

Die rechten Seiten von (1.72) sind infolge (1.65.d) unmittelbar erfüllt. Sei nun $R_1 \leqq R_3$ und $R_2 \leqq R_3$. Es ist $R_1 + R_2 \leqq R_3$ genau dann, wenn $(R_1 + R_2) \cdot R_3 = R_1 + R_2$ ist. Um die Gültigkeit dieser Gleichung zu zeigen, gehen wir davon aus, daß für zwei Elemente $R_1, R_2 \in V$ eines Verbands gilt

$$R_1 \cdot R_2 = R_1 \Leftrightarrow R_1 + R_2 = R_2. \tag{1.73}$$

Das kann man sofort einsehen. Es sei $R_1 \cdot R_2 = R_1$. Dann ist $R_1 + R_2 = (R_1 \cdot R_2) + R_2 = R_2$ nach (1.65.d). Ist umgekehrt $R_1 + R_2 = R_2$, so $R_1 \cdot (R_1 + R_2) = R_1 \cdot R_2 = R_1$, wieder gemäß (1.65.d). Mit (1.73) ist nun $(R_1 + R_2) \cdot R_3 = R_1 + R_3$ genau dann, wenn $(R_1 + R_2) + R_3 = R_3$ ist. Aus (1.65.c) folgt $R_1 + (R_2 + R_3) = R_3$, und wegen $R_2 \leqq R_3$ und somit $R_2 + R_3 = R_3$ wird daraus $R_1 + R_3 = R_3$. Diese Gleichheit ist aber gegeben, weil $R_1 \leqq R_3$ ist. Also ist $R_1 + R_2$ das Supremum von (R_1, R_2). Wir fassen die Überlegungen zur Schlußfolgerung zusammen.

Folgerung 1.8. Der Verband $V_S = (V, \cdot, +)$ der Kongruenzrelationen in einem allgemeinen dynamischen System S ist eine reflexive Halbordnung $(V, \leqq)$ mit der nach (1.68) definierten Ordnungsrelation $\leqq$, in der für jedes Paar $(\mathsf{R}_1, \mathsf{R}_2)$ ein Infimum und ein Supremum existieren. Infimum und Supremum sind durch (1.70) festgelegt.

Beim Beweis des Satzes 1.10. haben wir keinen Gebrauch machen müssen von den spezifischen Eigenschaften der Kongruenzrelationen in der Menge V. Der Satz 1.10. gilt also auch für andere Relationsmengen, die bezüglich der durch (1.67) definierten Operationen abgeschlossen sind und bei denen durch diese Operationen wieder Relationen des gleichen Typs entstehen. Das ist z. B. bei Äquivalenzrelationen der Fall. Seien R, R' zwei Äquivalenzrelationen in der Zustandsmenge eines Systems. Dann ist $\mathsf{R} \cdot \mathsf{R}'$ ebenfalls Äquivalenzrelation, ebenso $\mathsf{R} + \mathsf{R}'$. Wir zeigen dies zunächst für die Multiplikation.

Aus $(z, z) \in \mathsf{R}$ und $(z, z) \in \mathsf{R}'$ folgt $(z, z) \in \mathsf{R} \cdot \mathsf{R}'$ für alle $z \in Z$. Aus $(z, z') \in \mathsf{R} \cdot \mathsf{R}'$ folgt $(z, z') \in \mathsf{R}$ und $(z, z') \in \mathsf{R}'$, hieraus $(z', z) \in \mathsf{R}$ und $(z', z) \in \mathsf{R}'$ und somit $(z', z) \in \mathsf{R} \cdot \mathsf{R}'$ für alle $z, z' \in Z$. Schließlich folgt aus $(z, z') \in \mathsf{R} \cdot \mathsf{R}'$ und $(z', z'') \in \mathsf{R} \cdot \mathsf{R}'$ zunächst $(z, z') \in \mathsf{R}, (z, z') \in \mathsf{R}', (z', z'') \in \mathsf{R}$ und $(z', z'') \in \mathsf{R}'$. Daraus folgt weiter $(z, z'') \in \mathsf{R}$ und $(z, z'') \in \mathsf{R}'$ und somit $(z, z'') \in \mathsf{R} \cdot \mathsf{R}'$ für alle $z, z', z'' \in Z$.

Für die Addition folgt aus $(z, z) \in \mathsf{R}$ und $(z, z) \in \mathsf{R}'$ ebenfalls $(z, z) \in \mathsf{R} + \mathsf{R}'$. Aus $(z, z') \in \mathsf{R} + \mathsf{R}'$ folgt die Existenz einer Folge $z, z_1, \ldots, z_n, z'$ mit der Eigenschaft, daß ein geordnetes Paar aus je zwei benachbarten Zuständen dieser Folge Element von R oder R' ist. Deshalb existiert zu jedem solchen Paar (z_i, z_{i+1}) ein Paar (z_{i+1}, z_i), das Element von R oder R' ist, und demnach gibt es zu der Folge $z, \ldots, z'$ eine Folge $z', \ldots, z$ mit der Eigenschaft, daß je zwei benachbarte Zustände ein geordnetes Paar ergeben, das zu R oder R' gehört. Folglich ist mit $(z, z') \in \mathsf{R} + \mathsf{R}'$ auch $(z', z) \in \mathsf{R} + \mathsf{R}'$. Ist schließlich $(z, z') \in \mathsf{R} + \mathsf{R}'$ und $(z', z'') \in \mathsf{R} + \mathsf{R}'$, folgt die Existenz einer Folge $z, \ldots, z'$ und einer Folge $z', \ldots, z''$ mit der Eigenschaft, daß in beiden Folgen zwei benachbarte Zustände ein geordnetes Paar ergeben, das zu R oder R' gehört. Also existiert auch die Folge $z, \ldots, z''$ mit derselben Eigenschaft und $(z, z'') \in \mathsf{R}_1 + \mathsf{R}_2$.

Folgerung 1.9. Es sei V' die Menge aller Äquivalenzrelationen in der Zustandsmenge eines allgemeinen dynamischen Systems. In dieser Menge seien Addition und Multiplikation nach (1.64) definiert. Dann ist $V_S' = (V', \cdot, +)$ ein Verband, der auch als Halbordnung $(V', \leqq)$ mit dem durch (1.70) definierten Infimum und Supremum für jedes Paar $(\mathsf{R}, \mathsf{R}')$ geschrieben werden kann.

Schließlich können wir aus dem Beweis von Satz 1.9. folgern, daß dieser Satz auch für Äquivalenzrelationen in Z gelten muß, für die aus $(z, z') \in \mathsf{R}$

auch $(f_t(z, p), f_t(z', p)) \in \mathsf{R}$ für beliebige $z, z' \in Z$, $p \in X$, $t \in T$ folgt. Wir nennen solche Relationen Quasikongruenzrelationen.

Definition 1.11. Z sei die Zustandsmenge eines allgemeinen dynamischen Systems S und R eine Äquivalenzrelation in Z. Dann heißt R *Quasikongruenzrelation* in S, wenn für beliebige $(z, z') \in \mathsf{R}$, $p \in X$ und $t \in T$ gilt

$$(f_t(z, p), f_t(z', p)) \in \mathsf{R}. \tag{1.74}$$

Die Quasikongruenzrelationen spielen eine bedeutende Rolle bei der Dekomposition von Systemen.

Folgerung 1.10. Es sei V^+ die Menge aller Quasikongruenzrelationen in S. In V^+ seien Addition und Multiplikation nach (1.64) definiert. Dann ist $V_S{}^+ = (V^+, \cdot, +)$ ein Verband. Er kann als Halbordnung $(V^+, \leqq)$ mit dem durch (1.70) definierten Infimum und Supremum für jedes Paar $(\mathsf{R}, \mathsf{R}')$ geschrieben werden.

Wenn $V_S = (V, \cdot, +)$ ein Verband ist, so wird $V_S' = (V', \cdot, +)$ ein *Teilverband* genannt, wenn $V' \subseteqq V$ und mit $R, R' \in V'$ auch $R \cdot R' \in V'$ und $\mathsf{R} + \mathsf{R}' \in V'$ ist. Wir schreiben dafür: $V_S' \subseteqq V_S$. Aus den bisherigen Überlegungen erhält man damit eine weitere Folgerung.

Folgerung 1.11. Es bezeichne $V_S = (V, \cdot, +)$ den Verband aller Kongruenzrelationen in einem allgemeinen dynamischen System. $V_S{}^+ = (V^+, \cdot, +)$ bezeichne den Verband aller Quasikongruenzrelationen in S und $V_S' = (V', \cdot, +)$ den Verband aller Äquivalenzrelationen in der Zustandsmenge von S. Dann ist $V_S \subseteqq V_S{}^+$, $V_S \subseteqq V_S'$ und $V_S{}^+ \subseteqq V_S'$.

1.2.2. (X, Y, Z)-Homomorphie

Wir lassen jetzt die Voraussetzung fallen, daß die Mengen A, X, B, Y der beiden zu vergleichenden Systeme gleich sind, behalten aber gleiche Zeitmengen für beide bei. Ein allgemeiner Homomorphismus dieser Art muß natürlich auch die Signalwert- und Signalmengen von Ein- und Ausgangssignalen aufeinander beziehen.

Definition 1.12. Es seien $S = (A, X, B, Y, Z, T, F, G)$ und $S' = (A', X', B', Y', Z', T, F', G')$ zwei allgemeine dynamische Systeme und

$$H = (h_A, h_X, h_B, h_Y, H_Z) \tag{1.75.a}$$

ein 5-Tupel von vier Abbildungen und einer Abbildungsfamilie:

$$h_A : A \xrightarrow{\text{auf}} A', \quad h_X : X \xrightarrow{\text{auf}} X', \quad h_B : B \xrightarrow{\text{auf}} B', \quad h_Y : Y \xrightarrow{\text{auf}} Y' \tag{1.75.b}$$

$$H_Z = (h_t)_{t \in T} \quad \text{mit} \quad h_t : Z \xrightarrow{\text{auf}} Z'. \tag{1.75.c}$$

Dann heißt H ein (X, Y, Z)-*Homomorphismus* von S auf S', wenn folgende Bedingungen erfüllt sind:

1. $D(h_X(p)) = D(p)$ für alle $p \in X$; (1.75.d)

2. $D(h_Y(y)) = D(y)$ für alle $y \in Y$; (1.75.e)

3. $h_X(p)(t) = h_A(p(t))$ für alle $t \in D(p)$, $p \in X$; (1.75.f)

4. $h_Y(y)(t) = h_B(y(t))$ für alle $t \in D(y)$, $y \in Y$; (1.75.g)

5. $h_{t+t_p}(f_t(z, p)) = f_t'(h_t(z), h_X(p))$ für alle $z \in Z$, $p \in X$, $t \in T$; (1.75.h)

6. $h_Y(g_t(z, p)) = g_t'(h_t(z), h_X(p))$ für alle $z \in Z$, $p \in X$, $t \in T$. (1.75.i)

S' heißt (X, Y, Z)-*homomorphes Bild* von S, wenn es einen (X, Y, Z)-Homomorphismus von S auf S' gibt. Es heißt dann auch einfach homomorph zu S. Sind alle Abbildungen eineindeutig, so heißt der Homomorphismus (X, Y, Z)-Isomorphismus. Sind die Abbildungen (1.75.b, c) nicht surjektiv, so heißt H Homomorphismus von S in S'.

Die Bedingungen 1—4 stellen Verträglichkeitsbedingungen dar, während die Bedingungen 5—6 strukturerhaltender Natur sind. Sie sichern, daß die Verknüpfung der Variablen durch die Systemabbildungen in beiden Systemen den gleichen Gesetzmäßigkeiten gehorchen, d. h. in einem gewissen Sinne invariant bleiben. In Abb. 1.7. drückt sich das darin aus, daß das Diagramm kommutativ ist.

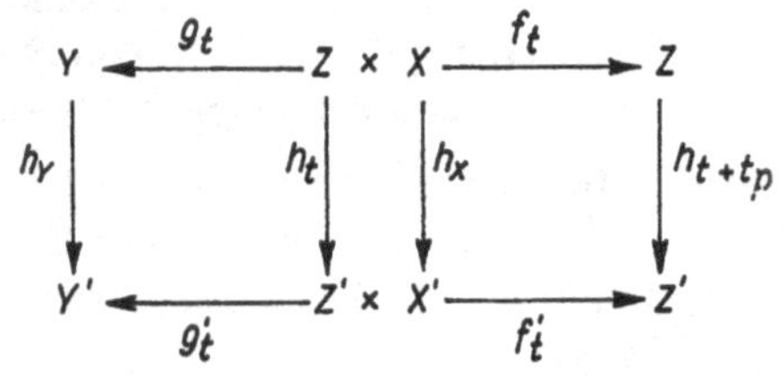

Abb. 1.7. (X, Y, Z)-Homomorphismus

Wir werden, wenn keine Mißverständnisse möglich sind, (X, Y, Z)-Homomorphismen bzw. -Isomorphismen einfach als Homomorphismen bzw. Isomorphismen bezeichnen. Um auszudrücken, daß ein Homomorphismus von S auf S' vorliegt, schreiben wir auch $H : S \xrightarrow{\sim} S'$. Das Symbol $S \xrightarrow{\sim} S'$ drückt also einen Homomorphismus von S auf S' aus.

Wenn für alle $t_0, t_1 \in T$ $h_{t_0} = h_{t_1} = h$ ist, kann H_Z durch $h : Z \xrightarrow{\text{auf}} Z'$ ersetzt werden, und wir nennen dann $H = (h_A, h_X, h_B, h_Y, h)$ einen *stationären* (X, Y, Z)-Homomorphismus. Wir betrachten in diesem Kapitel zeitinvariante Systeme und stationäre Homomorphismen.

Satz 1.11. $S = (A, X, B, Y, Z, T, f, g)$ und $S' = (A', X', B', Y', Z', T', f', g')$ seien zwei zeitinvariante allgemeine dynamische Systeme und H ein stationärer (X, Y, Z)-Homomorphismus von S auf S'. Dann gilt:

1. Ist S vom Zustand $z \in Z$ zusammenhängend, so ist S' vom Zustand $h(z) \in Z'$ zusammenhängend.
2. Ist S stark zusammenhängend, so auch S'.

Beweis. 1. Weil S vom Zustand z zusammenhängend ist, wird jedes $\acute{z} \in Z$ von z erzeugt, d. h., die Menge aller $f(z, p)$ mit $p \in X$ macht die volle Zustandsmenge aus. Da h surjektiv ist, gilt $W(h) = Z'$. Es kann also zu keinem Zeitpunkt ein $z' \in Z'$ geben, das nicht Bild wenigstens eines Zustands aus Z ist. Für jeden beliebigen Zustand $z' \in Z'$ gibt es also ein $p \in X$, so daß $h\bigl(f(z, p)\bigr) = f'\bigl(h(z), h_X(p)\bigr)$ gilt. Demnach ist jeder Zustand $z' \in Z'$ durch $h(z)$ erzeugt und S' vom Zustand $h(z)$ zusammenhängend.

2. Weil S stark zusammenhängend ist, wird jeder beliebige Zustand $\acute{z} \in Z$ von jedem beliebigen Zustand aus Z erzeugt. Die Überlegungen zu Punkt 1 treffen also auf jeden beliebigen Zustand $z \in Z$ zu und deshalb ist auch S' stark zusammenhängend.

Satz 1.12. Seien $S = (A, X, B, Y, Z, T, f, g)$ und $S' = (A', X', B', Y', Z', T, f', g')$ zwei zeitinvariante allgemeine dynamische Systeme mit den Kernen $K(S)$ und $K(S')$ und H ein stationärer (X, Y, Z)-Homomorphismus von S auf S'. Dann bildet H den Kern von S auf den Kern von S' ab, d. h., die Zustandsmenge von $K(S)$ wird auf die Zustandsmenge $K(S')$ abgebildet.

Beweis. Definitionsgemäß (vgl. Definition 1.4.) ist $K(S) = (A, X, B, Y, \tilde{Z}, T, \tilde{f}, \tilde{g})$ und $K(S') = (A', X', B', Y', \tilde{Z}', T, \tilde{f}', \tilde{g}')$ mit den auf $\tilde{Z} \times X$ bzw. $\tilde{Z}' \times X'$ eingeschränkten Abbildungen $\tilde{f}$, $\tilde{g}$ bzw. $\tilde{f}'$, $\tilde{g}'$. Es muß gezeigt werden, daß für beliebige $z \in \tilde{Z}$ auch $h(z) \in \tilde{Z}'$ gilt.

Sei $z \in \tilde{Z}$. Dann ist $h(z) \in \tilde{Z}'$. Es gibt nämlich ein $(\underline{z}, \underline{p}) \in Z \times X$ derart, daß $z = f(\underline{z}, \underline{p})$, ist. Folglich ist $h(z) = h\bigl(f(\underline{z}, \underline{p})\bigr)$. Wegen der Homomorphieeigenschaft ist aber auch $h\bigl(f(\underline{z}, \underline{p})\bigr) = f'\bigl(h(\underline{z}), h_X(\underline{p})\bigr)$ und somit $h(z) = f'\bigl(h(\underline{z}), h_X(\underline{p})\bigr)$. Also gehört $h(z)$ zur Zustandsmenge des Kerns von S'.

h bildet $\tilde{Z}$ auf $\tilde{Z}'$ ab, wenn in $\tilde{Z}'$ kein Zustand existiert, der nicht Bild wenigstens eines Zustands aus $\tilde{Z}$ ist. Sei $z \in Z \setminus \tilde{Z}$ und $h(z) \in \tilde{Z}'$. Dann existiert ein $(\underline{z}', \underline{p}') \in Z' \times X'$ derart, daß $f'(\underline{z}', \underline{p}') = h(z)$ ist. Zu $\underline{z}'$, $\underline{p}'$ existieren ein $z^* \in Z$ und ein $p^* \in X$ mit $\underline{z}' = h(z^*)$ und $\underline{p}' = h_X(p^*)$. Also ist $h(z) = f'\bigl(h(z^*), h_X(p^*)\bigr)$, und wegen der Homomorphieeigenschaft ist dann auch $h(z) = h\bigl(f(z^*, p^*)\bigr)$.

Wegen $f(z^*, p^*) \in \tilde{Z}$ ist $h(z)$ also Bild eines Zustands aus $\tilde{Z}$. Die Schlußfolgerung, daß notwendig $f(z^*, p^*) = z$ und z damit Element von $\tilde{Z}$ ist, was ein Widerspruch zur Voraussetzung wäre, kann nicht gezogen werden, weil h durchaus verschiedenen Zuständen aus Z denselben Zustand aus Z' zuordnen kann. Deshalb kann ein Zustand aus $\tilde{Z}'$ gleichzeitig Bild eines Zustands aus $\tilde{Z}$ und eines solchen aus $Z \setminus \tilde{Z}$ sein, aber es gibt im Kern eines stationär (X, Y, Z)-homomorphen Bildes eines zeitinvarianten dynamischen Systems S keinen Zustand, der nicht Bild wenigstens eines Zustands aus $K(S)$ ist.

1.2.3. Äquivalenz

Der Äquivalenzbegriff bezieht sich auf die Gleichwertigkeit zweier Systeme im Hinblick auf ihr Eingangs-Ausgangs-Verhalten. Wenn zwei Systeme das gleiche Eingangs-Ausgangs-Verhalten besitzen, kann man sie als gleichwertig oder äquivalent ansehen, sofern das Zustandsverhalten nicht weiter interessiert, und man kann sie gegeneinander austauschen. Ein in dieser Hinsicht geführter Vergleich impliziert natürlich, daß beide Systeme die gleichen Ein- und Ausgangsmengen besitzen, denn andernfalls gäbe es Eingangsfunktionen, die nur von einem System verarbeitet, und Ausgangsfunktionen, die auch nur bei einem System auftreten könnten. Auch die Zeitmengen beider Systeme müssen aus ähnlichen Gründen gleich sein. Beide Systeme unterscheiden sich also in der Zustandsmenge und in den Abbildungsfamilien.

Definition 1.13. Es seien $S = (A, X, B, Y, Z, T, F, G)$ und $S' = (A, X, B, Y, Z', T, F', G')$ zwei allgemeine dynamische Systeme.

1.13.1. Zwei Zustände $z \in Z$ und $z' \in Z'$ heißen

a) t-äquivalent ($z \overset{t}{\sim} z'$), wenn für alle $p \in X$ die Gleichung $g_t(z, p) = g_t'(z', p)$ gilt;

b) äquivalent ($z \sim z'$), wenn für alle $t \in T$ $z \overset{t}{\sim} z'$ ist.

1.13.2. S und S' heißen

a) t-äquivalent ($S \overset{t}{\sim} S'$), wenn zu jedem Zustand $z \in Z$ ein t-äquivalenter Zustand $z' \in Z'$ existiert und umgekehrt;

b) äquivalent ($S \approx S'$), wenn zu jedem Zustand $z \in Z$ und zu jedem $t \in T$ ein t-äquivalenter Zustand $z' \in Z'$ existiert und umgekehrt;

c) stationär äquivalent ($S \sim S'$), wenn es zu jedem Zustand $z \in Z$ einen äquivalenten Zustand $z' \in Z$ gibt und umgekehrt.

Natürlich kann die t-Äquivalenz bzw. Äquivalenz zweier Zustände auch für die Zustände eines Systems festgestellt werden. In (1.31.1) ist dann einfach $Z' = Z$ und $g_t' = g_t$ zu setzen. Die Zustandsmenge eines Systems kann paarweise äquivalente bzw. t-äquivalente und/oder paarweise t-inäquivalente bzw. inäquivalente Zustände besitzen.

Diese Äquivalenzbegriffe stellen Verallgemeinerungen von entsprechenden Begriffen für abstrakte Automaten dar, wie sie bei DAUSCHA u. a. [1] zu finden sind. Sie drücken unterschiedlich strenge Äquivalenzforderungen aus. Bei t-äquivalenten Systemen ist die Äquivalenz der Systeme nur im Zeitpunkt t gegeben; zu anderen Zeiten brauchen diese Systeme nicht äquivalent zu sein. Bei äquivalenten Systemen existiert zu jedem Zeitpunkt ein für diesen Zeitpunkt äquivalenter Zustand, aber nicht notwendig immer der gleiche. Diese Systeme sind also zu jedem Zeitpunkt äquivalent, aber dabei verändert sich ständig die Äquivalenzstruktur zusammengehöriger Zustände. Dagegen sind in stationär äquivalenten Systemen zwei Zustände, die für irgendeinen Zeitpunkt $t \in T$ äquivalent sind, auch für alle anderen Zeitpunkte äquivalent. Es ist offensichtlich, daß aus der stationären Äquivalenz zweier Systeme ihre Äquivalenz und aus dieser ihre t-Äquivalenz folgen.

Folgerung 1.12. Stationär äquivalente Systeme sind äquivalent. Äquivalente Systeme sind t-äquivalent.

Im Falle zeitinvarianter Systeme fallen alle drei Begriffe insofern zusammen, als alle erfüllt sind, wenn nur einer es ist. Es genügt dann, von Äquivalenz zu sprechen.

Satz 1.13. Es seien $S = (A, X, B, Y, Z, T, F, G)$ und $S' = (A, X, B, Y, Z', T, F', G')$ zwei allgemeine dynamische Systeme mit der Eigenschaft, daß mit jedem $p \in X$ auch alle $p_{(0,s]}$ zu X gehören. Für die Zustände $z \in Z$ von S und $z' \in Z'$ von S' gilt dann:

z ist genau dann äquivalent zu z', wenn $g_t(z, p)\,(t + t_p) = g_t'(z', p)\,(t + t_p)$ für alle $t \in T$, $p \in X$ gilt.

Beweis. 1. Wenn $z \sim z'$ ist, so ist nach Definition $z \overset{t}{\sim} z'$ für alle $t \in T$, also $g_t(z, p) = g_t'(z', p)$ für alle $t \in T$, $p \in X$. Daraus folgt $g_t(z, p)\,(t + t_p) = g_t'(z', p)\,(t + t_p)$.

2. Umgekehrt muß gezeigt werden, daß aus $g_t(z, p)\,(t + t_p) = g_t'(z, p)\,(t + t_p)$ für alle $t \in T$, $p \in X$ die Äquivalenz von z und z' folgt, d. h., $g_t(z, p) = g_t'(z', p)$ für alle $t \in T$, $p \in X$. Es muß also gezeigt werden, daß mit $g_t(z, p)\,(t + t_p) = g_t'(z', p)\,(t + t_p)$ auch $g_t(z, p)\,(t + s) = g_t'(z', p)\,(t + s)$ für beliebige $s \in D(p)$ gilt. Wegen $p_{(0,s]} \in X$ folgt aus der Voraussetzung, daß $g_t(z, p_{(0,s]})\,(t + s) = g_t'(z', p_{(0,s]})\,(t + s)$ für beliebige $s \in D(p)$ gilt. Wegen der Kausalitätseigenschaft des Systems ist mit $p = p_{(0,s]}\,q$:

$$g_t(z, p_{(0,s]}q) = g_t(z, p_{(0,s]})\, g_{t+s}\big(f_t(z, p_{(0,s]}), q\big),$$

$$g_t'(z', p_{(0,s]}q) = g_t'(z', p_{(0,s]})\, g_{t+s}'\big(f_t'(z' p_{(0,s]}), q\big).$$

Aus der Verknüpfungsdefinition folgt

$$g_t(z, p)\,(t + s) = g_t(z, p_{(0,s]})\,(t + s)\,,$$

$$g_t'(z', p)\,(t + s) = g_t'(z', p_{(0,s]})\,(t + s)\,.$$

Dann ist aber wegen $g_t(z, p_{(0,s]})\,(t + s) = g_t'(z', p_{(0,s]})\,(t + s)$ auch $g_t(z, p)$ $(t + s) = g_t'(z', p)\,(t + s)$ für beliebige $s \in D(p)$. Damit ist Satz 1.13. vollständig bewiesen.

Satz 1.14. Es seien $S = (A, X, B, Y, Z, T, F, G)$ und $S' = (A, X, B, Y, Z', T, F', G')$ zwei allgemeine dynamische Systeme. Zu jedem $z' \in Z'$ von S' existiere ein äquivalenter Zustand $z \in Z$ von S. Dann gibt es ein Z-Teilsystem von S, das zu S' stationär äquivalent ist.

Beweis. Es sei $\underline{Z}$ die Menge aller Zustände aus Z, für die ein äquivalenter Zustand $z' \in Z'$ existiert. Offensichtlich ist $\underline{Z} \subseteq Z$. Sei $\underline{z} \in \underline{Z}$. Dann ist $f_t(\underline{z}, p)$ $\in \underline{Z}$ für beliebige $p \in X$ immer erfüllt. Denn zu $\underline{z}$ existiert ein äquivalenter Zustand $z' \in Z'$ von S' und aus $g_t(\underline{z}, pq) = g_t'(z', pq)$ folgt $g_t(\underline{z}, p)\, g_{t+t_p}\big(f_t(\underline{z}, p), q\big) = g_t'(z', p)\, g'_{t+t_p}\big(f_t'(z', p), q\big)$. Wegen $g_t(\underline{z}, p) = g_t'(z', p)$ ist $g_{t+t_p}\big(f_t(\underline{z}, p), q\big)$ $= g'_{t+t_p}\big(f_t(\underline{z}', p), q\big)$ und $f_t(\underline{z}, p)$ ist äquivalent zu $f_t'(z', p)$, gehört also zu $\underline{Z}$. $\underline{f}_t$ und $\underline{g}_t$ sollen die Einschränkungen von f_t, g_t auf $\underline{Z}$ bezeichnen. Dann ist $\underline{S} = \big(A, X, B, Y, \underline{Z}, T, (\underline{f}_t)_{t \in T}\big)$ ein Z-Teilsystem von S, das zu S' stationär äquivalent ist.

Wir wollen nun noch einige Aussagen über den Zusammenhang von Äquivalenz und Homomorphie formulieren. Aus den Definitionen folgt, daß zustandsisomorphe Systeme äquivalent und stationär zustandsisomorphe Systeme stationär äquivalent sind. Aber natürlich ist die Umkehrung dieser Feststellung i. allg. nicht richtig, weil die Zahl der zueinander äquivalenten Zustände in den Vergleichsystemen verschieden sein kann, was sicher die Konstruktion eines Isomorphismus von dem einen auf das andere System unmöglich macht. Allgemeiner gelten, wie man ebenfalls aus den Definitionen unmittelbar ableiten kann, folgende Aussagen.

Folgerung 1.13. Es seien $S = (A, X, B, Y, Z, T, F, G)$ und $S' = (A, X, B, Y, Z', T, F', G')$ zwei allgemeine dynamische Systeme, $H = (h_t)_{t \in T}$ sei ein Z-Homomorphismus von S auf S'. Es gilt:

(1.13.1) S und S' sind äquivalent ($S \approx S'$).

(1.13.2) Wenn $H = h$ ein stationärer Homomorphismus von S auf S' ist, dann sind S und S' stationär äquivalent ($S \sim S'$).

Weil H ein Z-Homomorphismus von S auf S' ist, existiert für alle $t \in T$, $z \in Z$ ein $h_t(z)$ mit $h_t(z) \overset{t}{\sim} z$. Weil der Homomorphismus eine Folge von surjektiven Abbildungen ist, existiert aber auch zu jedem $z' \in Z'$ ein $z \in Z$ mit $z' = h_t(z)$. Daraus folgt (1.13.1). (1.13.2) ergibt sich einfach daraus, daß für alle $z \in Z$ stets $h(z) \sim z$ ist, wenn H ein stationärer Z-Homomorphismus ist.

Satz 1.15. $\mathfrak{S}$ bezeichne die Menge aller zu einem allgemeinen dynamischen System $S = (A, X, B, Y, Z, T, F, G)$ stationär äquivalenten Systeme. In dieser Menge gibt es bis auf Z-Isomorphie genau ein System, auf das sich jedes System aus $\mathfrak{S}$ stationär Z-homomorph abbilden läßt. Die Zustände dieses Systems sind *paarweise inäquivalent.*

Beweis. Nach dem Homomorphiesatz 1.8. für allgemeine dynamische Systeme läßt sich zu dem System S ein homomorphes Faktorsystem S' so konstruieren, daß dessen Zustände gerade die Klassen äquivalenter Zustände von S sind und daß dessen Überführungs- und Ergebnisfunktion durch (1.61.d, f) festgelegt sind. Die der Äquivalenzklassenbildung in S zugrunde liegende Äquivalenzrelation ist wieder eine Kongruenzrelation, die (1.55) erfüllt. Sind nämlich $z, z' \in Z$ äquivalente Zustände von S, so gilt für alle $t \in T$, $p, q \in X$: $g_t(z, p) = g_t(z', p)$ und $g_t(z, p)\, g_{t+t_p}(f_t(z, p), q) = g_t(z', p)\, g_{t+t_p}(f_t(z), p), q)$. Hieraus folgt mit der Grundeigenschaft $yy_1 = yy_2 \Rightarrow y_1 = y_2$ der Verkettungsoperation, daß für alle $t \in T$ und $p, q \in X$ $g_{t+t_p}(f_t(z, p), q) = g_{t+t_p}(f_t(z', p), q)$ gilt. Das bedeutet aber gerade, daß $f_t(z, p) \overset{t}{\sim} f_t(z', p)$ für alle t ist, d. h., daß die Folgezustände zweier äquivalenter Zustände wieder äquivalent sind.

Das auf diese Weise konstruierte Faktorsystem S' besitzt paarweise inäquivalente Zustände. Es seien $[z]$, $[z']$ einander äquivalente Zustände des Faktorsystems. Dann kann aus jeder dieser Äquivalenzklassen ein Zustand z, z' ausgewählt werden. Weil das Faktorsystem S' ein stationär homomorphes Bild von S ist, sind S und S' stationär äquivalent. S' gehört also zur Menge $\mathfrak{S}$. Damit ist z äquivalent zu $[z]$ und z' äquivalent zu $[z']$. Wegen der Symmetrie und Transitivität der Äquivalenz von Zuständen sind dann aber auch z und z' zueinander äquivalent, und folglich gehören sie der gleichen Äquivalenzklasse an, d. h., es ist $[z] = [z']$. Also sind die Zustände des konstruierten Systems S' paarweise inäquivalent. Aus dem Homomorphiesatz folgt nun aber auch, daß ein Isomorphismus von S' auf ein zu S homomorphes System S'' existiert, so daß das System mit paarweise inäquivalenten Zuständen, auf das sich S homomorph abbilden läßt, nur bis auf Isomorphie bestimmt ist.

Es bleibt noch zu zeigen, daß sich jedes andere System aus $\mathfrak{S}$ stationär Z-homomorph auf S' abbilden läßt. Es sei S'' jetzt ein beliebiges anderes System aus $\mathfrak{S}$, das demnach auch stationär äquivalent zu S' ist. Folglich gibt es zu jedem Zustand z von S'' einen äquivalenten Zustand $[z]$ von S'. Da die Zustände von S' paarweise inäquivalent sind, kann es zu jedem Zustand von S'' nur einen ihm äquivalenten Zustand von S' geben. Somit gibt es eine eindeutige Abbildung h'' von der Menge Z'' des Systems S'' in die Zustandsmenge Z' von S'. Wegen der stationären Äquivalenz von S' und S'' ist aber auch jeder Zustand von S' wenigstens einem Zustand von S'' äquivalent, so daß bei der Abbildung h'' alle Zustände von S' als Bilder auftreten und h'' somit eine surjektive Abbildung ist, also eine Abbildung von Z'' auf Z'. Es gibt nun zwei Möglichkeiten. Entweder sind die Zustände von S'' paarweise inäquivalent. Dann ist h'' umkehrbar eindeutig. Oder mehrere Zustände von S'' sind einem äquivalenten Zustand von S' zugeordnet. Dann ist h'' eine eindeutige Abbildung. Im ersten Fall ist h'' ein Isomorphismus, im zweiten Fall ein Homomorphismus von S'' auf S'. Denn aus der Äquivalenz der Zustände $z \in Z''$ und $h''(z) \in Z'$ folgt $g_t''(z, p) = g_t'(h''(z), p)$. Ferner folgt analog zu früheren Überlegungen, daß die Folgezustände von z und $h''(z)$ auch äquivalent sind. Das heißt aber, daß $h''(f_t''(z, p)) = f_t'(h''(z), p)$ ist. Also liegt tatsächlich ein Homomorphismus vor. Damit ist Satz 1.15. vollständig bewiesen.

Abschließend wollen wir noch drei Schlußfolgerungen ziehen.

Folgerung 1.14. Die Mächtigkeit der Zustandsmenge des Systems S', auf das sich jedes System aus der Menge $\mathfrak{S}$ aller zu einem allgemeinen dynamischen System S stationär äquivalenten Systeme stationär Z-homomorph abbilden läßt, ist nicht größer als die Mächtigkeit irgendeines Systems aus $\mathfrak{S}$.

Dies folgt aus der Möglichkeit, die Zustände irgendeines der Systeme aus $\mathfrak{S}$ eindeutig auf die von S' abbilden zu können.

Folgerung 1.15. Wenn es zu zwei allgemeinen dynamischen Systemen S, S' ein drittes System S'' derart gibt, daß sich S'' sowohl stationär Z-homomorph auf S als auch auf S' abbilden läßt, so sind die Systeme S und S' äquivalent.

Folgerung 1.16. Es seien $S = (A, X, B, Y, Z, T, F, G)$ und $S' = (A, X, B$ $Y, Z', T, F', G')$ zwei stationär äquivalente allgemeine dynamische Systeme aus $\mathfrak{S}$. S'' sei das System aus $\mathfrak{S}$, auf das sich alle Systeme aus $\mathfrak{S}$ stationär Z-homomorph abbilden lassen. Dann existiert ein stationärer Z-Homomorphismus von S auf S' dann und nur dann, wenn für alle $[z] \in Z''$ von S'' gilt

$$U_{h'}([z]) \subseteq U_h([z]).$$

$U_{h'}([z])$ bzw. $U_h([z])$ bezeichnet hierbei die Menge aller Urbilder von $[z]$ bei der Abbildung h' bzw. h. Es ist klar, daß die Zustände der beiden Mengen $U_{h'}([z])$ und $U_h([z])$ äquivalent sind. Eine eindeutige Abbildung von $U_h([z])$ auf $U_{h'}([z])$ ist aber nur dann möglich, wenn letztere eine Teilmenge von $U_h([z])$ ist. Und natürlich muß dies für jedes $[z] \in Z''$ gelten. Andererseits ist damit auch klar, daß aus der Existenz zweier stationär äquivalenter Systeme nicht notwendig die Existenz eines stationären Z-Homomorphismus von einem der beiden Systeme auf das andere folgt.

1.3. Reduktion zeitinvarianter Systeme

1.3.1. Allgemeine Zustandsreduktion

Die Homomorphie- und Äquivalenzbetrachtungen über allgemeine dynamische Systeme legen den Gedanken nahe, Systeme äquivalent zu vereinfachen. Damit ist gemeint, daß vereinfachtes und originales System Äquivalenzeigenschaften gemäß Definition 1.13. besitzen, sich in den Zustandsmengen aber zugunsten des vereinfachten Systems unterscheiden. Aus Gründen der größeren Einfachheit werden wir uns hier im weiteren auf den Fall *stationärer Äquivalenz* der Vergleichssysteme beschränken. Sei nun $\mathfrak{S}$ die Menge der zu einem allgemeinen dynamischen System S stationär äquivalenten Systeme. Dann wird ein System aus dieser Menge gesucht, dessen Zustandsmenge in einem gewissen Sinne vereinfacht ist; in welchem Sinne, das muß festgelegt werden. Es gibt mehrere Möglichkeiten, die nicht immer zum gleichen Ergebnis führen. Wir wollen drei Fälle diskutieren.

1. Die Zustandsmenge Z eines Systems S heißt *reduziert*, wenn für alle $z, z' \in Z$ gilt, daß sie gleich sind, wenn sie äquivalent sind:

$$z \sim z' \Rightarrow z = z'. \tag{1.76.a}$$

In der Zustandsmenge eines reduzierten Systems existieren also nur paarweise inäquivalente Zustände. Es ist einleuchtend, daß ein in diesem Sinne reduziertes System gegenüber allen nicht isomorphen stationär äquivalenten Systemen vereinfacht ist.

2. Die Zustandsmenge Z eines Systems $S \in \mathfrak{S}$ heißt *reduziert*, wenn für alle $S' \in \mathfrak{S}$ mit $S' \neq S$ gilt:

$$\operatorname{card}(Z) \leqq \operatorname{card}(Z'). \tag{1.76.b}$$

Hierbei wird die Mächtigkeit der Zustandsmenge bewertet und das System als reduziert angesehen, das die Zustandsmenge mit der niedrigsten Mächtigkeit besitzt. Im Falle von Systemen mit endlichen Zustandsmengen ergibt sich kein Unterschied zum 1. Fall, denn $\operatorname{card}(Z) < \operatorname{card}(Z')$, wenn S im Sinne von (1.76.a) reduziert ist. Wenn aber S ein System mit unendlicher Zustandsmenge ist, kann S im Sinne von (1.76.b) reduziert sein, aber nicht im Sinne von (1.76.a). Ihle gibt folgendes Beispiel dafür an (Locke/Ihle [1], S. 38).

Beispiel. S sei ein zeitdiskretes System mit $A = \{x\}$, $B = \{0, 1\}$, $Z = T = \mathbb{N}z$. X und Y seien die durch A, B, Z erzeugten freien Worthalbgruppen mit identischem Element. Das System sei zeitinvariant. Dann kann es nach

Satz 1.4. durch $(A, B, Z, \hat{f}, \hat{g})$ beschrieben werden. $\hat{f}, \hat{g}$ seien wie folgt definiert:

$$\hat{f}: Z \times A \to Z \quad \text{mit} \quad \hat{f}(k, x) = \begin{cases} k-1, & k > 0, \\ 0, & k = 0. \end{cases}$$

$$\hat{g}: Z \times A \to Z \quad \text{mit} \quad \hat{g}(k, x) = \begin{cases} 1, & k > 0, \\ 0, & k = 0. \end{cases}$$

Andererseits sei S' ein zeitinvariantes, zeitdiskretes System folgender Art.

$$A = \{x\}, \; B = \{0, 1\}, \; Z' = \mathbb{N}z^2, \; T = \mathbb{N}z$$

$$\hat{f}'(k_1, k_2, x) = (k_1', k_2'), \quad k_i' = \begin{cases} k_i' - 1, & k_i' > 0, \\ 0, & k_i' = 0, \end{cases} \qquad (i = 1, 2)$$

$$\hat{g}'(k_1, k_2, x) = \begin{cases} 1, & k_1 + k_2 > 0, \\ 0, & k_1 + k_2 = 0. \end{cases}$$

Die *Automatengraphen* beider Systeme sind in Abb. 1.8. dargestellt.

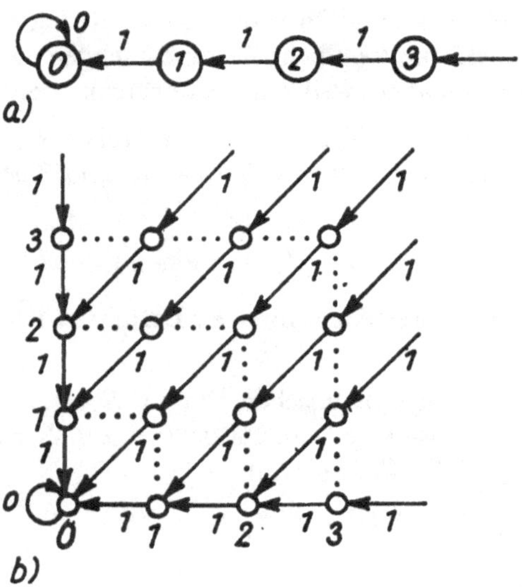

Abb. 1.8. Automatengraphen zweier zeitdiskreter Systeme

a) Graph von S

b) Graph von S'

Man sieht unmittelbar, daß alle durch gepunktete Linien verbundenen Zustände äquivalent und daß die beiden Systeme S, S' stationär äquivalent sind. Dabei sind die Zustände von S paarweise inäquivalent. Im Sinne der Reduktionsdefinition nach (1.76.a) ist daher S reduziert, das System S' dagegen nicht. Im Sinne der Reduktionsdefinition nach (1.76.b) sind dagegen beide Systeme reduziert. Es gilt nämlich $\operatorname{card}(Z) = \operatorname{card}(Z')$, weil $\operatorname{card}(Z) = \operatorname{card}(\mathbb{N}z)$, $\operatorname{card}(Z') = \operatorname{card}(\mathbb{N}z^2)$ und $\operatorname{card}(\mathbb{N}z) = \operatorname{card}(\mathbb{N}z^2)$ ist, und es gibt kein zu S und S' stationär äquivalentes System S'' mit endlicher Zustandsmenge. $\operatorname{card}(\mathbb{N}z) = \operatorname{card}(\mathbb{N}z^2)$ folgt aber daraus, daß es eine eindeutige Abbildung $h: \mathbb{N}z^2 \to \mathbb{N}z$ zwischen den Zuständen von S und S' gibt.

3. Die Zustandsmenge eines Systems $S \in \mathfrak{S}$ heißt reduziert, wenn für alle $S' \in \mathfrak{S}$ mit $S' \neq S$ gilt:

$$\dim \mathfrak{Z} \leqq \dim \mathfrak{Z}'. \tag{1.76.c}$$

Hierbei bezeichnet $\dim \mathfrak{Z}$ bzw. $\dim \mathfrak{Z}'$ die Dimension des Zustandsraums von S bzw. S'. Diese Definition wird i. allg. für zeitkontinuierliche Systeme angewendet. In unserem Beispiel ist das System S auch bei dieser Definition reduziert, S' dagegen nicht.

Diese Betrachtungen zeigen, daß die Lösung des Reduktionsproblems wesentlich durch die Art der Definition des reduzierten Systems vorbestimmt wird. Wir werden im weiteren von einem nach (1.76.a) definierten Reduktionsbegriff ausgehen, da (1.76.b) in Hinblick auf unendliche Zustandsmengen nicht zweckmäßig und (1.76.c) nicht entscheidbar ist, weil keine Raumstrukturen vorliegen.

Definition 1.14.1 Sei $S = (A, X, B, Y, Z, T, f, g)$ ein (zeitinvariantes) allgemeines dynamisches System. S heißt *reduziert*, wenn alle Zustände der Zustandsmenge paarweise inäquivalent sind, d. h.

$$(\forall\, z, z' \in Z)\,(\forall\, p \in X)\,\big(g(z, p) = g(z', p) \Rightarrow z = z'\big). \tag{1.76.d}$$

Für reduzierte, zeitinvariante Systeme im Sinne der Definition 1.14.1. gelten folgende Aussagen.

Satz 1.16. Zu jedem allgemeinen dynamischen System $S = (A, X, B, Y, Z, T, f, g)$ existiert ein reduziertes System. Es ist (bis auf Z-Isomorphie) gegeben durch $S' = (A, X, B, Y, Z', f', g')$ mit

$$Z' = \{[z] \mid z \in Z \wedge (\forall\, z' \in [z])\,(z' \sim z)\}, \tag{1.77.a}$$

$$f'([z], p) = [f(z, p)], \tag{1.77.b}$$

$$g'([z], p) = g(z, p) \tag{1.77.c}$$

für alle $p \in X$, $[z] \in Z'$, $z \in Z$.

Beweis. Den Beweis dafür, daß S' ein allgemeines dynamisches System ist, haben wir bereits früher erbracht (vgl. Satz 1.7., Satz 1.15.). Ebenfalls haben wir schon bewiesen, daß die Zustände dieses Systems paarweise inäquivalent sind (vgl. Satz 1.15.). Man kann deshalb auch sofort folgende Schlußfolgerungen ziehen.

Folgerung 1.17. Jedes zu einem allgemeinen dynamischen System S stationär äquivalente System S'' läßt sich stationär homomorph auf das zu S reduzierte System S' abbilden. S' ist zugleich das zu S'' reduzierte System.

Folgerung 1.18. Zu jedem allgemeinen dynamischen System S existiert bis auf Z-Isomorphie genau ein reduziertes System.

Für stark zusammenhängende Systeme gilt der folgende Satz.

Satz 1.17. Es seien $S = (A, X, B, Y, Z, T, f, g)$ und $S' = (A, X, B, Y, Z', T, f', g')$ zwei stark zusammenhängende reduzierte allgemeine dynamische Systeme. Dann sind S und S' *stationär äquivalent* genau dann, wenn es ein $z \in Z$ und ein $z' \in Z'$ mit $z \sim z'$ gibt.

Beweis. Wenn S und S' stationär äquivalent sind, gibt es natürlich ein $z \in Z$ und ein $z' \in Z'$ mit $z \sim z'$. Es muß also nur gezeigt werden, daß aus der Existenz von Zuständen $z \in Z$ und $z' \in Z'$ mit $z \sim z'$ auch die stationäre Äquivalenz von S, S' folgt. Es sind beide Systeme stark zusammenhängend. Also wird in S jeder Zustand von dem Zustand z und in S' jeder Zustand von z' erzeugt. Demnach ist $Z = \{f(z, p) \mid p \in X\}$ und $Z' = \{f'(z', p) \mid p \in X\}$ für die äquivalenten Zustände $z \in Z$, $z' \in Z'$. Aus der Äquivalenz von z und z' folgt aber die Äquivalenz der Folgezustände $f(z, p)$, $f(z', p)$. Dieser Sachverhalt wurde bereits mehrmals als zutreffend nachgewiesen und braucht deshalb hier nicht nochmals gezeigt zu werden. Da z, z' zwei beliebige äquivalente Zustände und S, S' beide stark zusammenhängend sind, folgt also die stationäre Äquivalenz von S und S' aus $z \sim z'$ unabhängig davon, welche Zustände z, z' als äquivalent erkannt wurden.

Folgerung 1.19. Ist das allgemeine dynamische System S vom Zustand z und das allgemeine dynamische System S' vom Zustand z' zusammenhängend, so folgt aus $z \sim z'$ stets $S \sim S'$.

Satz 1.16. ist eine Aussage, die die Existenz eines reduzierten Systems sichert. Aber es kann im Unterschied zu endlichen Automaten für allgemeine dynamische Systeme kein allgemeiner Algorithmus zur Konstruktion des reduzierten Systems gefunden werden, weil die das System definierenden Mengen auch unendliche Mengen sein können. Das bedeutet natürlich nicht, daß man in einem solchen Falle das reduzierte System nicht konstruieren kann, nur eben nicht mittels eines allgemeinen, für alle allgemeinen dynamischen Systeme gültigen Algorithmus. Vielmehr muß dann ein auf die spezielle Systemklasse zugeschnittener Algorithmus gefunden werden. Weil das allgemeine Reduktionsproblem nicht allgemein lösbar ist, betrachten wir die partielle Zustandsreduktion.

1.3.2. Partielle Zustandsreduktion

Es seien $z, z' \in Z$ zwei äquivalente Zustände eines Systems S mit $z \neq z'$. Dann kann z' eliminiert und ein stationär äquivalentes System S' mit $Z' = Z \setminus \{z\}$ konstruiert werden. Dann kann das Verfahren wiederholt werden usw. Man erhält dabei ein System, das teilweise zustandsreduziert ist. Wir nennen es *partiell zustandsreduziert*. Die folgenden Überlegungen und Aussagen zu partiell reduzierten Systemen greifen auf Ergebnisse von Ihle zurück, der sie zuerst formuliert hat (vgl. Locke/Ihle [1], S. 39—47).

Die Elimination einer Teilmenge $Z_1 \subset Z$ eines allgemeinen dynamischen Systems kann selbst dann von Interesse sein, wenn sich die Mächtigkeit der Zustandsmenge dabei nicht ändert, d. h., wenn $\operatorname{card} Z_1 = \operatorname{card} Z$ ist. So können zum Beispiel folgende zwei Fälle interessieren.

1. Es sei S ein allgemeines dynamisches System mit der Zustandsmenge $Z = \mathbb{R}$, und es gelte

$$(\forall\, z \in Z)\,(z > z_1 \Rightarrow z \sim z_1).$$

Hier sind also alle Zustände, die im Sinne einer Ordnungsrelation größer als z_1 sind, äquivalent zu z_1. Die Elimination der Teilmenge $Z_1 = \{z \mid z > z_1\}$ von Z liefert dann ein partiell reduziertes System S' mit der Zustandsmenge $Z' = Z \setminus Z_1$. Dieser Fall betrifft bestimmte Fälle nichtlinearer Systeme.

2. Es sei S ein allgemeines dynamisches System mit der Zustandsmenge $Z = \mathbb{R}^+$, und es gelte

$$(\forall\, z \in Z)\,(\exists\, z_i \in Z)\,(\exists\, z_{i+1} \in Z)$$
$$(z \notin \mathbb{N}z \wedge z_i \in \mathbb{N}z \wedge z_{i+1} \in \mathbb{N}z \wedge z_i < z < z_{i+1} \Rightarrow z \sim z_i).$$

Es sind also alle Zustände aus Z, die zwischen zwei natürlichen Zahlen liegen, der kleineren von beiden äquivalent. Dann kann die Menge $Z_1 = \mathbb{R}^+ \setminus \mathbb{N}z$ eliminiert werden, und das System S' mit $Z' = \mathbb{N}z$ ist teilweise reduziert. Dieser Fall betrifft bestimmte Abtastsysteme.

Natürlich muß in diesen beiden Fällen gesichert sein, daß die teilweise reduzierten Systeme überhaupt wieder allgemeine dynamische Systeme sind, d. h. die Systemeigenschaften eines solchen besitzen. Es ist unmittelbar einleuchtend, daß dies keineswegs immer der Fall zu sein braucht. Der folgende Satz sichert die Konstruktion eines partiell reduzierten Systems, das tatsächlich auch ein allgemeines dynamisches System ist.

Satz 1.18. Es sei $S = (A, X, B, Y, Z, T, f, g)$ ein (zeitinvariantes) allgemeines dynamisches System und $Z_1' \subset Z$ eine Teilmenge $Z_1' = Z_1 \cup \{z_1\}$ von Z mit Zuständen, von denen bekannt ist, daß sie zueinander äquivalent sind. $S' = (A, X, B, Y, Z', T, f', g')$ sei durch folgende Festlegungen bestimmt:

1. $$Z' = Z \setminus Z_1, \tag{1.78.a}$$

2. $$f'(z, p) = \begin{cases} f(z, p), & \text{falls } f(z, p) \in Z', \\ z_1, & \text{falls } f(z, p) \in Z_1 \end{cases} \tag{1.78.b}$$

3. $$g'(z, p) = g(z, p) \tag{1.78.c}$$

für alle $z \in Z'$, $p \in X$. Dann ist S' ein partiell reduziertes allgemeines dynamisches System, wenn für alle $z \in Z'$, $p \in X$ mit $f(z, p) \in Z_1$ und für alle $q \in X$

$$f(z, pq) = f(z_1, q) \tag{1.79.a}$$

oder

$$f(z, pq), f(z_1, q) \in Z_1' \tag{1.79.b}$$

gilt.

Beweis. Wenn S' ein allgemeines dynamisches System ist, dann ist es laut Definition partiell reduziert. Aber es muß bewiesen werden, daß es tatsächlich ein allgemeines dynamisches System ist. Dazu muß die Gültigkeit der Eigenschaften (1.91.b, c, e, f, g) nachgewiesen werden.

1. Es sei $z \in Z'$. Dann ist $f(z, e) = z \in Z'$. Folglich ist wegen (1.78.b) $f'(z, p) = z$. (1.91.b) ist also erfüllt.

2. Aus (1.78.c) folgt: $D(g'(z, p)) = D(g(z, p))$. Weil S voraussetzungsgemäß allgemeines dynamisches System ist, gilt also auch $D(g'(z, p)) = D(p)$, und (1.19.e) ist erfüllt.

3. (1.19.f) folgt unmittelbar aus (1.78.c).

4. Die Gültigkeit von (1.19.c) und (1.19.g) beweisen wir zusammen. Es muß bewiesen werden, daß

$$f'(z, pq) = f'(f'(z, p), q), \tag{1.80.a}$$

$$g'(z, pq) = g'(z, p)\, g'(f'(z, p), q) \tag{1.80.b}$$

für alle $z \in Z'$, $p, q, pq \in X$ ist.

a) $f(z, p) \in Z'$, $f(z, pq) \in Z'$. Es gilt

$$\begin{aligned} f'\big(f'(z, p), q\big) &= f'\big(f(z, p), q\big) && \text{(wegen (1.78.b))} \\ &= f\big(f(z, p), q\big) && \text{(wegen (1.78.b))} \\ &= f(z, pq) && \text{(wegen (1.19.c))} \\ &= f'(z, pq) && \text{(wegen (1.78.b))} \end{aligned}$$

$$\begin{aligned} g'(z, p)\, g'\big(f'(z, p), q\big) &= g(z, p)\, g\big(f'(z, p), q\big) && \text{(wegen (1.78.c))} \\ &= g(z, p)\, g\big(f(z, p), q\big) && \text{(wegen (1.78.b))} \\ &= g(z, pq) && \text{(wegen (1.19.g))} \\ &= g'(z, pq) && \text{(wegen (1.78.c))} \end{aligned}$$

b) $f(z, p) \in Z'$, $f(z, pq) \in Z_1$. Es ist

$$\begin{aligned} f'\big(f'(z, p), q\big) &= f'\big(f(z, p), q\big) && \text{(wegen (1.78.b))} \\ &= z_1 && \text{(wegen } f\big(f(z, p), q\big) \in Z_1 \text{ und (1.78.b))} \\ &= f'(z, pq) && \text{(wegen } f(z, pq) \in Z_1 \text{ und (1.78.b))} \end{aligned}$$

$$\begin{aligned} g'(z, p)\, g'\big(f'(z, p), q\big) &= g(z, p)\, g\big(f'(z, p), q\big) && \text{(wegen (1.78.c))} \\ &= g(z, p)\, g\big(f(z, p), q\big) && \text{(wegen (1.78.b))} \\ &= g(z, pq) && \text{(wegen (1.19.g))} \\ &= g'(z, pq) && \text{(wegen (1.78.c))} \end{aligned}$$

c) $f(z, p) \in Z_1$, $f(z, pq) \in Z'$. Es ist

$$f'\big(f'(z, p), q\big) = f'(z_1, q) \qquad \text{(wegen (1.78.b))}.$$

Wir müssen hier weitere Fallunterscheidungen einführen. Es sei $f(z_1, q) \in Z'$. Dann ist $f'\big(f'(z, p), q\big) = f(z_1, q)$. Gilt (1.79.a), so folgt:

$$\begin{aligned} f'\big(f'(z, p), q\big) &= f(z, pq) \\ &= f'(z, pq) && \text{(wegen (1.78.b))}. \end{aligned}$$

Gilt dagegen (1.79.b), so ist

$$f(z_1, q) \in Z' \wedge f(z_1, q) \in Z_1' \Rightarrow f(z_1, q) = z_1,$$

$$f(z, pq) \in Z' \wedge f(z, pq) \in Z_1' \Rightarrow f(z, pq) = z_1,$$

$$f'\big(f'(z, p), q\big) = z_1,$$

$$\begin{aligned} f'(z, pq) &= f(z, pq) \\ &= z_1. \end{aligned}$$

Also ist die Zustandsbedingung für den Fall $f'(z_1, q) \in Z'$ immer erfüllt, wenn (1.79.a) oder (1.79.b) gilt.

Es sei nun $f(z_1, q) \in Z_1$. Dann ist $f'(z_1, q) = z_1$ und somit $f'(f'(z, p), q) = z_1$. (1.79.a) kann nicht gelten, weil dann wegen $f(z_1, q) \in Z_1$ auch $f(z, pq) \in Z_1$ sein müßte, was im Widerspruch zur Voraussetzung $f(z, pq) \in Z'$ steht, denn $Z_1 \cap Z' = \emptyset$. Also muß (1.79.b) gelten und daraus folgt, daß $f(z, pq) = z_1$ ist. Hieraus weiter

$$\begin{aligned} f'(f'(z, p), q) &= f(z, pq) \\ &= f'(z, pq) && \text{(wegen (1.78.b)).} \end{aligned}$$

Auch hier ist die Zustandsbedingung erfüllt. Die Kausalitätsbedingung ergibt sich aus folgendem.

$$\begin{aligned} g'(z, p)\, g'(f'(z, p), q) &= g(z, p)\, g(f'(z, p), q) && \text{(wegen (1.78.c))} \\ &= g(z, p)\, g(z_1, q) && \text{(wegen (1.78.b)).} \end{aligned}$$

Weil $z_1 \sim f(z, p) \in Z_1$ ist, wird $g(z_1, q) = g(f(z, p), q)$. Also

$$\begin{aligned} g'(z, p)\, g'(f'(z, p), q) &= g(z, p)\, g(f(z, p), q) \\ &= g(z, pq) && \text{(wegen (1.19.g))} \\ &= g'(z, pq) && \text{(wegen (1.78.c)).} \end{aligned}$$

d) $f(z, p) \in Z_1$, $f(z, pq) \in Z_1$. Es ist

$$\begin{aligned} f'(z, pq) &= z_1 && \text{(wegen (1.78.b)),} \\ f'(f'(z, p), q) &= f'(z_1, q) && \text{(wegen (1.78.b)).} \end{aligned}$$

Es sei $f(z_1, q) \in Z'$. Dann ist $f'(z_1, q) = f(z_1, q)$, und es muß

$$z_1 = f(z_1, q)$$

sein. Gilt (1.79.a), dann muß $f(z_1, q) \in Z_1$ sein. Das ist ein Widerspruch zur Annahme. Also kann (1.79.a) nicht gelten. Wenn aber (1.79.b) gilt, so muß wegen $f(z_1, q) \in Z_1 \cap \{z_1\}$ und $f(z_1, q) \in Z'$ $f(z_1, q) = z_1$ sein. Damit ist die Zustandsbedingung in diesem Falle erfüllt.

Es sei $f(z_1, q) \in Z_1$. Dann ist $f'(z_1, q) = z_1$, und die Zustandsbedingung ist erfüllt.

Andererseits ist

$$\begin{aligned} g'(z, p)\, g'(f'(z, p), q) &= g(z, p)\, g(f'(z, p), q) && \text{(wegen (1.78.c))} \\ &= g(z, p)\, g(z_1, q) && \text{(wegen (1.78.b))} \end{aligned}$$

$$= g(z, p)\, g(f(z, p), q) \qquad (\text{weil } z_1 \sim f(z, p))$$

$$= g(z, pq) \qquad (\text{wegen } (1.19.\text{g}))$$

$$= g'(z, pq) \qquad (\text{wegen } (1.78.\text{c})).$$

Damit ist Satz 1.18. für alle auftretenden Fälle und somit vollständig bewiesen.

Im Satz 1.18. enthält die Menge Z_1 zueinander äquivalente Zustände, ebenso $Z_1 \cup \{z_1\}$. Aber es ist nicht gefordert, daß in diesen Mengen alle zueinander äquivalenten Zustände aus Z enthalten sind. Ist dies der Fall, so kann man Bedingung (1.79.b) vereinfachen, wie man leicht durch Wiederholung des Beweises von Satz 1.18. an den entsprechenden Passagen nachprüfen kann.

Folgerung 1.20. Wenn für die in Satz 1.18. verwendeten Mengen Z_1, $\{z_1\}$ gilt

$$Z_1 \cup \{z_1\} = [z_1] = \{z' \mid z' \in Z \wedge z' \sim z_1\}, \qquad (1.81.\text{a})$$

so kann (1.79. b) durch die folgende Bedingung ersetzt werden

$$f(z_1, q) \sim z_1. \qquad (1.81.\text{b})$$

Aus den bisherigen Überlegungen folgt, daß das in Satz 1.18. definierte System S' kein allgemeines dynamisches System sein muß, wenn keine der Bedingungen (1.79. a, b) gilt. Um selbst in diesem Falle ein teilweise reduziertes System zu erhalten, können folgende Möglichkeiten genutzt werden.

1. Anstelle von z_1 wird ein anderer Zustand $z_1' \in Z_1$ ausgewählt und in die Menge $Z' = Z \setminus Z_1$ gegeben. z_1' muß dabei so ausgewählt werden, daß (1.79. a) oder (1.79. b) erfüllt ist.

2. Anstelle von Z_1 wird eine Menge Z_1' von zueinander äquivalenten Zuständen mit $Z_1 \subset Z_1'$ zur Konstruktion des teilweise reduzierten Systems verwendet. Es werden dann mehr äquivalente Zustände als vorher eliminiert.

3. Es werden gleichzeitig Zustände eliminiert, die zueinander nicht äquivalent sind. Dieser Weg führt auf die sog. Reduktionszerlegung. Dabei wird das bisherige Verfahren abgeändert und verallgemeinert.

Definition 1.14.2. Eine Zerlegung der Zustandsmenge Z eines allgemeinen dynamischen Systems heißt *Reduktionszerlegung*, wenn die Zustände jeder Klasse $\mathfrak{z} = [z]_\mathsf{R} \in \mathfrak{Z}$ äquivalent sind:

$$[z]_\mathsf{R} = \{z' \mid z' \in Z \wedge z' \sim z\}.$$

R bezeichnet hierbei die die Zerlegung erzeugende Äquivalenzrelation in Z.

Mit Hilfe des Begriffs der Reduktionszerlegung läßt sich der folgende Satz formulieren.

Satz 1.19. Es sei $S = (A, X, B, Y, Z, T, f, g)$ ein allgemeines dynamisches System, $\mathfrak{Z}$ eine Reduktionszerlegung von Z. $h: \mathfrak{Z} \to Z$ sei eine Auswahlfunktion mit $h(\mathfrak{z}) \in \mathfrak{z}$. $S' = (A, X, B, Y, Z', T, f', g')$ sei durch folgende Festlegungen definiert:

1. $$Z' = \mathfrak{Z} \tag{1.82.a}$$

2. $$f'(\mathfrak{z}, p) = [f(h(\mathfrak{z}), p)]_R \tag{1.82.b}$$

3. $$g'(\mathfrak{z}, p) = g(h(\mathfrak{z}), p) \tag{1.82.c}$$

für alle $\mathfrak{z} \in \mathfrak{Z}$, $p \in X$. Dann ist S' ein partiell reduziertes allgemeines dynamisches System, wenn für alle $\mathfrak{z} \in Z'$, $p, q \in X$ gilt:

a) $\mathfrak{Z}$ ist eine Vergröberung der Zerlegung Z/Id_Z, welche die Zustandsmenge mod der identischen Abbildung Id über Z zerlegt.

b) $$[f(f(h(\mathfrak{z}), p), q)]_R = \left[f\left(h\left([f(h(\mathfrak{z}), p)]_R\right), q\right)\right]_R. \tag{1.83}$$

Beweis. Zunächst ist klar, daß S' ein partiell reduziertes System ist, wenn es überhaupt ein allgemeines dynamisches System und $\mathfrak{Z}$ eine Vergröberung der Zerlegung Z/Id_Z ist. Denn Z/Id_Z ist die feinste Zerlegung der Zustandsmenge. Ihre Restklassen sind Einermengen. In jeder Vergröberung dieser Zerlegung muß es also wenigstens eine Klasse geben, die mindestens zwei Zustände enthält. Da $\mathfrak{Z}$ Reduktionszerlegung ist, müssen diese Zustände äquivalent sein, und folglich muß S' teilweise zustandsreduziert sein. Es muß aber bewiesen werden, daß S' tatsächlich ein allgemeines dynamisches System ist. Das ist der Fall, wenn die Gleichungen

$$f'(\mathfrak{z}, pq) = f'(f'(\mathfrak{z}, p), q) \tag{1.84.a}$$

$$g'(\mathfrak{z}, pq) = g'(\mathfrak{z}, p)\, g'(f'(\mathfrak{z}, p), q) \tag{1.84.b}$$

erfüllt sind. Es ist:

$$\begin{aligned} f'(f'(\mathfrak{z}, p), q) &= f'([f(h(\mathfrak{z}), p)]_R, q) && \text{(wegen (1.82.b))} \\ &= \left[f\left(h\left([f(h(\mathfrak{z}), p)]_R\right), q\right)\right]_R && \text{(wegen (1.82.b))} \\ &= [f(f(h(\mathfrak{z}), p), q)]_R && \text{(wegen (1.83))}, \\ f'(\mathfrak{z}, pq) &= [f(h(\mathfrak{z}), pq)]_R && \text{(wegen (1.82.b))} \\ &= [f(f(h(\mathfrak{z}), p), q)]_R && \text{(wegen (1.19.c))}. \end{aligned}$$

Also ist (1.84.a) erfüllt. Weiter ist

$$g'(\mathfrak{z}, p)\, g'\big(f'(\mathfrak{z}, p), q\big) = g\big(h(\mathfrak{z}), p\big)\, g'\big([f(h(\mathfrak{z}), p)]_{\mathsf{R}}, q\big) \quad \text{(wegen (1.82.b, c))}$$

$$= g\big(h(\mathfrak{z}), p\big)\, g\Big(h\big([f(h(\mathfrak{z}), p)]_{\mathsf{R}}\big), q\Big) \quad \text{(wegen (1.82.c)).}$$

Wegen $h(\mathfrak{z}) \in \mathfrak{z}$ ist $h\big([f(h(\mathfrak{z}), p)]_{\mathsf{R}}\big) \in [f(h(\mathfrak{z}), p)]_{\mathsf{R}}$ und somit $h\big([f(h(\mathfrak{z}), p)]_{\mathsf{R}}\big) \sim f\big(h(\mathfrak{z}), p\big)$. Deshalb folgt

$$g'(\mathfrak{z}, p)\, g'\big(f'(\mathfrak{z}, p), q\big) = g\big(h(\mathfrak{z}), p\big)\, g\Big(f\big(h(\mathfrak{z}), p\big), q\Big)$$

$$= g\big(h(\mathfrak{z}), pq\big) \quad \text{(wegen (1.19.g))}$$

$$= g'(\mathfrak{z}, pq) \quad \text{(wegen (1.82.c)).}$$

Damit ist Satz 1.19. bewiesen, denn die Gültigkeit der Bedingungen (1.19.b, e, f), die noch gefordert werden muß, ist bei Konstruktion von S' nach (1.82) ebenfalls gegeben, wie man unmittelbar erkennen kann.

(1.83) ist wesentliche Voraussetzung dafür, daß S' ein allgemeines dynamisches System ist. Sie fordert, daß die Zerlegungsklasse, in der der Folgezustand des Auswahlzustandes $h(\mathfrak{z})$ bei Einwirkung von pq liegt, gleich der Zerlegungsklasse ist, in der der Folgezustand des Auswahlzustandes $h\big([f(h(\mathfrak{z}), p)]_{\mathsf{R}}\big)$ bei Einwirkung von q enthalten ist. Diese beiden Folgezustände müssen also äquivalent sein. Abb. 1.9. veranschaulicht den Zusammenhang.

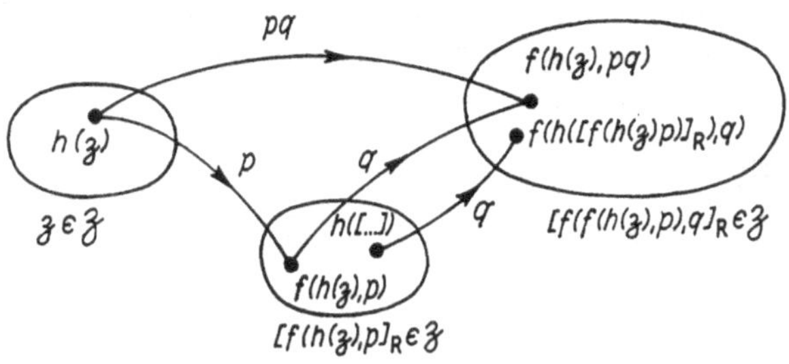

Abb. 1.9. Veranschaulichung von Bedingung (1.83)

S' ist demnach immer dann ein allgemeines dynamisches System, wenn es gelingt, die Auswahlfunktion h so festzulegen, daß (1.83) erfüllt ist. Aus Abb. 1.9. und aus (1.83) selbst erkennt man, daß dies insbesondere dann der Fall ist, wenn

$$f\big(h(\mathfrak{z}), p\big) = h\Big(\big[f\big(h(\mathfrak{z}), p\big)\big]_{\mathsf{R}}\Big) \tag{1.85}$$

für alle $\mathfrak{z} \in \mathfrak{Z}$, $p \in X$ gilt. Aber natürlich ist auch klar, daß dies nur in Sonderfällen erfüllbar sein wird. Sind nämlich $p, q \in X$ zwei Eingangsfunktionen mit $f(h(\mathfrak{z}), p), f(h(\mathfrak{z}), q) \in [f(h(\mathfrak{z}), p)]_R$, so muß, damit (1.85) gilt, sein

$$f(h(\mathfrak{z}), q) = h([f(h(\mathfrak{z}), p])_R).$$

Mithin muß $f(h(\mathfrak{z}), q) = f(h(\mathfrak{z}), p)$ sein. Das ist aber sicher ein Sonderfall. Sind aber $\mathfrak{z}, \mathfrak{z}' \in \mathfrak{Z}$ zwei Zerlegungsklassen aus $\mathfrak{Z}$ und ist mit $p, q \in X$ $f(h(\mathfrak{z}), p)$, $f(h(\mathfrak{z}'), q) \in [f(h(\mathfrak{z}), p)]_R$, so muß, damit (1.85) gilt, sein:

$$f(h(\mathfrak{z}), p) = h([f(h(\mathfrak{z}), p)]_R),$$

$$f(h(\mathfrak{z}'), q) = h([f(h(\mathfrak{z}), p)]_R).$$

Also muß $f(h(\mathfrak{z}), p) = f(h(\mathfrak{z}'), q)$ sein. (1.85) verlangt also auch, daß jeder Zustand aus $[f(h(\mathfrak{z}), p)]_R$, der von einem Auswahlzustand erzeugt wird, gleich dem Auswahlzustand $h([f(\ldots)])$ ist. Demnach enthält $[f(h(\mathfrak{z}), p)]_R \setminus h([f(\ldots)]_R)$ nur Zustände, die nicht von Auswahlzuständen erzeugt werden. Das kann natürlich die leere Menge oder z. B. eine Menge von Anfangszuständen sein, die überhaupt nicht erzeugt werden können. Abb. 1.10. veranschaulicht dies und weist zugleich noch einmal darauf hin, daß es sich hier offensichtlich um einen Sonderfall handelt, der selten eintreten wird.

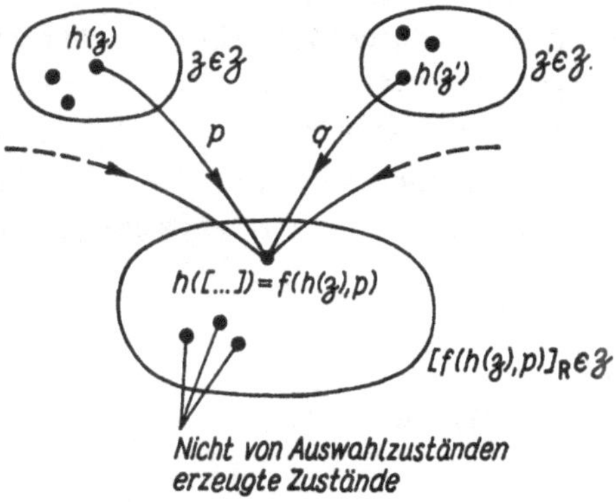

Abb. 1.10. Veranschaulichung von (1.85)

Das Problem, eine Auswahlfunktion zu finden, die (1.83) erfüllt, entfällt natürlich dann, wenn man erkennen kann, daß (1.83) für alle h erfüllt ist bzw. für kein h erfüllt werden kann.

Die Bedingung (1.83) ist z. B. unabhängig von h und damit für alle h erfüllt.

wenn die Zerlegung $\mathfrak{Z}$ gleich der durch die Äquivalenzrelation $\sim$ induzierten Zerlegung $Z/\sim$ ist. Dann ist nämlich

$$z \sim z' \Leftrightarrow [z]_\sim = [z']_\sim.$$

Folglich gilt (1.83), wenn

$$f\big(f(h(\mathfrak{z}), p), q\big) \sim f\Big(h\big([f(h(\mathfrak{z}), p)]_\sim\big), q\Big) \tag{1.86}$$

ist. Das ist aber der Fall, weil aus der Definition der Äquivalenz von Zuständen folgt, daß äquivalente Zustände in zueinander äquivalente Zustände übergehen, so daß

$$f(h(\mathfrak{z}), p) \sim h\big([f(h(\mathfrak{z}), p)]\big)_\sim$$

unabhängig von der Repräsentantenauswahl aus der Zerlegungsklasse gilt und somit auch wieder die Äquivalenz der Folgezustände dieser Zustände. Also ist (1.86) erfüllt.

Wir nehmen jetzt an, daß jede Zerlegungsklasse $\mathfrak{z}$ der Zerlegung $\mathfrak{Z}$ selbst wieder in eine Klasse $\mathfrak{z}_h$ und in eine Klasse $\mathfrak{z} \setminus \mathfrak{z}_h$ derart zerlegt wird, daß gilt:

$$\mathfrak{z}_h := \{z \mid z \in \mathfrak{z} \wedge (\exists\, \mathfrak{z}' \in \mathfrak{Z})\, (h(\mathfrak{z}') \text{ erzeugt } z)\}. \tag{1.87}$$

$\mathfrak{z}_h$ ist demnach die Teilmenge derjenigen Zustände von $\mathfrak{z}$, die von den Auswahlzuständen durch bestimmte Eingangsfunktionen erzeugt werden. $\mathfrak{z} \setminus \mathfrak{z}_h$ ist dann die Menge von Zuständen, die nicht durch Auswahlzustände erzeugt werden können. Sie kann natürlich leer sein oder die nicht erzeugbaren Anfangszustände enthalten. Damit kann folgender Satz bewiesen werden.

Satz 1.20. Das nach Satz 1.19. konstruierte System $S' = (A, X, B, Y, Z,' T, f', g')$ ist dann und nur dann ein allgemeines dynamisches System, wenn

$$z \in \mathfrak{z}_h \Rightarrow f(z, p) \in [f(h(\mathfrak{z}), p)]_R \tag{1.88}$$

für alle $z \in \mathfrak{z}_h$, $\mathfrak{z} \in \mathfrak{Z}$, $p \in X$ gilt.

B e w e i s. 1. S' sei ein allgemeines dynamisches System. Dann ist

$$f'(\mathfrak{z}', pq) = f'(f'(\mathfrak{z}', p), q). \tag{1.89}$$

Wir erhalten zunächst

$$\begin{aligned} f'(\mathfrak{z}', pq) &= [f(h(\mathfrak{z}'), pq)]_R && \text{(wegen (1.82.b))} \\ &= \big[f\big(f(h(\mathfrak{z}'), p), q\big)\big]_R && \text{(wegen (1.19.c))} \\ &= [f(z, q)]_R \end{aligned}$$

mit $z = f(h(\mathfrak{z}'), p) \in \mathfrak{z}_h$. Andererseits ist

$$f'(f'(\mathfrak{z}', p), q) = f'([f(h(\mathfrak{z}'), p)]_R, q) \qquad \text{(wegen (1.82.b))}$$
$$= f'([z]_R, q) \qquad \text{(wegen } z = f(h(\mathfrak{z}'), p)\text{)}$$
$$= f'(\mathfrak{z}, q) \qquad \text{(mit } \mathfrak{z} = [z]_R\text{)}$$
$$= [f(h(\mathfrak{z}), q)]_R \qquad \text{(wegen (1.82.b))}.$$

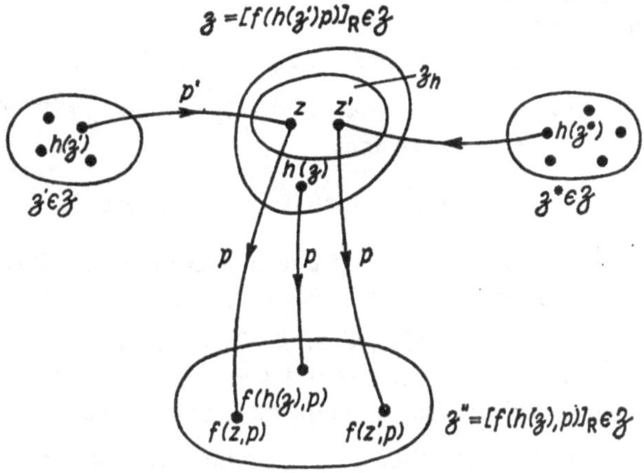

Abb. 1.11. Veranschaulichung von (1.88)

Somit ist

$$[f(z, q)]_R = [f(h(\mathfrak{z}), q)]_R$$

für beliebige $z \in \mathfrak{z}_h$, $q \in X$ erfüllt.

2. Es sei (1.88) erfüllt. Dann ist

$$[f(z, q)]_R = [f(h(\mathfrak{z}), q)]_R$$

für alle $z \in \mathfrak{z}_h$, $q \in X$. Es ist

$$[f(z, q)]_R = [f(f(h(\mathfrak{z}'), p), q)]_R \qquad \text{(wegen } z \in \mathfrak{z}_h\text{)}$$
$$= [f(h(\mathfrak{z}'), pq)]_R \qquad \text{(wegen (1.19.c))}$$
$$= f'(\mathfrak{z}', pq) \qquad \text{(wegen (1.82.b))}$$

$$\begin{aligned}
[f(h(\mathfrak{z}), q)]_{\mathsf{R}} &= f'(\mathfrak{z}, q) && \text{(wegen (1.82.b))} \\
&= f'([z]_{\mathsf{R}}, q) && \text{(mit } \mathfrak{z} = [z]) \\
&= f'([f(h(\mathfrak{z}'), p)]_{\mathsf{R}}, q) && \text{(mit } z = f(h(\mathfrak{z}'), p)) \\
&= f'(f'(\mathfrak{z}', p), q) && \text{(wegen 1.82.b).}
\end{aligned}$$

Also ist die Zustandsbedingung erfüllt. Die übrigen Bedingungen sind ebenfalls erfüllt (1.19.b, e, f, g). Für (1.19.g) wurde das im Beweis des Satzes 1.19. gezeigt und gilt hier unverändert. Die übrigen Eigenschaften folgen unmittelbar aus der Definition von S'.

Aus dem Beweis läßt sich folgende Schlußfolgerung ziehen.

Folgerung 1.21. Wird h so gewählt, daß $h(\mathfrak{z}) \in \mathfrak{z}_h$ für alle $\mathfrak{z} \in \mathfrak{Z}$ gilt, dann kann (1.88) wie folgt formuliert werden:

$$z, z' \in \mathfrak{z}_h \Rightarrow f(z, p), f(z', p) \in \mathfrak{z}'' \quad \text{für alle} \quad z, z' \in \mathfrak{z}_h, p \in X. \tag{1.90}$$

Im Kapitel 1.2.1. haben wir den Begriff der Quasikongruenzrelation eingeführt. Auf dieser Grundlage definieren wir den Begriff einer *f-Zerlegung*.

Definition 1.15. Es sei $S = (A, X, B, Y, Z, T, f, g)$ ein allgemeines dynamisches System und R eine Quasikongruenzrelation in S. Dann heißt die von R induzierte Zerlegung Z/R der Zustandsmenge Z von S *f-Zerlegung*.

Aus der Definition folgt, daß für beliebige $\mathfrak{z} \in \mathfrak{Z}$ einer f-Zerlegung

$$z, z' \in \mathfrak{z} \Rightarrow f(z, p), f(z', p) \in \mathfrak{z}'$$

für alle $z, z' \in \mathfrak{z}$, $p \in X$ gilt. Hieraus erhält man sofort eine weitere Folgerung.

Folgerung 1.22. Eine nach Satz 1.19. konstruierte Struktur $S' = (A, X, B, Y, Z', T, f', g')$ ist ein allgemeines dynamisches System, wenn die Reduktionszerlegung eine f-Zerlegung ist.

Da bei der f-Zerlegung die Folgezustände einer Zerlegungsklasse wieder in einer Zerlegungsklasse liegen, ist S' nach Satz 1.20. ein allgemeines dynamisches System.

Satz 1.21. Es sei $S = (A, X, B, Y, Z, T, f, g)$ ein allgemeines dynamisches System und R eine Quasikongruenzrelation in S.. Dann ist die nach Satz 1.19. konstruierte Struktur $S' = (A, X, B, Y, Z', T, f', g')$ ein allgemeines dynamisches System dann und nur dann, wenn die durch R induzierte Zerlegung $Z' = Z/\mathsf{R}$ eine Verfeinerung der durch die Äquivalenzrelation $\sim$ (Definition 1.13.1.b) induzierten Zerlegung $Z/\sim$ ist.

Beweis. 1. Z/R sei eine Verfeinerung von $Z/\sim$. Dann ist $[z]_\mathsf{R} \subseteqq [z]_\sim$ für beliebige $[z]_\mathsf{R} \in Z/\mathsf{R}$. Die Zustände jeder Zerlegungsklasse sind äquivalent im Sinne von Definition 1.13.b, und die Zerlegung ist eine Reduktionszerlegung, die f-Zerlegung ist. Damit ist nach Folgerung 1.22. S' ein allgemeines dynamisches System.

2. S' sei ein allgemeines dynamisches System, das nach Satz 1.19. speziell nach (1.82) konstruiert ist. Dann muß bewiesen werden, daß Z/R eine Verfeinerung von $Z/\sim$ ist. Weil S' allgemeines dynamisches System ist, gilt

$$g'(\mathfrak{z}, pq) = g'(\mathfrak{z}, p)\, g'\big(f'(\mathfrak{z}, p), q\big).$$

Aus der Definition von S' erhält man

$$\begin{aligned} g'(\mathfrak{z}, pq) &= g\big(h(\mathfrak{z}), pq\big) \\ &= g\big(h(\mathfrak{z}), p\big)\, g\Big(f\big(h(\mathfrak{z}), p\big), q\Big), \end{aligned}$$

$$\begin{aligned} g'(\mathfrak{z}, p)\, g'\big(f'(\mathfrak{z}, p), q\big) &= g\big(h(\mathfrak{z}), p\big)\, g'\Big(\big[f\big(h(\mathfrak{z}), p\big)\big]_\mathsf{R}, q\Big) \\ &= g\big(h(\mathfrak{z}), p\big)\, g\big(h([\ldots]_\mathsf{R}), q\big). \end{aligned}$$

Hieraus folgt, daß $f\big(h(\mathfrak{z}), p\big) \sim h\Big(\big[f\big(h(\mathfrak{z}), p\big)\big]_\mathsf{R}\Big)$ für beliebige $\mathfrak{z} \in Z/\mathsf{R}$, $p \in X$ gilt. Somit ist Z/R eine Reduktionszerlegung. Damit gilt $[z]_\mathsf{R} \subseteqq [z]_\sim$ für beliebige $[z]_\mathsf{R} \in Z/\mathsf{R}$, und Z/R ist eine Verfeinerung von $Z/\sim$.

Der Satz 1.21. kann benutzt werden, um bei der Konstruktion von S' sicherzustellen, daß S' ein System ist. Man muß eine Quasikongruenzrelation R derart definieren daß Z/R eine Verfeinerung von $Z/\sim$ ist. Dann ist S' allgemeines dynamisches System.

Satz 1.22. Es sei S ein allgemeines dynamisches System und S' ein nach Satz 1.19. konstruiertes partiell reduziertes allgemeines dynamisches System. $S'' = (A, X, B, Y, Z'', T, f'', g'')$ sei wie folgt definiert:

$$1.\ Z'' = W(h) \subseteqq Z, \tag{1.91.a}$$

$$2.\ f''\big(h(\mathfrak{z}), p\big) = h\Big(\big[f\big(h(\mathfrak{z}), p\big)\big]_\mathsf{R}\Big), \tag{1.91.b}$$

$$3.\ g''\big(h(\mathfrak{z}), p\big) = g\big(h(\mathfrak{z}), p\big) \tag{1.91.c}$$

für alle $\mathfrak{z} \in \mathfrak{Z}$, $p \in X$. Dann sind S'' und S' Z-isomorph, und S'' ist deshalb ebenfalls ein partiell reduziertes allgemeines dynamisches System.

Beweis. Zwei Systeme $S' = (A, X, B, Y, Z', T, f', g')$ und $S'' = (A, X, B, Y, Z'', T, f'', g'')$ sind Z-isomorph, wenn es eine umkehrbar eindeutige Abbildung $\varphi : Z' \to Z''$ gibt mit

$$\varphi\big(f'(\mathfrak{z}, p)\big) = f''\big(\varphi(\mathfrak{z}), p\big), \tag{1.92.a}$$

$$g'(\mathfrak{z}, p) = g''\big(\varphi(\mathfrak{z}), p\big). \tag{1.92.b}$$

Nach Definition von S' und S'' gilt für beliebige $\mathfrak{z} \in \mathfrak{Z}$ und $p \in X$:

$$g''\big(h(\mathfrak{z}), p\big) = g\big(h(\mathfrak{z}), p\big) = g'(\mathfrak{z}, p).$$

Mit der Auswahlfunktion $h : Z' \to Z$ und $h(\mathfrak{z}) \in \mathfrak{z}$ definieren wir $\varphi : Z' \to W(h)$ durch $\varphi(\mathfrak{z}) = h(\mathfrak{z})$. Dann ist φ umkehrbar eindeutig, und (1.92.b) ist erfüllt. Weiter ist laut Definition

$$f'(\mathfrak{z}, p) = \big[f\big(h(\mathfrak{z}), p\big)\big]_R$$

$$f''\big(h(\mathfrak{z}), p\big) = h\Big(\big[f\big(h(\mathfrak{z}), p\big)\big]_R\Big) = h\big(f'(\mathfrak{z}, p)\big).$$

Mit der oben definierten Abbildung φ wird demnach $f''\big(\varphi(\mathfrak{z}), p\big) = \varphi\big(f'(\mathfrak{z}, p)\big)$, und (1.92.a) ist ebenfalls erfüllt.

Für die Umkehrabbildung $\varphi^{-1} : W(h) \to Z'$ ist $\varphi^{-1}\big(h([z])\big) = \varphi^{-1}\big(\varphi([z])\big) = [z]$. Es müssen dann die zu (1.92) inversen Gleichungen gelten:

$$\varphi^{-1}\Big(f''\big(\varphi([z]), p\big)\Big) = f'([z], p), \tag{1.93.a}$$

$$g''(z, p) = g'\big(\varphi^{-1}(z), p\big). \tag{1.93.b}$$

Man bekommt zunächst mit $\varphi([z]) = h([z])$

$$\begin{aligned}
\varphi^{-1}\Big(f''\big(\varphi([z]), p\big)\Big) &= \varphi^{-1}\Big(f''\big(h([z]), p\big)\Big) \\
&= \varphi^{-1}\Big(h\Big(\big[f\big(h([z]), p\big)\big]\Big)\Big) && \text{(wegen (1.91.b))} \\
&= \varphi^{-1}\Big(\varphi\Big(\big[f\big(h([z]), p\big)\big]\Big)\Big) && \text{(wegen Definition von } \varphi, \varphi^{-1}\text{)} \\
&= \big[f\big(h([z]), p\big)\big] \\
&= f'([z], p) && \text{(wegen (1.82.b)).}
\end{aligned}$$

(1.93.a) ist also zutreffend. Andererseits gilt auch (1.93.b), denn dort ist $z \in W(h)$, also existiert irgendein $[z']$, so daß $z = h([z'])$ ist. Folglich: $z = \varphi([z'])$ und $g'\Big(\varphi^{-1}\big(\varphi([z'])\big), p\Big) = g'([z'], p)$. Aus (1.82.c) folgt $g'([z'], p) = g(h([z']), p) = g(z, p) = g''(z, p)$ nach (1.91.c). Also ist (1.91.b) ebenfalls erfüllt.

Die Überlegungen gelten natürlich nicht, wenn φ nicht umkehrbar eindeutig ist. Anderseits ist die Abbildung $\varphi : Z' \to W(h)$ mit $\varphi(\mathfrak{z}) = h(\mathfrak{z})$ der gesuchte Z-Isomorphismus. Damit ist Satz 1.22. vollständig bewiesen.

Wir geben abschließend noch ein von IHLE ausgearbeitetes Beispiel für eine partielle Zustandsreduktion an (LOCKE/IHLE [1], S. 46).

Beispiel. $Z = \mathbb{R}^n$ sei ein n-dimensionaler Vektorraum. $z^n = (z_1, \ldots, z_n) \in Z$ bezeichne einen Zustand in diesem Raum. Es seien alle Zustände $z^n = (z^{n-1}, z_n)$ mit gleichem z^{n-1}, aber verschiedenem z_n zueinander äquivalent. Dann kann die n-te Dimension des Zustandsraums durch eine Reduktionszerlegung eliminiert werden. Die Zustandsmenge $Z' = \mathfrak{Z}$ definieren wir folgendermaßen

$$Z' = \{\{(z^{n-1}, z_n) \mid z_n \in R\} \mid z^{n-1} \in \mathbb{R}^{n-1}\}.$$

Wir schreiben jetzt einfach $Z' = \mathbb{R}^{n-1}$. Die Abbildung $h : Z' \to Z$ definieren wir mit Hilfe einer anderen Abbildung $h' : Z' \to \mathbb{R}$ auf folgende Weise

$$h(z^{n-1}) = (z^{n-1}, h'(z^{n-1})).$$

Hierbei ist $h'(z^{n-1})$ eine n-te Komponente der Zustände aus Z, die in geeigneter Weise ausgewählt werden muß, z. B. kann man, wenn keine besonderen zusätzlichen Bedingungen an h bzw. h' gestellt werden, $h'(z^{n-1}) = 0$ für alle $z^{n-1} \in \mathbb{R}^{n-1} = Z'$ setzen. Dann werden f', g' des partiell reduzierten Systems nach (1.82) wie folgt definiert

$$f'(z^{n-1}, p) = \tilde{z}^{n-1} \text{ mit } f(h(z^{n-1}), p) = (\tilde{z}^{n-1}, z_n),$$

$$g'(z^{n-1}, p) = g(h(z^{n-1}), p).$$

Das auf diese Weise konstruierte System ist ein allgemeines dynamisches System. Das folgt aus Satz 1.21., denn offensichtlich ist die hier praktizierte Zerlegung eine Verfeinerung der Zerlegung $Z/\sim$.

1.3.3. Modellvereinfachung

Die bisher behandelten Reduktionsprobleme gehen davon aus, daß in der Zustandsmenge des zu reduzierenden Systems äquivalente Zustände existieren. Wenn das nicht der Fall und das System bereits reduziert ist, dann verlieren die in den Abschnitten 1.3.1. und 1.3.2. behandelten Probleme ihre Bedeutung. An die Stelle der allgemeinen oder partiellen Zustandsreduktion kann dann unter Umständen eine approximative Reduktion treten, bei der das Ausgangsverhalten des reduzierten Systems näherungsweise mit dem des Originalsystems übereinstimmt. Die Reduktion strebt dabei eine *Dimensionsreduktion* des Zustandsraums an. Diese Art der Reduktion spielt in der Theorie der zeitkontinuierlichen Systeme unter dem Namen *Modellvereinfachung* oder auch *Modellreduktion* immer dann eine Rolle, wenn ein an sich zustandsreduziertes

System für die praktische Handhabung zu groß ist und deshalb durch ein einfacheres ersetzt werden soll, das näherungsweise dasselbe leistet. Dazu sind zahlreiche Verfahren entwickelt worden. Eine gute Übersicht bietet REICHARDT [1]. Allerdings ist das Problem bisher noch nicht vom Standpunkt der allgemeinen Systemtheorie untersucht worden. Es ist deshalb gegenwärtig auch unbekannt, ob sich die unterschiedlichen Verfahren der Modellvereinfachung aus einer gemeinsamen Grundlage entwickeln lassen. Man kann aber vermuten, daß dies nicht möglich sein wird. Wir wollen hier einige Grundlagen für die Untersuchung dieses Problems angeben, ohne es umfassend und abschließend zu behandeln.

Wenn ein zustandsreduziertes System S weiter vereinfacht werden soll zu einem System S' in dem Sinne, daß dessen Zustandsmenge bezüglich eines geeigneten Kompliziertheitsmaßes vereinfacht ist, dann kann der Vergleich beider Systeme nicht mehr sinnvoll auf der Grundlage des Begriffes der Äquivalenz vorgenommen werden. Dies würde doch bedeuten, daß es eine eineindeutige Abbildung des einen Systems auf die des anderen geben müßte, was sicherlich nicht mit dem Ziel der Vereinfachung harmoniert, wenn man z. B. eine Dimensionsreduktion anstrebt. Wir führen deshalb den Begriff der Quasiäquivalenz ein und beschränken uns wieder auf zeitinvariante Systeme.

Definition 1.16. Es seien $S = (A, X, B, Y, Z, T, f, g)$ und $S' = (A, X, B, Y, Z', T, f', g')$ zwei (zeitinvariante) allgemeine dynamische Systeme. In der Menge Y sei eine reflexive und symmetrische Relation R mit folgenden Eigenschaften definiert:

$$\text{a)}\quad y\mathsf{R}y' \Rightarrow D(y) = D(y') \tag{1.94.a}$$

$$\text{b)}\quad y_1\mathsf{R}y_1' \wedge y_1y_2\mathsf{R}y_1'y_2' \Rightarrow y_2\mathsf{R}y_2' \quad \text{für beliebige } y_1, y_2, y_1', y_2' \in Y. \tag{1.94.b}$$

1.16.1. Zwei Zustände $z \in Z$ und $z' \in Z'$ heißen *quasiäquivalent* modulo R ($z \overset{\mathsf{R}}{\sim} z'$), wenn für alle $p \in X$

$$\big(g(z, p), g'(z', p)\big) \in \mathsf{R}$$

gilt.

1.16.2. S und S' heißen *quasiäquivalent* mod R, wenn zu jedem $z \in Z$ ein quasiäquivalenter Zustand z' mod R existiert und umgekehrt ($S \overset{\mathsf{R}}{\sim} S'$).

Interpretation. Die Relation R kann auf verschiedene Weise festgelegt sein, beinhaltet aber natürlich eine Bedingung bezüglich der approximativen Vereinfachung. So können beispielsweise $y, y' \in Y$ in der Relation R stehen, wenn der Betrag der maximalen Differenz zwischen beiden Zeitfunktionen kleiner oder gleich einer vorgegebenen positiven Größe ist oder wenn die Flächenabweichung kleiner oder gleich einer solchen Größe ist usw. Von dieser Relation fordern wir, daß sie reflexiv und symmetrisch ist, was im Hinblick auf ihren Verwendungszweck sicher sinnvoll ist und keine Einschränkung bedeutet. Die wünschenswerte Transitivitätseigenschaft führen wir nicht allgemein ein, da man sich leicht denken kann, daß sie nicht generell erfüllt sein wird bzw. eine Einschränkung der in Frage kommenden Relationen bedeuten würde. Wenn man z. B. nur den einfachen Fall skalarer Ausgangsgrößen betrachtet und R folgendermaßen definiert

$$\mathsf{R} = \{(y, y') \in Y^2 \mid (\forall\, t \in D(y))\, (|y(t) - y'(t)| \leqq \varepsilon)\}$$

mit $\varepsilon > 0$, so ist klar, daß aus $(y, y') \in \mathsf{R}$ und $(y', y'') \in \mathsf{R}$ keineswegs auch $(y, y'') \in \mathsf{R}$ zu folgen braucht. R wird also nur in besonderen Fällen Äquivalenzrelation sein. Die Eigenschaft (1.94.a) ist einleuchtend. Natürlich können nur solche Elemente aus Y verglichen werden, die gleiche Definitionsbereiche besitzen. Die Eigenschaft (1.94.b) ist nicht selbstverständlich. Sie muß aber im Hinblick auf die Kausalitätseigenschaft des Systems gefordert werden. In vielen praktischen Fällen wird sie auch erfüllt sein. Im konkreten Einzelfall muß das allerdings überprüft werden, oder es muß R entsprechend modifiziert werden.

Es ist denkbar, die Bedingung bezüglich der approximativen Vereinfachung nicht durch eine Relation R in Y einzuführen, sondern durch eine Relation R' in der Menge B. Wenn R' eine reflexive und symmetrische Relation in B ist, dann ist dadurch eine Relation R in Y definiert.

Satz 1.23. Sei $S = (A, X, B, Y, Z, T, f, g)$ ein allgemeines dynamisches System und R' eine reflexive, symmetrische Relation in B. Dann ist durch R' eine reflexive, symmetrische Relation R in Y definiert, welche die Bedingungen (1.94.a, b) erfüllt. R ist wie folgt gegeben

$$y\mathsf{R}y' :\Leftrightarrow [(\forall\, t \in D(y))\, (y(t)\, \mathsf{R}'y'(t)) \wedge t_y = t_{y'}] \tag{1.95}$$

für alle $y, y' \in Y$.

B e w e i s. Reflexivität, Symmetrie und (1.94.a) folgen unmittelbar aus der Definitionsgleichung (1.95). Bedingung (1.94.b) verlangt den Nachweis der Schlußfolgerung $y_2\mathsf{R}y_2'$ aus $y_1\mathsf{R}y_1'$ und $y_1y_2\mathsf{R}y_1'y_2'$. Definitionsgemäß ist

$$y_1y_2\mathsf{R}y_1'y_2' \Leftrightarrow (\forall\, t \in D(y_1y_2))\, ((y_1y_2)(t)\ \mathsf{R}'(y_1'y_2')(t)) \tag{1.95.a}$$

mit gleicher Länge der Funktionen y_1y_2, $y_1'y_2'$. Aus der Definition der

Verkettung folgt mit $D(y_1) = D(y_1')$, $D(y_1y_2) = D(y_1'y_2')$:

$$(y_1y_2)(t) = \begin{cases} y_1(t), & t \in D(y_1), \\ y_2(t - t_{y_1}), & t \in D(y_1y_2) \setminus D(y_1), \end{cases}$$

$$(y_1'y_2')(t) = \begin{cases} y_1'(t), & t \in D(y_1), \\ y_2'(t - t_{y_1}), & t \in D(y_1y_2) \setminus D(y_1). \end{cases}$$

Also erhält man aus (1.96) für alle $t \in D(y_1y_2) \setminus D(y_1)$

$$y_2(t - t_y)\ \mathsf{R}'y_2'(t - t_y).$$

Hieraus folgt wegen der vorausgesetzten Zeitinvarianz des Systems $y_2(t)\ \mathsf{R}'y_2'(t)$ für alle $t \in D(y_2)$ und damit $y_2\mathsf{R}y_2'$. Ebenso folgt aus (1.95.a) für alle $t \in D(y_1)$ auch $y_1(t)\ \mathsf{R}'y_1(t)$ und somit $y_1\mathsf{R}y_1'$. Dies war allerdings schon vorausgesetzt worden laut (1.94.b). Für die durch R' erzeugte Relation R erweist sich diese Voraussetzung demnach als überflüssig.

Die Relation R erlaubt, weil sie keine Äquivalenzrelation ist, keine Zerlegung der Zustandsmenge Z des Systems nach Klassen quasiäquivalenter Zustände. Um dennoch eine Zerlegung zu erreichen, führen wir den Begriff des Quasi-Z-Homomorphismus ein, wiederum unter Beschränkung auf zeitinvariante Systeme.

Definition 1.17. Es seien $S = (A, X, B, Y, Z, T, f, g)$ und $S' = (A, X, B, Y, Z', T, f', g')$ zwei (zeitinvariante) allgemeine dynamische Systeme, R sei eine reflexive und symmetrische Relation in der Menge Y und h eine Abbildung von Z auf Z'. Dann heißt h ein *Quasizustandshomomorphismus* (*Quasi-Z-Homomorphismus*) modulo R von S auf S', wenn für beliebige $z \in Z$, $p \in X$ gilt:

1. $$h\big(f(z, p)\big) = f'\big(h(z), p\big), \tag{1.96.a}$$
2. $$g(z, p)\ \mathsf{R}g'\big(h(z), p\big). \tag{1.96.b}$$

Hieraus läßt sich sofort folgende Schlußfolgerung ziehen.

Folgerung 1.23. Es seien $S = (A, X, B, Y, Z, T, f, g)$ und $S' = (A, X, B, Y, Z', T, f', g')$ zwei (zeitinvariante) allgemeine dynamische Systeme und h ein Quasi-Z-Homomorphismus von S auf S'. Dann sind S und S' quasiäquivalent mod R.

Es braucht nur (1.94.b) nachgewiesen zu werden, da die anderen Eigenschaften definitionsgemäß gegeben sind. Aus $g(z, p)\ \mathsf{R}g'\big(h(z), p\big)$ für alle $p \in X$ folgt $g(z, pq)\ \mathsf{R}g'\big(h(z), pq\big)$. Da S, S' voraussetzungsgemäß Systeme sind, folgt weiter

$$g(z, p)\, g(f(z, p), q)\ \mathsf{R} g'(h(z), p)\, g'(f'(h(z), p), q),$$

$$g(z, p)\, g(f(z, p), q)\ \mathsf{R} g'(h(z), p)\, g'(h(f(z, p)), q) \qquad \text{(wegen (1.96.a))},$$

$$g(f(z, p), q)\ \mathsf{R} g'(h(f(z, p)), q) \qquad \text{(wegen (1.96.b))}.$$

Weil h ein Quasi-Z-Homomorphismus von S auf S' ist, existiert für alle $z \in Z$ ein $h(z)$ mit $h(z) \overset{\mathsf{R}}{\sim} z$. Weil h eine surjektive Abbildung ist, existiert auch zu jedem $z' \in Z'$ ein $z \in Z$ mit $z' = h(z)$. Somit ist $S \overset{\mathsf{R}}{\sim} S'$.

Ebenso wie im Falle des Zustandshomomorphismus kann man nun auch im Falle des Quasi-Z-Homomorphismus vorgehen und zunächst die durch einen Quasi-Z-Homomorphismus h in der Zustandsmenge Z eines allgemeinen dynamischen Systems induzierte Äquivalenzrelation R_h betrachten. Wir tun dies über eine Folgerung.

Folgerung 1.24. h bezeichne einen Quasi-Z-Homomorphismus von einem (zeitinvarianten) allgemeinen dynamischen System S auf ein (zeitinvariantes) allgemeines dynamisches System S'. Dann ist die durch h in der Zustandsmenge Z von S induzierte Äquivalenzrelation R_h eine Quasikongruenzrelation in S.

Beweis. Die durch h induzierte Äquivalenzrelation R_h in Z ist definiert durch

$$\mathsf{R}_h := \{(z, z') \in Z^2 \mid h(z) = h(z')\}.$$

Für beliebige $(z, z') \in \mathsf{R}_h$ und $p \in X$ muß gezeigt werden: $(z, z') \in \mathsf{R}_h \Rightarrow (f(z, p), f(z', p)) \in \mathsf{R}_h$. Es ist

$$h(f(z, p)) = f'(h(z), p) \qquad \text{(laut Definition } h\text{)},$$

$$h(f(z', p)) = f'(h(z'), p) \qquad \text{(laut Definition } h\text{)},$$

$$= f'(h(z), p) \qquad \text{(wegen } h(z) = h(z')\text{)}.$$

Also ist $h(f(z, p)) = h(f(z', p))$ und somit $(f(z, p), f(z', p)) \in \mathsf{R}_h$. Folgerung 1.24. ist damit bewiesen.

Die durch h induzierte Äquivalenzrelation ist i. allg. jedoch keine Kongruenzrelation in S. Denn aus $(z, z') \in \mathsf{R}_h$ folgt lt. Definition des Quasi-Z-Homomorphismus mit $g(z, p)\ \mathsf{R} g'(h(z), p)$, $g(z', p)\ \mathsf{R} g'(h(z'), p)$ und $h(z) = h(z') : g)z', p) \times \mathsf{R} g'(h(z), p)$. Allgemein gilt aber für Relationen, daß eine Relation R mit $a\mathsf{R}a$ und $a\mathsf{R}c \wedge b\mathsf{R}c \Rightarrow a\mathsf{R}b$ notwendig eine Äquivalenzrelation ist. Demzufolge gilt $g(z', p)\ \mathsf{R} g(z, p)$ nur, falls R eine Äquivalenzrelation ist. Damit R_h Kongruenzrelation in S ist, müßte aber sogar $g(z', p) = g(z, p)$ sein. Das kann nur der Fall sein, wenn R voreindeutige Relation in Y ist, d. h., wenn aus $a\mathsf{R}c$ und $b\mathsf{R}c$ $a = b$ folgt. Wir fassen zusammen.

Folgerung 1.25. h bezeichne einen Quasi-Z-Homomorphismus von einem (zeitinvarianten) allgemeinen dynamischen System S auf ein (zeitinvariantes) allgemeines dynamisches System S'. Dann gilt für die durch h in der Zustandsmenge Z von S induzierte Äquivalenzrelation R_h:

(1.25.1.) R_h ist eine Kongruenzrelation in S, wenn die der Definition von h zugrunde liegende Relation R in der Menge Y voreindeutig ist.

(1.25.2.) Für beliebige $(z, z') \in \mathsf{R}_h$ ist

$$\big(f(z, p), f(z', p)\big) \in \mathsf{R}_h \tag{1.97.a}$$

$$g(z, p)\,\mathsf{R}\,g(z', p) \tag{1.97.b}$$

für alle $p \in X$ genau dann, wenn R eine Äquivalenzrelation in Y ist.

Die letzte Aussage »genau dann, wenn ...« ergibt sich daraus, daß R eine Äquivalenzrelation genau dann ist, wenn sie die Eigenschaft der Reflexivität und der Drittengleichheit hat (Klaua [1], S. 119).

Zur Konstruktion eines im Sinne der Modellreduktion vereinfachten Systems führen wir zunächst den Begriff des Endomorphismus ein.

Definition 1.18. Ein Quasi-Z-Homomorphismus von einem allgemeinen dynamischen System S in ein allgemeines dynamisches System S' heißt *Quasi-Z-Endomorphismus* in S, wenn $S' = S$ ist.

Bei dieser Definition ist der Homomorphismus nicht als surjektive Abbildung festgelegt, sondern als Abbildung von einer Menge in eine Menge. Das ist hier sinnvoll, weil im Falle des Endomorpismus beide Mengen gleich sind und der Wertebereich von h nicht notwendig mit der Zustandsmenge übereinstimmen muß.

Wenn h ein Endomorphismus in der Zustandsmenge Z eines Systems S ist, dann induziert er eine Äquivalenzrelation R_h und diese eine Zerlegung Z/R_h der Zustandsmenge. Nach Folgerung 1.24. ist R_h sogar eine Quasikongruenzrelation in S. Bezeichne $[z]_{\mathsf{R}_h}$ eine Zerlegungsklasse von Z/R_h. Dann ist demnach mit $z, z' \in [z]_{\mathsf{R}_h}$ auch $f(z, p), f(z', p) \in [f(z, p)]_{\mathsf{R}_h}$.

Satz 1.24. $S = (A, X, B, Y, Z, T, f, g)$ sei ein (zeitinvariantes) allgemeines dynamisches System. h sei ein Quasi-Z-Endomorphismus in S modulo einer reflexiven, symmetrischen Relation R in der Menge Y. R_h bezeichne die durch h in Z induzierte Äquivalenzrelation und Z/R_h die Zerlegung von Z modulo R_h. $h' : Z/\mathsf{R}_h \to Z$ sei eine Auswahlfunktion mit $h'([z]_{\mathsf{R}_h}) \in [z]_{\mathsf{R}_h}$

$\in Z/R_h$. $S' = (A, X, B, Y, Z', T, f', g')$ sei durch folgende Festlegungen definiert:

1. $Z' = Z/R_h$. (1.98.a)

2. $f'([z]_{R_h}, p) = [f(h'([z]_{R_h}), p)]_{R_h} \in Z/R_h$, (1.98.b)

3. $g'([z]_{R_h}, p) = g(h'([z]_{R_h}), p)$ (1.98.c)

für alle $[z]_{R_h} \in Z/R_h$, $p \in X$. Dann ist S' ein (zeitinvariantes) allgemeines dynamisches System, wenn

$$h'([f(z, p)]_{R_h}) = f(h'([z]_{R_h}), p) \tag{1.99}$$

für alle $[z]_{R_h} \in Z/R_h$, $p \in X$ gilt.

Beweis. Es muß für beliebige $[z]_{R_h} \in Z/R$, $p, q, pq \in X$ bewiesen werden:

$$f'([z]_{R_h}, e) = [z]_{R_h}, \tag{1.100.a}$$

$$f'([z]_{R_h}, pq) = f'(f'([z]_{R_h}, p), q), \tag{1.100.b}$$

$$D(g'([z]_{R_h}, p)) = D(p), \tag{1.100.c}$$

$$g'([z]_{R_h}, e) = e, \tag{1.100.d}$$

$$g'([z]_{R_h}, pq) = g'([z]_{R_h}, p)\, g'(f'([z]_{R_h}), p, q). \tag{1.100.e}$$

(1.100.a.): Mit $p = e$ erhält man unter Berücksichtigung von (1.19.b) aus (1.98.b):

$$f'([z]_{R_h}, e) = [h'([z]_{R_h})]_{R_h}.$$

Wegen $h'([z]_{R_h}) \in [z]_{R_h}$ muß $[h'([z]_{R_h})]_{R_h} = [z]_{R_h}$, denn die Zerlegungsklassen von Z/R_h sind disjunkt. Also gilt (1.100.a).

(1.100.b): Seien $p, q, pq \in X$ beliebige Eingangsfunktionen von S'. Dann folgt

$$\begin{aligned} f'([z]_{R_h}, pq) &= [f(h'([z]_{R_h}), pq)]_{R_h} && \text{(aus (19.8.b))}\\ &= [f(f(h'([z]_{R_h}), p), q)]_{R_h} && \text{(aus (1.19.c))}\\ &= [f(h'([f(z, p)]_{R_h}), q)]_{R_h} && \text{(aus (1.99))}\\ &= f'([f(z, p)]_{R_h}, q) && \text{(aus (1.98.b))}\\ &= f'([f(h'([z]_{R_h}), p)]_{R_h}, q) && (1.101) \end{aligned}$$

Die letzte Zeile folgt aus $z, h'([z]_{R_h}) \in [z]_{R_h} \Rightarrow f(z, p), f(h'([z]_{R_h}), p) \in [f(z, p)]_{R_h}$, weil nach Folgerung 1.25. quasiäquivalente Zustände einer Zerlegungsklasse wiederum in quasiäquivalente Zustände übergehen und weil die Zerlegung disjunkt ist. Durch nochmalige Anwendung von (1.98. b) erhält man schließlich

$$f'([z]_{R_h}, pq) = f'(f'([z]_{R_h}, p), q).$$

Damit gilt (1.100. b).

(1.100. c): Folgt unmittelbar aus (1.98. c) und (1.19. e).

(1.100. d): Folgt unmittelbar aus (1.98. c) und 1.19. f).

(1.100. e): Seien $p, q, pq \in X$ beliebige Eingangsfunktionen von S'. Dann folgt:

$$\begin{aligned} g'([z])_{R_h}, pq) &= g(h'([z]_{R_h}), p) && \text{(aus (1.98.c))} \\ &= g(h'([z]_{R_h}), p)\, g(f(h'([z]_{R_h}), p)\, q) && \text{(aus (1.19.g))} \\ &= g'([z]_{R_h}, p)\, g(h'([f(z, p)]_{R_h}), q) && \text{(aus (1.99))} \\ &= g'([z]_{R_h}, p)\, g'([f(z, p)]_{R_h}, q) && \text{(aus (1.98.c))} \\ &= g'([z]_{R_h}, p)\, g'([f(h'([z]_{R_h}), p)]_{R_h}, q) && \text{(aus (1.101))} \\ &= g'([z]_{R_h}, p)\, g'(f'([z]_{R_h}, p), q). && \text{(aus (1.98.b))} \end{aligned}$$

Damit ist Satz 1.24. vollständig bewiesen. Ein nach diesem Satz konstruiertes System ist tatsächlich ein allgemeines dynamisches System.

Im Satz 1.24. ist nicht ausgesagt, daß S' ein im Sinne der Modellreduktion vereinfachtes System ist. Dieser Begriff ist nicht streng formal definiert, sondern eher qualitativ erläutert worden. Er kann deshalb auch nicht in einem Satz verwendet werden, der streng mathematisch formuliert ist. Aber natürlich ist aus allen bisherigen Untersuchungen klar, daß die Klassenzerlegung der Zustandsmenge eines Systems auf Systeme führt, die vereinfacht sind. Im Falle der Zustandsreduktion wurden auf diesem Weg überflüssige äquivalente Zustände ganz oder teilweise beseitigt. Hier werden damit quasiäquivalente Zustände beseitigt. Im Falle zeitkontinuierlicher Systeme wird damit auf eine Dimensionsreduktion gezielt. Für lineare, zeitkontinuierliche Systeme z. B. ist die Zustandsmenge Z Träger eines Vektorraumes. Dann gilt nach der Theorie der Vektorräume für die Dimension des von der Zerlegung Z/R_h getragenen Vektorraums

$$\dim Z/R_h = \dim Z - \dim [0]_{R_h}, \tag{1.102}$$

wenn Z/R_h ein Faktorraum ist. $[0]_{R_h}$ bezeichnet hierbei den Raum aller zum Nullzustand äquivalenten Zuständ modulo R_h (Locke [5]):

$$[0]_{R_h} := \{z \in Z \mid z \overset{R}{\sim} 0\}. \tag{1.103}$$

Es hängt also von der Dimension von $[0]_{R_h}$ ab, wieweit die Dimension des Zustandsraums des Systems S' reduziert wird. Die Dimension von $[0]_{R_h}$ aber wird vorbestimmt durch die Äquivalenzrelation R_h, diese durch den Quasi-Z-Endomorphismus h mod R und damit letzten Endes durch die in Y definierte Relation R, die festlegt, welche Abweichungen des Ausgangsverhaltens des modellreduzierten Systems vom Originalverhalten zugelassen werden. Allerdings muß dabei Z/R_h vor allem einen Faktorraum ergeben. Andernfalls gilt (1.102) nicht notwendig.

Ebenso wie im Falle partiell reduzierter Systeme kann man auch hier ein isomorphes System zu S' konstruieren.

Satz 1.25. Es sei S ein allgemeines dynamisches System und S' ein nach Satz 1.24. konstruiertes allgemeines dynamisches System. $S'' = (A, X, B, Y, Z'', T, f'', g'')$ sei wie folgt definiert:

1. $$Z'' = W(h') \subseteq Z, \tag{1.104.a}$$

2. $$f''\left(h'([z]_{\mathsf{R}_h}), p\right) = h'\left(\left[f(h'[z]_{\mathsf{R}_h}), p)\right]_{\mathsf{R}_h}\right), \tag{1.104.b}$$

3. $$g''\left(h'([z]_{\mathsf{R}_h}), p\right) = g\left(h'([z]_{\mathsf{R}_h}), p\right) \tag{1.104.c}$$

für alle $[z]_{\mathsf{R}_h} \in Z/\mathsf{R}_h$, $p \in X$. Dann sind S'' und S' Z-isomorph und S'' ist ebenfalls ein (zeitinvariantes) allgemeines dynamisches System.

Beweis. Es muß eine umkehrbar eindeutige Abbildung $\varphi: Z' \to Z''$ geben mit

$$\varphi\left(f'([z]_{\mathsf{R}_h}, p)\right) = f''\left(\varphi([z]_{\mathsf{R}_h}), p\right), \tag{1.105.a}$$

$$g'([z]_{\mathsf{R}_h}, p) = g''\left(\varphi([z]_{\mathsf{R}_h}), p\right). \tag{1.105.b}$$

Nach Definition von S', S'' gilt für beliebige $[z]_{\mathsf{R}_h} \in Z/\mathsf{R}_h$, $p \in X$:

$$g''\left(h'([z]_{\mathsf{R}_h}), p\right) = g\left(h'([z]_{\mathsf{R}_h}), p\right) = g'([z]_{\mathsf{R}_h}, p).$$

Wir definieren, wie schon im Beweis von Satz 1.22., $\varphi: Z/\mathsf{R}_h \to W(h')$ durch $\varphi([z]_{\mathsf{R}_h}) = h'([z]_{\mathsf{R}_h})$. Dann ist φ umkehrbar eindeutig, und (1.105.b) ist erfüllt. Weiter ist

$$f'([z]_{\mathsf{R}_h}, p) = \left[f\left(h'([z]_{\mathsf{R}_h}), p\right)\right]_{\mathsf{R}_h} \qquad \text{(wegen 1.98.b)}$$

$$f''\left(h'([z]_{\mathsf{R}_h}), p\right) = h'\left(\left[f\left(h'([z]_{\mathsf{R}_h}), p\right)\right]_{\mathsf{R}_h}\right) \qquad \text{(wegen 1.104.b)}$$

$$= h'\left(f'([z]_{\mathsf{R}_h}, p)\right) \qquad \text{(wegen 1.98.b).}$$

Mit $\varphi([z]_{\mathsf{R}_h}) = h'([z]_{\mathsf{R}_h})$ wird demnach $f''\left(\varphi([z]_{\mathsf{R}_h}), p\right) = \varphi\left(f'([z]_{\mathsf{R}_h}, p)\right)$, und (1.105.a) ist ebenfalls erfüllt. Für die Umkehrabbildung φ^{-1}: $W(h') \to Z/\mathsf{R}_h$ ist $\varphi^{-1}\left(h([z]_{\mathsf{R}_h})\right) = \varphi^{-1}\left(\varphi([z]_{\mathsf{R}_h})\right) = [z]_{\mathsf{R}_h}$. Es müssen dann die zu (1.105) inversen

Gleichungen gelten:

$$\varphi^{-1}\big(f''(\varphi([z]_{R_h}), p)\big) = f'([z]_{R_h}, p), \tag{106.a}$$

$$g''(z, p) = g'\big(\varphi^{-1}(z), p\big). \tag{106.b}$$

Man bekommt zunächst mit $\varphi([z]_{R_h}) = h'([z]_{R_h})$

$$\begin{aligned}\varphi^{-1}\big(f''(\varphi([z]_{R_h}), p)\big) &= \varphi^{-1}\big(f''(h'([z]_{R_h}), p)\big)\\ &= \varphi^{-1}\Big(h'\big([f(h'([z]_{R_h}), p)]_{R_h}\big)\Big) && \text{(wegen 1.104.b)}\\ &= \varphi^{-1}\Big(\varphi\big([f(h'([z]_{R_h}), p)]_{R_h}\big)\Big) && \text{(wegen Definition von } \varphi, \varphi^{-1})\\ &= \big[f(h'([z]_{R_h}), p)\big]_{R_h}\\ &= f'([z]_{R_h}, p) && \text{(wegen 1.98.b).}\end{aligned}$$

Also ist (106.a) zutreffend. Andererseits gilt auch (106.b). Dort ist nämlich $z \in W(h')$, also existiert irgendein $[z']_{R_h}$, so daß $z = h'([z']_{R_h})$ ist. Folglich ist: $z = \varphi([z']_{R_h})$ und $g'\big(\varphi^{-1}(z), p\big) = g'\big(\varphi^{-1}(\varphi([z']_{R_h})), p\big) = g'([z']_{R_h}, p)$. Aus (1.98.b) folgt $g'([z']_{R_h}, p) = g\big(h'([z']_{R_h}), p\big) = g''\big(h'([z']_{R_h}), p\big) = g''(z, p)$. Also ist (106.a) ebenfalls erfüllt. Damit ist Satz 1.25. bewiesen.

Bei der Konstruktion eines modellreduzierten Systems muß man also von der Definition einer reflexiven und symmetrischen Relation in Y ausgehen, durch die der Charakter der approximativen Vereinfachung festgelegt wird. Auf der Grundlage dieser Relation muß dann ein Quasi-Z-Endomorphismus in S gefunden werden, der die Bedingungen

$$h\big(f(z, p)\big) = f\big(h(z), p\big),$$

$$g(z, p)\ \mathsf{R}\, g\big(h(z), p\big)$$

erfüllt. Danach kann die induzierte Äquivalenzrelation R_h und die zugehörige Zerlegung Z/R_h leicht ermittelt werden. Da jede Zerlegung eindeutig eine Äquivalenzrelation festlegt, kann auch umgekehrt zunächst eine entsprechende Zerlegung von Z vorgenommen werden derart, daß darauf ein Quasi-Z-Endomorphismus definiert werden kann. Dieser Schritt sichert nach Folgerung 1.23. die Quasiäquivalenz des Original- und des modellreduzierten Systems modulo der Relation R in Y. Im nächsten Schritt muß eine Auswahlfunktion h' gefunden werden, die (1.99) erfüllt. Danach kann S' konstruiert werden. Das Hauptproblem besteht darin, h bzw. die Zerlegung Z/R_h so zu finden, daß eine Vereinfachung der Zustandsmenge erreicht wird, also im Falle zeitkontinuierlicher Systeme z. B. eine Dimensionsreduktion. Das würde mit Sicherheit erreicht, wenn Z/R_h Träger eines Faktorraums von Z wäre. Ob h bzw. Z/R_h tatsächlich so gefunden werden kann, ist zu untersuchen. Andernfalls muß geprüft werden, auf welche andere Weise die Reduktion der Dimension erreicht wird. Ein allgemeiner Algorithmus für die Konstruktion von S' kann für allgemeine dynamische Systeme nicht angegeben werden. Das kann nur im Rahmen spezieller Systemklassen geschehen, da es nicht nur sinnvoll, sondern auch notwendig ist, von der dort bestehenden reicheren mathematischen Strukturiertheit der Systeme Gebrauch zu machen. Die hier dargelegten Sätze geben aber wichtige Grundorientierungen, gerade weil sie von überflüssigen mathematischen Strukturen frei sind.

1.4. Realisierung von Systemabbildungen

1.4.1. Grundbegriffe

Im Abschnitt 1.1. wurde bereits darauf hingewiesen, daß Systeme auch durch Input-Output-Darstellungen beschrieben werden können. Solche Beschreibungen sind in der Analogtechnik sogar lange Zeit vorherrschend gewesen und besitzen nach wie vor große Bedeutung vor allem bei der Behandlung initialer Systeme. So werden z. B. im Ergebnis sog. experimenteller oder auch theoretischer Prozeß- bzw. Systemanalysen häufig zunächst Eingangs-Ausgangs-Beschreibungen von Systemen gewonnen und erst danach Systembeschreibungen unter Verwendung von Zustandsgrößen darauf aufgebaut. Die theoretische Widerspiegelung dieses Sachverhalts ist in der Theorie zeitkontinuierlicher Systeme als Realisierungsproblem in Erscheinung getreten und für verschiedene Klassen von Systemen intensiv untersucht worden (z. B. Arbib/Falb/Kalman [1], D'Allessandro/Isidor/Ruberti [1], Brockett [1], Frazho [1], Harper [1], Kalman [1], [3], [4], Marchesini/Mitter [1], Zemanian, A. H. [1], Matsuo [1]. Daß dieses Problem des Zusammenhangs von Eingangs-Ausgangs-Beschreibung und Zustandsbeschreibung auch im Falle zeitdiskreter Systeme von Bedeutung ist, wenn auch in anderer Weise, findet seinen Ausdruck vor allem in der Automatentheorie und dort in der Untersuchung von Fragen realisierbarer Eingabe-Ausgabe-Relationen, des klassifikatorischen Verhaltens von Automaten u. a. m. Wir greifen deshalb das Problem hier auf und untersuchen es in verallgemeinerter Form für abstrakte Systeme. Der Einfachheit halber beschränken wir uns dabei auf zeitinvariante Systeme.

Definition 1.19. Es seien X und Y nichtleere Mengen von Eingangs- und Ausgangssignalen über den Signalwertmengen A und B, die bez. der Verkettungsoperation abgeschlossen sind. Mit $p \in X$ sei $p_{(0,t]} \in X$ für alle $t \in D(p)$.

1.19.1. Eine beliebige Abbildung $\varphi: X \to Y$ heißt *Signalabbildung* von X in Y.

1.19.2. Sei $S = (A, X, B, Y, Z, T, f, g)$ ein (zeitinvariantes) allgemeines dynamisches System und $z \in Z$. Dann heißt eine Signalabbildung φ von X in Y im System S *durch den Zustand z realisiert*, wenn für alle $p \in X$ gilt

$$\varphi(p) = g(z, p). \tag{1.107}$$

1.19.3. Eine Signalabbildung φ von X in Y heißt *realisierbar*, wenn es ein (zeitinvariantes) allgemeines dynamisches System $S = (A, X, B, Y, Z, T, f, g)$ und einen Zustand $z \in Z$ gibt, so daß φ durch z realisiert wird.

Aus der Definition folgt sofort, daß nicht jede Signalabbildung durch ein allgemeines dynamisches System realisiert werden kann, weil in einem System Ein- und Ausgangssignal stets gleiche Länge haben und $D(p) = D(g(z, p))$ ist, während natürlich Signalabbildungen existieren können, die Signale unterschiedlicher Länge und unterschiedlicher Definitionsbereiche einander zuordnen.

Satz 1.26. Es sei φ eine von $z \in Z$ in $S = (A, X, B, Y, X, T, f, g)$ realisierte Signalabbildung von X in Y. Dann gilt:

1. Für alle $p \in X$ ist $D(\varphi(p)) = D(p)$. (1.108.a)

2. Zu jedem $p, q \in X$ existiert ein $s \in Y$ derart, daß

$$\varphi(pq) = \varphi(p)\, s \tag{1.108.b}$$

ist.

Die Behauptung (1.108.a) folgt aus (1.19.e). Die Behauptung (1.108.b) folgt aus der Kausalitätsbedingung des Systems. Wegen $g(z, pq) = g(z, p)\, g(f(z, p), q)$ folgt für die von $z \in Z$ in S realisierte Signalabbildung, daß mit $\varphi(pq) = g(z, pq)$ und $\varphi(p) = g(z, p)$ ein Signal $s \in Y$ derart existiert, daß (1.108.b) erfüllt ist. s ist ein durch p und pq eindeutig bestimmtes Signal aus Y, und es ist klar, daß $s = g(f(z, p), q)$ das Verlangte leistet. Bedingung (1.108.a) sichert natürlich auch gleiche Länge der Signale p und $\varphi(p)$. Bedingung (1.108.b) bewirkt, daß ein beliebiges Anfangsstück eines Signals in ein Anfangsstück des zugehörigen Ausgangssignals transformiert wird.

Definition 1.20. Eine Signalabbildung $\varphi : X \to Y$ heißt *Systemabbildung*, wenn sie die Bedingungen (1.108.a) und (1.108.b) erfüllt. Diese Bedingungen heißen Systembedingungen.

Es kann nun ebenso wie für Automaten auch für allgemeine dynamische Systeme gezeigt werden, daß die Systembedingungen notwendig und hinreichend für die Realisierbarkeit einer Signalabbildung sind. Mit anderen Worten: jede Systemabbildung ist realisierbar. Das wird im folgenden gezeigt.

1.4.2. Realisierbarkeit von Systemabbildungen

Wir definieren zunächst den Begriff Zustand einer Signalabbildung.

Definition 1.21. Sei φ eine Signalabbildung von X in Y, welche die Bedingung (1.108.b) erfüllt. Die Abbildung, die jedem $p \in X$ diejenige Funktion $s \in Y$ mit $\varphi(pq) = \varphi(p)\, s$ zuordnet, wird der *zur Eingangsfunktion p gehörige Zustand* von φ genannt und mit φ_p bezeichnet.

Der Begriff des Zustands einer Signalabbildung bezieht sich inhaltlich auf die Vorstellung, daß eine Signalabbildung φ, die zu einem Anfangszeitpunkt einer Funktion w ihre Bildfunktion $\varphi(w)$ zuordnet, sich mit ablaufender Zeit verändert, indem sie zu einem späteren Zeitpunkt t' dem nun nur noch bestehenden Teil $w_{(t',t_w]}$ der Eingangsfunktion w das noch fehlende Teil $\varphi(w)_{(t',t_w]}$ der Ausgangsfunktion zuordnet. Sie befindet sich gewissermaßen z. Zt. t' im Zustand $\varphi(w)_{(0,t']}$ (vgl. Abb. 1.12. und Wunsch [2], S. 34f.).

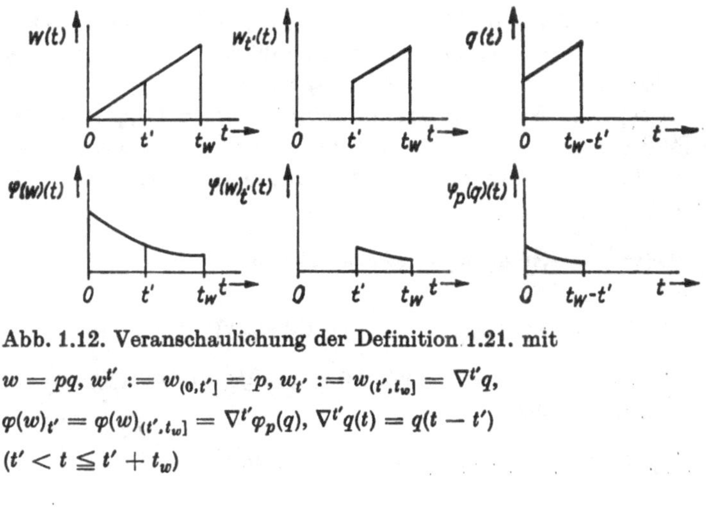

Abb. 1.12. Veranschaulichung der Definition 1.21. mit

$w = pq$, $w^{t'} := w_{(0,t']} = p$, $w_{t'} := w_{(t',t_w]} = \nabla^{t'} q$,

$\varphi(w)_{t'} = \varphi(w)_{(t',t_w]} = \nabla^{t'} \varphi_p(q)$, $\nabla^{t'} q(t) = q(t - t')$

$(t' < t \leqq t' + t_w)$

Satz 1.27. Es sei φ eine Signalabbildung von X in Y.
1. Wenn φ die Bedingung (1.108.b) erfüllt, so auch jeder Zustand von φ.
2. Ist φ eine Systemabbildung, so sind alle Zustände von φ ebenfalls Systemabbildungen.

Beweis. 1. Es sei $p \in X$ eine beliebige Funktion aus X. Dann gilt für alle $q, r \in X$

$$\varphi(pqr) = \varphi(p)\, \varphi_p(qr) = \varphi(pq)\, \varphi_{pq}(r) = \varphi(p)\, \varphi_p(q)\, \varphi_{pq}(r).$$

Hieraus folgt $\varphi_p(qr) = \varphi_p(q)\, \varphi_{pq}(r)$, d. h., φ_p erfüllt (1.108.b).

2. Ist φ sogar Systemabbildung, so folgt mit $\varphi(pq) = \varphi(p)\, \varphi_p(q)$ aus $D(\varphi(pq)) = D(pq)$ und $D(\varphi(p)) = D(p)$ auch $D(\varphi_p(q)) = D(q)$. Also ist auch (1.108.a) erfüllt und $\varphi_p(q)$ ist ebenfalls Systemabbildung.

Wir können nun folgenden Satz beweisen.

Satz 1.28. Jede Systemabbildung $\varphi : X \to Y$ kann in einem (zeitinvarianten) allgemeinen dynamischen System S realisiert werden. Dieses System ist wie folgt festgelegt:

$$S = (A, X, B, Y, Z, T, f, g) \tag{1.109.a}$$

mit

1. $$Z = \{\varphi_p \mid p \in X\}, \tag{1.109.b}$$

2. a) $$f(\varphi_p, q) = \varphi_{pq}, \tag{1.109.c}$$

   b) $$g(\varphi_p, q) = \varphi_p(q) \tag{1.109.d}$$

   für alle $p, q \in X$, $\varphi_p \in Z$.

Beweis. Wir zeigen zunächst, daß S ein allgemeines dynamisches System ist. Es ist mit $q = e : f(\varphi_p, e) = \varphi_{pe} = \varphi_p$ und $g(\varphi_p, e) = \varphi_p(e)$. Weil φ eine Systemabbildung ist, ist es auch φ_p. Folglich ist $D(\varphi_p(e)) = D(e)$ und somit $\varphi_p(e) = e = g(\varphi_p, e)$. Weiter ist demnach $D(g(\varphi_p, q)) = D(\varphi_p(q)) = D(q)$. Damit sind die Bedingungen (1.19.b, e, f) erfüllt. Es bleibt zu zeigen, daß die Kausalitäts- und die Zustandsbedingung ebenfalls erfüllt sind.

Aus (1.109.c) folgt $f(\varphi_p, qr) = \varphi_{p(qr)}$. Wegen

$$\varphi(p(qr)) = \varphi(p)\, \varphi_p(qr) = \varphi(p)\, \varphi_p(q)\, \varphi_{pq}(r)$$

und

$$\varphi((pq)\, r) = \varphi(pq)\, \varphi_{pq}(r) = \varphi(p)\, \varphi_p(q)\, \varphi_{pq}(r)$$

ist $\varphi(p(qr)) = \varphi((pq)\, r)$. Damit ist auch $\varphi(p(qr)\, u) = \varphi((pq)\, ru)$ und somit $\varphi_{(pq)r} = \varphi_{p(qr)}$, demzufolge

$$f(\varphi_p, qr) = \varphi_{(pq)r} = f(\varphi_{pq}, r) = f(f(\varphi_p, q), r).$$

Damit ist die Zustandsbedingung erfüllt. Anderseits ist

$$g(\varphi_p, qr) = \varphi_p(qr) = \varphi_p(q)\,\varphi_{pq}(r) = g(\varphi_p, q)\,g(\varphi_{pq}, r)$$
$$= g(\varphi_p, q)\,g\big(f(\varphi_p, q), r\big).$$

Also ist auch die Kausalitätsbedingung erfüllt und S ist ein allgemeines dynamisches System. Der zu der »leeren« Funktion e gehörige Zustand φ_e dieses Systems realisiert den Systemoperator φ. Das ergibt sich aus (1.109.d) für den Fall $\varphi_p = \varphi_e$. Dann ist $g(\varphi_e, q) = \varphi_e(q)$. Wegen $q = eq$ ist aber auch $\varphi(q) = \varphi(eq)$ und wegen (1.108.b) somit $\varphi(q) = \varphi(e)\,\varphi_e(q)$. Weil e die »leere« Funktion ist und (1.108.a) gilt, ist $\varphi(e) = e$ und somit $\varphi(q) = \varphi_e(q)$. Demnach ist $g(\varphi_e, q) = \varphi(q)$, und die Systemabbildung φ von X in Y wird durch den Zustand φ_e von S realisiert. Damit ist Satz 1.28. vollständig bewiesen.

Nach dem Bisherigen kann eine Systemabbildung φ durch den Zustand φ_e eines nach Satz 1.28. definierten allgemeinen dynamischen Systems realisiert werden. Neben φ können durch dieses System aber auch sämtliche Zustände φ_p von φ realisiert werden.

Satz 1.29. Sei φ eine durch den Zustand $z \in Z$ des (zeitinvarianten) allgemeinen dynamischen Systems $S = (A, X, B, Y, Z, T, f, g)$ realisierte Systemabbildung. Dann wird der Zustand φ_p von φ für beliebige $p \in X$ durch den Zustand $f(z, p)$ des Systems realisiert.

Beweis. Für alle $p, q \in X$ gilt

$$\varphi(p)\,\varphi_p(q) = \varphi(pq) = g(z, pq) = g(z, p)\,g\big(f(z, p), q\big) = \varphi(p)\,g\big(f(z, p), q\big).$$

Demnach ist $\varphi_p(q) = g\big(f(z, p), q\big)$. Damit ist klar, daß ein System S, das eine Systemabbildung durch einen Zustand $z \in Z$ realisiert, zugleich alle Zustände dieser Abbildung realisiert. Das führt sofort zu folgenden Schlußfolgerungen.

Folgerung 1.26. Sei S ein allgemeines dynamisches System, das eine Systemabbildung φ realisiert. Dann kann die Mächtigkeit der Zustandsmenge Z von S nicht kleiner sein als die der Menge aller Zustände der Systemabbildung φ.

Folgerung 1.27. Systemabbildungen, die unendlich viele Zustände besitzen, können nicht durch ein allgemeines dynamisches System mit endlicher Zustandsmenge realisiert werden.

In dem nach Satz 1.28. definierten System ist die Zustandsmenge des Systems als Menge der Zustände einer Systemabbildung festgelegt. Ebensogut läßt sich aber auch ein System definieren, dessen Zustandsmenge als Zerlegung der Menge aller Eingangssignale festgelegt ist, wenn man in dieser Menge die folgende Äquivalenzrelation einführt:

$$p_1 \,\text{äq}\, p_2 :\Leftrightarrow (\forall\, q \in X)\,\big(\varphi_{p_1}(q) = \varphi_{p_2}(q)\big). \qquad (1.110)$$

Daß äq Äquivalenzrelation ist, kann man leicht nachprüfen. Die Äquivalenzklasse aller äquivalenten Signale modulo äq schreiben wir

$$[p] := \{p' \mid p' \in X \wedge p' \text{ äq } p\}. \tag{1.111}$$

Die Zerlegung der Menge X von Eingangsfunktionen modulo äq ist

$$X/\text{äq} = \{[p] \mid p \in X\}. \tag{1.112}$$

Die zugehörige kanonische Abbildung, die jedem $p \in X$ die Äquivalenzklasse $[p] \in X/\text{äq}$ zuordnet, bezeichnen wir mit $\tilde{\varphi}$. Sie ordnet einem beliebigen Signal $p \in X$ die Menge aller Signale zu, die bei Anwendung der Systemabbildung φ denselben Zustand dieser Abbildung ergeben:

$$\tilde{\varphi}(p) = \{p' \mid p' \in X \wedge \varphi_{p'} = \varphi_p\}. \tag{1.113}$$

Andererseits ist mit der nach Satz 1.28. erfolgten Definition eines allgemeinen dynamischen Systems, das eine Systemabbildung φ von X in Y realisiert, eine Abbildung ξ von der Menge X in die Menge Z festgelegt, die jeder Funktion $p \in X$ den zugehörigen Zustand der Systemabbildung zuordnet:

$$\xi(p) = \varphi_p. \tag{1.114}$$

Satz 1.30. Seien $\varphi: X \to Y$ eine Systemabbildung und $S = (A, X, B, Y, Z, T, f, g)$ ein allgemeines dynamisches System, das die Bedingungen (1.109) erfüllt. Dann ist die durch

$$\psi := \{([p], \varphi_p) \in X/\text{äq} \times Z \mid (\exists p \in [p]) (\varphi_p = \xi(p))\} \tag{1.115.a}$$

festgelegte Abbildung ψ von $X/\text{äq}$ auf Z umkehrbar eindeutig, und die durch (1.114) definierte Abbildung $\xi: X \to Z$ ist die Verkettung der kanonischen Abbildung $\tilde{\varphi}$ von X auf $X/\text{äq}$ mit der Abbildung ψ:

$$\xi = \psi \circ \tilde{\varphi}. \tag{1.115.b}$$

Beweis. Wir zeigen, daß ψ eineindeutig ist. Zunächst ist die durch ψ einer Klasse $[p]$ zugeordnete Abildung φ_p unabhängig von der Repräsentantenauswahl. Denn ist p_1 ein anderer Repräsentant aus $[p]$, dann ist p äq p_1 lt. Definition von $[p]$ (vgl. (1.111)), und wegen (1.110) ist somit $\varphi_{p_1} = \varphi_p$, also φ_p unabhängig von der Repräsentantenauswahl. Seien nun $[p]$, $[q]$ zwei Klassen aus $X/\text{äq}$ und $\varphi_p = \varphi_q$. Dann sind p, q wegen (1.110) äquivalent mod äq, und somit muß sein: $p \in [q]$ und $q \in [p]$. Also gilt $[p] \subseteq [q]$ und $[q] \subseteq [p]$, d. h. $[p] = [q]$. Demnach ist ψ eineindeutig. Außerdem ist ψ natürlich auch surjektiv, d. h. $W(\psi) = Z$, denn zu jedem $z \in Z$ existiert ein $p \in X$, so daß $z = \varphi_p$ ist. Folglich existiert auch zu jedem $z \in Z$ ein $[p] \in X/\text{äq}$ mit $\psi([p]) = \varphi_p$, da

$X/\text{äq}$ die Zerlegung von X mod äq ist und demnach kein $p \in X$ existieren kann, das nicht in einer Zerlegungsklasse enthalten ist.

Es bleibt noch zu zeigen, daß die Äquivalenzrelation äq die durch ξ induzierte Relation ist. Dann ist (1.115.b) erfüllt, denn jede Abbildung von einer Menge M auf eine Menge N ist Verkettung der kanonischen Abbildung von M auf die Zerlegung M/R modulo der durch die Abbildung in M induzierten Äquivalenzrelation R und einer umkehrbar eindeutigen Abbildung von M/R auf N (ASSER [1], S. 73). Die durch ξ induzierte Äquivalenzrelation in X ist festgelegt durch

$$\mathsf{R} := \{(p, q) \mid p, q \in X \wedge \xi(p) = \xi(q)\}.$$

Hieraus folgt sofort mit $\xi(p) = \varphi_p$, $\xi(q) = \varphi_q$, daß $\varphi_p = \varphi_q$ ist und p, q somit äquivalent mod äq sind. Also ist R identisch mit der durch (1.110) definierten Äquivalenzrelation. Damit ist Satz 1.30. bewiesen. Den Sachverhalt $\xi = \psi \circ \tilde{\varphi}$ kann man durch das kommutative Diagramm von Abb. 1.13. veranschaulichen.

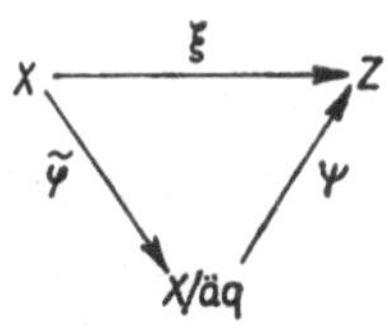

Abb. 1.13. $\xi = \psi \circ \tilde{\varphi}$

Satz 1.31. Seien $\varphi : X \to Y$ eine Systemabbildung und $S = (A, X, B, Y, Z, T, f, g)$ ein allgemeines dynamisches System, das die Bedingungen (1.109) erfüllt. Dann ist $S' = (A, X, B, Y, Z', T, f', g')$ mit

1. $Z' = X/\text{äq}$ (1.116.a)

2. $f'([p]\ q) = [pq]$ (1.116.b)

3. $g'([p]\ q) = \varphi_p(q)$ (1.116.c)

für alle $[p] \in Z'$, $p, q, pq \in X$ ein allgemeines dynamisches System, das die Systemabbildung φ realisiert.

Beweis. Wir beweisen zunächst die Repräsentantenunabhängigkeit von (1.116.b, c). Sei $\bar{p} \in [p]$. Dann ist $f'([p], q) = [\bar{p}q]$ und es muß $[\bar{p}q] = [pq]$ sein. Mit $p, \bar{p} \in [p]$ ist $\varphi_p(u) = \varphi_{\bar{p}}(u)$ für alle $u \in X$, also auch für $u = qr$. Demnach: $\varphi_p(qr) = \varphi_p(q)\,\varphi_{pq}(r)$ und $\varphi_{\bar{p}}(qr) = \varphi_{\bar{p}}(q)\,\varphi_{\bar{p}q}(r)$. Wegen $\varphi_p(qr) = \varphi_{\bar{p}}(qr)$ und $\varphi_p(q) = \varphi_{\bar{p}}(q)$ ist auch $\varphi_{pq}(r) = \varphi_{\bar{p}q}(r)$ für alle $r \in X$. Also ist qp äq $\bar{p}q$ und somit $pq \in [\bar{p}q]$ und $\bar{p}q \in [pq]$, d. h. $[pq] = [\bar{p}q]$.

Andererseits folgt aus (1.116.c) für einen anderen Repräsentanten $\overline{p} \in [p]$ auch $g'([p], q) = \varphi_{\overline{p}}(q)$. Wegen $\overline{p}$ äq p ist $\varphi_{\overline{p}}(q) = \varphi_p(q)$ für alle $q \in X$. Also sind die Gleichungen (1.116.b, c) repräsentantenunabhängig.

S' ist ein allgemeines dynamisches System und realisiert φ, wenn es stationär Z-isomorph zu S ist, denn ein solcher Isomorphismus erhält die mathematische Struktur des Systems und von S wurde bereits bewiesen, daß es allgemeines dynamisches System ist und φ realisiert (Satz 1.28.). Es muß also nur die Existenz eines stationären Z-Isomorphismus h von S auf S' gezeigt werden. Sei $h = \psi^{-1}$. Dann ist h umkehrbar eindeutige Abbildung von Z auf $Z/$äq denn von ψ wurde bewiesen, daß sie umkehrbar eindeutige Abbildung von $Z/$äq auf Z ist. Es muß gelten

$$h(f(\varphi_p, q)) = f'(h(\varphi_p), q), \tag{1.117.a}$$

$$g(\varphi_p, q) = g'(h(\varphi_p), g). \tag{1.117.b}$$

Es ist

$$\begin{aligned}
h(f(\varphi_p, q)) &= \psi^{-1}(f(\varphi_p, q)) && (\text{wegen } h = \psi^{-1})\\
&= \psi^{-1}(\varphi_{pq}) && (\text{wegen } (1.109.\text{c}))\\
&= [pq] && (\text{wegen } \psi([pq]) = \varphi_{pq}),\\
f'(h(\varphi_p), q) &= f'(\psi^{-1}(\varphi_p), q) && (\text{wegen } h = \psi^{-1})\\
&= f'([p], q) && (\text{wegen } \psi([p]) = \varphi_p)\\
&= [pq] && (\text{wegen } (1.116.\text{b})),\\
g(\varphi_p, q) &= \varphi_p(q) && (\text{wegen } (1.109.\text{d})),\\
g'(h(\varphi_p), q) &= g'(\psi^{-1}(\varphi_p), q) && (\text{wegen } h = \psi^{-1})\\
&= g'([p], q) && (\text{wegen } \psi([p]) = \varphi_p)\\
&= \varphi_p(q) && (\text{wegen } (1.116.\text{c})).
\end{aligned}$$

Also sind die Gleichungen (1.117) erfüllt. Damit ist Satz 1.31. bewiesen.

Der Unterschied, der durch die Sätze 1.28. und 1.31. definierten Systeme zur Realisierung einer Systemabbildung φ beruht hauptsächlich auf der unterschiedlichen Auffassung und Festlegung des Systemzustands. Im Falle des Satzes 1.28. ist ein Zustand identisch mit der Festlegung aller Zuordnungen von Ausgangsfunktionen zu Eingangsfunktionen, die nach einer bestimmten Eingangsfunktion auftreten. In einem solchen Zustand ist also gewissermaßen die gesamte mögliche Zukunft des Verhaltens gespeichert, die auf eine bestimmte vorherige Eingangsfunktion folgen kann. Man überlegt sich leicht, daß ein nach Satz 1.28. konstruiertes System nur einen Zustand besitzt, wenn $\varphi_p(q) = \varphi(q)$ für alle $p, q \in X$ ist.

Im Falle des Satzes 1.31. ist ein Zustand identisch mit der Klasse aller derjenigen Eingangsfunktionen, bei denen die Reaktion des Systems auf eine anschließende Eingangserregung stets gleich ist. Der Zustand speichert hier also alle Eingangsfunktionen, die bei weiterer Einwirkung mit irgendeiner beliebigen Eingangsfunktion stets mit der gleichen Ausgangsfunktion antworten. Diese äquivalenten Eingangsfunktionen führen also zu demselben zukünftigen Ausgangsverhalten.

Für die Realisierung einer Systemabbildung φ in dem hier behandelten Sinne werden Konstruktionsvorschriften benötigt, die es gestatten, zu der Menge X die Zerlegung $X/\text{äq}$ zu konstruieren bzw. die Menge $\{\varphi_p \mid p \in X\}$ der Zustände der Systemabbildung. Solche Vorschriften sind für den Fall allgemeiner dynamischer Systeme nicht bekannt. Für Automaten stellt die Automatentheorie entsprechende Verfahren bereit (Gécseg/Peák [1], Gluschkow [1], Starke [1]). In der Theorie zeitkontinuierlicher Systeme ist das Realisierungsproblem eines der Hauptprobleme der Theorie. Wir verweisen auf die zum Abschnitt 1.4. eingangs genannte Literatur. Die hier behandelten Zusammenhänge stellen Existenzaussagen über die Existenz von Realisierungen dar. Darüber hinaus liefern sie Anhaltspunkte für die Suche nach Realisierungen in den Fällen, in denen die ausgearbeiteten Methoden der speziellen Systemtheorien nicht anwendbar sind.

1.4.3. Darstellung allgemeiner dynamischer Systeme durch Systemabbildungen

Wir definieren zunächst den Begriff der Darstellung eines allgemeinen dynamischen Systems.

Definition 1.22. Sei $S = (A, X, B, Y, Z, T, f, g)$ ein (zeitinvariantes) allgemeines dynamisches System.

1.22.1. Eine Systemabbildung $\varphi_z\colon X \to Y$ heißt *Input-Output-Darstellung von* S mod z, wenn φ_z in S durch z realisiert wird. φ_z wird auch die vom Zustand $z \in Z$ erzeugte Systemabbildung genannt.

1.22.2. Eine Menge Φ von Systemabbildungen von X in Y heißt *Input-Output-Darstellung von* S, wenn sie die und nur die von den Zuständen des Systems erzeugten Systemabbildungen enthält.

1.22.3. Die Input-Output-Darstellung Φ von S heißt *minimale Darstellung,* wenn sie die und nur die von den paarweise inäquivalenten Zuständen des Systems erzeugten Systemabbildungen enthält.

Satz 1.32. Es sei $\mathfrak{S}$ die Menge aller zu einem (zeitinvarianten) allgemeinen dynamischen System stationär äquivalenten Systeme. Dann gibt es genau eine Input-Output-Darstellung Φ, die Input-Output-Darstellung aller Systeme aus $\mathfrak{S}$ ist.

Beweis. Sei $S = (A, X, B, Y, Z, T, f, g)$ ein System aus $\mathfrak{S}$. Dann ist $\varphi_z : X \to Y$ mit $\varphi_z(p) = g(z, p)$ für alle $p \in X$ eine Input-Output-Darstellung mod z. Die Abbildung φ_z ordnet jedem $p \in X$ gerade diejenige Funktion $y \in Y$ zu, die das System als Ausgangsfunktion ausgibt, wenn es im Zustand z durch die Eingangsfunktion p erregt wird. Die Eindeutigkeit von φ_z ergibt sich aus der von g. Darüber hinaus ist φ_z außerdem Systemabbildung, die die Bedingungen (1.108.a, b) erfüllt. Die Gleichheit der Definitionsbereiche $D(\varphi_z(p)) = D(p)$ ergibt sich aus der durch das System festgelegten Eigenschaft $D(g(z, p)) = D(p)$. Damit ist (1.108.a) erfüllt. Gemäß (1.108.b) muß zu jedem $p, q \in X$ ein $s \in Y$ so existieren, daß $\varphi(pq) = \varphi(p)\, s$ ist. Aus der Definition von φ_z folgt, daß $\varphi(pq) = g(z, pq)$ und $\varphi(p) = g(z, p)$ ist. Also muß zu jedem $p, q \in X$ ein $s \in Y$ existieren, so daß $g(z, pq) = g(z, p)\, s$ ist. Offenbar leistet $s = g(f(z, p), q)$ das Verlangte, und damit ist (1.108.b) ebenfalls erfüllt.

Ist φ_z die Input-Output-Darstellung von S mod z, so gibt es keine andere solche Darstellung mod z. Sei $\dot{\varphi}_z : X \to Y$ eine andere Input-Output-Darstellung von S mod z. Dann gilt definitionsgemäß wieder für alle $p \in X : \dot{\varphi}_z(p) = g(z, p)$. Wegen $g(z, p) = \varphi_z$ ist somit für alle $p \in X$ auch $\dot{\varphi}_z(p) = \varphi_z(p)$ und demnach $\dot{\varphi}_z = \varphi_z$.

Die Input-Output-Darstellung von S ist nach dem Bisherigen:

$$\Phi = \{\varphi_z \mid z \in Z \wedge \varphi_z : X \to Y \wedge (\forall p \in X)\, (\varphi_z(p) = g(z, p))\}.$$

Es kann nur eine solche Darstellung für S geben. Gäbe es noch eine andere, so müßte in einer von beiden wenigstens eine von einem Zustand erzeugte Systemabbildung enthalten sein, die nicht zur anderen gehört. Das kann aber wegen der Definition der Input-Output-Darstellung eines Systems nicht sein.

Sei $S' = (A, X, B, Y, Z', T, f', g')$ ein stationär äquivalentes System aus $\mathfrak{S} : S' \sim S$. Seine Input-Output-Darstellung ist gegeben mit

$$\Phi' = \{\varphi'_{z'} \mid z' \in Z' \wedge \varphi'_{z'} : X \to Y \wedge (\forall p \in X)\, (\varphi'_{z'}(p) = g'(z', p))\}.$$

Wir zeigen, daß $\Phi' = \Phi$. Das ist genau dann der Fall, wenn $\Phi' \subseteqq \Phi$ und $\Phi \subseteqq \Phi'$ ist.

1. $\Phi' \subseteqq \Phi$: Es sei $\varphi'_{z'}(p) = g'(z', p)$ eine beliebige Systemabbildung aus Φ'. Dann existiert in S ein $z \in Z$, das äquivalent zu z' ist, d. h., es existiert ein $g(z, p)$ mit $g(z, p) = g'(z', p)$ für alle $p \in X$. Demnach existiert aber auch ein $\varphi_z \in \Phi$ mit $\varphi_z(p) = g(z, p)$ für alle $p \in X$. Somit ist $\varphi'_{z'}(p) = \varphi_z(p)$ für alle $p \in X$ und deshalb $\varphi'_{z'} = \varphi_z$. Also ist $\varphi'_{z'} \in \Phi'$ und $\varphi'_{z'} \in \Phi$. Da $\varphi'_{z'}$ eine beliebige

Systemabbildung aus Φ' ist, gelten die Überlegungen für alle $\varphi'_{z'} \in \Phi'$, und folglich ist $\Phi' \subseteq \Phi$.

2. $\Phi \subseteq \Phi'$: Die Richtigkeit zeigt man auf analoge Weise. Da S, S' beliebige Systeme aus $\mathfrak{S}$ sind, gelten die Aussagen für alle Systeme aus $\mathfrak{S}$. Damit ist Satz 1.32. bewiesen.

Folgerung 1.28. Sei Φ die Input-Output-Darstellung eines (zeitinvarianten) allgemeinen dynamischen Systems. Dann ist Φ zugleich die minimale Darstellung von S.

Die Richtigkeit ergibt sich unmittelbar aus der Definition 1.22. Ist Φ nämlich die Input-Output-Darstellung eines allgemeinen dynamischen Systems und $\Phi_{\min}$ seine minimale Darstellung, so können sich beide höchstens dadurch unterscheiden, daß in Φ ein oder einige Elemente mehrmals auftreten. Dann sind aber beide Mengen gemäß der Definition der Mengengleichheit dennoch gleich und also auch die Darstellungen Φ und $\Phi_{\min}$.

Satz 1.32. erlaubt unmittelbar folgende Schlußfolgerung.

Folgerung 1.29. Die Input-Output-Darstellung eines (zeitinvarianten) allgemeinen dynamischen Systems ist zugleich Input-Output-Darstellung der Menge aller zu dem System stationär äquivalenten Systeme.

Für initiale Systeme, die sich zu Beginn ihrer Arbeit immer in einem ausgezeichneten Anfangszustand z_0 befinden, besitzt die von diesem Zustand erzeugte Systemabbildung φ_0 in der Darstellung des Systems besondere Bedeutung. Bei initialen Systemen genügt die Kenntnis der Systemabbildung φ_0 für die Voraussage der Ausgangsfunktion, mit der das System auf eine eingegebene Funktion p antwortet. φ_0 kann deshalb als ausreichende Repräsentanz des dynamischen Verhaltens eines initialen Systems angesehen werden. Hierauf beruht die große Bedeutung der sog. Eingangs-Ausgangs-Beschreibung solcher analoger Systeme, deren Arbeit aus einem definierten Anfangszustand heraus erfolgt. Bei geeigneter Systemdefinition lassen sich solche Systeme als initiale Systeme darstellen.

1.4.4. Steuerbarkeit, Beobachtbarkeit, kanonische Realisierung

Im Abschnitt 1.4.2. haben wir festgestellt, daß Systemabbildungen durch allgemeine dynamische Systeme realisiert werden können. Wir behandeln jetzt die Frage, wann eine Realisierung vorliegt, die kanonisch ist. Das muß natürlich präzisiert werden und bezieht sich offenbar auf die Zustandsmenge des Systems, denn es ist ja gerade diese Menge, die neu eingeführt wird, um eine Systemabbildung zu realisieren. Damit stellt sich das Problem ähnlich wie im

Falle der Reduktion von Systemen. Dort haben wir darauf hingewiesen, daß es verschiedene Möglichkeiten gibt, festzulegen, in welcher Hinsicht eine Zustandsmenge reduziert ist. Analog gibt es auch verschiedene Möglichkeiten, die kanonische Realisierung zu definieren. Wir gehen hier von einer Definition aus, die in der Theorie zeitkontinuierlicher Systeme allgemeine Anerkennung gefunden hat und von KALMAN stammt (ARBIB/FALB/KALMAN [1], S. 256). Ehe wir dies jedoch tun können, müssen wir die Begriffe Steuerbarkeit und Beobachtbarkeit einführen. Wir werden dazu auch einige Aussagen formulieren, die Zusammenhänge mit früher eingeführten Begriffen aufzeigen. Die Einführung dieser Begriffe geschieht ebenfalls in Anlehnung an die Literatur, die allerdings nicht immer ganz einheitlich vorgeht (ARBIB/FALB/KALMAN [1], HEYMANN [1], PICHLER [1], REINISCH [1] u. a.).

Definition 1.23. $S = (A, X, B, Y, Z, T, f, g)$ sei ein (zeitinvariantes) allgemeines dynamisches System.

1.23.1. S heißt *steuerbar aus dem Zustand* z_0, wenn gilt:

$$(\forall\, z \in Z)\,(\exists\, p \in X)\,\big(z = f(z_0, p)\big). \tag{1.118.a}$$

1.23.2. S heißt *steuerbar in den Zustand* z_0, wenn gilt:

$$(\forall\, z \in Z)\,(\exists\, p \in X)\,\big(z_0 = f(z, p)\big). \tag{1.118.b}$$

1.23.3. S heißt *vollständig steuerbar*, wenn gilt:

$$(\forall\, z, z' \in Z)\,(\exists\, p \in X)\,\big(z' = f(z, p)\big). \tag{1.118.c}$$

1.23.4. Ein Zustand $z \in Z$ heißt *beobachtbar*, wenn gilt:

$$(\forall\, z' \in Z)\,(\forall\, p \in X)\,\big(g(z', p) = g(z, p) \Rightarrow z' = z\big). \tag{1.118.d}$$

1.23.5. S heißt *vollständig beobachtbar*, wenn alle $z \in Z$ beobachtbar sind.

Interpretation. Wenn S aus dem Zustand z_0 steuerbar ist, so kann von z_0 aus jeder Zustand erreicht werden. Diese Eigenschaft heißt deshalb in der Literatur mitunter auch Erreichbarkeit. Dabei wird natürlich i. allg. für jeden Zustand eine andere Eingangsfunktion benötigt, aber es existiert immer eine solche Funktion, die die Überführung von z_0 in z in endlicher Zeit besorgt. Daß diese Zeit endlich ist, ist in der Definition von p impliziert. Anderseits heißt S steuerbar in den Zustand z_0, wenn dieser Zustand von jedem anderen aus erreicht werden kann mit Hilfe einer geeigneten Eingangsfunktion $p \in X$. Auch dies erfolgt in endlicher Zeit. Wenn gilt, daß S von jedem Zustand aus steuerbar und zugleich in jeden Zustand steuerbar ist, dann ist es vollständig steuerbar. In der Literatur findet man auch noch eine Verschärfung dieser Forderungen, in dem zusätzlich die Überführung innerhalb einer vorgegebenen oder sogar innerhalb jeder vorgegebenen Zeit gefordert wird. Für unsere Zwecke sind diese Forderungen aber nicht notwendig.

Beobachtbar heißt ein Zustand z, wenn bei gleichen Eingangsfunktionen und gleichen Ausgangsfunktionen die Anfangszustände gleich z sind. Dann ist man durch Ermittlung bzw. Messung von Eingangsfunktion p und Ausgangsfunktion $g(z, p)$ prinzipiell in der Lage, den Anfangszustand z festzustellen, der dieses Verhalten erzeugt. Dabei kann die Kenntnis von p durch die des Zustandes $f(z, p)$ zum Zeitpunkt t_p ersetzt werden, der sie ja gerade speichert. Man kann also auch sagen, daß ein Zustand beobachtbar ist, wenn man aus der Beobachtung einer Ausgangsfunktion $g(z, p)$ und des Zustands $f(z, p)$ den Anfangszustand z ermitteln kann. Dies findet seinen Ausdruck in (1.118.d). Ein Vergleich der Definition 1.23.5. mit 1.14.1. zeigt, daß Beobachtbarkeit mit Reduziertheit des Systems gleichbedeutend ist.

Folgerung 1.30. Sei $S = (A, X, B, Y, Z, T, f, g)$ ein (zeitinvariantes) allgemeines dynamisches System. S ist dann und nur dann vollständig beobachtbar, wenn es reduziert ist.

Die »dann und nur dann«-Aussage besagt, daß S beobachtbar ist, wenn es reduziert ist und daß es reduziert ist, wenn es beobachtbar ist. Man kann deshalb in Folgerung 1.30. die Reihenfolge vertauschen und sagen, daß S dann und nur dann reduziert ist, wess es vollständig beobachtbar ist. Die praktische Bedeutung liegt darin, daß man über praktikable Beobachtbarkeitskriterien verfügt, die zugleich Kriterien dafür sind, ob das System reduziert ist oder nicht.

Ein Vergleich von Definition 1.23.1. mit Definition 1.5.1. zeigt, daß die Menge Z' der erzeugenden Zustände eines Systems nicht notwendig zugleich eine Menge Z_0 von Zuständen ist, aus denen das System steuerbar ist. Denn von der Menge Z' wird nur gefordert, daß in ihr ein Zustand existiert, der einen beliebigen Zustand $z \in Z$ erzeugt, d. h. mittels einer Funktion $p \in X$ in z überführt werden kann. Es ist damit aber nicht gefordert, daß derselbe Zustand auch alle anderen Zustände aus Z erzeugt. Vielmehr muß nur in Z' für alle diese Zustände ein erzeugender enthalten sein, aber nicht notwendig derselbe. Dagegen ist das System S aus einem Zustand z_0 nur dann steuerbar, wenn z_0 alle Zustände des Systems erzeugt. Man kann also sagen, daß ein System S aus dem Zustand z_0 steuerbar ist, wenn z_0 alle Zustände von Z erzeugt. Das führt unmittelbar auf Folgerung 1.31.

Folgerung 1.31. Sei S ein (zeitinvariantes) allgemeines dynamisches System und $z_0 \in Z$ ein Zustand, aus dem S steuerbar ist. Dann ist die Einermenge $Z_0 = \{z_0\}$ die minimale erzeugende Zustandsmenge des Systems, und S ist zusammenhängend von z_0. Umgekehrt ist S steuerbar aus $z_0 \in Z$, wenn es zusammenhängend vom Zustand z_0 ist. S ist stark zusammenhängend, wenn und nur wenn es vollständig steuerbar ist.

Die aus der Automatentheorie verallgemeinerten Begriffe »zusammenhängend« und »stark zusammenhängend« sind offenbar identisch mit den aus der Theorie zeitkontinuierlicher Systeme verallgemeinerten Begriffen »steuerbar« und »vollständig steuerbar«.

Die Zustände $z^* \in Z^*$ der Zustandsmenge des Kerns eines allgemeinen dynamischen Systems sind diejenigen Zustände, die von Zuständen aus der Zustandsmenge Z von S erzeugt werden (Definition 1.5.3.). Ein Vergleich mit Definition 1.23.2. zeigt, daß ein $z^* \in Z^*$ nicht notwendig ein Zustand ist, in den das System S steuerbar ist. Dazu wäre notwendig, daß z^* aus jedem Zustand $z \in Z$ erzeugt werden könnte. Das wird aber für einen Zustand des Kerns von S nicht gefordert.

Folgerung 1.32. Sei S ein (zeitinvariantes allgemeines dynamisches System und $z_0 \in Z$ ein Zustand, in den S steuerbar ist. Dann ist z_0 Element der Zustandsmenge Z^* des Kerns von S. Ist S vollständig steuerbar, so ist $Z^* = Z$ und $S = K(S)$.

Man kann eine weitere Folgerung ziehen.

Folgerung 1.33. Sei $S = (A, X, B, Y, Z, T, f, g)$ ein vollständig steuerbares (zeitinvariantes) allgemeines dynamisches System. Dann gilt für ein beliebiges Teilsystem S' von S mit $X' = X$, daß $Z' = Z$ sein muß, d. h., daß ein solches Teilsystem dieselbe Zustandsmenge wie S besitzen muß.

Die Richtigkeit ergibt sich unmittelbar aus der von Folgerung 1.2. und von Folgerung 1.31. Da die Aussage trotzdem überraschend ist, wollen wir sie nochmals begründen. Sie besagt, daß es zu einem vollständig steuerbaren System S kein Teilsystem mit der gleichen Menge von Eingangsfunktionen, wie sie S besitzt, geben kann, dessen Zustandsmenge eine echte Teilmenge der Zustandsmenge von S ist. Sei z_0 ein beliebiger Zustand aus Z und $Z' = Z \setminus \{z_0\}$. Ferner sei $X' = X$, S soll vollständig steuerbar sein. Dann gilt für alle $z \in Z'$: $(\exists\, p \in X)$ $\big(z_0 = f(z, p)\big)$. Das bedeutet, daß, in welchem Zustand das Teilsystem S' sich auch befinden mag, eine Eingangsfunktion auftreten kann, die einen Folgezustand herbeiführt, der nicht zu Z' gehört. Daraus folgt aber, daß S' kein allgemeines dynamisches System im Sinne der Definition 1.3. ist und folglich auch kein Teilsystem von S. Ist umgekehrt in einem Teilsystem S' für beliebige $z \in Z'$ und $p \in X$ auch $f(z, p) \in Z'$, so kann das Originalsystem S, von dem S' Teilsystem ist, nicht vollständig steuerbar sein, wenn $Z' \subset Z$, weil die Zustände aus Z' dann durch kein $p \in X$ in die Zustände aus $Z \setminus Z'$ gesteuert werden könnten.

Folgerung 1.34. In jedem Teilsystem S' eines vollständig steuerbaren (zeitinvarianten) allgemeinen dynamischen Systems, dessen Zustandsmenge Z' echte Teilmenge der Zustandsmenge Z von S ist ($Z' \subset Z$), muß die Menge X' der Eingangsfunktionen echte Teilmenge der Menge X von S sein: $X' \subset X$.

Schließlich ergibt sich folgende, für die Kopplung von Systemen interessierende, Schlußfolgerung.

Folgerung 1.35. Sei $S = (A, X, B, Y, Z, T, f, g)$ ein vollständig steuerbares (zeitinvariantes) allgemeines dynamisches System und $\tilde{S}$ ein X-Teilsystem von S mit $\tilde{X} \subset X$. Dann ist $\tilde{S}$ vollständig steuerbar und $K(\tilde{S}) = \tilde{S}$ dann und nur dann, wenn es kein $z \in Z$ gibt, so daß für alle $z' \in Z$ gilt:

$$z = f(z', p) \Rightarrow p \in X \setminus \tilde{X}. \tag{1.119}$$

Beweis. Wenn S vollständig steuerbar ist, ist $K(S) = S$ und $Z^* = Z$ (Z^* ist Zustandsmenge von $K(S)$). Das X-Teilsystem $\tilde{S}$ hat definitionsgemäß die gleiche Zustandsmenge wie S, d. h. $\tilde{Z} = Z$. Es sei $\tilde{S}$ vollständig steuerbar. Dann ist $K(\tilde{S}) = \tilde{S}$ (Folgerung 1.32.). Für alle $z', z \in Z$ gilt dann definitionsgemäß, daß ein $p \in \tilde{X}$ existiert mit $z = f(z', p)$. (1.119) gilt demnach für kein $z \in Z$. Andererseits ist klar, daß $\tilde{S}$ vollständig steuerbar sein muß, wenn es kein $z \in Z$ gibt, für das (1.119) für alle $z' \in Z$, $p \in X$ gilt. Da nämlich S voraussetzungsgemäß vollständig steuerbar ist, muß für alle $z', z \in Z$ ein $p \in X$ so existieren, daß $z = f(z', p)$ ist. Da für alle $z', z \in Z$, $p \in X$ und $p \notin X \setminus \tilde{X}$, muß $p \in \tilde{X}$ sein. Somit ist $\tilde{S}$ vollständig steuerbar, die Zustandsmenge $\tilde{Z}^*$ seines Kerns ist gleich $\tilde{Z}$ und $K(\tilde{S}) = \tilde{S}$.

Aus den bisherigen Überlegungen ergeben sich folgende Eigenschaften einer vollständig steuerbaren und beobachtbaren Realisierung einer Systemabbildung.

Folgerung 1.36. Sei $\varphi : X \to Y$ eine Systemabbildung und $S = (A, X, B, Y, Z, T, f, g)$ eine vollständig steuerbare und beobachtbare Realisierung von φ. Dann besitzt S folgende Eigenschaften.

1. S ist reduziert, d. h., die Zustände $z \in Z$ sind paarweise inäquivalent.
2. S ist stark zusammenhängend.
3. Der Kern von S ist gleich S: $K(S) = S$.
4. Für jedes Teilsystem S' von S mit $Z' \subset Z$ ist $X' \subset X$.

Wir definieren nun den Begriff *kanonische Realisierung* in Anlehnung an Kalman (Arbib/Falb/Kalman [1], S. 256).

Definition 1.24. Sei $\varphi : X \to Y$ eine Systemabbildung und $S = (A, X, B, Y, Z, T, f, g)$ ein (zeitinvariantes) allgemeines dynamisches System, das φ realisiert. S heißt *kanonische Realisierung* von φ, wenn und nur wenn es aus jedem Anfangszustand $z_0 \in Z$ steuerbar und vollständig beobachtbar ist.

Aus der Definition 1.24. und den Folgerungen 1.30., 1.31. lassen sich sofort zwei Eigenschaften einer kanonischen Realisierung einer Systemabbildung ableiten.

Folgerung 1.37. Sei $\varphi : X \to Y$ eine Systemabbildung und $S = (A, X, B, Y, Z, T, f, g)$ eine kanonische Realisierung von φ. Dann besitzt S folgende Eigenschaften.
1. S ist reduziert, d. h., die Zustände aus Z sind paarweise inäquivalent.
2. S ist von seinen Anfangszuständen zusammenhängend.

Man erkennt durch Vergleich der Folgerungen 1.36. und 1.37., daß die kanonische Realisierung schwächer strukturiert ist als die vollständig steuerbare und beobachtbare Realisierung.

Wir wollen nun die Möglichkeiten der Faktorisierung einer Systemabbildung und ihren Zusammenhang mit der Realisierung dieser Abbildung untersuchen.

Definition 1.25. Es sei $\varphi : X \to Y$ eine Systemabbildung. Für $p, \overline{p} \in X$ gilt:

1.25.1. $$p \sim \overline{p} \Leftrightarrow \varphi(p) = \varphi(\overline{p}), \tag{1.120.a}$$

1.25.2. $$p \,\text{Äq}\, p \Leftrightarrow (\forall\, q \in X)\,\big(\varphi(pq) = \varphi(\overline{p}q)\big). \tag{1.120.b}$$

Das sind zwei Äquivalenzrelationen, wie man leicht feststellen kann. Die Relation (1.120.b) ist die sog. Nerode-Äquivalenz (vgl. ARBIB/FALB/KALMAN [1], S. 250). Beide Äquivalenzrelationen induzieren zwei Zerlegungen der Menge X:

$$X/\sim\; = \big\{[p]_\sim \mid p \in X \wedge (\forall\, p' \in [p]_\sim)\,\big(\varphi(p') = \varphi(p)\big)\big\},$$

$$X/\text{Äq} = \big\{[p]_{\text{Äq}} \mid p \in X \wedge (\forall\, p' \in [p]_{\text{Äq}})\,(\forall\, q \in X)\,\big(\varphi(pq) = \varphi(p'q)\big)\big\}$$

Satz 1.33. Ist $\varphi : X \to Y$ eine Systemabbildung, $[p]_\sim \in X/\sim$; $[p]_{\text{Äq}} \in X/\text{Äq}$ und $[p] \in X/\text{äq}$, so gilt für alle $p \in X$:

$$[p]_\sim = [p]_{\text{Äq}} = [p]. \tag{1.121}$$

Beweis. Sei $p' \in [p]_{\text{Äq}}$. Dann ist $\varphi(p'q) = \varphi(pq)$ für alle $q \in X$, also auch für $e \in X$. Demnach ist $\varphi(p'e) = \varphi(pe)$ und somit $\varphi(p') = \varphi(p)$, d. h. $p' \sim p$ und $p' \in [p]_\sim$. Es ist demnach jedes beliebige Element $p' \in [p]_{\text{Äq}}$ zugleich Element von $[p]_\sim$. Demnach ist $[p]_{\text{Äq}} \subseteqq [p]_\sim$. Weiter folgt mit $p' \in [p]_{\text{Äq}}$ und $p' \in [p]_\sim$ aus $\varphi(p'q) = \varphi(pq)$ zunächst $\varphi(p')\,\varphi_{p'}(q) = \varphi(p)\,\varphi_p(q)$ und somit $\varphi_{p'}(q) = \varphi_p(q)$ für alle $q \in X$. Also ist $p' \,\text{äq}\, p$ und für alle $p' \in [p]_{\text{Äq}}$ gilt $p' \in [p]$, d. h. $[p]_{\text{Äq}} \subseteqq [p]$.

Sei $p' \in [p]_\sim$. Dann ist $\varphi(p'q) = \varphi(p')\,\varphi_{p'}(q)$. Wegen $\varphi(p') = \varphi(p)$ ist weiter $\varphi(p'q) = \varphi(p)\,\varphi_{p'}(q)$. Aus der Definition des Systemzustands folgt, daß $\varphi_p(q) = \varphi_{p'}(q)$ für beliebige $q \in X$ ist, wenn $\varphi(p) = \varphi(p')$. Also ist $\varphi(p'q) = \varphi(pq)$ für beliebige $q \in X$, d. h. $p'\,\text{Äq}\,p$, also $p' \in [p]_{\text{Äq}}$ bei $p \in [p]_\sim$. Damit ist $[p]_\sim \subseteqq [p]_{\text{Äq}}$, und wegen der bereits festgestellten Gültigkeit der Umkehrung ist $[p]_\sim = [p]_{\text{Äq}}$. Andererseits ist wegen $\varphi_p(q) = \varphi_{p'}(q)$ für beliebige $q \in X$ bei $p' \in [p]_\sim$ nicht nur $p' \sim p$, sondern auch $p'\,\text{äq}\,p$, und somit gilt für alle $p' \in [p]_\sim$ auch $p' \in [p]$, d. h. $[p]_\sim \subseteqq [p]$.

Wir müssen nun noch beweisen, daß für beliebige $p' \in [p]$ auch $p' \in [p]_\sim$ bzw. $p' \in [p]_{\text{Äq}}$ folgt. Dann ist $[p] \subseteqq [p]_\sim$ und somit wegen der bereits bewiesenen Umkehrung $[p] = [p]_\sim = [p]_{\text{Äq}}$. Wir definieren zunächst eine Abbildung

$$w : X/\text{äq} \to \Phi$$

mit

$$\Phi = \{\varphi_p \mid p \in X\} \quad \text{und} \quad w([p]) = \varphi_p .$$

Diese Definition ist repräsentantenunabhängig. Sei $p' \in [p]$. Dann ist $w([p]) = \varphi_{p'}$ und $\varphi_{p'}(q) = \varphi_p(q)$ für alle $q \in X$ wegen $p'\,\text{äq}\,p$. Also ist $\varphi_{p'} = \varphi_p$. w ist eindeutig, denn aus $w([p]) \neq w([q])$ folgt $\varphi_p \neq \varphi_q$ und somit $[p] \neq [q]$. w ist surjektiv. Angenommen, es gäbe in Φ ein φ_p, das nicht Bild einer Äquivalenzklasse von $X/\text{äq}$ wäre; dann würde ein Zustand einer Systemabbildung existieren, für den das verursachende $p \in X$ nicht in der Zerlegung $X/\text{äq}$ erfaßt wäre. Dann wäre aber $X/\text{äq}$ gar keine Zerlegung. Also ist w surjektiv. Außerdem ist w auch noch injektiv. Aus $w([p]) = w([q])$ folgt nämlich $\varphi_p = \varphi_q$ und somit $p\,\text{äq}\,q$, also $[p] = [q]$. Demnach ist w eine bijektive Abbildung von $X/\text{äq}$ auf Φ. Wir haben Φ zur Bezeichnung der Menge gewählt, weil sich zeigen läßt, daß diese Menge der Input-Output-Darstellung eines Systems gleich ist, wenn man das System in geeigneter Weise definiert. Wir gehen hier aber nicht genauer darauf ein, sondern führen den Beweis weiter und definieren eine weitere Abbildung

$$\pi : \Phi \to Y \quad \text{mit } \pi(\varphi_p) = \varphi(p) .$$

Auch diese Abbildung ist eindeutig, denn aus $\pi(\varphi_p) \neq \pi(\varphi_q)$ folgt $\varphi(p) \neq \varphi(q)$. Es ist aber $\varphi(p) \neq \varphi(q)$ nur, wenn $p \neq q$ ist. Außerdem ist π injektiv. Bei $\pi(\varphi_p) = \pi(\varphi_q)$ ist $\varphi(p) = \varphi(q)$ und somit $p \sim q$. Folglich ist auch $p\,\text{äq}\,q$, d. h. $\varphi_p(r) = \varphi_q(r)$ für beliebige $r \in X$, also $\varphi_p = \varphi_q$. Das Produkt

$$\bar{\eta} = \pi \circ w \quad \text{mit} \quad \bar{\eta}([p]) = \pi\big(w([p])\big)$$

ist demzufolge eine injektive Abbildung, die jeder Klasse $[p]$ umkehrbar eindeutig ein Bild $\varphi(p)$ zuordnet. Hieraus folgt nun schließlich, daß für beliebige $p' \in [p]$ auch $p' \in [p]_\sim$ gilt. Sei nämlich $\bar{\eta}([p]) = \bar{\eta}([q])$, so ist $\varphi(p) = \varphi(q)$ und wegen der injektiven Eigenschaft $[p] = [q]$. Wegen $\varphi(p) = \varphi(q)$ ist zugleich $p \sim q$, d. h. $[p]_{\text{Äq}} = [q]_{\text{Äq}}$. Für beliebige $p' \in p$ ist also p' äq p und auch $p' \sim p$. Damit ist Satz 1.33. vollständig bewiesen.

Satz 1.34. Es sei $\varphi : X \to Y$ eine Systemabbildung von X in Y. $X/\text{Äq}$ sei die durch die Relation Äq induzierte Zerlegung von X. Dann gilt

$$\varphi = \eta \circ \xi. \tag{1.123.a}$$

Hierbei ist $\xi : X \to X/\text{Äq}$ die kanonische Abbildung von X auf $X/\text{Äq}$. $\eta : X/\text{Äq} \to Y$ ist eineindeutige Abbildung von $X/\text{Äq}$ in Y. Das Diagramm von Abb. 1.14. ist kommutativ, d. h., es gilt

$$\varphi(p) = \eta(\xi(p)) \tag{1.123.b}$$

für alle $p \in X$.

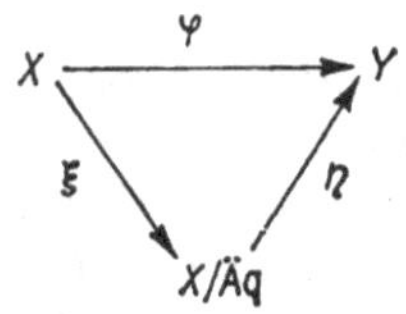

Abb. 1.14. Faktorisierung einer Systemabbildung

Beweis. Allgemein gilt, daß jede eindeutige Abbildung von einer Menge M in eine Menge N Verkettung der kanonischen Abbildung von der Menge auf ihre Zerlegung modulo der durch die Abbildung in ihr induzierten Äquivalenzrelation mit einer eineindeutigen Abbildung von der Zerlegung in die Menge Y ist (Asser [1], S. 73). Es genügt also zu zeigen, daß ξ kanonische Abbildung von X auf $X/\text{Äq}$ bez. der durch φ in X induzierten Äquivalenzrelation ist. Diese Äquivalenzrelation ist aber gerade die Relation $\sim$ von Definition 1.25.1., und eine Äquivalenzklasse äquivalenter Eingangsfunktionen mod $\sim$ ist die Menge aller der Funktionen, die dieselbe Funktion y zur Bildfunktion bei φ haben. Nach Satz 1.33. ist aber $[p]_\sim = [p]_{\text{Äq}}$ für alle $p \in X$. Somit ist $X/\sim \; = X/\text{Äq}$ und ξ tatsächlich die kanonische Abbildung von X auf $X/\sim$, die zu der durch $\sim$ induzierten Zerlegung gehört. η ist die Abbildung, die jeder Äquivalenzklasse aus $X/\text{Äq}$ als Bild gerade die Funktion $y \in Y$ zuordnet, die Bild jeder Funktion aus dieser Klasse bei der Abbildung φ ist. Umgekehrt entspricht jedem $y \in W(\varphi)$, d. h. jedem y aus dem Wertebereich der Abbildung φ, genau eine Äquivalenzklasse in $X/\text{Äq}$. Also ist (1.23) erfüllt. Wenn φ Systemabbildung von X auf Y ist, dann ist η ebenfalls Abbildung von $X/\text{Äq}$ auf Y.

Durch Anwendung eines Satzes von ZEIGER (ARBIB/FALB/KALMAN [1], S. 256) kann festgestellt werden, daß die im Satz 1.34. ausgedrückte Faktorisierung bis auf Isomorphie eindeutig ist. Das bedeutet folgendes.

Sei R eine Äquivalenzrelation in X, die eine Faktorisierung der Systemabbildung φ derart erlaubt, daß $\varphi = \bar{\eta} \circ \bar{\xi}$ mit $\bar{\eta} \neq \eta$ und $\bar{\xi} \neq \xi$. Dann existiert eine umkehrbar eindeutige Abbildung h von X/R auf $X/\mathsf{Äq}$, so daß $\bar{\xi} : X \to X/\mathsf{R}$ und $\bar{\eta} : X/\mathsf{R} \to Y$

$$\xi = h \circ \bar{\xi}, \tag{1.124.a}$$

$$\bar{\eta} = \eta \circ h \tag{1.124.b}$$

ist. Es sei nämlich $[p]_{\mathsf{R}}$ eine beliebige Äquivalenzklasse aus X/R. Da $\bar{\xi}$ surjektiv ist, ist $\bar{\xi}^{-1}([p]_{\mathsf{R}})$ nicht leer. Es sei $\bar{\xi}^{-1}([p]_{\mathsf{R}}) = p'$. Voraussetzungsgemäß ist $\varphi(p') = (\eta \circ \xi)(p') = (\bar{\eta} \circ \bar{\xi})(p') = \bar{\eta}([p]_{\mathsf{R}})$. Da η umkehrbar eindeutig ist, existiert genau ein $[p]_{\mathsf{Äq}} = \eta^{-1}(\bar{\eta}([p]_{\mathsf{R}}))$. Wenn man nun h so definiert, daß

$$h : X/\mathsf{R} \to X/\mathsf{Äq} \quad \text{mit} \quad h([p]_{\mathsf{R}}) = (\eta^{-1} \circ \bar{\eta})([p]_{\mathsf{R}}) \tag{1.125}$$

ist, dann ist h die gesuchte Abbildung. Für ein beliebiges $p \in X$ ist wegen der Kommutativität der Faktorisierungen und der Assoziativität der Abbildungen

$$\xi(p) = \left(\eta^{-1} \circ (\bar{\eta} \circ \bar{\xi})\right)(p) = \left((\eta^{-1} \circ \bar{\eta}) \circ \bar{\xi}\right)(p) = (h \circ \bar{\xi})(p) = h\left(\bar{\xi}(p)\right). \tag{1.126.a}$$

Andererseits ist für beliebige $[p]_{\mathsf{R}} \in X/\mathsf{R}$:

$$\begin{aligned}(\eta \circ h)([p]_{\mathsf{R}}) &= \left(\eta \circ (\eta^{-1} \circ \bar{\eta})\right)([p]_{\mathsf{R}}) \\ &= \left((\eta \circ \eta^{-1}) \circ \bar{\eta}\right)([p]_{\mathsf{R}}) = \bar{\eta}([p]_{\mathsf{R}}).\end{aligned} \tag{1.126.b}$$

Also sind die Gleichungen (1.14) erfüllt. Offensichtlich ist h auch surjektiv. Gäbe es ein $[p]_{\mathsf{Äq}} \notin W(h)$, dann müßten in X Funktionen p enthalten sein, die durch $\bar{\xi}$ in eine Äquivalenzklasse abgebildet werden, deren Bild bei h ungleich $[p]_{\mathsf{Äq}}$ ist. Das kann aber nach (1.26.a) nicht sein. Also ist h surjektiv. Außerdem ist h aber auch umkehrbar eindeutig. Seien $[p]_{\mathsf{R}}, [p']_{\mathsf{R}} \in X/\mathsf{R}$ zwei Äquivalenzklassen aus X/R mit $h([p]_{\mathsf{R}}) = h([p']_{\mathsf{R}})$. Dann ist

$$(\eta \circ h)([p]_{\mathsf{R}}) = \eta\left(h([p]_{\mathsf{R}})\right) = \bar{\eta}([p]_{\mathsf{R}}),$$

$$(\eta \circ h)([p']_{\mathsf{R}}) = \eta\left(h([p']_{\mathsf{R}})\right) = \bar{\eta}([p']_{\mathsf{R}}).$$

Folglich ist $\bar{\eta}([p]_{\mathsf{R}}) = \bar{\eta}([p']_{\mathsf{R}})$ und demnach $[p]_{\mathsf{R}} = [p']_{\mathsf{R}}$, weil $\bar{\eta}$ bijektiv ist. h ist also ebenfalls bijektiv. Wir fassen zusammen.

Folgerung 1.38. Es sei $\varphi : X \to Y$ eine Systemabbildung. Dann existiert bis auf Isomorphie genau eine Faktorisierung, die Satz 1.34. erfüllt.

Der Zusammenhang läßt sich durch das in Abb. 1.15. gezeigte kommutative Diagramm veranschaulichen.

Satz 1.35. Sei $\varphi : X \to Y$ eine Systemabbildung und $S = [A, X, B, Y, Z, T, f, m, z_0]$ wie folgt festgelegt:

1. $$Z = X/\text{Äq} = \{[p]_{\text{Äq}} \mid p \in X \wedge (\forall\, p' \in [p]_{\text{Äq}})\,(\forall\, q \in X)\; \varphi((p'q) = \varphi(pq))\}, \tag{1.127.a}$$

2. $$f : Z \times X \to Z \quad \text{mit} \quad f([p]_{\text{Äq}}, q) = [pq]_{\text{Äq}}, \tag{1.127.b}$$

3. $$m : Z \to B \quad \text{mit} \quad m([p]_{\text{Äq}}) = \varphi(p)\,(t_p), \tag{1.127.c}$$

4. $$z_0 = [e]_{\text{Äq}} \tag{1.127.d}$$

für alle $[p]_{\text{Äq}} \in Z$, $p, q \in X$. Dann ist S ein (zeitinvariantes) initiales Moore-System und eine kanonische Realisierung von φ.

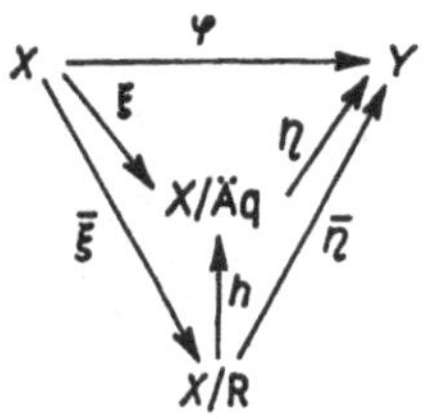

Abb. 1.15.

Beweis. Wir beweisen zunächst die Repräsentantenunabhängigkeit der Definition von S. Sei $p' \in [p]_{\text{Äq}}$. Dann ist $f([p]_{\text{Äq}}, q) = [p'q]_{\text{Äq}}$, und es muß $[p'q]_{\text{Äq}} = [pq]_{\text{Äq}}$ sein. Mit $p, p' \in [p]_{\text{Äq}}$ ist $\varphi(pq) = \varphi(p'q)$ für beliebige $q \in X$, also auch für $qr \in X$. Demnach ist $\varphi(p(qr)) = \varphi(p'(qr))$. Wegen $p(qr) = (pq)\,r$ und $p'(qr) = (p'q)\,r$ ist auch $\varphi((pq)\;r = \varphi((p'q)\,r)$ für beliebige $r \in X$. Demnach sind pq und $p'q$ äquivalent mod Äq. Also ist $[pq]_{\text{Äq}} = [p'q]_{\text{Äq}}$ und (1.127.b) ist repräsentantenunabhängig.

Sei $p' \in [p]_{\text{Äq}}$. Dann folgt aus (1.127.c) $m([p]_{\text{Äq}}) = \varphi(p')\,(t_{p'})$. Wegen $p, p' \in [p]_{\text{Äq}}$ ist $\varphi(pq) = \varphi(p'q)$ für alle $q \in X$, somit auch $\varphi(pe) = \varphi(p'e)$ und $\varphi(p) = \varphi(p')$. Also ist auch $D(\varphi(p)) = D(\varphi(p'))$ und wegen $D(\varphi(p)) = D(p)$ auch $t_p = t_{p'}$. Demnach ist $\varphi(p')\,(t_{p'}) = \varphi(p)\,(t_p)$ und (1.127.c) unabhängig von der Repräsentantenauswahl.

Wir beweisen nun, daß S ein Moore-System ist. S ist laut Definition 1.6.5. Moore-System, wenn ein allgemeines dynamisches System S' existiert, bei dem anstelle von m die Ergebnisfunktion $g : Z \times X \to Y$ eines allgemeinen dynamischen Systems steht und der Zusammenhang $g(z, p)\,(t) = m(f(z, p)_{(0,t]})$ für alle $t \in D(p)$, $z \in Z$, $p \in X$ besteht. Sei $S' = (A, X, B, Y, Z, T, f, g)$ ein solches System mit

$$g([p]_{\ddot{A}_q}, q) = \varphi_p(q) \tag{1.128}$$

für alle $[p]_{\ddot{A}_q} \in Z$, $q \in X$. Wir setzen voraus, daß mit $q \in X$ auch $q_{(0,t]} \in X$ für alle $q \in X$, $t \in D(p)$ gilt. Dann ist für $t \in D(q)$:

$$\begin{aligned} m\big(f([p]_{\ddot{A}_q}, q_{(0,t]})\big) &= m([pq_{(0,t]}]_{\ddot{A}_q}) && \text{(wegen (1.127.b))} \\ &= \varphi(pq_{(0,t]})\,(t_p + t) && \text{(wegen (1.127.c))}. \end{aligned}$$

Wegen

$$\varphi(pq)\,(s) = \begin{cases} \varphi(p)\,(s), & s \in D(p), \\ \varphi_p(q)\,(s - t_p), & s \in D(pq) \setminus D(p) \end{cases}$$

ist für $s \in D(pq) \setminus D(p)$ mit $t = s - t_p$ $t \in D(q)$ und

$$\varphi(pq)\,(t + t_p) = \varphi_p(q)\,(t).$$

Allgemein ist $q(t) = q_{(0,t]}(t)$, also auch

$$\varphi(pq)\,(t + t_p) = \varphi(pq_{(0,t]})\,(t + t_p).$$

Somit ist für $t \in D(q)$

$$\begin{aligned} m\big(f([p]_{\ddot{A}_q}, q_{(0,t]})\big) &= \varphi_p(q)\,(zt) \\ &= g([p]_{\ddot{A}_q}, q)\,(t) && \text{(wegen (1.128))}. \end{aligned}$$

Damit ist S ein Moore-System, wenn S' ein allgemeines dynamisches System ist. Das muß nun bewiesen werden.

Zunächst ist $f([p]_{\ddot{A}_q}, e) = [pe]_{\ddot{A}_q} = [p]_{\ddot{A}_q}$. Außerdem ist $g([p]_{\ddot{A}_q}, e) = \varphi_p(e) = e$ und $D\big(g([p]_{\ddot{A}_q}, q)\big) = D\big(\varphi_p(q)\big) = D(q)$. Also sind (1.19.b, e, f) erfüllt. Die Zustandsbedingung ist es dann, wenn

$$f([p]_{\ddot{A}_p}, qr) = f\big(f([p]_{\ddot{A}_q}, q)\,r\big)$$

ist. Man erhält

$$\begin{aligned} f([p]_{\ddot{A}_q}, qr) &= [p(qr)]_{\ddot{A}_q} = [(pq)\,r]_{\ddot{A}_q} = f([pq]_{\ddot{A}_q}, r) \\ &= f\big(f([p]_{\ddot{A}_q}, q), r\big). \end{aligned}$$

Die Kausalitätsbedingung ist erfüllt, wenn

$$g([p]_{\ddot{A}_q}, qr) = g([p]_{\ddot{A}_q}, q)\, g\big(f([p]_{\ddot{A}_q}, q), r\big).$$

Es ist

$$g([p]_{\ddot{A}_q}, qr) = \varphi_p(qr) \qquad \text{(wegen (1.128))}$$

$$= \varphi_p(q)\, \varphi_{pq}(r) \qquad \text{(wegen Def. 1.21.)},$$

$$g([p]_{\ddot{A}_q}, q)\, g\big(f([p]_{\ddot{A}_q}, q), r\big) = g([p]_{\ddot{A}_q}, q)\, g([pq]_{\ddot{A}_q}, r) \qquad \text{(wegen (1.127.b))}$$

$$= \varphi_p(q)\, \varphi_{pq}(r) \qquad \text{(wegen (1.128))}.$$

Also ist S' ein (zeitinvariantes) dynamisches System und somit S ein Moore-System. Es bleibt zu zeigen, daß S eine kanonische Realisierung von φ ist. Ein Moore-System realisiert sinngemäß zu Definition 1.19. eine Systemabbildung dann, wenn das zugeordnete allgemeine dynamische System sie realisiert. Wir zeigen deshalb, daß φ durch den Zustand $[e]_{\ddot{A}_q}$ von S' realisiert wird.

Es wurde bereits bewiesen, daß für alle $t \in D(q)$ gilt: $g([p]_{\ddot{A}_q}, q)\,(t) = m\big(f([p]_{\ddot{A}_q}, q_{(0,t]})\big)$. Also:

$$g([e]_{\ddot{A}_q}, q)\,(t) = m\big(f([e]_{\ddot{A}_q}, q_{(0,t]})\big)$$

$$= m([eq_{(0,t]}]_{\ddot{A}_q}) \qquad \text{(wegen 1.127.b)}$$

$$= m([q_{(0,t]}]_{\ddot{A}_q}) \qquad \text{(wegen } eq = q)$$

$$= \varphi(q_{(0,t]})\,(t) \qquad \text{(wegen 1.127.c)}$$

$$= \varphi(q)\,(t)$$

für alle $t \in D(q)$. Somit ist $g([e]_{\ddot{A}_q}, q) = \varphi(q)$ und φ wird durch $[e]_{\ddot{A}_q}$ von S' realisiert. Damit wird φ auch durch den Zustand $[e]_{\ddot{A}_q}$ von S realisiert. Diese Realisation ist kanonisch, wenn S aus seinen Anfangszuständen steuerbar und vollständig beobachtbar ist. Anfangszustand ist $[e]_{\ddot{A}_q}$. Es muß also aus diesem Zustand in jeden Systemzustand überführbar sein, um steuerbar aus z_0 zu sein. Wegen (1.127.b) ist

$$f([e]_{\ddot{A}_q}, p) = [ep]_{\ddot{A}_q} = [p]_{\ddot{A}_q}.$$

Also kann jeder Zustand aus dem Anfangszustand $[e]_{\ddot{A}_q}$ durch eine Eingangsfunktion aus der Äquivalenzklasse angesteuert werden, die diesen Zustand beschreibt.

Vollständig beobachtbar ist ein System, wenn für beliebige $p \in X$ aus $g(z, p) = g(z', p)$ auch $z = z'$ folgt bzw. aus $g(z, p)\,(t) = g(z', p)\,(t)$ für alle $t \in D(p)$ auch $z = z'$. Wegen des Zusammenhanges $g([p]_{\ddot{A}_q}, q)\,(t) = m\big(f([p]_{\ddot{A}_q}, q_{(0,t]})\big)$ zwischen S' und S in Satz 1.35. muß also nachgewiesen werden, daß für beliebige $q \in X$ aus $m\big(f([p]_{\ddot{A}_q}, q_{(0,t]})\big) = m\big(f([p']_{\ddot{A}_q}, q_{(0,t]})\big)$ für alle $t \in D(q)$

auch $[p]_{\text{Äq}} = [p']_{\text{Äq}}$ folgt. Es ist

$$m\big(f([p]_{\text{Äq}}, q_{(0,t]})\big) = m\big(f([p']_{\text{Äq}}, q_{(0,t]})\big),$$

$$m([pq_{(0,t]}]_{\text{Äq}}) = m([p'q_{(0,t]}]_{\text{Äq}}),$$

$$\varphi(pq_{(0,t]})\,(t_p + t) = \varphi(p'q_{(0,t]})\,(t_{p'} + t),$$

$$\varphi_p(q)\,(t) = \varphi_{p'}(q)\,(t)$$

für alle $t \in D(q)$. Also ist $\varphi_p(q) = \varphi_{p'}(q)$ für alle $q \in X$. Damit sind p und p' äquivalent mod äq, und es ist $[p] = [p']$. Nach Satz 1.33. ist dann aber auch $[p]_{\text{Äq}} = [p']_{\text{Äq}}$, und das System ist beobachtbar. Damit ist Satz 1.35. vollständig bewiesen.

Wir bemerken abschließend, daß die Faktorisierung der Systemabbildung φ nach Satz 1.34. die Grundlage für die kanonische Realisierung nach Satz 1.35. darstellt. Es ist aber durch die Beweise der Sätze 1.33. bis 1.35. klar geworden, daß sich die Systeme nach Satz 1.31. und 1.35. isomorph aufeinander abbilden lassen müssen und beide über die reduzierte Zustandsmenge verfügen. Es ist nun gerade die Faktorisierung von φ nach Satz 1.34., die zu dieser reduzierten Zustandsmenge führt und im Falle der zeitkontinuierlichen linearen Systeme dabei den minimalen Zustandsraum ergibt. Deshalb wird die kanonische Realisierung oft auch minimale Realisierung genannt.

Für die Konstruktion brauchbarer Algorithmen zur tatsächlichen Konstruktion der Zustandsmenge einer Realisierung von φ, die ja die Feststellung der Äquivalenz von Eingangsfunktionen nach einer der genannten Arten erfordert, muß in die speziellen Systemklassen übergegangen werden (vgl. z. B. ARBIB/KALMAN/FALB [1]).

In jüngster Zeit ist das Realisierungsproblem (allgemeiner) dynamischer Systeme besonders intensiv von MATSUO behandelt worden (MATSUO [1]). Seine Untersuchungen betreffen einerseits allgemeine dynamische Systeme, andererseits zwei spezielle Systemklassen, die gewisse Linearitätseigenschaften besitzen. Obgleich der Systembegriff formalsprachlich etwas anders als hier definiert ist, bestehen doch vor allem wegen der Verwendung gleicher Eingangssignalmengen starke Bezüge zu unserer Theorie. Auch MATSUO ist davon überzeugt, daß die allgemeine Theorie eine gute Grundlage für spezielle Theorien ist.

»We believe that this theory is the model of many other realization theories.«
MATSUO [1], S. 105.

Ebenso wie wir es hier getan haben, gibt MATSUO vor allem Existenzsätze für Realisierungen an. Die Ergebnisse stimmen im wesentlichen überein. Allerdings haben wir hier etwas umfassender die Klassenbildung in der Eingangssignalmenge X und die daraus resultierenden Konsequenzen untersucht. Bei MATSUO finden sich dafür andererseits zusätzliche Ausführungen zu anderen Aspekten, z. B. zu sog. partiellen Realisierungen. Ein genauer Vergleich und die dabei mögliche Zusammenfassung beider Ergebnisse steht noch aus. Er erfordert die Transformation der verwendeten mathematischen Kalküle und die formalsprachliche Übertragung der Ergebnisse, was sicher nicht ganz ohne Aufwand möglich, aber gewiß nützlich ist, weil man sich davon eine Abrundung des Realisierungsproblems für allgemeine dynamische Systeme versprechen darf.

2. Komposition und Dekomposition

2.1. Allgemeine Grundlagen

Mit dem Begriff der Komposition von Systemen ist der Aufbau komplizierter Systeme aus einfacheren verbunden. Dabei spielen Grundformen der Komposition eine besondere Rolle, mit deren Hilfe weitgehend beliebig komplexe Systemstrukturen konstruiert werden können. In der Automatentheorie werden sie i. allg. abstrakt behandelt, nämlich unter Verzicht auf die explizite Darstellung der mit ihnen verbundenen Kopplungsbeziehungen zwischen den Systemen. Aber gerade diese Darstellung trägt wesentlich zur Veranschaulichung der Kompositionen als Formen der Zusammenschaltung von Systemen bei, deshalb werden wir darauf nicht verzichten. Es zeigt sich dabei, daß Grundformen der Komposition mit bekannten Grundschaltungen der Systemverkettung übereinstimmen.

Der Begriff der Dekomposition spricht die Zerlegung eines Systems in einfachere Systeme an und deren Verknüpfung derart, daß sich das ursprüngliche System ergibt. Es ist klar, daß dabei ein enger Zusammenhang mit der Komposition besteht, denn die Komposition des dekomponierten Systems soll dieses ja gerade ergeben. Aber bei der Untersuchung der Komposition handelt es sich mehr um die abstrakte Widerspiegelung von Aspekten der Systemanalyse, bei der Untersuchung der Dekomposition dagegen mehr um die von Aspekten der Systemsynthese.

In beiden Fällen tritt eine gewisse Strukturierung der Trägermengen des Systems ein. Sowohl die Zustandsmenge Z als auch die Eingangsmengen A, X und die Ausgangsmengen B, Y werden meist als Kreuzprodukte benötigt, um die Komposition und Dekomposition allgemeiner dynamischer Systeme bzw. deren anschauliche Kopplungsinterpretation zu beschreiben. Für den späteren Gebrauch führen wir zunächst den Begriff der n-stelligen Intervallfunktion ein.

Definition 2.1. Gegeben seien $T \in \{\mathbb{R}, \Gamma\}$ und n nichtleere Mengen A_i $(i = 1, \ldots, n)$. Dann heißt eine Intervallfunktion p n-stellige Intervallfunktion, wenn gilt

$$p: D(p) \to A_1 \times \cdots \times A_n \tag{2.1.a}$$

mit

$$p(t) = (a_1, \ldots, a_n), \tag{2.1.b}$$

$$D(p) = (0, t_p] \cap T \tag{2.1.c}$$

und $t_p \in T^+$, $a_i \in A_i$ $(i = 1, \ldots, n)$.

Für $t_p = 0$ ist $D(p) = \emptyset$ und p die »leere Funktion«, die wieder mit e bezeichnet wird. Die Verkettung n-stelliger Intervallfunktionen erfolgt natürlich ganz im Sinne von Definition 1.2. Ebenso wollen wir die Menge aller n-stelligen Intervallfunktionen analog zu Kapitel 1 mit $\mathscr{W}(T, A_1 \times \cdots \times A_n)$ bezeichnen, und es gilt für sie

$$\mathscr{W}(T, A_1 \times \cdots \times A_n) = \{p \mid \exists\, t_p \in T^+ \wedge p: D(p) \to A_1 \times \cdots \times A_n\}. \tag{2.2.a}$$

X bezeichnet wieder eine bez. der Verkettungsoperation abgeschlossene Teilmenge von $\mathscr{W}$: $X \subseteq \mathscr{W}(T, A_1 \times \cdots \times A_n)$. Die Menge aller n-stelligen Intervallfunktionen mit gleichem Definitionsbereich (gleicher Länge) sei $\mathscr{W}_{\bar{t}}$

$$\mathscr{W}_{\bar{t}}(T, A_1 \times \cdots \times A_n) = \{p \in \mathscr{W}(T, A_1 \times \cdots \times A_n) \mid t_p = \bar{t}\}. \tag{2.2.b}$$

Hierbei ist $\bar{t} \in T^+$. Schließlich soll $X_{\bar{t}}$ eine Teilmenge von X bezeichnen, deren Intervallfunktionen gleiche Länge haben:

$$X_{\bar{t}} = \{p \in X \mid t_p = \bar{t}\}, \qquad (\bar{t} \in T^+). \tag{2.2.c}$$

Um die Schreibweise zu vereinfachen, werden wir gelegentlich die Kreuzprodukte einfach $\underset{i}{\times} A_i$ schreiben, wenn bekannt oder unwesentlich ist, welche Indexmenge für i vorliegt. Aus (2.2) folgt sofort:

$$\mathscr{W}\left(T, \underset{i}{\times} A_i\right) = \bigcup_{\bar{t} \in T^+} \mathscr{W}_{\bar{t}}\left(T, \underset{i}{\times} A_i\right) \tag{2.3.a}$$

$$X = \bigcup_{\bar{t} \in T^+} X_{\bar{t}}. \tag{2.3.b}$$

Analog zu Kapitel 1 kann gezeigt werden, daß eine bezüglich der Verkettungsoperation abgeschlossene Menge X von n-stelligen Intervallfunktionen Halbgruppe mit neutralem Element ist.

Definition 2.2. Sei $p : D(p) \to \underset{i}{\times} A_i$ eine n-stellige Intervallfunktion und $\bar{p} = (p_1, \ldots, p_n)$ ein n-Tupel von Intervallfunktionen mit $p_i : D(p) \to A_i$

für alle $i \in \{1, \ldots, n\}$. Dann soll p *äquivalent* zu $\overline{p}$ heißen ($p \simeq \overline{p}$), wenn gilt:

$$p \simeq \overline{p} \Leftrightarrow (\forall\, t \in D(p))\,\big(p(t)\big) = \big(p_1(t), \ldots, p_n(t)\big)$$
$$\wedge\, (\forall\, i \in \{1, \ldots, n\})\,\big(p_i(t) = a_i \in A_i\big). \qquad (2.4)$$

p_i heißt i-te Komponente von p.

Auf der Grundlage dieser Definition ergibt sich folgender Satz:

Satz 2.1. Sei $X \subseteqq \mathscr{W}\big(T, \bigtimes_i A_i\big)$ eine Menge von n-stelligen Intervallfunktionen. Dann existiert genau eine Menge $\overline{X}$ von n-Tupeln von Intervallfunktionen derart, daß gilt:

1. $\overline{X} \subseteqq \mathscr{W}(T, A_1) \times \cdots \times \mathscr{W}(T, A_n)$, (2.5.a)

2. $(\forall\, p \in X)\,(\exists\, \overline{p} \in \overline{X})\,(p \simeq \overline{p}) \wedge (\forall\, \overline{p} \in \overline{X})\,(\exists\, p \in X)\,(\overline{p} \simeq p)$. (2.5.b)

Beweis. Der erste Teil der Behauptung ist evident. Da $\overline{X}$ eine Menge von n-Tupeln von Intervallfunktionen ist, gilt definitionsgemäß für jedes $(p_1, \ldots, p_n) \in \overline{X}$, daß seine Komponenten gleichen Definitionsbereich haben. Folglich ist $\overline{X} \subseteqq \bigcup_{\bar{i} \in T^+} \big(\mathscr{W}_{\bar{i}}(T, A_1) \times \cdots \times \mathscr{W}_{\bar{i}}(T, A_n)\big)$, wegen $\bigcup_{\bar{i} \in T^+} \big(\mathscr{W}_{\bar{i}}(T, A_1) \times \cdots \times \mathscr{W}_{\bar{i}}(T, A_n)\big) \subseteqq \big(\mathscr{W}(T, A_1) \times \cdots \times \mathscr{W}(T, A_n)\big)$ auch $\overline{X} \subseteqq \big(\mathscr{W}(T, A_1) \times \cdots \times \mathscr{W}(T, A_n)\big)$.

Sei nun $\overline{X}$ die den zweiten Teil der Behauptung erfüllende Menge. Daß sie existiert, ist offensichtlich trivial. Daß es genau eine solche Menge gibt, folgt daraus, daß es anderenfalls wenigstens ein $p \in X$ geben müßte, zu dem mindestens zwei voneinander verschiedene äquivalente Funktionen $\overline{p}_1, \overline{p}_2 \in \overline{X}$ mit $p \simeq \overline{p}_1$, $p \simeq \overline{p}_2$ existieren oder umgekehrt. Das kann aber nach Definition 2.2. nicht der Fall sein.

Die Menge $\overline{X}$ wollen wir einfach die zu X äquivalente Menge mod $\simeq$ nennen und $X \simeq \overline{X}$ schreiben. Wenn Verwechslungen nicht zu befürchten sind, werden wir »mod $\simeq$« einfach weglassen. Für die Verkettung $\overline{pq}$ von n-Tupeln von Intervallfunktionen gilt:

$$\overline{pq}(t) = \begin{cases} \overline{p}(t), & t \in D(p), \qquad (2.6.a) \\ \overline{q}(t - t_p), & t \in D(pq) \setminus D(p). \qquad (2.6.b) \end{cases}$$

In (2.6) ist von der aus Definition 2.2. folgenden Eigenschaft Gebrauch gemacht worden, daß der Definitionsbereich von $\overline{p}$ gleich dem Definitionsbereich der äquivalenten Funktion p ist: $D(\overline{p}) = D(p)$. Aus (2.6) folgt, daß mit $\overline{p}(t) = \big(p_1(t), \ldots, p_n(t)\big)$, $\overline{q}(t - t_p) = \big(q_1(t - t_p), \ldots, q_n(t - t_p)\big)$ und

$$(p_i q_i)\,(t) = (pq)_i\,(t) = \begin{cases} p_i(t), & t \in D(p), \qquad (2.7.a) \\ q_i(t - t_p), & t \in D(pq) \setminus D(p) \qquad (2.7.b) \end{cases}$$

die Verkettung $\overline{pq}$ wie folgt geschrieben werden kann:

$$\overline{pq} = \big((pq)_1, \ldots, (pq)_n\big) = (p_1q_1, \ldots, p_nq_n). \tag{2.8}$$

Folgerung 2.1. Sei $p \simeq \overline{p}$, $q \simeq \overline{q}$, $pq \simeq \overline{pq}$. Dann ist $\overline{p}\overline{q} = \overline{pq}$.

Beweis. Definitionsgemäß gilt für die Verkettung von n-stelligen Intervallfunktionen: $(pq)(t) = p(t)$ für $t \in D(p)$ und $(pq)(t) = q(t - t_p)$ für $t \in D(pq) \setminus D(p)$. Die Verkettung der Tupel $\overline{p}, \overline{q}$ ist wegen $\overline{p}(t) = p(t)$, $\overline{q}(t) = q(t)$ (Äquivalenzdefinition) für alle t des jeweiligen Definitionsbereichs:

$$(\overline{p}\overline{q})(t) = \begin{cases} p(t), & t \in D(p), \\ q(t - t_p), & t \in D(pq) \setminus D(p). \end{cases}$$

Folglich ist für alle $t \in D(pq)$: $(\overline{p}\overline{q})(t) = (pq)(t)$, d. h. aber, daß $\overline{p}\overline{q}$ die zu pq äquivalente Funktion darstellt, so daß $\overline{p}\overline{q} = \overline{pq}$ ist.

Wenn X eine Menge von n-stelligen Intervallfunktionen ist, dann soll X_i die i-te Komponentenmenge von X heißen, wenn

$$X_i = \{p_i \mid (\exists\, p \in X)\,(p_i \text{ ist } i\text{-te Komponente von } p)\} \tag{2.9}$$

ist. Offensichtlich ist $X_i = \bigcup_{\bar{t} \in T^+} X_{i\bar{t}}$, wobei $X_{i\bar{t}} = \{p_i \in X_i \mid t_p = \bar{t}\}$ mit $\bar{t} \in T^+$ ist. Außerdem gilt offenbar auch, daß

$$\overline{X} = \bigcup_{\bar{t} \in T^+} (X_{1\bar{t}} \times \cdots \times X_{n\bar{t}}) \tag{2.10}$$

die Menge der äquivalenten Funktionen zu den Funktionen aus X ist.

Satz 2.2. Sei X eine Menge von n-stelligen Intervallfunktionen und $\overline{X}$ die Menge aller zu den Funktionen aus X äquivalenten n-Tupel von Intervallfunktionen. Dann gilt:

$$X = \mathscr{W}(T, A_1 \times \cdots \times A_n) \Leftrightarrow \overline{X} = \bigcup_{\bar{t} \in T^+} \big(\mathscr{W}_{\bar{t}}(T, A_1) \times \cdots \times \mathscr{W}_{\bar{t}}(T, A_n)\big). \tag{2.11}$$

Beweis. 1. Es sei $X = \mathscr{W}(T, A_1 \times \cdots \times A_n)$. Wenn $\overline{X} \subset \bigcup_{\bar{t} \in T^+} \big(\mathscr{W}_{\bar{t}}(T, A_1) \times \cdots \times \mathscr{W}_{\bar{t}}(T, A_n)\big)$ ist, gibt es mindestens ein $p \in X$, für das kein $\overline{p} \in \overline{X}$ mit $p \simeq \overline{p}$ existiert. Das kann aber voraussetzungsgemäß nicht sein. Da andererseits auch $\bigcup_{\bar{t} \in T^+} \big(\mathscr{W}_{\bar{t}}(T, A_1) \times \cdots \times \mathscr{W}_{\bar{t}}(T, A_n)\big) \subset \overline{X}$ nicht auftreten kann, weil $\overline{X}$ voraussetzungsgemäß eine Menge von n-Tupeln von Intervallfunktionen $p_i\colon D(p) \to A_i$ ist und folglich $\overline{X} \subseteq \bigcup_{\bar{t} \in T^+} \big(\mathscr{W}_{\bar{t}}(T, A_1) \times \cdots \times \mathscr{W}_{\bar{t}}(T, A_n)\big)$ sein muß, folgt also aus $X = \mathscr{W}(T, A_1 \times \cdots \times A_n)$ auch $\overline{X} = \bigcup_{i \in T^+} \big(\mathscr{W}_i(T, A_1) \times \cdots \times \mathscr{W}_i(T, A_n)\big)$.

2. Es sei $\overline{X} = \bigcup_{i \in T^+} \big(\mathscr{W}_i(T, A_1) \times \cdots \times \mathscr{W}_i(T, A_n)\big)$. Wenn $X \subset \mathscr{W}(T, A_1 \times \cdots \times A_n)$ ist, gibt es mindestens ein $\overline{p} \in \overline{X}$, für das kein $p \in X$ mit $p \simeq \overline{p}$ existiert. Das kann wegen $X \simeq \overline{X}$ nicht sein, wobei $X \simeq \overline{X}$ symbolisch dafür steht, daß die beiden Mengen äquivalent mod $\simeq$ sind. Der Fall $\mathscr{W}(T, A_1 \times \cdots \times A_n) \subset X$ kann ebenfalls nicht eintreten, weil X voraussetzungsgemäß eine Menge von n-stelligen Intervallfunktionen ist und somit $X \subseteq \mathscr{W}(T, A_1 \times \cdots \times A_n)$ gilt. Also muß bei $\overline{X} = \bigcup_{i \in T^+} \big(\mathscr{W}_i(T, A_1) \times \cdots \times \mathscr{W}_i(T, A_n)\big)$ auch $X = \mathscr{W}(T, A_1, \ldots, A_n)$ sein. Damit ist Satz 2.2. bewiesen.

Die Äquivalenz von p und $\overline{p}$ bietet die Möglichkeit, je nach Zweckmäßigkeit zur Beschreibung von Systemelementen n-stellige Intervallfunktionen oder n-Tupel von Intervallfunktionen zu verwenden und von einer Beschreibung zur anderen übergehen zu können, wenn dies sinnvoll ist.

In technischen und sicher auch in vielen anderen Systemen wird die Wechselwirkung zwischen den Systemen immer durch die Kopplung von Ein- und Ausgängen der Systeme realisiert. Das einzelne System empfängt dabei seine Eingangsfunktion (im Sinne des allgemeinen dynamischen Systems) über mehrere Eingangskanäle, von denen jeder eine bestimmte Eingangsgröße aufnimmt. Die Ausgangsfunktion wird über mehrere Ausgangskanäle derart ausgegeben, daß auf jedem eine bestimmte Ausgangsfunktion erscheint (Abb. 2.1.).

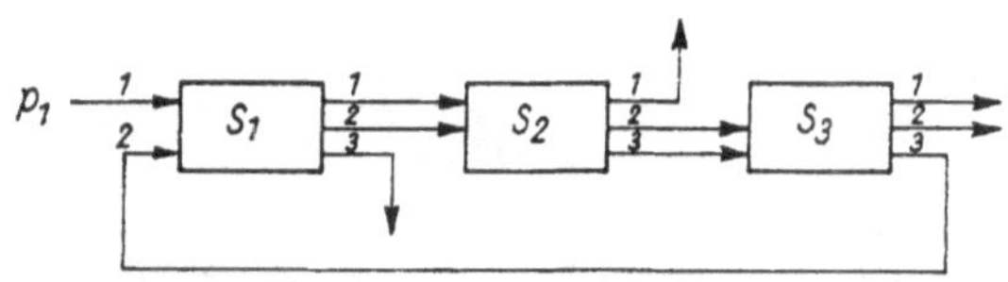

Abb. 2.1. Beispiel einer Kopplung von Systemen

Die an solchen Systemstrukturen beteiligten Systeme, die sozusagen deren Bausteine darstellen, werden in diesem Zusammenhang häufig als Systemelemente bezeichnet, mitunter einfach auch als Elemente. In unserer Terminologie sind es natürlich allgemeine dynamische Systeme, allerdings solche, die schon eine gewisse Strukturierung aufweisen. Ihre mathematische Beschreibung leitet sich deshalb auch einfach aus der Definition des allgemeinen dynamischen Systems ab. Wenn man m Eingangskanäle, n Ausgangskanäle und

q Zustandsvariable unterscheidet, wird das als Systemelement aufgefaßte System $S = (A, X, B, Y, Z, T, F, G)$ in folgender Weise beschrieben.

1. $A = A_1 \times \cdots \times A_m, \quad A_i = \emptyset$ für $i = 1, \ldots, m;$

$$ \tag{2.12.a} $$

$$B = B_1 \times \cdots \times B_n, \quad B_j \neq \emptyset \text{ für } j = 1, \ldots, n; \tag{2.12.b}$$

$$Z = Z_1 \times \cdots \times Z_q, \quad Z_k \neq \emptyset \text{ für } k = 1, \ldots, q. \tag{2.12.c}$$

2. $T \in \{\mathbb{R}, \Gamma\}$.

3. $X \subseteqq \mathscr{W}(T, A_1 \times \cdots \times A_m)$, $Y \subseteqq \mathscr{W}(T, B_1 \times \cdots \times B_n)$. X ist bez. der Verkettungsoperation Halbgruppe mit neutralem Element.

4. $F = (f_t)_{t \in T}$, $G = (g_t)_{t \in T}$ sind Abbildungsfamilien mit folgenden Eigenschaften von f_t, g_t

a) $$f_t \colon Z_1 \times \cdots \times Z_q \times X \to Z_1 \times \cdots \times Z_q \tag{2.13.a}$$

mit

$$f_t(z_1, \ldots, z_q, e) = (z_1, \ldots, z_q), \tag{2.13.b}$$

$$f_t(z_1, \ldots, z_q, pq) = f_{t+t_p}\big(f_t(z_1, \ldots, z_q, p), q\big). \tag{2.13.c}$$

b) $$g_t \colon Z_1 \times \cdots \times Z_q \times X \to Y \tag{2.13.d}$$

mit

$$D\big(g_t(z_1, \ldots, z_q, p)\big) = D(p), \tag{2.13.e}$$

$$g_t(z_1, \ldots, z_q, e) = e, \tag{2.13.f}$$

$$g_t(z_1, \ldots, z_q, pq) = g_t(z_1, \ldots, z_q, p)\, g_{t+t_p}\big(f_t(z_1, \ldots, z_q, p), q\big) \tag{2.13.g}$$

für alle $(z_1, \ldots, z_q) \in Z$, $p, q, pq \in X$, $t \in T$.

Wegen der Gültigkeit von Satz 2.1. und mit (2.10) existieren Mengen $\overline{X}, \overline{Y}$ mit

$$X \simeq \overline{X} \text{ und } \overline{X} = \bigcup_{\bar{i} \in T^+} (X_{1\bar{i}} \times \cdots \times X_{m\bar{i}}), \tag{2.14.a}$$

$$X_{i\bar{i}} \subseteqq \mathscr{W}_{\bar{i}}(T, A_i) \text{ für } i = 1, \ldots, m, \tag{2.14.b}$$

$$Y \simeq \overline{Y} \text{ und } \overline{Y} = \bigcup_{\bar{i} \in T^+} (Y_{1\bar{i}} \times \cdots \times Y_{n\bar{i}}), \tag{2.14.c}$$

$$Y_{j\bar{i}} \subseteqq \mathscr{W}_{\bar{i}}(T, B_j) \text{ für } j = 1, \ldots, n. \tag{2.14.d}$$

Damit ist es möglich, die Abbildungen f_t, g_t von (2.13) durch Abbildungen f_t', g_t' zu ersetzen:

$$f_t' : Z_1 \times \cdots \times Z_q \times \overline{X} \to Z_1 \times \cdots \times Z_q \tag{2.15.a}$$

mit

$$f_t'(z_1, \ldots, z_q, e_1, \ldots, e_m) = (z_1, \ldots, z_q), \tag{2.15.b}$$

$$f_t'(z_1, \ldots, z_q, p_1q_1, \ldots, p_mq_m)$$
$$= f'_{t+t_p}\bigl(f_t'(z_1, \ldots, z_q, p_1, \ldots, p_m), q_1, \ldots, q_m\bigr) \tag{2.15.c}$$

$$g_t' : Z_1 \times \cdots \times Z_q \times \overline{X} \to \overline{Y} \tag{2.15.d}$$

mit

$$D\bigl(g_t'(z_1, \ldots, z_q, p_1, \ldots, p_m)\bigr) = D\bigl(g_t(z_1, \ldots, z_q, p)\bigr), \tag{2.15.e}$$

$$g_t'(z_1, \ldots, z_q, e_1, \ldots, e_m) = (e_1, \ldots, e_m), \tag{2.15.f}$$

$$g_t'(z_1, \ldots, z_q, p_1q_1, \ldots, p_mq_m) = g_t'(z_1, \ldots, z_q, p_1, \ldots, p_m)$$
$$\times\, g'_{t+t_p}\bigl(f_t'(z_1, \ldots, z_q, p_1, \ldots, p_m), q_1, \ldots, q_m\bigr). \tag{2.15.g}$$

Die Abbildungen f_t', g_t' mit den Eigenschaften (2.15) sind durch (2.13) und (2.14) eindeutig bestimmt:

$$f_t'(z_1, \ldots, z_q, p_1, \ldots, p_m) = f_t(z_1, \ldots, z_q, p), \tag{2.16.a}$$

$$g_t'(z_1, \ldots, z_q, p_1, \ldots, p_m) \simeq g_t(z_1, \ldots, z_q, p) \tag{2.16.b}$$

mit $p \simeq (p_1, \ldots, p_m)$. Man kann also wahlweise (2.13) oder (2.15) zur Beschreibung des dynamischen Verhaltens eines Systemelementes heranziehen.

Außerdem werden durch (2.13) bzw. (2.15) weitere Funktionen f_{it}, g_{jt} bzw. f'_{it}, g'_{jt} definiert:

$$f_{it} : Z_1 \times \cdots \times Z_q \times X \to Z_i \text{ für } i = 1, \ldots, q \text{ mit} \tag{2.17.a}$$

$$\bigl(f_{1t}(z_1, \ldots, z_q, p), \ldots, f_{qt}(z_1, \ldots, z_q, p)\bigr) = f_t(z_1, \ldots, z_q, p), \tag{2.17.b}$$

$$g_{jt} : Z_1 \times \cdots \times Z_q \times X \to Y_j \text{ für } j = 1, \ldots, n \text{ mit} \tag{2.17.c}$$

$$\bigl(g_{1t}(z_1, \ldots, z_q, p), \ldots, g_{nt}(z_1, \ldots, z_q, p)\bigr)$$
$$= g_t'(z_1, \ldots, z_q, p_1, \ldots, p_m) \simeq g_t(z_1, \ldots, z_q, p), \tag{2.17.d}$$

$$f'_{it} : Z_1 \times \cdots \times Z_q \times \overline{X} \to Z_i \text{ für } i = 1, \ldots, q \text{ mit} \tag{2.17.e}$$

$$f'_{it}(z_1, \ldots, z_q, p_1, \ldots, p_m) = f_{it}(z_1, \ldots, z_q, p), \tag{2.17.f}$$

$$g'_{jt} : Z_1 \times \cdots \times Z_q \times \overline{X} \to Y_j \text{ für } j = 1, \ldots, n \text{ mit} \tag{2.17.g}$$

$$g'_{jt}(z_1, \ldots, z_q, p_1, \ldots, p_m) = g_{jt}(z_1, \ldots, z_q, p). \tag{2.17.h}$$

Diese Funktionen müssen natürlich ebenfalls die Systembedingungen erfüllen und besitzen deshalb folgende Eigenschaften:

$$f_{it}(z_1, \ldots, z_q, e) = z_i, \tag{2.17.i}$$

$$f_{it}(z_1, \ldots, z_q, pq) = f_{i,t+t_p}\big(f_{1t}(z_1, \ldots, z_q, p), \ldots, f_{qt}(z_1, \ldots, z_q, p), q\big), \tag{2.17.j}$$

$$D\big(g_{jt}(z_1, \ldots, z_q, p)\big) = D(p), \tag{2.17.k}$$

$$g_{jt}(z_1, \ldots, z_q, e) = e_j, \tag{2.17.l}$$

$$g_{jt}(z_1, \ldots, z_q, pq) = g_{jt}(z_1, \ldots, z_q, p)\, g_{j,t+t_p}\big(f_{1t}(z_1, \ldots, z_q, p), \ldots, f_{qt}(\ldots), q\big), \tag{2.17.m}$$

$$f'_{it}(z_1, \ldots, z_q, e_1, \ldots, e_m) = z_i, \tag{2.17.n}$$

$$f'_{it}(z_1, \ldots, z_q, p_1q_1, \ldots, p_mq_m) = f'_{i,t+t_p}\big(f'_{1t}(z_1, \ldots, z_q, p_1, \ldots, p_m), \ldots, f'_{qt}(\ldots), q_1, \ldots, q_m\big), \tag{2.17.o}$$

$$D\big(g'_{jt}(z_1, \ldots, z_q, p_1, \ldots, p_m)\big) = D\big(g_{jt}(z_1, \ldots, z_q, p)\big) = D(p), \tag{2.17.p}$$

$$g'_{jt}(z_1, \ldots, z_q, e_1, \ldots, e_m) = e_j, \tag{2.17.q}$$

$$g'_{jt}(z_1, \ldots, z_q, p_1q_1, \ldots, p_mq_m) = g'_{jt}(z_1, \ldots, z_q, p_1, \ldots, p_m) \times g'_{j,t+t_p}\big(f'_{1t}(z_1, \ldots, z_q, p_1, \ldots, p_m), \ldots, f'_{qt}(\ldots), q_1, \ldots, q_m\big). \tag{2.17.r}$$

Hierbei ist natürlich wieder $p \simeq \overline{p} = (p_1, \ldots, p_m)$. Auch die Abbildungen (2.17) können wahlweise zur Beschreibung des dynamischen Verhaltens verwendet werden. Zur Vereinfachung der Schreibweise werden wir dabei an Stelle von f_t', g_t' einfach f_t, g_t schreiben, wenn keine Mißverständnisse zu befürchten sind.

2.2. Kopplung. Rückkopplung

Die Kopplung der Systemelemente besteht darin, daß Ausgangsgrößen eines Elements zugleich Eingangsgrößen eines anderen oder auch desselben Elements sind. Die technische Realisierung dieses Sachverhalts spielt dabei keine Rolle. Es muß nur ein Übertragungskanal existieren, der das Signal oder den Stoff- bzw. Energiestrom von einem Ausgang zu einem Eingang überträgt. Dabei gehen wir von der Vorstellung aus, daß bestimmte Anschlüsse (Klemmen, Pole, Tore usw.) existieren, die eben Eingänge genannt werden, sofern sie Eingangsgrößen aufnehmen, und die Ausgänge heißen, wenn an ihnen die Ausgangsgrößen in Erscheinung treten. Kopplung bedeutet dann ganz allgemein Verbindung wenigstens eines Ausgangs mit einem Eingang, wobei die technische Realisierung dieser Verbindung von der konkreten Natur der gekoppelten Elemente abhängt.

Kopplung kann nicht nur zwischen verschiedenen Systemen auftreten, sondern auch am einzelnen System durch Verbindung eines Ausgangs des Systems mit einem seiner Eingänge. Von diesem Fall gehen wir bei der Formulierung der Kopplungsbedingung aus, die erfüllt sein muß, damit die Kopplung ein eindeutig bestimmtes Verhalten des neuen Systems ergibt. Wir geben zunächst die Definition dieser Bedingung an und beschränken uns im folgenden aus Gründen der Übersichtlichkeit auf zeitinvariante Systeme bzw. Systemelemente.

Definition 2.3. Sei $S = (A, X, B, Y, Z, T, f, g)$ ein (zeitinvariantes) allgemeines dynamisches System mit m Eingangs-, q Zustands- und n Ausgangsgrößen.

1. Es sei für beliebige $z \in Z$, $\overline{p} \mid p_i \in \overline{X} \mid X_i$:

$$y_j = g_j(z, \overline{p} \mid p_i). \tag{2.18.a}$$

Dann ist der Ausgang j von S koppelbar mit dem Eingang i von S, wenn gilt:

a) $Y_j \subseteqq X_i$ (allgemeine Koppelbedingung), (2.18.b)

b) $x_i = g_j(z, \overline{p} \mid p_i)$ (2.18.c)

für alle $z \in Z$, $\overline{p} \mid p_i \in \overline{X} \mid X_i$ bei Verbindung von Ausgang j mit Eingang i.

2. Es existieren $z \in Z$, $\overline{p} \mid p_i \in \overline{X} \mid X_i$ und Eingangsfunktionen $p_i, p_i' \in X_i$ mit $p_i \neq p_i'$, so daß gilt

$$g_j(z, \overline{p} \mid p_i, p_i) \neq \left(g_j(z, \overline{p} \mid p_i, p_i'\right). \tag{2.19.a}$$

Dann ist Ausgang j von S koppelbar mit Eingang i von S, wenn gilt:

a) $Y_j \subseteqq X_i$ (allgemeine Koppelbedingung), (2.19.b)

b) $g_j(z, p_1, \ldots, p_{i-1}, y_j, p_{i+1}, \ldots, p_m) = y_j$ (2.19.c)

besitzt für beliebige $z \in Z$, $\overline{p} \mid p_i \in \overline{X} \mid X_i$ genau eine Lösung $y_j \in Y_j$.

c) Es existiert eine Abbildung

$$\lambda: Z \times \overline{X} \mid X_i \to Y_j \tag{2.19.d}$$

mit

$$\lambda(z, \overline{p} \mid p_i) = g_j(z, \overline{p} \mid p_i, \lambda(z, \overline{p} \mid p_i)), \tag{2.19.e}$$

$$\lambda(z, \overline{pq} \mid p_i q_i) = \lambda(z, \overline{p} \mid p_i)\, \lambda(f(z, p), \overline{q} \mid q_i) \tag{2.19.f}$$

für beliebige $z \in Z$, $\overline{p} \mid p_i \in \overline{X} \mid X_i$. Hierbei ist

$$f(z, p) = \left(f_1(z, \overline{p}|p_i, \lambda(z, \overline{p}|p_i)), \ldots, f_q(\ldots)\right). \tag{2.19.g}$$

d) Es existiert keine Abbildung $\varphi : X_i \to Y_j$ derart, daß

$$g_j(z, \overline{p}) = \varphi(p_i) \tag{2.19.h}$$

für beliebige $z \in Z$, $\overline{p} \in \overline{X} \simeq X$ gilt.

Zur Vereinfachung der Schreibweise haben wir hierbei folgende Abkürzungen verwendet

$\overline{p} \mid p_i$ für $(p_1, \ldots, p_{i-1}, p_{i+1}, \ldots, p_m)$

$\overline{X} \mid X_i$ für $\bigcup_{\bar{i} \in T^+} X_{1\bar{i}} \times \cdots \times X_{i-1,\bar{i}} \times X_{i+1,\bar{i}} \times \cdots \times X_{m\bar{i}}$

$g_j(z, \overline{p} \mid p_i, y_j)$ für $g_j(z, p_1, \ldots, p_{i-1}, y_j, p_{i+1}, \ldots, p_m)$

$f_j(z, \overline{p} \mid p_i, \lambda(z, \overline{p} \mid p_i))$ für $f_j(z, p_1, \ldots, p_{i-1}, \lambda(\ldots), p_{i+1}, \ldots, p_m)$

usw.

Interpretation. Die allgemeine Kopplungsbedingung (2.18.b) bzw. (2.19.b) stellt sicher, daß in der Komponentenmenge Y_j keine Funktionen enthalten sind, die nicht zugleich als Eingangsfunktionen von X_i zulässig sind. Dadurch wird vermieden, daß auf den i-ten Eingang des Systems unzulässige Funktionen gelangen, wenn er mit dem j-ten Ausgang verbunden wird. Mitunter erfolgt die Definition der allgemeinen Kopplungsbedingung anders als in (2.18.b) (vgl. z. B. Peschel/Wunsch [1]). Es wird z. B. sinngemäß definiert, daß Eingang i mit Ausgang j koppelbar ist, wenn $X_i \cap Y_j \neq \emptyset$ ist. Dabei wird also nur gefordert, daß in den Funktionenmengen X_i und Y_j ein gemeinsamer Funktionenvorrat enthalten sein muß. Wenn die Kopplung auf der Grundlage einer solchen Kopplungsbedingung erfolgt, muß nach Herstellung der Kopplung der Definitionsbereich der die Ausgangsfunktion y_j bestimmenden Abbildung eingeschränkt werden, damit keine unzulässigen Funktionen auf den Eingang i des Systems gelangen können. Das läuft praktisch auf eine Teilsystembildung hinaus. Dabei werden die Möglichkeiten des Systems nicht in vollem Umfange genutzt, sondern nur teilweise im Maße von Teilsystemen. Man kann deshalb in diesem Falle von einer begrenzten Koppelbarkeit des Systems sprechen.

Die allgemeine Kopplungsbedingung impliziert, daß nur solche Aus- und Eingänge gekoppelt werden dürfen, bei denen die auftretenden Funktionen über der gleichen Zeitskala definiert sind. Für die Kopplung von zeitdiskreten und zeitkontinuierlichen Systemen müssen spezielle Anpassungs- oder Wandlerelemente eingeführt werden, die unterschiedliche Definitionsbereiche für Eingangs- und Ausgangsfunktionen besitzen. Auf der zeitkontinuierlichen Seite muß die Funktion über $(0, t_p]$ definiert werden, auf der zeitdiskreten Seite über $(0, t_p] \cap \Gamma$. Überführungs- und Ergebnisfunktion müssen entsprechend den konkreten Arbeitsbedingungen der Wandlerelemente definiert werden. Der Einfachheit halber sehen wir von dieser Möglichkeit ab und beschränken uns auf die Kopplung von Systemen mit gleicher Zeitskala.

Der Fall 1 von Definition 2.3. betrifft den einfachen Kopplungsfall. Die j-te Ausgangsgröße von S ist nicht abhängig von der i-ten Eingangsgröße. Dann ist eine Verbindung des Ausgangs j mit Eingang i unproblematisch, wenn (2.18. b, c) erfüllt sind. Die Bedingung (2.18. c) sichert dabei eine rückwirkungsfreie Kopplung derart, daß sich bei Zuschaltung des Eingangs i, d. h. bei Herstellung der Verbindung zwischen j und i, y_j nicht ändert, so daß $x_i = g_j(z, \bar{p} \mid p_i)$ wird. Im zweiten Fall ist die Kopplung nicht mehr unproblematisch, weil die j-te Ausgangsgröße von der i-ten Eingangsgröße mitbestimmt wird. Es betrifft dies den Rückkopplungsfall.

Zu der allgemeinen Kopplungsbedingung (2.19. b) müssen zusätzliche Bedingungen hinzutreten, die ein eindeutiges Verhalten des rückgekoppelten Systems sicherstellen, das die Eigenschaften eines allgemeinen dynamischen Systems besitzt. Für Automaten sind verschiedene, die Rückkopplung betreffende Kopplungsbedingungen definiert worden (allerdings meist nicht explizit), z. B. von Kobrinski/Trachtenbrot [1], Gécseg/Peák [1], Hartmanis/Stearns [1], Hoehnke [1], Zander [1] u. a. Diese Bedingungen sind teilweise zu streng und schließen Kopplungen aus, die praktisch brauchbar sind (Locke [1], S. 153 ff.). Andererseits wird bei der Kopplung zeitkontinuierlicher Systeme zumeist die Koppelbarkeit stillschweigend vorausgesetzt und auf die Formulierung von Kopplungs- oder Rückkopplungsbedingungen verzichtet. Für eine Theorie allgemeiner dynamischer Systeme ist es aber natürlich notwendig, solche Bedingungen aufzustellen. Die Gleichungen (2.19. b—h) formulieren sie für den Rückkopplungsfall. Es ist, auch ohne daß wir den Begriff Rückkopplung formalsprachlich definiert haben, klar, daß Rückkopplung dann vorliegt, wenn ein Ausgang mit einem solchen Eingang verbunden wird, von dessen Eingangsfunktion seine Ausgangsfunktion mitbestimmt wird. Das wird gerade durch (2.19. a) ausgedrückt. Ausgang j kann in diesem Falle mit Eingang i sicher dann verbunden werden, wenn nach Herstellung der Kopplung auf dem Verbindungskanal eine eindeutig bestimmte Funktion besteht, die dann zugleich Eingangsfunktion des Einganges i und Ausgangsfunktion des Ausganges j ist. Die Gleichungen (2.19.c—g) sichern die mathematischen Voraussetzungen dafür, wie der nachfolgende Satz 2.3. zeigen wird. Wir gehen dabei von der Annahme aus, daß das rückgekoppelte System die damit gegebene theoretische Möglichkeit eindeutigen Verhaltens auch tatsächlich annimmt. Bedingung (2.19.h) schließt aus, daß Ausgang j des Systems allein vom Eingang i abhängt, die Ausgangsfunktion y_j also weder vom Zustand $z \in Z$ noch von den Eingangsfunktionen $\overline{p} \mid p_i \in \overline{X} \mid X_i$ beeinflußt wird. Dann kann nämlich im Rückkopplungsfalle kein eindeutig bestimmtes Verhalten erwartet werden. Es würde sich bei Kopplung eine konstante Funktion einstellen, die den anfangs zufällig angenommenen Wert einfach beibehielte, wenn mehrere Anfangswerte physikalisch möglich sind. Damit würde das neue System keines im Sinne der Definition 1.3. sein.

Satz 2.3. Sei $S = (A, X, B, Y, Z, T, f, g)$ ein (zeitinvariantes) allgemeines dynamisches System mit m Eingangs-, q Zustands- und n Ausgangsgrößen. Ausgang j von S sei koppelbar mit Eingang i von S. Dann entsteht durch Verbindung von Ausgang j mit Eingang i wieder ein allgemeines dynamisches System.

Beweis. 1. Wir nehmen zunächst den 1. Fall von Definition 2.3. an, d. h., (2.18.a) ist erfüllt. Dann ist y_j unabhängig von p_i, und es ist $y_j = g_j(z, \overline{p} \mid p_i)$. Das durch Verbindung von Ausgang j mit Eingang i entstehende System $S' = (A', X', B', Y', Z, T, f', g')$ ist folgendermaßen festgelegt.

1. $$A' = A_1 \times \cdots \times A_{i-1} \times A_{i+1} \times \cdots \times A_m, \tag{2.20.a}$$

$$B' = B_1 \times \cdots \times B_{j-1} \times B_{j+1} \times \cdots \times B_n. \tag{2.20.b}$$

2. $$X' = \overline{X} \mid X_i \quad \text{mit} \quad \overline{X} \simeq X, \tag{2.20.c}$$

$$Y' = \overline{Y} \mid Y_j \quad \text{mit} \quad \overline{Y} \simeq Y. \tag{2.20.d}$$

3. $$f' : Z \times X' \to Z \quad \text{mit}$$

$$f'(z, \overline{p} \mid p_i) = f\big(z, p_1, \ldots, p_{i-1}, g_j(z, \overline{p} \mid p_i), p_{i+1}, \ldots, p_m\big) \tag{2.20.e}$$

4. $$g' : Z \times X' \to Y' \quad \text{mit}$$

$$g'(z, \overline{p} \mid p_i) = \big(g_1(z, \overline{p} \mid p_i, g_j(z, \overline{p} \mid p_i)), \ldots, g_{j-1}(\ldots), \\ g_{j+1}(\ldots), \ldots, g_n(\ldots)\big). \tag{2.20.f}$$

S' erfüllt die Systembedingungen. Sei $p = e$. Dann ist $\overline{p} = (e_1, \ldots, e_m)$ und $g_j(z, \bar{e} \mid e_i)$ unter Beachtung von (2.17) die leere Funktion e_j. Also ist mit (2.20.e) und (2.15.b)

$$f'(z, \bar{e} \mid e_i) = f(z, e_1, \ldots, e_m) = z.$$

Weiter ist für $\overline{pq} \mid p_i q_i$ mit $g_j(z, \overline{pq} \mid p_i q_i) = g_j(z, \bar{p} \mid p_i)\, g_j\big(f(z, \bar{p}), \bar{q} \mid q_i\big)$:

$$f'(z, \overline{pq} \mid p_i q_i) = f\big(z, p_1 q_1, \ldots, p_{i-1} q_{i-1},$$

$$g_j(z, \bar{p} \mid p_i)\, g_j\big(f(z, \bar{p}), \bar{q} \mid q_i\big), p_{i+1} q_{i+1}, \ldots, p_m q_m\big) \qquad \text{(wegen 2.10.e)}$$

$$= f\Big(f\big(z, \bar{p} \mid p_i, g_j(z, \bar{p} \mid p_i)\big), \bar{q} \mid q_i, g_j\big(f(z, \bar{p}), \bar{q} \mid q_i\big)\Big) \qquad \text{(wegen 2.15.c)}$$

$$= f\big(f'(z, \bar{p} \mid p_i), \bar{q} \mid q_i, g_j(f(z, \bar{p}), \bar{q} \mid q_i)\big) \qquad \text{(wegen 2.20.e)}$$

$$= f'\big(f'(z, \bar{p} \mid p_i), \bar{q} \mid q_i\big). \qquad \text{(wegen 2.20.e)}$$

Also ist die Zustandsbedingung ebenfalls erfüllt.

Aus (2.20.f) folgt, daß $D\big(g'(z, \bar{p} \mid p_i)\big) = D\big(g\big(z, \bar{p} \mid p_i, g_j(z, \bar{p} \mid p_i)\big)/g_j(z, \bar{p} \mid p_i)\big)$ ist. Unter Beachtung von (2.15.e) und (2.13.e) folgt hieraus die Gültigkeit von (1.19.e). Für $p = e$ bzw. $\bar{p} = \bar{e}$ folgt aus (2.20.f) mit (2.15.f) auch, daß (1.19.f) erfüllt ist. Es bleibt zu zeigen, daß die Kausalitätsbedingung (1.19.g) ebenfalls erfüllt ist. Zur Vereinfachung der Schreibweise setzen wir $j = n$. Dann ist:

$$g'(z, \overline{pq} \mid p_i q_i) = \big(g_1\big(z, \overline{pq} \mid p_i q_i, g_n(z, \overline{pq} \mid p_i q_i)\big), \ldots, g_{n-1}(\ldots)\big) \qquad \text{(wegen 2.20.f)}$$

$$= \Big(g_1\big(z, \bar{p} \mid p_i, g_n(z, \bar{p} \mid p_i)\big)\, g_1\Big(f\big(z, \bar{p} \mid p_i, g_n(z, \bar{p} \mid p_i)\big), \bar{q}/q_i\Big)\Big), \ldots,$$

$$g_{n-1}(z, \ldots)\, g_{n-1}\big(f(z, \ldots), \bar{q} \mid q_i\big)\Big) \qquad \text{(wegen 2.17.r)}$$

$$= \Big(g_1\big(z, \bar{p} \mid p_i, g_n(z, \bar{p} \mid p_i)\big), \ldots, g_{n-1}(\ldots)\Big)$$

$$\times \Big(g_1\big(f\big(z, \bar{p} \mid p_i, g_n(z, \bar{p} \mid p_i)\big), \bar{q} \mid q_i\big), \ldots, g_{n-1}(\ldots)\Big) \qquad \text{(wegen 2.8.)}$$

$$= g'(z, \bar{p} \mid p_i)\, g'\big(f\big(z, \bar{p} \mid p_i, g_n(z, \bar{p} \mid p_i)\big), \bar{q} \mid q_i\big) \qquad \text{(wegen 2.20.f)}$$

$$= g'(z, \bar{p} \mid p_i)\, g'\big(f'(z, \bar{p} \mid p_i), \bar{q} \mid q_i\big). \qquad \text{(wegen 2.20.e)}$$

Somit ist die Kausalitätsbedingung erfüllt. S' besitzt also alle Eigenschaften eines allgemeinen dynamischen Systems. Die Größe y_j ist jetzt einfach eine innere Funktion des Systems, die in $\bar{Y} \mid Y_j \simeq Y'$ nicht mehr enthalten und durch

$$y_j = g_j(z, p_1, \ldots, p_{i-1}, p_{i+1}, \ldots, p_m)$$

festgelegt ist.

2. Es sei jetzt der zweite Fall von Definition 2.3. gegeben, d. h., es gilt (2.19.a). Die Kopplung von Ausgang j mit Eingang i besitzt den Charakter einer Rückkopplung. Voraussetzungsgemäß besitzt (2.19.c) genau eine Lösung für jedes $z \in Z, \overline{p} \mid p_i \in \overline{X} \mid X_i$, und es existiert eine Abbildung λ mit den Eigenschaften (2.19.e, f). Das rückgekoppelte System $S' = (A', X', B', Y', Z, T, f', g')$ wird wie in den Gleichungen (2.20.a—f) beschrieben, nur daß an die Stelle von $g_j(z, \overline{p} \mid p_i)$ jetzt $\lambda(z, \overline{p} \mid p_i)$ zu setzen ist, wobei diese Funktion (2.19.e) erfüllt und außerdem auch die Eigenschaft (2.19.f) besitzt. Damit liegt auch in diesem Falle ein allgemeines dynamisches System vor. y_j ist wieder eine innere Funktion des Systems und festgelegt durch

$$y_j = \lambda(z, p_1, \ldots, p_{i-1}, p_{i+1}, \ldots, p_m).$$

Damit ist Satz 2.3. bewiesen.

Zur Veranschaulichung betrachten wir einige einfache Beispiele. Zunächst sei die Schaltung von Abb. 2.2. gegeben.

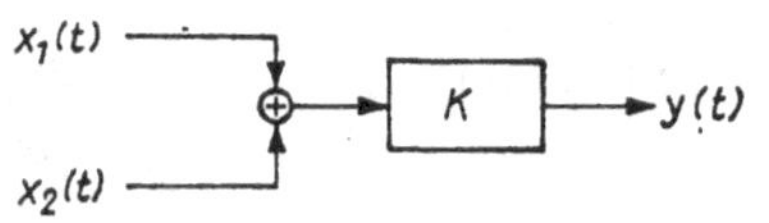

Abb. 2.2.

K sei eine reelle Konstante. Wenn die Schaltung als System behandelt wird, dann ist dieses als gedächtnisloses, zeitinvariantes und zeitkontinuierliche System festgelegt durch $S = \left(A_1 \times A_2, \bigcup\limits_{i \in T^+} (X_{1i} \times X_{2i}), B, Y, \mathbb{R}, g\right)$. Auf die Angabe von $\bigcup\limits_{i \in T^+} (X_{1i} \times X_{2i})$ und Y kann verzichtet werden, wenn man vereinbart, daß mathematisch zwar mögliche, aber praktisch sinnlose Funktionen ausgeschlossen sind, z. B. Funktionen, die für alle reellen Zahlen unstetig sind, wie es etwa die Dirichlet-Funktion ist (vgl. ALEXANDROFF [1], S. 114). Es sei $A_1 = A_2 = B = \mathbb{R}^+$. Dann ist einfach: $S = \left((\mathbb{R}^+)^2, \mathbb{R}^+, \mathbb{R}, g\right)$. Die Ergebnisfunktion g ist hierbei definiert durch

$$y(t) = g\left(x_1(t), x_2(t)\right) = K\left(x_1(t) + x_2(t)\right)$$

mit $y(t), x_1(t), x_2(t) \in \mathbb{R}^+$. Der Ausgang ist in diesem Falle mit jedem der beiden Eingänge koppelbar, wenn $K < 1$ ist. Wir zeigen dies für die Kopplung mit Eingang 2. Die Überlegungen gelten aber analog auch für Eingang 1.

Es trifft Fall 2 von Definition 2.3. zu. (2.19.b) ist jetzt sinngemäß erfüllt, wenn $B \subseteqq A_2$ ist. Das ist aber wegen $A_2 = B = \mathbb{R}^+$ der Fall. (2.19.c) lautet hier

$$y(t) = g\left(x_1(t), y(t)\right) = K\left(x_1(t) + y(t)\right). \tag{2.21.a}$$

Diese Gleichung besitzt die Lösung

$$y(t) = \frac{K}{1 - K}\, x_1(t)\,. \tag{2.21.b}$$

Es gibt also für alle $x_1(t) \in \mathbb{R}^+$ genau eine Lösung, aber diese Lösung ist nur für $K < 1$ positiv und somit nur dann Element von R^+. Für $K > 1$ wird $y(t) < 0$ für alle $x_1(t) \in \mathbb{R}^+$. Dann ist der Ausgang nicht mit dem zweiten Eingang koppelbar. Für das gedächtnislose System kann (2.19.d) durch $\lambda : A \mid A_i \to B_j$ ersetzt werden mit

$$\lambda\big(\bar{x}(t) \mid x_i(t)\big) = g_j\Big(\bar{x}(t) \mid x_i(t),\, \lambda\big(\bar{x}(t) \mid x_i(t)\big)\Big)\,. \tag{2.22}$$

Auf (2.19.f, g) kann ganz verzichtet werden, und (2.19.h) bleibt sinngemäß bestehen. Es ist klar, daß in unserem Beispiel λ durch (2.21.b) festgelegt ist

$$\lambda\big(x_1(t)\big) = \frac{K}{1 - K}\, x_1(t)\,. \tag{2.23}$$

Man prüft leicht nach, daß mit (2.23) und (2.21.a) die Gleichung (2.22) erfüllt ist. Es ist auch evident, daß keine Funktion φ existiert, die (2.19.h) erfüllt. Das rückgekoppelte System ist ein allgemeines dynamisches System mit der inneren Variablen $y(t)$ und ohne Ausgangsgröße.

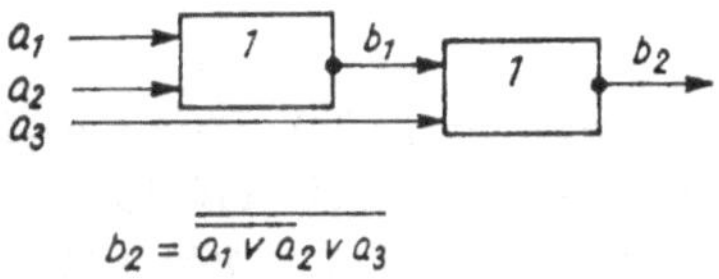

a_1	a_2	a_3	b_1	$b_2 = g(a_1, a_2, a_3)$
0	0	0	1	0
0	0	1	1	0
0	1	0	0	1
0	1	1	0	0
1	0	0	0	1
1	0	1	0	0
1	1	0	0	1
1	1	1	0	0

Abb. 2.3. Kombinationsschaltung mit Automatentabelle

Ersetzt man in Abb. 2.2. das Summierglied durch ein Multiplikationsglied, dann entsteht ein nicht rückkoppelbares System. Es ist dann $y(t) = Kx_1(t) \times x_2(t)$. Soll z. B. der Ausgang auf den Eingang 2 rückgekoppelt werden, dann muß $y(t) = Kx_1(t)\, y(t)$ für alle $x_1(t) \in \mathbb{R}^+$ genau eine Lösung besitzen. Das ist aber nicht der Fall, wenn K konstant ist.

Es sei nun eine Kombinationsschaltung nach Abb. 2.3. gegeben. Sie ist ein gedächtnisloses, zeitinvariantes und zeitdiskretes System, das festgelegt ist durch $S = (A_1 \times A_2 \times A_3, B_2, \Gamma, g)$ mit $A_1 = A_2 = A_3 = B = \{0, 1\}$. Die Ergebnisfunktion g ist definiert durch

$$b_2(t) = g\big(a_1(t), a_2(t), a_3(t)\big) = \overline{\overline{a_1(t) \vee a_2(t)} \vee a_3(t)}$$
$$= \big(a_1(t) \vee a_2(t)\big) \wedge \bar{a}_3(t)$$

mit $t \in \Gamma$. Natürlich kann unter Verzicht auf die Zeitinterpretation einfach $b_3 = (a_1 \vee a_2) \wedge \bar{a}_3$ geschrieben werden. In diesem Beispiel kann Ausgang 2 auf keinen der Eingänge rückgekoppelt werden. Wir zeigen dies für die Kopplung mit Eingang 1. Zunächst liegt wieder Fall 2 von Definition 2.3. vor, denn für $a_2 = 0$, $a_3 = 0$ ist $g(0, 0, 0) \neq g(1, 0, 0)$, wie aus der Automatentabelle hervorgeht. (2.19. b) ist erfüllt. Aber (2.19. c), die jetzt in der modifizierten Form

$$g(b_2, a_2, a_3) = b_2 \tag{2.24}$$

anzusetzen ist, besitzt nicht für alle $(a_2, a_3) \in \{0, 1\}^2$ genau eine Lösung. Wir entnehmen die Lösungen aus der Automatentabelle und stellen sie in folgender Tabelle zusammen.

a_2	a_3	$\{b_2 = g(b_2, a_2, a_3)\}$
0	0	0, 1
0	1	0
1	0	1
1	1	0

Für $(a_2, a_3) = (0, 0)$ existieren zwei Lösungen von (2.24). Damit ist für dieses Eingangssignal kein eindeutig determiniertes Verhalten auf dem Rückkopplungskanal möglich, falls Ausgang 2 mit Eingang 1 gekoppelt wird. Das zeigt sich auch in der Automatentabelle des rückgekoppelten Systems (vgl. Abb. 2.4.)

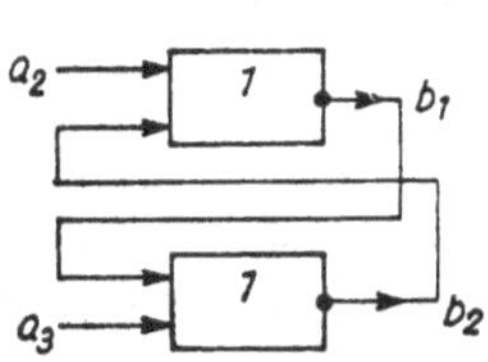

a)

		$b_1\, b_2$			
a_2	a_3	0 0	0 1	1 0	1 1
0	0	1 1	0 1	1 0	0 0
0	1	1 0	0 0	1 0	0 0
1	0	0 1	0 1	0 0	0 0
1	1	0 0	0 0	0 0	0 0

b)

**Abb. 2.4. Rückgekoppelte Schaltung von Abb. 2.3.
a) Schaltung, b) Automatentabelle**

Man kann der Automatentabelle entnehmen, daß einige (b_1, b_2)-Zustände bei anliegendem unveränderten Signal durchlaufen werden und stabile Werte annehmen. Wenn man davon ausgeht, daß dies in vernachlässigbar kurzer Zeit geschieht, dann erhält man folgende Automatentabelle:

		$b_1 b_2$			
a_2	a_3	00	01	10	11
0	0	11 ⇄ 00	01	10	00 ⇄ 11
0	1	10	10	10	10
1	0	01	01	01	01
1	1	00	00	00	00

Bei anliegender Eingabe (0, 0) kann also der Fall auftreten, daß sich auf den Kanälen b_1, b_3 keine definierten Werte einstellen, sondern die Signale pendeln und ein undefiniertes Verhalten entsteht. Dies ist Folge der Existenz von zwei Lösungen von (2.24.) für $(a_2, a_3) = (0, 0)$. Man kann aber die Rückkopplungsschaltung als eindeutig determiniert im Sinne des allgemeinen dynamischen Systems ansehen, wenn man die Eingabe $(a_2, a_3) = (0, 0)$ aus der Menge der zulässigen Eingangssignalwerte ausschließt. Die Rückkopplungsschaltung von Abb. 2.4. ist deshalb ein allgemeines dynamisches System mit der Eingabemenge $A_2 \times A_3 = \{(0, 1), (1, 0), (1, 1)\}$. Es liegt dann Fall 1 von Definition 2.3. vor, und (2.18.a) ist für alle $(a_2, a_3) \in A_2 \times A_3$ erfüllt. Als Ergebnis dieses Beispiels können wir folgende Schlußfolgerung ziehen.

Folgerung 2.2. Sei $S = (A, X, B, Y, Z, T, f, g)$ ein (zeitinvariantes) allgemeines dynamisches System, das der Bedingung (2.19.a) genügt. Sei $Z' \subseteqq Z$, $\bar{X}' \mid X_i \subseteqq \bar{X} \mid X_i$, $\bar{A}' \mid A_i \subseteqq \bar{A} \mid A_i$ und $S' = \left(\bar{A}' \mid A_i \times A_i, \bigcup_{\bar{i} \in T^+} (\bar{X}' \mid X_i)_{\bar{i}} \times X_{i\bar{i}}, B, Y, Z', T, f', g'\right)$ mit $f'(z, \bar{p} \mid p_i, p_i) = f(z, \bar{p} \mid p_i, p_i) \in Z'$, $g'(z, \bar{p} \mid p_i, p_i) = g(z, \bar{p} \mid p_i, p_i) \in Y$ für alle $z \in Z'$, $\bar{p} \mid p_i \in \bar{X} \mid X_i$, $p_i \in X_i$ ein Teilsystem von S. Die Bedingungen (2.19.) seien für alle $z \in Z'$ $\bar{p} \mid p_i \in \bar{X}' \mid X_i$ erfüllt. Dann kann Ausgang j von S' mit Eingang i von S' gekoppelt werden.

Es werden hierbei also aus Z und X, A des Systems diejenigen Teilmengen eliminiert, für die die Kopplungsbedingungen nicht erfüllt sind, für die also z. B. (2.19.c) keine eindeutigen Lösungen besitzt. Mit den verbleibenden Mengen, für die die Kopplungsbedingungen dann gelten, muß aber natürlich ein System vorliegen, d. h., sie müssen ein Teilsystem von S konstituieren. Dann führt die Kopplung auch wieder auf ein allgemeines dynamisches System, das entsprechend der Konstruktion im Satz 2.3. aufgebaut werden kann.

2.3. Komposition allgemeiner dynamischer Systeme

In der Automatentheorie sind unterschiedliche Arten von Kompositionen definiert und behandelt worden. Zum großen Teil können sie aus einer allgemeinen Komposition, dem sog. allgemeinen Produkt, hergeleitet werden. Es sind dies folgende Kompositionen: das direkte Produkt, das Z-direkte Produkt, das halbdirekte Produkt, das Kreuzprodukt und die Superposition von Automaten. Daneben kennt die Automatentheorie weitere Kompositionen, wie z. B. die direkte Summe und das sog. Huzino-Produkt von Automaten, die nicht aus dem allgemeinen Produkt abgeleitet werden können (vgl. z. B. GLUSCHKOW [1], GÉCSEG/PEÁK [1]). Andererseits sind aus vielen technischen Wissenschaften die Reihenschaltung, die Parallelschaltung und die Rückkopplungsschaltung als Grundformen der Zusammenschaltung von Systemen bekannt. Auch sie können als Kompositionen angesehen werden. Wir werden im folgenden einige Kompositionen definieren, die für den Aufbau von Netzen allgemeiner dynamischer Systeme bedeutungsvoll sind, und wir tun dies unter Beschränkung auf die Komposition jeweils zweier Systeme, um ihre Eigenschaften deutlicher hervortreten zu lassen. Außerdem beschränken wir uns wieder auf zeitinvariante Systeme.

Definition 2.4. Es seien $S_1 = (A_1, X_1, B_1, Y_1, Z_1, T, f_1, g_1)$ und $S_2 = (A_2, X_2, B_2, Y_2, Z_2, T, f_2, g_2)$ zwei (zeitinvariante) allgemeine dynamische Systeme. $S = (A, X, B, Y, Z, T, f, g)$ heißt das direkte Produkt von S_1 und S_2, wenn gilt:

1. $$A = A_1 \times A_2, \quad B = B_1 \times B_2, \quad Z = Z_1 \times Z_2. \tag{2.25.a}$$

2. $$X = \bigcup_{\bar{t} \in T^+} X_{1\bar{t}} \times X_{2\bar{t}}, \quad Y = \bigcup_{\bar{t} \in T^+} Y_{1\bar{t}} \times Y_{2\bar{t}}. \tag{2.25.b}$$

3. $$f(z_1, z_2, p_1, p_2) = \big(f_1(z_1, p_1), f_2(z_2, p_2)\big), \tag{2.25.c}$$

$$g(z_1, z_2, p_1, p_2) = \big(g_1(z_1, p_1), g_2(z_2, p_2)\big) \tag{2.25.d}$$

für alle $(z_1, z_2) \in Z$, $(p_1, p_2) \in X$.

Das direkte Produkt stellt also einfach die Betrachtung zweier nicht gekoppelter Systeme als ein gemeinsames System dar. Das entspricht zwar eigentlich nicht dem Systemgedanken, ist aber für den Aufbau allgemeiner Systemnetze praktisch und tritt auch in den Anwendungen als Grenzfall gelegentlich auf. Es ist evident, daß das direkte Produkt ein allgemeines dynamisches System ist, da S_1, S_2 voraussetzungsgemäß solche Systeme sind und durch (2.25.b) gesichert wird, daß nur Eingangs- und Ausgangsfunktionen gleicher Länge gleichzeitig auftreten. Ein Beweis erübrigt sich hier. Wir formulieren den Sachverhalt als Folgerung.

Folgerung 2.3. Das direkte Produkt zweier (zeitinvarianter) allgemeiner dynamischer Systeme ist wieder ein (zeitinvariantes) allgemeines dynamisches System.

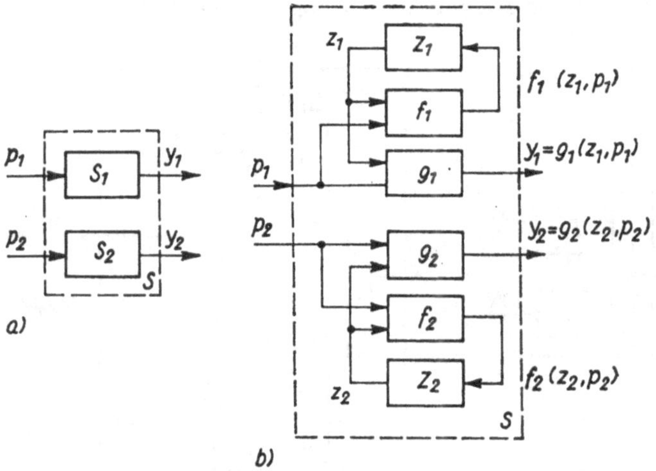

Abb. 2.5. Modelle des direkten Produkts zweier allgemeiner dynamischer Systeme
a) Schaltung, b) Struktur

Abb. 2.5. zeigt zwei Veranschaulichungen des direkten Produkts. In Abb. 2.5.a ist die Schaltungsinterpretation dargestellt, Abb. 2.5.b zeigt die Verarbeitungsstruktur.

Definition 2.5. Es seien $S_1 = (A, X, B_1, Y_1, Z_1, T, f_1, g_1)$ und $S_2 = (A, X, B_2, Y_2, Z_2, T, f_2, g_2)$ zwei (zeitinvariante) allgemeine dynamische Systeme. $S = (A, X, B, Y, Z, T, f, g)$ heißt *Parallelkomposition* von S_1, S_2 und wird mit $S_1 \parallel S_2$ bezeichnet, wenn gilt:

1. $B = B_1 \times B_2, \quad Z = Z_1 \times Z_2,$ (2.26.a)

2. $Y = \bigcup_{\bar{t} \in T^+} Y_{1\bar{t}} \times Y_{2\bar{t}},$ (2.26.b)

3. $f(z_1, z_2, p) = \big(f_1(z_1, p), f_2(z_2, p)\big),$ (2.26.c)

   $g(z_1, z_2, p) = \big(g_1(z_1, p), g_2(z_2, p)\big).$ (2.26.d)

für alle $(z_1, z_2) \in Z$, $p \in X$.

Abb. 2.6. zeigt die Schaltungsinterpretation und die Verarbeitungsstruktur.

Folgerung 2.4. Die Parallelkomposition zweier (zeitinvarianter) allgemeiner dynamischer Systeme ist wieder ein (zeitinvariantes) allgemeines dynamisches System.

Die Folgerung 2.4. ist unmittelbar einleuchtend, so daß sich ein Beweis erübrigt. Der einzige Unterschied zum direkten Produkt besteht ja nur darin, daß hier beide Systeme das gleiche Eingangssignal erhalten.

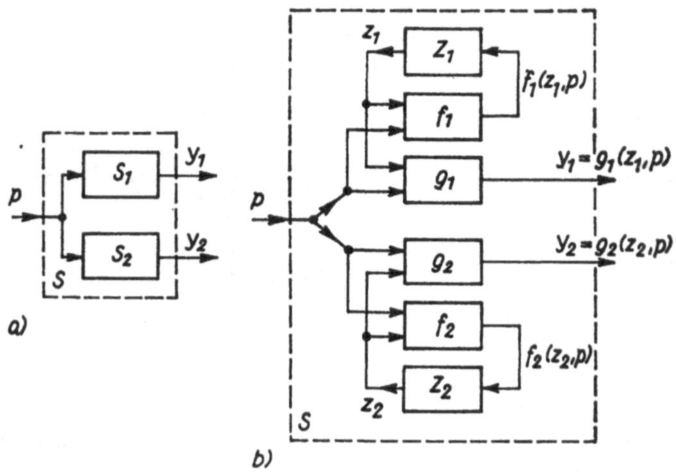

Abb. 2.6. Modelle der Parallelkomposition zweier allgemeiner dynamischer Systeme
a) Schaltung, b) Struktur

Sollen zwei Systeme mit verschiedenen Eingangsmengen A_i, X_i $(i = 1, 2)$ parallelgeschaltet werden, so muß natürlich $A = (A_1 \cap A_2)$ und $X = (X_1 \cap X_2)$ sein. Die Parallelkomposition ist in diesem Falle als Parallelschaltung zweier AX-Teilsysteme $S_i' = (A_1 \cap A_2, X_1 \cap X_2, B_i, Y_i, Z_i, T, f_i', g_i')$ von S_i $(i = 1, 2)$ zu interpretieren. Sie existiert nur, wenn der Durchschnitt der Eingangsmengen nicht leer ist.

Wir behandeln jetzt Eigenschaften der Parallelkomposition, die ihre Zustandsmenge betreffen.

Satz 2.4. $S_1 = (A, X, B_1, Y_1, Z_1, T, f_1, g_1)$ und $S_2 = (A, X, B_2, Y_2, Z_2, T, f_2, g_2)$ seien zwei stark zusammenhängende (zeitinvariante) allgemeine dynamische Systeme. $X^+ \cup \{e\}$ sei eine erzeugende Menge von X, und für beliebige $z_i, z_i' \in Z_i$ sei $z_i' = f_i(z_i, p_i)$ mit $p_i \in X^+$ $(i = 1, 2)$. Die Parallelkomposition $S = S_1 \parallel S_2$ von S_1 und S_2 ist dann und nur dann stark zusammenhängend, wenn gilt:

$$Z' = \bigcup_{p \in X^+} \{f(z_1, z_2, p) \mid (z_1, z_2) \in Z_1 \times Z_2\} = Z_1 \times Z_2. \tag{2.27}$$

Beweis. 1. $S = S_1 \parallel S_2$ sei stark zusammenhängend. Zu beweisen ist, daß die nach (2.27) gebildete Menge Z' gleich $Z_1 \times Z_2$ ist. Dazu zeigen wir, daß jedes beliebige $(z_1', z_2') \in Z_1 \times Z_2$ von einem $(z_1, z_2) \in Z_1 \times Z_2$ mit einem $p \in X^+$ erzeugt werden kann und daß jedes beliebige $(z_1, z_2) \in Z_1 \times Z_2$ ein $(z_1', z_2') \in Z_1 \times Z_2$ mit einem $p \in X^+$ erzeugt.

Voraussetzungsgemäß kann (z_1', z_2') von jedem Zustand erzeugt werden. Könnte es von jedem Zustand (z_1, z_2) nur mit einem $p \in X \setminus X^+$ erzeugt werden, so wäre für alle (z_1, z_2) mit $f(z_1, z_2, p) = (z_1', z_2')$ $p \in X \setminus X^+$. Wegen $f(z_1, z_2, p) = \big(f_1(z_1, p), f_2(z_2, p)\big)$ gäbe es dann kein $z_1 \in Z_1$ bzw. $z_2 \in Z_2$, das z_1' bzw. z_2' mit einem $p \in X^+$ erzeugt. Das widerspricht aber der Voraussetzung, wonach jedes beliebige z_1' bzw. z_2' von jedem beliebigen z_1 bzw. z_2 mit einem $p \in X^+$ erzeugt werden kann. Deshalb kann der Fall nicht eintreten, daß (z_1', z_2') von keinem (z_1, z_2) mit einem $p \in X^+$ erzeugt werden kann. Und demzufolge gibt es zu jedem beliebigen Zustand (z_1', z_2') einen Zustand (z_1, z_2) und ein $p \in X^+$, so daß $(z_1', z_2') = f(z_1, z_2, p)$ ist.

Andererseits erzeugt jedes $(z_1, z_2) \in Z_1 \times Z_2$ mit $p \in X^+$ ein (z_1', z_2'). Das folgt einfach aus der Voraussetzung für allgemeine dynamische Systeme, wonach die Abbildungen f_1, f_2 vollständig bestimmt sind. Es sind damit aber auch alle Zustände $f(z_1, z_2, p)$ für $(z_1, z_2) \in Z_1 \times Z_2$ und $p \in X^+$ eindeutig definiert wegen $f(z_1, z_2, p) = \big(f_1(z_1, p), f_2(z_2, p)\big)$.

2. Sei $Z' = Z_1 \times Z_2$. Es muß bewiesen werden, daß S stark zusammenhängend ist. Dazu muß gezeigt werden, daß jeder beliebige Zustand (z_1', z_2') von jedem beliebigen Zustand (z_1, z_2) mit einem $p \in X$ erzeugt werden kann. Ist $(z_1', z_2') = f(z_1, z_2, p) \in Z'$, so ist unmittelbar klar, daß (z_1', z_2') von (z_1, z_2) erzeugt wird. Ist aber für alle $p \in X^+$ $f(z_1, z_2, p) \neq (z_1', z_2')$, so kann (z_1', z_2') nur mit einem $p \in X \setminus X^+$ erzeugt werden. Wir zeigen, daß dies möglich ist. In Z' sind die Folgezustände von (z_1, z_2) für alle $p \in X^+$ enthalten. Deren Menge sei Z^1. Sie ist gegeben durch $Z^1 = \big\{\big(f_1(z_1, p), f_2(z_2, p)\big) \mid p \in X^+\big\}$. In ihr treten alle Zustände von Z_1 als erste Komponenten und alle Zustände von Z_2 als zweite Komponenten auf, weil voraussetzungsgemäß alle Zustände der Zustandsmenge Z_1 von z_1 und alle Zustände der Menge Z_2 von z_2 mit Funktionen aus X^+ erzeugt werden können. Ist $(z_1', z_2') \notin Z^1$, so wird die Menge der Zustände betrachtet, die von den Zuständen aus Z^1 mit $p \in X^+$ erzeugt werden. Es sei dies die Menge Z^2, die wie folgt gegeben ist

$$Z^2 = \Big\{\Big(f_1\big(f_1(z_1, p), q\big), f_2\big(f_2(z_2, p), q\big)\Big) \,\Big|\, p, q \in X^+\Big\}.$$

Ist $(z_1', z_2') \in Z^2$, so kann es von (z_1, z_2) mit einer verketteten Eingangsfunktion erzeugt werden, beispielsweise $f(z_1, z_2, pq) = f\big(f(z_1, z_2, p), q\big) = f(\bar{z}_1, \bar{z}_2, q) = (z_1', z_2')$. Ist $(z_1', z_2') \notin Z^2$, so wird die Menge von Folgezuständen der Zustände aus Z^2 gebildet usw. Auf diesem rekursiven Wege gelangt man schließlich zu (z_1', z_2'), denn anderenfalls würde (z_1', z_2') nicht in Z' enthalten sein, und es wäre $Z' \neq Z_1 \times Z_2$. Das ist aber ein Widerspruch zur Voraussetzung. Damit ist Satz 2.4. vollständig bewiesen.

Es ist unmittelbar einleuchtend, daß Z' auch folgendermaßen geschrieben werden kann:

$$Z' = \bigcup_{(z_1,z_2)\in Z_1\times Z_2} \{f(z_1, z_2, p) \mid p \in X^+\} = \bigcup_{(z_1,z_2)\in Z_1\times Z_2} Z_{(z_1,z_2)}. \tag{2.28}$$

Hierin ist $Z_{(z_1,z_2)}$ die Menge aller Folgezustände des Zustands $(z_1, z_2) \in Z_1 \times Z_2$ von S, die sich mit den Eingangsfunktionen der erzeugenden Menge X^+ ergeben. Diese Menge ist i. allg. eine Teilmenge der Menge aller Zustände von S. Wenn man sie allerdings auf der Grundlage einer Menge X' bildet, wobei X' die Menge von Eingangsfunktionen eines X-Teilsystems von S sein möge, dann muß sie gleich der Menge aller Zustände von S sein, wenn das X-Teilsystem stark zusammenhängend ist. Das folgt aus der Definition stark zusammenhängender Systeme und ergibt folgende Schlußfolgerung.

Folgerung 2.5. $S_1' = (A, X', B_1, Y_1, Z_1, T, f_1', g_1')$ und $S_2' = (A, X', B_2, Y_2, Z_2, T, f_2', g_2')$ seien zwei stark zusammenhängende X-Teilsysteme zweier (zeitinvarianter) allgemeiner dynamischer Systeme $S_1 = (A, X, B_1, Y_1, Z_1, T, f_1, g_1)$ und $S_2 = (A, X, B_2, Y_2, Z_2, T, f_2, g_2)$. Dann ist die Parallelkomposition $S = S_1 \parallel S_2$ von S_1 und S_2 genau dann stark zusammenhängend, wenn

$$Z' = \{f(z_1, z_2, p) \mid p \in X'\} = Z_1 \times Z_2 \tag{2.29}$$

für beliebige $(z_1, z_2) \in Z_1 \times Z_2$ gilt. Hierbei ist $X' \subseteqq X$.

Beweis. Der Beweis folgt aus den Definitionen. Wenn ein X-Teilsystem stark zusammenhängend ist, so ist es das System selbst auch. Wenn demzufolge das X-Teilsystem der Parallelkomposition $S_1 \parallel S_2$ stark zusammenhängend ist, so auch $S_1 \parallel S_2$. Das X-Teilsystem von $S_1 \parallel S_2$ mit $X' \subseteqq X$ ist aber gerade stark zusammenhängend, wenn (2.29) erfüllt ist, was sich unmittelbar aus der Definition stark zusammenhängender Systeme ergibt, wie bereits erwähnt wurde. Aus dem Beweis des Satzes 2.4. folgt gleichfalls, daß alle Folgezustände von (z_1, z_2) in der Menge $\big\{f(z_1, z_2, p) \mid p \in X' \setminus \{e\}\big\}$ liegen müssen, wenn X' eine bezüglich der Verkettung abgeschlossene Menge ist. Das trifft aber auf X' zu, weil X' Eingangsmenge eines X-Teilsystems ist.

Weil jedes System S zugleich X-Teilsystem von sich selbst ist mit $X' = X$, trifft Folgerung 2.5. auch unmittelbar auf die Parallelkomposition zweier stark zusammenhängender Systeme zu, wenn man in (2.29) X' durch X ersetzt.

Satz 2.5. Seien S_1, S_2 zwei (zeitinvariante) allgemeine dynamische Systeme mit den gleichen Eingangsmengen A, X. S_1 sei stark zusammenhängend, und S_2 sei ein gedächtnisloses System. Dann ist die Parallelkomposition $S = S_1 \parallel S_2$ ein stark zusammenhängendes allgemeines dynamisches System.

Beweis. Für beliebige $p \in X$ gilt $f_2(z_2, p) = z_2$, weil S_2 als gedächtnisloses System eine Einermenge $Z_2 = \{z_2\}$ als Zustandsmenge besitzt. Demzufolge ist

$$\begin{aligned} Z' &= \{f(z_1, z_2, p) | \, p \in X\} = \{(f_1(z_1, p), z_2) \mid p \in X\} \\ &= \{f_1(z_1, p) \mid p \in X\} \times \{z_2\} \\ &= Z_1 \times Z_2 . \end{aligned}$$

Die letzte Zeile ergibt sich aus der Eigenschaft von S_1, stark zusammenhängend zu sein. Dann ist $\{f_1(z_1, p) \mid p \in X\} = Z_1$ für beliebige $z_1 \in Z_1$ und somit $Z' = Z_1 \times Z_2$. Nach Folgerung 2.5. ist damit $S_1 \parallel S_2$ ein stark zusammenhängendes System.

Im Abschnitt 1.4.4. wurde festgestellt, daß die Begriffe »zusammenhängend vom Zustand z« und »steuerbar aus dem Zustand z« ebenso identisch sind, wie die Begriffe »stark zusammenhängend« und »vollständig steuerbar«. Demnach können diese Begriffe wahlweise verwendet werden, und in den Sätzen 2.4., 2.5. sowie in Folgerung 2.5. kann man statt von stark zusammenhängenden von vollständig steuerbaren Systemen sprechen, beispielsweise um den Sprachgewohnheiten zu entsprechen, die in der Theorie der automatischen Steuerung eingebürgert sind.

Wir betrachten nun eine andere Art der Komposition von Systemen, bei der die Systeme seriell zusammenarbeiten.

Definition 2.6. Es seien $S_1 = (A, X, B_1, Y_1, Z_1, T, f_1, g_1)$ und $S_2 = (A_2, X_2, B, Y, Z_2, T, f_2, g_2)$ zwei (zeitinvariante) allgemeine dynamische Systeme und $B_1 \subseteq A_2$, $Y_1 \subseteq X_2$. $S = (A, X, B, Y, Z, T, f, g)$ heißt *Serienkomposition* (*serielle Komposition*) von S_2 mit S_1 und wird $S_2 \cdot S_1$ geschrieben, wenn gilt:

1. $$Z = Z_1 \times Z_2, \tag{2.30.a}$$

2. $$f(z_1, z_2, p) = \big(f_1(z_1, p), f_2(z_2, g_1(z_1, p))\big), \tag{2.30.b}$$

$$g(z_1, z_2, p) = g_2(z_2, g_1(z_1, p)) \tag{2.30.c}$$

für alle $(z_1, z_2) \in Z_1 \times Z_2$, $p \in X$.

Abb. 2.7. zeigt die Interpretation der Serienkomposition als Reihen- oder) Serienschaltung und ihre Verarbeitungsstruktur.

Bei der Serienkomposition zweier allgemeiner dynamischer Systeme wird vorausgesetzt, daß die Eingänge des zweiten Systems mit den Eingängen des ersten rückwirkungsfrei gekoppelt werden können (Bedingung (2.18.c) aus Definition 2.3.). Die allgemeine Kopplungsbedingung (2.18.b) ist durch die Annahme $Y_1 \subseteqq X_2$ erfüllt.

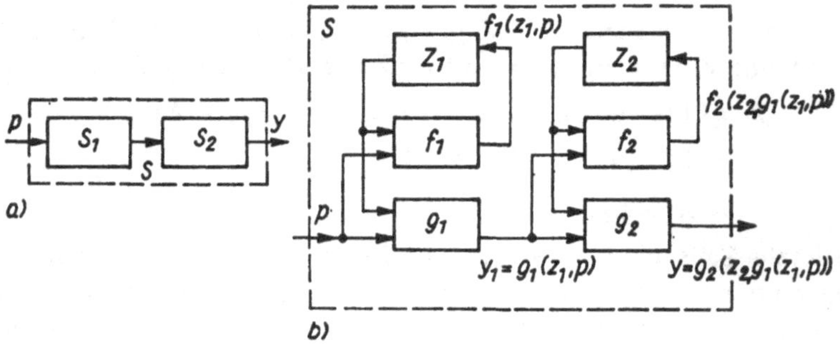

Abb 2.7. Modelle der Serienkomposition zweier allgemeiner dynamischer Systeme
a) Schaltung, b) Struktur

Satz 2.6. Die Serienkompositionen zweier (zeitinvarianter) allgemeiner dynamischer Systeme ist wieder ein (zeitinvariantes) allgemeines dynamisches System.

Beweis. Wir weisen die Eigenschaften (1.19.b, c, e, f, g) nach.

(1.19.b): $f(z_1, z_2, e) = \big(f_1(z_1, e), f_2(z_2, g_1(z_1, e))\big) = \big(f_1(z_1, e), f_2(z_2, e)\big) = (z_1, z_2)$.

(1.19.c):
$$\begin{aligned} f(z_1, z_2, pq) &= \Big(f_1(z_1, pq), f_2\big(z_2, g_1(z_1, pq)\big)\Big) \\ &= \Big(f_1\big(f_1(z_1, p), q\big), f_2\Big(z_2, g_1(z_1, p)\, g_1\big(f_1(z_1, p), q\big)\Big)\Big) \\ &= \Big(f_1\big(f_1(z_1, p), q\big), f_2\Big(f_2\big(z_2, g_1(z_1, p)\big), g_1\big(f_1(z_1, p), q\big)\Big)\Big) \\ &= f\Big(f_1(z_1, p), f_2\big(z_2, g_1(z_1, p)\big), q\Big) \\ &= f\big(f(z_1, z_2, p), q\big). \end{aligned}$$

(1.19.e): $D\big(g(z_1, z_2, p)\big) = D\Big(g_2\big(z_2, g_1(z_1, p)\big)\Big) = D(p)$, weil voraussetzungsgemäß $D\big(g_1(z_1, p)\big) = D(p)$ und $D\big(g_2(z_2, p)\big) = D(p)$ ist.

(1.19.f): $g(z_1, z_2, e) = g_2\big(z_2, g_1(z_1, e)\big) = g_2(z_2, e) = e$.

$$
\begin{aligned}
\textbf{(1.19.g)}: g(z_1, z_2, pq) &= g_2\bigl(z_2, g_1(z_1, pq)\bigr) \\
&= g_2\bigl(z_2, g_1(z_1, p)\, g_1\bigl(f_1(z_1, p), q\bigr)\bigr) \\
&= g_2\bigl(z_2, g_1(z_1, p)\bigr)\, g_2\Bigl(f_2\bigl(z_2, g_1(z_1, p)\bigr), g_1\bigl(f_1(z_1, p), q\bigr)\Bigr) \\
&= g(z_1, z_2, p)\, g\Bigl(f_1(z_1, p), f_2\bigl(z_2, g_1(z_1, p)\bigr), q\Bigr) \\
&= g(z_1, z_2, p)\, g\bigl(f(z_1, z_2, p), q\bigr).
\end{aligned}
$$

Damit ist Satz 2.6. vollständig bewiesen.

Satz 2.7. Seien S_1, S_2 zwei stark zusammenhängende (zeitinvariante) allgemeine dynamische Systeme mit $B_1 \subseteqq A_2$, $Y_1 \subseteqq X_2$, und sei

$$
Z_2^* = \{z_2^* \in Z_2 \mid \bigl(\forall\, (z_2, p_2) \in Z_2 \times X_2\bigr) \\
\bigl(f_2(z_2, p_2) = z_2^* \Rightarrow p \in X \setminus W(g_1)\bigr)\}
$$

eine nichtleere Teilmenge von Z_2 ($Z_2^* \subseteqq Z_2$). Dann ist der Kern der Serienkomposition $S = S_2 \cdot S_1$ von S_2 mit S_1 ein echtes Teilsystem von $S_2 \cdot S_1$ mit der Zustandsmenge $Z^* \subset Z = Z_1 \times Z_2$.

B e w e i s. Im Kern von $S_2 \cdot S_1$ sind lt. Definition (1.5.3.) alle Zustände (z_1', z_2') enthalten, die von irgendeinem Zustand $(z_1, z_2) \in Z_1 \times Z_2$ der Serienkomposition erzeugt werden. Als erste Komponenten z_1' treten dabei alle Zustände von S_1 auf, weil S_1 stark zusammenhängend ist. Als zweite Komponenten erscheinen jedoch nicht alle Zustände von S_2, obwohl S_2 ebenfalls stark zusammenhängend ist. Die Zustände der Menge Z_2^* werden nämlich von allen Zuständen $z_2 \in Z_2$ mit Eingangsfunktionen aus $X_2 \setminus W(g_1)$ erzeugt. Das sind aber gerade Eingangsfunktionen, die wegen der Serienkopplung nicht mehr auftreten können; denn weil voraussetzungsgemäß $Z_2^* \neq \emptyset$ ist, muß $W(g_1) \subset X_2$ sein, und in der Serienkopplung gelangen nur Eingangsfunktionen aus $W(g_1)$ auf den Eingang von S_2. Nach Satz 1.3. ist die Zustandsmenge des Kerns des in der Serienkomposition wirkenden X-Teilsystems S_2' mit der Eingangsmenge $X_2' = W(g_1)$ eine Teilmenge von Z_2 und durch $Z_2' = Z_2 \setminus Z_2^*$ gegeben. Und die als zweite Komponenten z_2' in den Zuständen der Serienkomposition auftretenden Zustände von S_2 sind alle Elemente aus dieser Zustandsmenge. Demzufolge muß $Z^* \subset Z_1 \times Z_2$ sein. Damit ist dieser Satz bewiesen.

Aus den Definitionen folgt, daß der Kern eines stark zusammenhängenden Systems mit dem System übereinstimmt. Ist umgekehrt der Kern verschieden von seinem System, so können nicht alle Zustände des Systems erzeugt werden, und das System ist nicht stark zusammenhängend. Das führt unmittelbar auf folgende Schlußfolgerung.

Folgerung 2.6. Seien S_1, S_2 zwei stark zusammenhängende (zeitinvariante) allgemeine dynamische Systeme, die den Bedingungen des Satzes 2.7. genügen. Dann ist die Serienkomposition $S = S_2 \cdot S_1$ von S_2 mit S_1 nicht stark zusammenhängend.

Natürlich kann auch hier wieder »stark zusammenhängend« durch »vollständig steuerbar« ersetzt werden. $S_2 \cdot S_1$ ist demnach nicht vollständig steuerbar, wenn $Y_1 \subset X_2$ und $Z_2{}^*$ von Satz 2.7. nichtleer ist. Die vollständige Steuerbarkeit der Serienschaltung zweier vollständig steuerbarer Systeme kann also schon wegen dieses Sachverhaltes verloren gehen.

Satz 2.8. Seien S_1, S_2 zwei (zeitinvariante) allgemeine dynamische Systeme mit $B_1 = A_2$, $W(g_1) = X_2$. Die Serienkomposition $S_2 \cdot S_1$ ist stark zusammenhängend, wenn eines der beiden Systeme stark zusammenhängend und das andere gedächtnislos ist.

Beweis. 1. Es sei S_1 stark zusammenhängend und S_2 gedächtnislos. Für beliebige $q \in X_2$ gilt dann $f_2(z_2, q) = z_2$, weil $Z_2 = \{z_2\}$ eine Einermenge ist. Demnach ist die Zustandsmenge Z der Serienkomposition $S_2 \cdot S_1$ gegeben mit $Z = Z_1 \times \{z_2\}$. Für ein beliebiges Element $(z_1', z_2) \in Z$ gilt dann, daß es von dem ebenfalls beliebigen Element $(z_1, z_2) \in Z$ erzeugt werden kann, wenn ein $p \in X$ existiert, so daß

$$(z_1', z_2) = \big(f_1(z_1, p), f_2(z_2, g_1(z_1, p))\big) = \big(f_1(z_1, p), z_2\big).$$

Das ist aber der Fall, weil S_1 stark zusammenhängend ist.

2. Es sei S_1 gedächtnislos und S_2 stark zusammenhängend. Für beliebige $p \in X_1$ gilt dann $f_1(z_1, p) = z_1$, weil $Z_1 = \{z_1\}$ eine Einermenge ist. Die Zustandsmenge Z der Serienkomposition $S_2 \cdot S_1$ ist jetzt mit $Z = \{z_1\} \times Z_2$ gegeben. Ein beliebiger Zustand $(z_1, z_2') \in Z$ kann von einem beliebigen Zustand $(z_1, z_2) \in Z$ erzeugt werden, wenn ein $p \in X$ existiert, so daß

$$(z_1, z_2') = \big(f_1(z_1, p), f_2(z_2, g_1(z_1, p))\big) = \big(z_1, f_2(z_2, g_1(z_1, p))\big).$$

Das ist aber der Fall, weil S_2 stark zusammenhängend und X_2 gleich dem Wertebereich der Ergebnisfunktion g_1 ist. Weil es stark zusammenhängend ist, kann jedes z_2' von jedem z_2 mit einem $q \in X_2$ erzeugt werden, und weil $X_2 = W(g_1)$, kann jedes $q \in X_2$, das dazu benötigt wird, von S_1 bereitgestellt werden. Damit ist Satz 2.8. bewiesen.

Wir wollen noch bemerken, daß im allgemeinen Ansatz für dynamische Systeme die Abbildung $g\colon Z \times X \to Y$ nicht surjektiv angenommen wird und daher i. allg. $W(g) \subseteqq Y$ ist. Deshalb ist die Verwendung von $W(g_1)$ anstelle von Y_1 im Satz 2.8. erfolgt. Man kann aber auch ohne wesentliche Einschränkung der Allgemeinheit g_1 surjektiv annehmen und dann einfach Y_1 statt $W(g_1)$ verwenden.

Satz 2.9. Seien S_1, S_2 zwei (zeitinvariante) allgemeine dynamische Systeme mit $B_1 = A_2$, $W(g_1) = X_2$, $A_1 = A$, $X_1 = X$. $X^+ \cup \{e\}$ sei eine erzeugende Menge von X und für beliebige $z_1 \in Z_1$, $z_2 \in Z_2$ sei $z_1' = f_1(z_1, p)$, $z_2' = f_2(z_2, q)$ mit $p \in X^+$, $q \in W(g_1/Z_1 \times X^+)$. Die Serienkomposition $S = S_2 \cdot S_1$ ist dann und nur dann stark zusammenhängend, wenn gilt:

$$Z' = \bigcup_{p \in X^+} \{f(z_1, z_2, p) \mid (z_1, z_2) \in Z_1 \times Z_2\} = Z_1 \times Z_2 . \tag{2.31}$$

Beweis. Der Beweis ist völlig analog zu dem von Satz 2.4. Der einzige Unterschied besteht darin, daß die Eingangsfunktionen des Systems S_2, mit denen die Zustände dieses Systems erzeugt werden, nicht in X^+, sondern in dem Wertebereich der auf $Z_1 \times X^+$ eingeschränkten Ergebnisfunktion g_1 des Systems S_1 liegen. Das hat zur Folge, daß alle Eingangsfunktionen, die zur Erzeugung der Zustände $z_2 \in Z_2$ benötigt werden, auftreten, wenn alle Eingangsfunktionen aus X^+ durchlaufen werden. Und damit ist eben die analoge Beweisführung möglich.

In den Anwendungen tritt der Fall auf, daß die Serienkomposition zweier Systeme nur partiell ist und das System S_2 außerdem noch über freie Eingänge verfügt, die nicht an der Kopplung beteiligt sind. Es ist sinnvoll, in diesem Falle von partieller Serienkomposition zu sprechen. Die Bedingungen $B_1 \subseteqq A_2$, $Y_2 \subseteqq X_2$ aus Definition 2.6. beziehen sich dann natürlich nur auf die an der Kopplung beteiligten Kanäle. Die Gleichungen (2.30. b, c) nehmen dabei folgende Form an:

$$f(z_1, z_2, p_1, p_2) = \Big(f_1(z_1, p_1), f_2\big(z_2, g_1(z_1, p_1), p_2\big)\Big) \tag{2.32.a}$$

$$g(z_1, z_2, p_1, p_2) = g_2\big(z_2, g_1(z_1, p_1), p_2\big) . \tag{2.32.b}$$

p_1 ist hierbei eine auf das System S_1, p_2 eine auf die freien Eingänge von S_2 einwirkende Funktion.

Aus (3.32. a) kann man unmittelbar ablesen, daß die partielle Serienkomposition von S_2 mit S_1 vollständig steuerbar ist, wenn S_2 vollständig steuerbar über die freien Eingänge ist.

Folgerung 2.7. Sei $S_2 \cdot S_1$ eine partielle Serienkomposition zweier (zeitinvarianter) allgemeiner dynamischer Systeme. S_1 sei vollständig steuerbar. S_2 sei über die freien Eingänge vollständig steuerbar, d. h.

$$(\forall z_2, z_2' \in Z_2)\,(\exists p_2 \in X_{22})\,\Big(f_2\big(z_2, g_1(z_1, p_1), p_2\big) = z_2'\Big) \tag{2.33.a}$$

Dann ist $S_2 \cdot S_1$ vollständig steuerbar über die freien Eingänge von S_1 und S_2, d. h.,

$$\big(\forall\, (z_1, z_2), (z_1', z_2') \in Z_1 \times Z_2\big)\,(\exists\, p_1 \in X_1)\,(\exists\, p_2 \in X_{22})$$

$$\big(f(z_1, z_2, p_1, p_2) = (z_1', z_2')\big). \tag{2.33.b}$$

X_{22} bezeichnet hierbei die Menge der Eingangsfunktionen, die an den freien Eingängen von S_2 auftreten können. Die Bedingung (2.33.a) besagt, daß jedes $z_2' \in Z_2$ von einem beliebigen $z_2 \in Z_2$ mit einem $p_2 \in X_{22}$ erzeugt werden kann, unabhängig davon, welches Eingangssignal über den Kopplungskanal auf S_2 einwirkt.

Die bisher betrachteten Kompositionen betreffen die rückkopplungsfreie Zusammenarbeit zweier Systeme. Wir gehen nun zum Rückkopplungsfall über.

Definition 2.7. Sei $S = (A, X, B, Y, Z, T, f, g)$ ein (zeitinvariantes) allgemeines dynamisches System mit

$$A = A_1 \times A_2, \quad B = B_1 \times B_2$$

$$X = \bigcup_{i \in T^+} X_{1i} \times X_{2i}, \quad Y = \bigcup_{i \in T^+} Y_{1i} \times X_{2i}$$

$$g(z, p_1, p_2) = \big(g_1(z, p_1, p_2), g_2(z, p_1, p_2)\big).$$

Die Rückkopplungsbedingungen für die Kopplung von Ausgang 2 mit Eingang 2 seien erfüllt. Dann heißt $S' = (A_1, X_1, B_1, Y_1, Z, T, f', g')$ Rückkopplungskomposition von S, wenn für alle $z \in Z$, $p_1 \in X_1$ gilt:

1. $$f'(z, p_1) = f\big(z, p_1, \lambda(z, p_1)\big), \tag{2.34.a}$$

2. $$g'(z, p_1) = g_1\big(z, p_1, \lambda(z, p_1)\big). \tag{2.34.b}$$

λ ist hierbei durch (2.19) festgelegt.

Abb. 2.8. zeigt die Interpretation der Rückkopplungskomposition als Rückkopplungsschaltung und ihre Verarbeitungsstruktur. Die Rückkopplungskomposition ist der abstrakte Ausdruck der im Abschnitt 2.2. bereits behandelten Rückkopplungsschaltung. Aus Satz 2.3. folgt ohne weiteres, daß sie ein allgemeines dynamisches System ist.

Folgerung 2.8. Die Rückkopplungskomposition S' eines (zeitinvarianten) allgemeinen dynamischen Systems ist ebenfalls ein (zeitinvariantes) allgemeines dynamisches System.

Für die Steuerbarkeit der Rückkopplungskomposition ergeben sich ähnlich einfache Verhältnisse wie für die Serienkomposition, wenn das System S über die Eingänge steuerbar ist, die als freie Eingänge in der Rückkopplungskomposition auftreten.

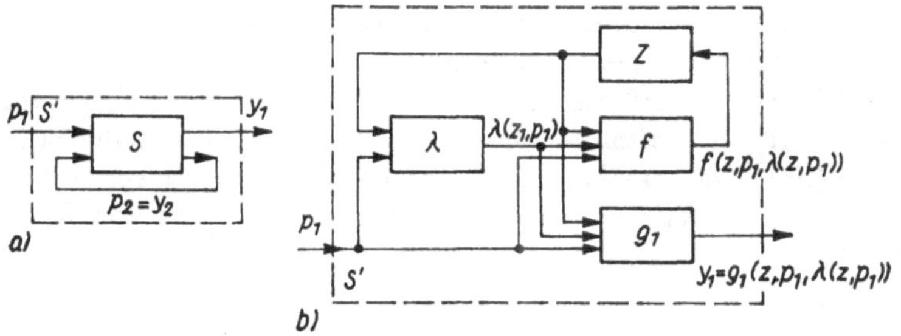

Abb. 2.8. Modelle der Rückkopplungskomposition eines allgemeinen dynamischen Systems
a) Schaltung, b) Struktur

Folgerung 2.9. Sei S ein allgemeines dynamisches System und S' eine Rückkopplungskomposition von S nach Definition 2.7. Dann ist S' vollständig steuerbar, wenn S vollständig steuerbar mit X_1 ist, d. h., wenn gilt:

$$(\forall\, z, z' \in Z)\,(\exists\, p_1 \in X_1)\,\bigl(f(z, p_1, p_2) = z'\bigr).$$

Wenn S nur unter Verwendung aller Eingangsgrößen vollständig steuerbar ist, d. h. in unserem Falle unter Verwendung von p_1 und p_2, dann kann man in Analogie zu Satz 2.4. und Satz 2.9. vorgehen. Das führt zu folgendem Satz.

Satz 2.10. $S = (A_1 \times A_2, X, B_1 \times B_2, Y, Z, T, f, g)$ sei ein stark zusammenhängendes (zeitinvariantes) allgemeines dynamisches System mit $X = \bigcup\limits_{i \in T^+} X_{1i} \times X_{2i}$ und $Y = \bigcup\limits_{i \in T^+} Y_{1i} \times Y_{2i}$. $X^+ \cup \{e\}$ sei eine erzeugende Menge von X und für beliebige $z, z' \in Z$ sei $f(z, p_1, p_2) = z'$ mit $(p_1, p_2) \in X^+$. $X_1^+ \cup \{e\}$ bzw. $X_2^+ \cup \{e\}$ sei eine erzeugende Menge von X_1 bzw. X_2, und es sei $X^+ \subseteq X_1^+ \times X_2^+$. Die Rückkopplungskomposition $S' = (A_1, X_1, B_1, Y_1, Z, T, f', g')$ ist mit $W(\lambda/Z \times X_1^+) = X_2^+$ dann und nur dann stark zusammenhängend, wenn gilt

$$Z' = \bigcup_{p_1 \in X_1^+} \{f'(z, p_1) \mid z \in Z\} = Z. \tag{2.35}$$

Beweis. 1. S' sei stark zusammenhängend. Zu beweisen ist, daß $Z' = Z$ ist. Der Beweis ist analog zum ersten Teil des Beweises von Satz 2.4. und wird hier nicht wiederholt.

2. Sei $Z' = Z$. Es muß bewiesen werden, daß S' stark zusammenhängend ist. Dies kann ebenfalls analog zum Beweis von Satz 2.4. geschehen. Wir führen diesen Teil des Beweises durch. Seien $z, z' \in Z$ beliebige Zustände von S'. Ist $f'(z, p_1) = z'$, so ist unmittelbar klar, daß z den Zustand z' erzeugt. Ist aber für alle $p_1 \in X_1^+$ $f'(z, p_1) \neq z'$, so kann z' nur von einem $p_1 \in X_1 \setminus X_1^+$ erzeugt werden. Wir zeigen, daß dies möglich ist. In Z' sind die Folgezustände von z für alle $p_1 \in X_1^+$ enthalten. Diese Menge bezeichnen wir wieder mit Z^1. Es ist also $Z^1 = \{f(z, p_1, \lambda(z, p_1)) \mid p_1 \in X_1^+\}$. Weil p_1 alle Elemente von X_1^+ durchläuft, so wegen $W(\lambda/Z \times X_1^+) = X_2^+ \, \lambda(z, p_1)$ auch alle Elemente von X_2^+. Demnach ist

$$X^1 = \{(p_1, \lambda(z, p_1)) \mid p_1 \in X_1^+\} \subseteqq X^+ .$$

Befindet sich z' nicht unter den von z mit Elementen aus X^1 erzeugten Zuständen, dann wird die Menge Z^2 von Zuständen betrachtet, die von den Zuständen aus Z^1 mit $p_1 \in X_1^+$ erzeugt werden. Es ist dies folgende Menge

$$Z^2 = \{f(f(z, p_1, \lambda(z, p_1,)), q_1, \lambda(f(z, p_1, \lambda(z, p_1,)), q_1)) \mid p_1, q_1 \in X_1^+\}.$$

Ist $z' \in Z^2$, so kann es mit einer verketteten Eingangsfunktion erzeugt werden, beispielsweise $f'(z, p_1q_1) = f(z, p_1q_1, \lambda(z, p_1q_1)) = f(f(z, p_1, \lambda(z, p_1)), q_1, \lambda(f(z, p_1, \lambda(z, p_1)), q_1)) = f(\bar{z}, q_1, \lambda(\bar{z}, q_1)) = z'$. Ist $z' \notin Z^2$, so wird die Menge von Folgezuständen der Zustände aus Z^2 gebildet usw., bis man schließlich zu z' gelangt. Dies muß aber voraussetzungsgemäß eintreten. Damit ist Satz 2.10. bewiesen.

Schließlich wollen wir noch bemerken, daß ähnliche Aussagen wie in Satz 2.7. und Folgerung 2.6. auch für die Rückkopplungskomposition möglich sind, weil zu den Kopplungsbedingungen auch die Forderung $Y_j \subseteqq X_i$ gehört und sich mit $W(g_j) \subseteqq X_i$ analoge Verhältnisse zur Serienkomposition bez. der in den genannten Sätzen getroffenen Aussagen ergeben. Wir verzichten darauf, dies hier explizit durchzuführen.

Wenn die Kompositionen stark zusammenhängender allgemeiner dynamischer Systeme die in (2.27), (2.31) bzw. (2.35) formulierte Bedingung für die Zustandsmenge Z' nicht erfüllen, so daß $Z' \subset Z$ ist mit $Z = Z_1 \times Z_2$ im Falle der Parallel- und Serienkomposition und Z gleich der Zustandsmenge des Basissystems im Falle der Rückkopplungskomposition, dann liegt es nahe, das Z-Teilsystem der Komposition mit der Zustandsmenge Z' zu betrachten. Angenommen, es sei $Z' \neq Z$ mit $Z = Z' \cup \{z_0\}$. z_0 ist also ein Zustand, der von keinem Zustand mit einem $p \in X^+$ erzeugt werden kann. Wenn er aus Z entfernt wird und statt dessen die Zustandsmenge Z' genommen wird, so sind in dieser Menge nur Zustände, die von allen Zuständen der Menge mit eignem $p \in X^+$ erzeugt werden können. Das System erfüllt dann die Bedingung der betreffenden Sätze und ist damit stark zusammenhängend. Also kann man S durch S' mit der Zustandsmenge Z' ersetzen, um ein stark zusammenhängendes System zu erhalten. Wir fassen dies zu folgender Schlußfolgerung zusammen.

Folgerung 2.10. Sei S die Parallel-, Serien- bzw. Rückkopplungskomposition stark zusammenhängender (zeitinvarianter) allgemeiner dynamischer Systeme, die den Voraussetzungen von Satz 2.4. bei Parallelkomposition, von Satz 2.9. bei Serienkomposition bzw. von Satz 2.10. bei Rückkopplungskomposition entspricht. Dann ist das Z-Teilsystem S' von S mit der Zustandsmenge Z' stark zusammenhängend (vollständig steuerbar), wobei Z' bei Parallelkomposition durch (2.27), bei Serienkomposition durch (2.31) bzw. bei Rückkopplungskomposition durch (2.35) gegeben ist.

Im folgenden werden wir uns mit dem Problem beschäftigen, wie ein allgemeines dynamisches System so in Systeme zerlegt werden kann, daß deren Komposition das Verhalten des Originalsystems besitzt bzw. daß es dieses System in einem genauer festzulegenden Sinne realisiert. Wir werden uns dabei auf rückkopplungsfreie Dekompositionen beschränken, also auf Dekompositionen, die in Beziehung stehen zur Parallelkomposition und zur Serienkomposition. Eine vollständige Behandlung des Dekompositionsproblems wird also nicht vorgenommen.

2.4. Rückkopplungsfreie Dekomposition allgemeiner dynamischer Systeme

Bei der Dekomposition dynamischer Systeme geht man gelegentlich von der Annahme aus, daß das zu dekomponierende System eine innere Struktur besitzt, die beispielsweise einer Parallel- oder Serienkomposition entspricht. Man versucht dann, diese Struktur aufzufinden, und betrachtet dies als Lösung des Dekompositionsproblems. Es wird also z. B. angenommen, daß die Zustandsmenge des vorgelegten Systems Kreuzprodukt zweier Teilmengen ist und für Überführungs- und Ergebnisfunktion die Gleichungen (2.26.c, d) gelten. Es ist klar, daß es sich hierbei darum handelt, eine existierende Zerlegung aufzudecken, nicht aber darum, eine Zustandsmenge, für die eine solche Struktur noch gar nicht existiert, so zu zerlegen, daß diese Struktur eingeführt wird. Das ist aber gerade das Dekompositionsproblem, mit dem wir uns im weiteren beschäftigen, wobei der Einfachheit halber wieder zeitinvariante Systeme angenommen werden.

Definition 2.8. Seien S, S_1, S_2 (zeitinvariante) allgemeine dynamische Systeme.

2.8.1. Die Parallelkomposition $S_1 \| S_2$ von S_1 und S_2 heißt *parallele Dekomposition* von S, wenn ein Isomorphismus vom reduzierten System S_r von S in ein Teilsystem S' von $S_1 \| S_2$ existiert.

2.8.2. Die Serienkomposition $S_2 \cdot S_1$ von S_2 mit S_1 heißt *serielle Dekomposition* von S, wenn ein Isomorphismus vom reduzierten System S_r von S in ein Teilsystem S^+ von $S_2 \cdot S_1$ existiert.

Interpretation. In beiden Fällen ist zugelassen, daß das zu dekomponierende System nicht reduziert ist und daß der »Verhaltensreichtum« der Dekomposition größer sein darf als der des Originalsystems. Aber natürlich muß das Verhalten des zu zerlegenden Systems in der Dekomposition »enthalten« sein. Das ist aber der Fall, wenn das reduzierte System isomorph zu einem Teilsystem der Dekomposition ist. Die Existenz eines Isomorphismus vom reduzierten System S_r in S' bzw. S^+ sichert, daß jeder Situation (z, p) von S_r umkehrbar eindeutig eine Situation von S' bzw. S^+ zugeordnet ist mit den Isomorphieeigenschaften, die aus (1.75) folgen. S_r ist sozusagen isomorph in S' bzw. S^+ und damit in $S_1 \| S_2$ bzw. $S_2 \cdot S_1$ eingebettet.

Wir betrachten zuerst die parallele Dekomposition und knüpfen zunächst an die im Abschnitt 1.2.1. behandelten Überlegungen zur Faktorisierung eines allgemeinen dynamischen Systems an. Dort ist gezeigt worden, daß ein Zustandshomomorphismus von einem System S auf ein System S' eine Äquivalenzrelation R_h in der Zustandsmenge Z von S induziert, die sogar eine Kongruenzrelation von S ist. Daraus ergab sich die Möglichkeit der Faktorisierung des Systems, die auf das Faktorsystem $\bar{S} = S/\mathsf{R}_h$ modulo R_h führte. Analog kann nun mit Hilfe jeder Äquivalenzrelation, die zugleich Kongruenzrelation von S ist, eine entsprechende Faktorisierung von S vorgenommen werden. Wenn bei der Faktorisierung zugleich noch eine zweckmäßige Neufestsetzung der Mengen B und Y erfolgt, kann an die Stelle einer Kongruenzrelation sogar eine Quasikongruenzrelation (vgl. Definition 1.11.) gesetzt werden. Wir formulieren dies zunächst als Satz.

Satz 2.11. Seien $S = (A, X, B, Y, Z, T, f, g)$ ein (zeitinvariantes) allgemeines dynamisches System und R eine Äquivalenzrelation in Z mit der Eigenschaft $\big(f(z, p), f(z', p)\big) \in \mathsf{R}$ für beliebige $(z, z') \in \mathsf{R}$ und $p \in X$. Dann ist $S' = (A, X, Z/\mathsf{R}, Y', Z/\mathsf{R}, T, f', g')$ ein (zeitinvariantes) allgemeines dynamisches

System, wenn gilt:

1. $Y' \subseteqq W(T, Z/\mathsf{R})$, (2.36.a)

2. $f'([z]_\mathsf{R}, p) = [f(z, p)]_\mathsf{R}$, (2.36.b)

3. a) $g'([z]_\mathsf{R}, e) = e$, (2.36.c)

b) $g'([z]_\mathsf{R}, p)(s) = [f(z, p_{(0,s]})]_\mathsf{R}$ (2.36.d)

für alle $[z]_\mathsf{R} \in Z/\mathsf{R}$, $p \in X \setminus \{e\}$, $s \in D(p)$.

Es wird hierbei vorausgesetzt, daß mit $p \in X$ auch $p_{(0,s]} \in X$ für alle $s \in D(p)$ ist. Z/R bezeichnet wieder die Zerlegung von Z mod der Äquivalenzrelation R, die auch Quasikongruenzrelation von S ist.

Beweis. Wir beweisen zunächst, daß (2.36.b, d) unabhängig von der Wahl der Repräsentanten aus der Klasse $[z]_\mathsf{R}$ sind. Sei beispielsweise z' ein anderer Repräsentant aus $[z]_\mathsf{R}$. Dann ist $f'([z]_\mathsf{R}, p) = [f(z', p)]_\mathsf{R}$ und $g'([z]_\mathsf{R}, p)(s) = [f(z', p_{(0,s]})]_\mathsf{R}$. Wenn (2.36.b) unabhängig von der Wahl des Repräsentanten sein soll, dann muß $[f(z, p)]_\mathsf{R} = [f(z', p)]_\mathsf{R}$ sein. Aus der Definition von R folgt, daß $\big(f(z, p), f(z', p)\big) \in \mathsf{R}$ bei $(z, z') \in R$ ist, d. h., es ist $f(z, p) \in [f(z', p)]_\mathsf{R}$ und $f(z', p) \in [f(z, p)]_\mathsf{R}$. Also ist $[f(z, p)]_\mathsf{R} \subseteqq [f(z', p)]_\mathsf{R}$ und $[f(z', p)]_\mathsf{R} \subseteqq [f(z, p)]_\mathsf{R}$. Daraus folgt $[f(z, p)]_\mathsf{R} = [f(z', p)]_\mathsf{R}$.

Wenn (2.36.d) unabhängig von der Wahl des Repräsentanten aus $[z]_\mathsf{R}$ sein soll, dann muß $[f(z, p_{(0,s]})]_\mathsf{R} = [f(z', p_{(0,s]})]_\mathsf{R}$ sein. Auch hier folgt aus der Definition von R, daß $\big(f(z, p_{(0,s]}), f(z', p_{(0,s]})\big) \in \mathsf{R}$ bei $(z, z') \in R$ ist. Also: $f(z, p_{(0,s]}) \in [f(z', p_{(0,s]})]_\mathsf{R}$ und $f(z', p_{(0,s]}) \in [f(z, p_{(0,s]})]_\mathsf{R}$. Demnach ist $[f(z, p_{(0,s]})]_\mathsf{R} = [f(z', p_{(0,s]})]_\mathsf{R}$. Man erkennt, daß die Repräsentantenunabhängigkeit gegeben ist und daß dies durch die Eigenschaft $\big(f(z, p), f(z', p)\big) \in \mathsf{R}$ der Äquivalenzrelation R bei $(z, z') \in \mathsf{R}$ erreicht wird, wenn die Menge der Ausgangssignalwerte mit der Zerlegung der Zustandsmenge mod R identifiziert und Y' entsprechend definiert wird.

Wir zeigen nun, daß S' ein allgemeines dynamisches System ist.

(1.19.b): $f'([z]_\mathsf{R}, e) = [f(z, e)]_\mathsf{R} = [z]_\mathsf{R}$.

(1.19.c): $f'([z]_\mathsf{R}, pq) = [f(z, pq)]_\mathsf{R}$ (wegen 2.36.b)

$= \big[f\big(f(z, p), q\big)\big]_\mathsf{R}$ (weil S System ist)

$= f'\big([f(z, p)]_\mathsf{R}, q\big)$ (wegen 2.36.b)

$= f'\big(f'([z]_\mathsf{R}, p), q\big)$ (wegen 2.36.b).

(1.19.e): $D\big(g'([z]_\mathsf{R}, p)\big) = D(p)$. Dies folgt aus (2.36.d), weil $g'([z]_\mathsf{R}, p)$ durch (2.36.d) für $s \in D(p)$ festgelegt ist.

(1.19.f): Gilt per definitionem durch (2.36.c).

(1.19.g): Es ist wegen (2.36.d)

$$g'([z]_\mathsf{R}, pq)(s) = \left[f\left(z, (pq)_{(0,s]}\right)\right]_\mathsf{R}.$$

Weil die Zustandsbedingung für S erfüllt ist, gilt

$$f\left(z, (pq)_{(0,s]}\right) = \begin{cases} f(z, p_{(0,s]}), & s \in D(p), \\ f\left(f(z, p), q_{(0,s-t_p]}\right), & s \in D(pq) \setminus D(p). \end{cases}$$

Folglich ist

$$g'([z]_\mathsf{R}, pq)(s) = \begin{cases} [f(z, p_{(0,s]})]_\mathsf{R}, & s \in D(p), \\ \left[f\left(f(z, p), q_{(0,s-t_p]}\right)\right]_\mathsf{R}, & s \in D(pq) \setminus D(p), \end{cases}$$

und mit (2.36.d)

$$g'([z]_\mathsf{R}, pq)(s) = \begin{cases} g'([z]_\mathsf{R}, p)(s), & s \in D(p), \\ g'\left([f(z, p)]_\mathsf{R}, q\right)(s - t_p), & s \in D(pq) \setminus D(p). \end{cases}$$

Hieraus folgt mit (2.36.b)

$$g'([z]_\mathsf{R}, pq)(s) = \begin{cases} g'([z]_\mathsf{R}, p)(s), & s \in D(p), \\ g'\left(f'([z]_\mathsf{R}, p), q\right)(s - t_p), & s \in D(pq) \setminus D(p). \end{cases}$$

Dann ist aber $g'([z]_\mathsf{R}, pq) = g'([z]_\mathsf{R}, p)\, g'\left(f'([z]_\mathsf{R}, p), q\right)$, und die Kausalitätsbedingung ist somit erfüllt. Damit ist Satz 2.11. vollständig bewiesen.

Wir nennen das nach Satz 2.11. konstruierte System ein Faktorsystem modulo R und schreiben dafür, wie schon bei früherer Gelegenheit, $S' = S/\mathsf{R}$. Die Relation R, die bezüglich S Quasikongruenzrelation ist, ist bezüglich eines Systems $S^* = (A, X, Z/\mathsf{R}, Y', Z, T, f, g^*)$ Kongruenzrelation, wobei g^* durch $g^*(z, p)(s) = [f(z, p_{(0,s]})]_\mathsf{R}$ und Y' durch (2.36.a) festgelegt ist. Denn für beliebige $(z, z') \in \mathsf{R}$ gilt

$$g^*(z, p)(s) = [f(z, p_{(0,s]})]_\mathsf{R} = [f(z', p_{(0,s]})]_\mathsf{R} = g^*(z', p)(s)$$

für alle $s \in D(p)$. Hieran wird noch einmal deutlich, daß die Quasikongruenzrelation durch die Neufestsetzung der Menge B als Faktormenge Z/R und darauf definierter Menge Y' zur Kongruenzrelation wird, woraus sich letzten Endes die Faktorisierung S/R ableitet. Es läßt sich nun der folgende Dekompositionssatz für die parallele Dekomposition eines allgemeinen dynamischen Systems formulieren.

Satz 2.12. Sei $S = (A, X, B, Y, Z, T, f, g)$ ein (zeitinvariantes) allgemeines dynamisches System mit card $Z > 1$. R_0, R_1, R_2 seien Äquivalenzrelationen in Z mit folgenden Eigenschaften für beliebige $(z, z') \in \mathsf{R}_0$, $(z, \underline{z}) \in \mathsf{R}_1$, $(z, \bar{z}) \in \mathsf{R}_2$, $p \in X$:

1. a) $(z, z') \in \mathsf{R}_0 \Rightarrow g(z, p) = g(z', p)$, (2.37.a)

 b) $(z, \underline{z}) \in \mathsf{R}_1 \Rightarrow \big(f(z, p), f(\underline{z}, p)\big) \in \mathsf{R}_1$, (2.37.b)

 c) $(\bar{z}, z) \in \mathsf{R}_2 \Rightarrow \big(f(z, p), f(\bar{z}, p)\big) \in \mathsf{R}_2$. (2.37.c)

2. $(R_1 \cap R_2) \subseteqq \mathsf{R}_0$ mit $(\mathsf{R}_1 \cap \mathsf{R}_2) \neq \emptyset$. (2.37.d)

$S_1 = (A, X, Z/\mathsf{R}_1, Y_1, Z/\mathsf{R}_1, T, f_1, g_1)$ und $S_2 = (A, X, Z/\mathsf{R}_2, Y_2, Z/\mathsf{R}_2, T, f_2, g_2)$ seien Faktorsysteme modulo R_1 bzw. R_2 mit

1. $Y_1 \subseteqq W(T, Z/\mathsf{R}_1)$, $Y_2 \subseteqq W(T, Z/\mathsf{R}_2)$, (2.38.a)

2. $f_1([z]_1, p) = [f(z, p)]_1$, $f_2([z']_2, p) = [f(z', p)]_2$, (2.38.b)

3. $g_1([z]_1, e) = e$, $g_2([z']_2, e) = e$, (2.38.c)

$$g_1([z]_1, p)\,(s) = [f(z, p_{(0,s]})]_1,$$
$$g_2([z']_2, p)\,(s) = [f(z', p_{(0,s]})]_2 \qquad (2.38.\text{d})$$

für alle $[z]_1 \in Z/\mathsf{R}_1$, $[z']_2 \in Z/\mathsf{R}_2$, $p \in X \setminus \{e\}$, $s \in D(p)$. Dann ist die Parallelkomposition $S_1 \parallel S_2$ von S_1 und S_2 eine parallele Dekomposition von S.

Beweis. $S_1 \parallel S_2$ ist gemäß Definition 2.5. wie folgt festgelegt.

$$S_1 \parallel S_2 = (A, X, Z/\mathsf{R}_1 \times Z/\mathsf{R}_2, \bar{Y}, Z/\mathsf{R}_1 \times Z/\mathsf{R}_2, T, \bar{f}, \bar{g}) \qquad (2.39.\text{a})$$

mit

$$\bar{Y} = \bigcup_{\bar{i} \in T^+} Y_{1\bar{i}} \times Y_{2\bar{i}}, \qquad (2.39.\text{b})$$

$$\bar{f}([z]_1, [z']_2, p) = \big(f_1([z]_1, p), f_2([z']_2, p)\big), \qquad (2.39.\text{c})$$

$$\bar{g}([z]_1, [z']_2, p) = \big(g_1([z]_1, p), g_2([z']_2, p)\big) \qquad (2.39.\text{d})$$

für alle $([z]_1, [z']_2) \in Z/\mathsf{R}_1 \times Z/\mathsf{R}_2$, $p \in X$. $S_1 \parallel S_2$ ist nach Folgerung 2.4. ein allgemeines dynamisches System, wenn S_1, S_2 allgemeine dynamische Systeme sind. Das ist aber mit den Festlegungen (2.38) nach Satz 2.11. der Fall. Damit $S_1 \parallel S_2$ parallele Dekomposition von S ist, muß ein Isomorphismus von S_r in ein Teilsystem S' von $S_1 \parallel S_2$ existieren. Die Zustandsmenge Z_r des reduzierten Systems S_r kann als Auswahlmenge der Zerlegung Z/R_0 aufgefaßt werden. Als Auswahlmenge hat sie die Eigenschaft:

$$Z_r \subseteqq \bigcup_{[z]_0 \in Z/\mathsf{R}_0} [z_0] \wedge (\forall\, [z]_0 \in Z/\mathsf{R}_0) \big(\exists\,!!\, z(z \in [z]_0 \cap Z_r)\big). \qquad (2.40.\text{a})$$

Außerdem muß sie so festgelegt sein, daß für alle $z \in Z_r$, $p \in X$ gilt

$$z \in Z_r \Rightarrow f(z, p) \in Z_r. \tag{2.40.b}$$

Daß eine solche Menge existiert, folgt aus der Überlegung, daß zu jedem allgemeinen dynamischen System bis auf Z-Isomorphie genau ein reduziertes System existiert (vgl. Folgerung 1.18.), auf das sich S Z-homomorph abbilden läßt (vgl. Satz 1.15.). Folglich existiert nach dem Homomorphiesatz 1.8. ein Isomorphismus, der das Faktorsystem S/R_0 isomorph dem reduzierten System S_r zuordnet. Und daraus folgt, daß es eine Auswahlfunktion geben muß, die die Eigenschaften (2.40) besitzt.

Als Ausgangsmengen B_r, Y_r des reduzierten Systems verwenden wir folgende Mengen

$$B_r = \{g(z, p)\,(s) \mid z \in Z_r \wedge p \in X \wedge s \in D(p)\},$$

$$Y_r = W(g/Z_r \times X).$$

Wir wollen im weiteren einfach annehmen, daß in der Menge B von S nur solche Elemente enthalten sind, die als Funktionswerte der in S möglichen Ausgangsfunktionen auftreten. Dann ist $B_r = B$.

Als Teilsystem S' von $S_1 \| S_2$ wird folgendes System festgelegt:

$$S' = \big(A, X, Z', W(\bar{g}/Z' \times X), Z', f', g'\big) \tag{2.41.a}$$

mit $$Z' = \{([z]_1, [z]_2) \in Z/\mathsf{R}_1 \times Z/\mathsf{R}_2 \mid (\exists\, z \in Z_r)\,(z \in [z]_1 \cap [z]_2)\} \tag{2.41.b}$$

$$f'([z]_1, [z]_2, p) = \big(f_1([z]_1, p), f_2([z]_2, p)\big) \tag{2.41.c}$$

$$g'([z]_1, [z]_2, p) = \big(g_1([z]_1, p), g_2([z]_2, p)\big) \tag{2.41.d}$$

ür beliebige $([z]_1, [z]_2) \in Z'$, $p \in X$.

Es muß zunächst gezeigt werden, daß S' ein Teilsystem von $S_1 \| S_2$ ist. Das ist sicher dann der Fall, wenn

$$f'([z]_1, [z]_2, p) \in Z', g'([z]_1, [z]_2, p) \in W(\bar{g}/Z' \times X) \tag{2.42}$$

für beliebige $([z]_1, [z]_2) \in Z'$, $p \in X$ erfüllt ist. Wegen (2.38.b) und (2.41.c) ist

$$f'([z]_1, [z]_2, p) = \big([f(z, p)]_1, [f(z, p)]_2\big).$$

Also ist $f(z, p) \in [f(z, p)]_1$ und $f(z, p) \in [f(z, p)]_2$. Da $z \in [z]_1$ und $z \in [z]_2$ ist mit $z \in Z_r$, ist auch $f(z, p) \in Z_r$ wegen (2.40.b). Somit ist $\big([f(z, p)]_1, [f(z, p)]_2\big) \in Z'$, also ist (2.42) links erfüllt.

Andererseits ist (2.42) rechts auf jeden Fall erfüllt, denn der Definitionsbereich von g' ist $Z' \times X$, und der Wertebereich von g' ist gleich dem Wertebereich der auf $Z' \times X$ eingeschränkten Funktion $\bar{g}$: $W(g') = W(\bar{g}/Z' \times X)$. Aus (2.41.d) und (2.38.d) folgt außerdem für beliebige $z' \in Z'$, $p \in X$, $s \in D(p)$ mit $z' = ([z]_1, [z]_2)$:

$$g'(z', p)(s) = \left([f(z, p_{(0,s]})]_1, [f(z, p_{(0,s]})]_2\right) \in Z',$$

wie oben gezeigt wurde. Also ist S' tatsächlich ein Teilsystem von S.

Wir konstruieren einen Isomorphismus $H = (h_A, h_X, h_B, h_Y, h_Z)$ von S_r in S' auf folgende Weise:

1. h_A: $A \to A$ mit $h_A = \mathrm{id}_A$, (2.43.a)

2. h_X: $X \to X$ mit $h_X = \mathrm{id}_X$, (2.43.b)

3. h_B: $B_r \to Z'$ mit

$$h_B(g(z, p)(s)) = g'([z]_1, [z]_2, p)(s), \quad z \in Z_r, \tag{2.43.c}$$

4. h_Y: $Y_r \to W(\bar{g}/Z' \times X)$ mit

$$h_Y(g(z, p)) = g'([z]_1, [z]_2, p), \quad z \in Z_r, \tag{2.43.d}$$

5. h_Z: $Z_r \to Z'$ mit

$$h_Z(z) = ([z]_1, [z]_2). \tag{2.43.e}$$

Wir müssen zunächst zeigen, daß diese Abbildungen umkehrbar eindeutig sind.

h_A, h_X: Beide sind als identische Abbildungen bijektiv und damit sowohl umkehrbar eindeutig als auch surjektiv.

h_Z: h_Z ist eindeutig definiert, denn es wird jedem $z \in Z_r$ genau das Element aus Z' zugeordnet, das aus den beiden Äquivalenzklassen mod R_1 und mod R_2 besteht, die z enthalten. Weil R_1, R_2 Äquivalenzrelationen sind, gibt es aber in Z/R_1 und in Z/R_2 jeweils nur genau eine solche Klasse. Außerdem ist h_z umkehrbar eindeutig. Sei nämlich $z' \in Z_r$ ein Zustand mit $h_z(z') = h_z(z)$. Dann ist $([z']_1, [z']_2) = ([z]_1, [z]_2)$ und folglich $[z']_1 = [z]_1$ und $[z']_2 = [z]_2$. Also ist $(z, z') \in \mathsf{R}_1$ und $(z, z') \in \mathsf{R}_2$. Wegen $(\mathsf{R}_1 \cap \mathsf{R}_2) \subsetneqq \mathsf{R}_0$ ist dann aber auch $(z, z') \in \mathsf{R}_0$ und somit $z' = z$, weil Z_r als reduzierte Zustandsmenge nur paarweise inäquivalente Zustände enthält. Wegen der Definition von S' ist h_Z sogar bijektiv (vgl. (2.41.b)).

h_B: h_B ist eindeutig definiert. Sei $g(z, p)(s) = g(z', q)(t)$. Wegen (2.41.d) gilt:

$$g(z, p)(s) \Rightarrow \left(g_1([z]_1, p)(s), g_2([z]_2, p)(s)\right)$$

$$g(z', q)(t) \Rightarrow \left(g_1([z']_1, q)(t), g([z']_2, q)(t)\right).$$

Somit folgt aus $g(z, p)(s) = g(z', q)(t)$ auch $g_1([z]_1, p)(s) = g_1([z']_1, q)(t)$ und $g_2([z]_2, p)(s) = g_2([z']_2, q)(t)$. Daraus folgt aber wegen (2.36.d)

$$[f(z, p_{(0,s]})]_1 = [f(z', q_{(0,t]})]_1$$

$$[f(z, p_{(0,s]})]_2 = [f(z', q_{(0,t]})]_2 .$$

Somit ist wegen (2.43.c), (2.41.d) und (2.38.d) mit $g(z, p)(s) = g(z', q)(t)$ auch $S_B(g(z, p)(s)) = h_B(g(z', q)(t))$. h_B ist aber außerdem umkehrbar eindeutig. *h*ei $g(z', q)(t) \neq g(z, p)(s)$. Dann folgt auf demselben Wege: $h_B(g(z, p)(s)) \neq h_B(g(z', q)(t))$.

h_Y: Die umkehrbare Eindeutigkeit von h_Y ergibt sich aus der von h_B und braucht nicht erneut nachgewiesen zu werden.

Wir zeigen nun, daß die Homomorphiebedingungen (1.75) erfüllt sind.

(1.75.d): Erfüllt, weil $h_X = \mathrm{id}_X$.

(1.75.e): Erfüllt wegen (2.43.d).

(1.75.f): Erfüllt, weil $h_X = \mathrm{id}_X$ und $h_A = \mathrm{id}_A$.

(1.75.g): Es soll $h_Y(y)(t) = h_B(y(t))$ für alle $y \in Y_r$, $t \in D(y)$ sein. Mit $y = g(z, p)$, $z \in Z_r$, $p \in X$ ist nach (2.43.d), (2.41.d):

$$h_Y(g(z, p)) = (g_1([z]_1, p), g_2([z]_2, p)). \tag{2.44}$$

Nun ist nach (2.38.d) $g_i([z]_i, p)$ $(i = 1, 2)$ dadurch definiert, daß für alle $s \in D(p)$ gilt: $g_i([z]_i, p)(s) = ([f(z, p_{(0,s]})]_i)$. Also ist

$$h_Y(g(z, p))(s) = ([f(z, p_{(0,s]})]_1, [f(z, p_{(0,s]})]_2). \tag{2.45}$$

Andererseits ist $h_B(g(z, p)(s))$ durch (2.43.c) gegeben. Der Vergleich zeigt die Übereinstimmung mit (2.45).

(1.75.h): Es muß $h_Z(f(z, p)) = f'(h_Z(z), p)$ sein. Mit (2.43.e) erhält man:

$$h_Z(f(z, p)) = ([f(z, p)]_1, [f(z, p)]_2),$$

$$f'(h_Z(z), p) = f'([z]_1, [z]_2, p) = ([f(z, p)]_1, [f(z, p)]_2).$$

Also ist auch (1.75.h) erfüllt.

(1.75.i): Es muß $h_Y(g(z, p)) = g'(h_Z(z), p)$ sein. Mit (2.43.d, e) ist:

$$h_Y(g(z, p)) = g'([z]_1, [z]_2, p)$$

$$g'(h_Z(z), p) = g'([z]_1, [z]_2, p).$$

Die Homomorphiebedingungen sind also alle erfüllt. Sie Systeme S' und S_r sind isomorph. Folglich ist $S_1 \parallel S_2$ eine parallele Dekomposition von S und Satz 2.12. vollständig bewiesen.

Wir bemerken abschließend zur parallelen Dekomposition noch, daß mit der im Satz 2.12. vorgenommenen Einschränkung card $Z > 1$ für die Zustandsmenge gedächtnislose Systeme ausgeschlossen werden, weil es sich hier ja gerade um eine Zustandsdekomposition handelt.

Zur Behandlung der seriellen Dekomposition führen wir zunächst in Anlehnung an Hartmanis/Stearns [1] den Begriff des Zerlegungspaares ein.

Definition 2.9. Sei S ein (zeitinvariantes) allgemeines dynamisches System, und seien R_1, R_2 zwei Äquivalenzrelationen in der Zustandsmenge Z von S. Dann heißt das Paar $(\mathsf{R}_1, \mathsf{R}_2)$ ein *Zerlegungspaar*, wenn für alle $(z, z') \in \mathsf{R}_1$, $p \in X$ gilt:

$$(z, z') \in \mathsf{R}_1 \Rightarrow \big(f(z, p), f(z', p)\big) \in \mathsf{R}_2. \tag{2.46}$$

Mit Hilfe eines Zerlegungspaares läßt sich ein Faktorsystem auf folgende Weise konstruieren.

Satz 2.13. Seien $S = (A, X, B, Y, Z, T, f, g)$ ein (zeitinvariantes) allgemeines dynamisches System und R_0 eine Äquivalenzrelation in Z mit $g(z, p) = g(z', p)$ für alle $(z, z') \in \mathsf{R}_0$, $p \in X$. Seien R_1, R_2 Äquivalenzrelationen in Z mit folgenden Eigenschaften:

1. $(z, z') \in \mathsf{R}_1 \Rightarrow \big(f(z, p), f(z', p)\big) \in \mathsf{R}_1$ (2.47.a)

   für alle $(z, z') \in \mathsf{R}_1$, $p \in X$.

2. $(\mathsf{R}_1 \cap \mathsf{R}_2) \subseteqq \mathsf{R}_0$ mit $(\mathsf{R}_1 \cap \mathsf{R}_2) \neq \emptyset$ (2.47.b)

3. $(\mathsf{R}_1 \cap \mathsf{R}_2, \mathsf{R}_2)$ ist ein Zerlegungspaar. (2.47.c)

Dann ist $\tilde{S} = S/(\mathsf{R}_1, \mathsf{R}_2) = (Z/\mathsf{R}_1, \tilde{Y}_1, B, Y, Z/\mathsf{R}_2, T, f_2, g_2)$ ein (zeitinvariantes) allgemeines dynamisches System, wenn gilt:

1. $\tilde{Y}_1 \subseteqq W(T, Z/\mathsf{R}_1)$ und $\tilde{y}_1 = g_1([z]_1, p)$ mit (2.48.a)

   $g_1([z]_1, p)\,(s) = [f(z, p_{(0,s]})]_1$, $g_1([z]_1, e) = e$ (2.48.b)

   für alle $\tilde{y}_1 \in \tilde{Y}_1$ und beliebige $p, p_{(0,s]} \in X \setminus \{e\}$, $z \in Z$, $s \in D(p)$, $[z]_1 \in Z/\mathsf{R}_1$.

2. $f_2\big([z']_2, g_1([z]_1, p)\big) = [f(\underline{z}, p)]_2$ (2.48.c)

3. $g_2\big([z']_2, g_1([z]_1, p)\big) = g(\underline{z}, p)$ (2.48.d)

   mit $\underline{z} \in ([z]_1 \cap [z']_2)$.

Beweis. Wir zeigen zunächst, daß die Abbildungen f_2, g_2 eindeutig definiert sind. Dazu muß nachgewiesen werden, daß bei $\bar{z}, \underline{z} \in ([z]_1 \cap [z']_2)$

$$[f(\bar{z}, p)]_2 = [f(\underline{z}, p)]_2, \tag{2.49.a}$$

$$g(\bar{z}, p) = g(\underline{z}, p) \tag{2.49.b}$$

ist. Aus $\bar{z}, \underline{z} \in ([z]_1 \cap [z]_2)$ folgt $(\bar{z}, \underline{z}) \in (\mathsf{R}_1 \cap \mathsf{R}_2)$ und wegen (2.47.b) auch $(\bar{z}, \underline{z}) \in \mathsf{R}_0$. Damit ist aber $g(\bar{z}, p) = g(\underline{z}, p)$ und (2.49.b) erfüllt. Mit $(\bar{z}, \underline{z}) \in \mathsf{R}_0$ gilt aber auch $\big(f(\bar{z}, p), f(\underline{z}, p)\big) \in \mathsf{R}_0$, wie bereits mehrfach dargelegt wurde. Ferner ist wegen $(\bar{z}, \underline{z}) \in \mathsf{R}_1$ auch $\big(f(\bar{z}, p), f(\underline{z}, p)\big) \in \mathsf{R}_1$. Und weil $(\bar{z}, \underline{z}) \in (\mathsf{R}_1 \cap \mathsf{R}_2)$ ist und $(\mathsf{R}_1 \cap \mathsf{R}_2, \mathsf{R}_2)$ ein Zerlegungspaar, gilt auch $\big(f(\bar{z}, p), f(\underline{z}, p)\big) \in \mathsf{R}_2$. Wegen der Eindeutigkeit der durch eine Äquivalenzrelation in einer Menge induzierten Zerlegung folgt aber aus $\big(f(\bar{z}, p), f(\underline{z}, p)\big) \in \mathsf{R}_2$, daß (2.49.a) ebenfalls gilt. Folglich sind f_2, g_2 eindeutig definiert.

Es muß nun gezeigt werden, daß $\tilde{S}$ ein allgemeines dynamisches System ist, das die Bedingungen (1.19.b, c, e, f, g) erfüllt.

(1.19.b): Mit $g_1([z]_1, e) = e$ ist $f_2\big([z']_2, g_1([z]_1, e)\big) = f_2([z']_2, e) = [f(z, e)]_2 = [\underline{z}]_2$. Nun ist $\underline{z} \in ([z]_1 \cap [z']_2)$. Also ist $\underline{z} \in [z']_2$ und $\underline{z} \in [\underline{z}]_2$, d. h. $[\underline{z}]_2 = [z']_2$ wegen der Eindeutigkeit der Zerlegung mod R. (1.19.b) ist somit erfüllt.

(1.19.c): Die Zustandsbedingung ist erfüllt, wenn

$$f_2([z']_2, \tilde{y}\tilde{y}') = f_2\big(f_2([z']_2, \tilde{y}), \tilde{y}'\big) \tag{2.50.a}$$

für alle $\tilde{y}, \tilde{y}' \in \tilde{Y}_1$ erfüllt ist. Es ist zunächst zu zeigen, daß gilt:

$$g_1([z]_1, pq) = g_1([z]_1, p)\, g_1\big([f(z, p)]_1, q\big). \tag{2.50.b}$$

Nach (2.48.b) ist für $pq \in X$

$$g_1([z]_1, pq)\,(s) = \big[f\big(z, (pq)_{(0,s]}\big)\big]_1.$$

Mit

$$(pq)_{(0,s]} = \begin{cases} p_{(0,s]}, & s \in D(p), \\ q_{(0,s-t_p]}, & s \in D(pq) \setminus D(p), \end{cases}$$

folgt

$$f\big(z, (pq)_{(0,s]}\big) = \begin{cases} f(z, p_{(0,s]}), & s \in D(p), \\ f\big(f(z, p), q_{(0,s-t_p]}\big), & s \in D(pq) \setminus D(p). \end{cases}$$

Also ist

$$g_1([z]_1, pq)\,(s) = \begin{cases} [f(z, p_{(0,s]})]_1, & s \in D(p), \\ \big[f\big(f(z,p), q_{(0,s-t_p]}\big)\big]_1, & s \in D(pq) \setminus D(p), \end{cases}$$

und somit

$$g_1([z]_1, pq)\,(s) = \begin{cases} g_1([z]_1, p)\,(s), & s \in D(p), \\ g_1\big([f(z, p)]_1, q\big)\,(s - t_p), & s \in D(pq) \setminus D(p). \end{cases}$$

Folglich ist (2.50.b) erfüllt. Dabei generiert p eine Funktion $\tilde{y} = g_1([z]_1, p)$ und q eine Funktion $\tilde{y}' = g_1([f(z, p)]_1, q)$. Für die Verkettung $\tilde{y}\tilde{y}'$ kann dann die rechte Seite von (2.50.b) geschrieben werden. (2.50.a) nimmt dabei folgende Form an:

$$f_2([z']_2, \bar{y}\bar{y}') = f_2\big([z']_2, g_1([z]_1, p)\, g_1([f(z, p)]_1, q)\big).$$

Somit ist

$$\begin{aligned} f_2([z']_2, \bar{y}\bar{y}') &= f_2\big([z']_2, g_1([z]_1, pq)\big) \\ &= [f(\underline{z}, pq)]_2 \qquad \text{(wegen (2.48.c))} \end{aligned} \tag{2.50.c}$$

Hierbei ist $\underline{z} \in ([z]_1 \cap [z']_2)$. Für die rechte Seite von (2.50.a) erhält man mit $\bar{y} = g_1([z]_1, p)$, $\bar{y}' = g_1\big([f(z, p)]_1, q\big)$ und (2.48.c)

$$\begin{aligned} f_2\big(f_2([z']_2, \bar{y}), \bar{y}'\big) &= f_2\big([f(\underline{z}, p)]_2, \bar{y}'\big) \\ &= f_2\big([f(\underline{z}, p)]_2, g_1([f(z, p)]_1, q)\big). \end{aligned} \tag{2.50.d}$$

Weil $\underline{z} \in ([z]_1 \cap [z']_2)$ ist, so $\underline{z} \in [z]_1$ und somit $(\underline{z}, z) \in \mathsf{R}_1$. Daraus folgt aber wegen (2.47.a) auch $\big(f(\underline{z}, p), f(z, p)\big) \in \mathsf{R}_1$. Folglich ist

$$f(\underline{z}, p) \in \big([f(z, p)]_1 \cap [f(\underline{z}, p)]_2\big). \tag{2.50.e}$$

Damit kann aber für (2.50.d) bei Anwendung von (2.48.c) geschrieben werden:

$$\begin{aligned} f_2\big(f_2([z']_2, \bar{y}), \bar{y}'\big) &= \big[f\big(f(\underline{z}, p), q\big)\big]_2 \\ &= [f(\underline{z}, pq)]_2. \end{aligned} \tag{2.50.f}$$

Es besteht Übereinstimmung von (2.50.c) und (2.50.f). Die Zustandsbedingung ist somit erfüllt.

(1.19.e): $D\big(g_2([z']_2, g_1([z]_1, p))\big) = D\big(g(\underline{z}, p)\big) = D(p)$. (1.19.e) ist also erfüllt.

(1.19.f): $g_2\big([z']_2, g_1([z]_1, e)\big) = g_2([z']_2, e) = g(\underline{z}, e) = e$. (1.19.f) ist erfüllt.

(1.19.g): Die Kausalitätsbedingung ist erfüllt, wenn gilt:

$$g_2([z']_2, \bar{y}\bar{y}') = g_2([z']_2, \bar{y})\, g_2\big(f([z']_2, \bar{y}), \bar{y}'\big). \tag{2.51.a}$$

Für die linke Seite von (2.51.a) erhält man

$$\begin{aligned} g_2([z']_2, \bar{y}\bar{y}') &= g_2\big([z']_2, g_1([z]_1, pq)\big) \qquad \text{(wegen (2.50.b))} \\ &= g(\underline{z}, pq) \qquad \text{(wegen (2.48.d))} \end{aligned} \tag{2.51.b}$$

mit $\underline{z} \in ([z]_1 \cap [z']_2)$. Für die rechte Seite von (2.51.a) ergibt sich

$$\begin{aligned} & g_2([z']_2, \bar{y})\, g_2\big(f_2([z']_2, \bar{y}), \bar{y}'\big) \\ &= g(\underline{z}, p)\, g_2\big([f(\underline{z}, p)]_2, \bar{y}'\big) \qquad \text{(wegen (2.48.c, d))} \end{aligned}$$

$$= g(\underline{z}, p)\, g\big(f(\underline{z}, p), q\big) \qquad \text{(wegen (2.48.d) und (2.50.e))}$$

$$= g(\underline{z}, pq) \qquad \text{(wegen (1.19.g) für } S). \qquad (2.51.c)$$

Der Vergleich von (2.51.b) und (2.51.c) zeigt Übereinstimmung. Die Kausalitätsbedingung ist demnach ebenfalls erfüllt. Damit ist Satz 2.13. bewiesen. $S/(\mathsf{R}_1, \mathsf{R}_2)$ heißt Faktorsystem von S modulo $(\mathsf{R}_1 \cap \mathsf{R}_2, \mathsf{R}_2)$.

Wir formulieren nun einen Satz, der die serielle Dekomposition eines allgemeinen dynamischen Systems erlaubt.

Satz 2.14. Sei $S = (A, X, B, Y, Z, T, f, g)$ ein (zeitinvariantes) allgemeines dynamisches System mit card $Z > 1$. R_0, R_1, R_2 seien Äquivalenzrelationen in Z mit folgenden Eigenschaften für beliebige $(z, z') \in \mathsf{R}_0$, $(z, \underline{z}) \in \mathsf{R}_1$, $p \in X$:

1. a) $(z, z') \in \mathsf{R}_0 \Rightarrow g(z, p) = g(z', p)$, (2.52.a)

   b) $(z, \underline{z}) \in \mathsf{R}_1 \Rightarrow \big(f(z, p), f(\underline{z}, p)\big) \in \mathsf{R}_1$, (2.52.b)

2. a) $(\mathsf{R}_1 \cap \mathsf{R}_2) \subseteqq \mathsf{R}_0$ mit $(\mathsf{R}_1 \cap \mathsf{R}_2) \neq \emptyset$, (2.52.c)

   b) $(\mathsf{R}_1 \cap \mathsf{R}_2, \mathsf{R}_2)$ ist ein Zerlegungspaar. (2.52.d)

$S_1 = (A, X, Z/\mathsf{R}_1, Y_1, Z/\mathsf{R}_1, T, f_1, g_1)$ und $S_2 = (Z/\mathsf{R}_1, Y_1, B, Y, Z/\mathsf{R}_2, T, f_2, g_2)$ seien Faktorsysteme von S modulo R_1 bzw. $(\mathsf{R}_1 \cap \mathsf{R}_2, \mathsf{R}_2)$ mit

1. $Y_1 \subseteqq W(T, Z/\mathsf{R}_1)$, (2.53.a)

2. $f_1([z]_1, p) = [f(z, p)]_1,\ f_2\big([z']_2, g_1([z]_1, p)\big) = [f(\underline{z}, p)]_2$, (2.53.b)

3. $g_1([z]_1, e) = e$, (2.53.c)

   $g_1([z]_1, p)\,(s) = [f(z, p_{(0,s]})]_1,\ g_2\big([z']_2, g_1([z]_1, p)\big) = g(\underline{z}, p)$ (2.53.d)

für alle $[z]_1 \in Z/\mathsf{R}_1$, $[z']_2 \in Z/\mathsf{R}_2$, $p \in X \setminus \{e\}$, $s \in D(p)$ und mit $\underline{z} \in ([z]_1 \cap [z']_2)$. Dann ist die Serienkomposition $S_2 \cdot S_1$ von S_2 mit S_1 eine serielle Dekomposition von S.

Beweis. Gemäß Definition 2.5. ist die Serienkomposition $S_2 \cdot S_1$ wie folgt festgelegt.

$$S_2 \cdot S_1 = (A, X, B, Y, Z/\mathsf{R}_1 \times Z/\mathsf{R}_2, T, \bar{f}, \bar{g}) \qquad (2.54.a)$$

mit

$$\bar{f}([z]_1, [z']_2, p) = \Big(f_1([z]_1, p), f_2\big([z']_2, g_1([z]_1, p)\big)\Big), \qquad (2.54.b)$$

$$\bar{g}([z]_1, [z']_2, p) = g_2\big([z']_2, g_1([z]_1, p)\big) \qquad (2.54.c)$$

für alle $[z]_1 \in Z/\mathsf{R}_1$, $[z']_2 \in Z/\mathsf{R}_2$, $p \in X$. Mit Hilfe von (2.53.b, d) erhält man

$$\bar{f}([z]_1, [z']_2, p) = \big([f(z, p)]_1, [f(\underline{z}, p)]_2\big), \qquad (2.55.a)$$

$$\bar{g}([z]_1, [z']_2, p) = g(\underline{z}, p),\ \underline{z} \in ([z]_1 \cap [z']_2). \qquad (2.55.b)$$

Wegen der Eindeutigkeit der Abbildungen f_1, f_2, g_1, g_2 sind auch $\bar{f}$, $\bar{g}$ eindeutig. Nach Satz 2.6. ist $S_2 \cdot S_1$ ein allgemeines dynamisches System, wenn S_1, S_2 allgemeine dynamische Systeme sind. Das ist aber mit den Festlegungen (2.53) bei S_1 nach Satz 2.11. und bei S_2 nach Satz 2.13. der Fall. Damit $S_2 \cdot S_1$ serielle Dekomposition von S ist, muß ein Isomorphismus vom reduzierten System S_r in ein Teilsystem S' von $S_2 \cdot S_1$ existieren. Die Zustandsmenge des reduzierten Systems bilden wir genau wie im Falle der Paralleldekomposition. Es gelten also (2.40. a, b). Die Begründung dafür ist ebenfalls die gleiche.

Als Teilsystem S' von $S_2 \cdot S_1$ wählen wir folgendes System:

$$S' = (A, X, B, Y, Z', T, f', g') \tag{2.56. a}$$

mit

$$Z' = \{([z]_1, [z]_2) \in Z/R_1 \times Z/R_2 \mid (\exists\, z \in Z_r) \left(z \in ([z]_1 \cap [z]_2)\right\}, \tag{2.56.b}$$

$$f'([z]_1, [z]_2, p) = \left(f_1([z]_1, p), f_2([z]_2, g_1([z]_1, p))\right), \tag{2.56.c}$$

$$g'([z]_1, [z]_2\, p), = g_2([z]_2, g_1([z]_1, p)) \tag{2.56.d}$$

für beliebige $([z]_1, [z]_2) \in Z'$, $p \in X$.

Es muß zunächst gezeigt werden, daß S' ein Teilsystem von $S_2 \cdot S_1$ ist. Das ist sicher dann der Fall, wenn $f'([z]_1, [z]_2, p) \in Z'$ ist. Daß $g'(\ldots) \in Y$ zutrifft, ist ohnehin klar. Wegen (2.53.b) ist mit $z \in ([z]_1 \cap [z]_2)$:

$$f'([z]_1, [z]_2, p) = \left([f(z, p)]_1, [f(z, p)]_2\right).$$

Also ist $f(z, p) \in [f(z, p)]_1$ und $f(z, p) \in [f(z, p)]_2$. Außerdem ist $f(z, p) \in Z_r$ wegen (2.40.b) und $z \in [z]_1$, $z \in [z]_2$. Damit ist aber $\left([f(z, p)]_1, [f(z, p)]_2\right) \in Z'$ und S' ein Teilsystem.

Wir konstruieren einen Isomorphismus $H = (h_A, h_X, h_B, h_Y, h_Z)$ von S_r in S'.

$$\begin{aligned}
&1.\ h_A\colon A \to A \text{ mit } h_A = \mathrm{id}_A,\\
&2.\ h_X\colon X \to X \text{ mit } h_X = \mathrm{id}_X,\\
&3.\ h_B\colon B \to B \text{ mit } h_B = \mathrm{id}_B,\\
&4.\ h_Y\colon Y \to Y \text{ mit } h_Y = \mathrm{id}_Y,\\
&5.\ h_Z\colon Z_r \to Z' \text{ mit } h_Z(z) = ([z]_1, [z]_2).
\end{aligned} \tag{2.57}$$

Da h_A, h_X, h_B, h_Y die identischen Abbildungen sind, ist der hier benötigte Isomorphismus ein Z-Isomorphismus. Für die Abbildung h_Z gelten bezüglich der Eindeutigkeit die Überlegungen aus dem Beweis von Satz 2.12., die sich hier einfach wiederholen. h_Z ist also ebenfalls bijektiv. Wir zeigen, daß die Homomorphiebedingungen (1.75) erfüllt sind. Das trifft auf (1.75.d, e, f, g) natürlich zu, weil die betreffenden Abbildungen hier identische Abbildungen sind. Es müssen also nur die Bedingungen (1.75.h) und (1.75.i) geprüft werden.

(1.75.h): Es muß $h_Z(f(z, p)) = f'(h_Z(z), p)$ sein.

$$h_Z(f(z, p)) = ([f(z, p)]_1, [f(z, p)]_2) \qquad \text{(wegen (2.57))},$$

$$f'(h_Z(z), p)) = f'([z]_1, [z]_2, p) \qquad \text{(wegen (2.57))}$$

$$= (f_1([z]_1, p), f_2([z]_2, g_1([z]_1, p))) \qquad \text{(wegen (2.56.c))}$$

$$= ([f(z, p)]_1, ([f(z, p)]_2) \qquad \text{(wegen (2.53.b))}.$$

In der letzten Zeile ist wieder berücksichtigt worden, daß $z \in ([z]_1 \cap [z]_2)$ ist. Die Zustandsbedingung ist erfüllt, wie der Vergleich zeigt.

(1.75.i): Es muß $h_Y(g(z, p)) = g'(h_Z(z), p)$ sein.

$$h_Y(g(z, p)) = g(z, p) \qquad (\text{weil } h_Y = \mathrm{id}_Y),$$

$$g'(h_Z(z), p) = g'([z]_1, [z]_2, p) \qquad \text{(wegen (2.57))}$$

$$= g_2([z]_2, g_1([z]_1, p)) \qquad \text{(wegen (2.56.d))}$$

$$= g(z, p) \qquad \text{(wegen (2.53.d))}$$

mit $z \in ([z]_1 \cap [z]_2)$. Der Vergleich zeigt, daß die Kausalitätsbedingung erfüllt ist. Damit ist Satz 2.14. bewiesen und $S_2 \cdot S_1$ ist eine serielle Dekomposition von S.

Die Anforderungen an die Äquivalenzrelationen R_1, R_2 sind bei der parallelen und seriellen Dekomposition unterschiedlich. Während die parallele Dekomposition fordert, daß beide Relationen Quasikongruenzrelationen sein müssen, ist das bei der seriellen Dekomposition nur für die Relation R_1 erforderlich. Es muß aber R_2 eine solche Äquivalenzrelation in Z sein, daß der Durchschnitt von R_1 und R_2 mit R_2 ein Zerlegungspaar bildet. Es ist offensichtlich, daß die für die parallele Dekomposition benötigten Quasikongruenzrelationen auch ein Zerlegungspaar $(\mathsf{R}_1 \cap \mathsf{R}_2, \mathsf{R}_2)$ bilden, denn der Durchschnitt $\mathsf{R}_1 \cap \mathsf{R}_2$ enthält nur Elemente, die zugleich Elemente von R_1 und R_2 sind. Dann stehen aber auch alle zugehörigen Folgezustände wieder in der Relation R_2, eben weil R_2 Quasikongruenzrelation ist. Demzufolge kann man die bei der parallelen Dekomposition gewonnenen Relationen R_1, R_2 auch für die serielle Dekomposition nutzen.

Bei der parallelen Dekomposition liegt eine Komposition zweier Medwedew-Systeme vor (vgl. Definition 1.6.6.), die parallel zusammenarbeiten. Die Struktur zeigt Abb. 2.9.a. Bei der seriellen Dekomposition handelt es sich um die

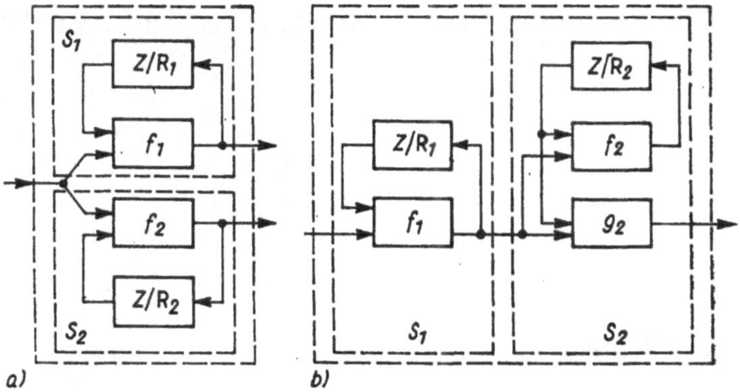

Abb. 2.9. Dekompositionsmodelle eines allgemeinen dynamischen Systems
a) Parallele Dekomposition $S_1 \parallel S_2$ von S
b) Serielle Dekomposition $S_2 \cdot S_1$ von S

serielle Komposition eines Medwedew-Systems und eines allgemeinen dynamischen Systems. Die Struktur zeigt Abb. 2.9.b.

Es ist natürlich klar, daß die Dekomposition nur dann sinnvoll ist, wenn die Zustandsmengen der Systemelemente der Dekomposition einfacher sind, d. h. von geringerer Mächtigkeit im Falle endlicher Zustandsmengen bzw. von geringerer Dimension im Falle zeitkontinuierlicher Systeme. Ebenso ist klar, daß die Dekomposition mit den Systemelementen so lange fortgesetzt werden kann, bis sich keine weiteren Vereinfachungen erzielen lassen. Die dabei entstehenden Strukturen sind reine oder auch gemischte Kompositionen paralleler und serieller Art.

3. Netze allgemeiner dynamischer Systeme

3.1. Einführung

Das Anliegen dieses Kapitels ist es, einen Systembegriff einzuführen, der in sehr allgemeiner Weise die strukturelle Komposition realer Systeme aus einfacheren Elementen beschreibt, und einige Untersuchungen daran anzuschließen. Er kann als abstrakte Widerspiegelung der Wechselwirkung von Bauelementen, Objekten, Aggregaten, Anlagen usw. aufgefaßt werden, wobei diese selbst als allgemeine dynamische Systeme zu verstehen sind. Es handelt sich also hier um die Beschreibung gewisser struktureller Aspekte des inneren Aufbaus von Systemen, nämlich solcher, die das dynamische Verhalten des Systems beeinflussen. Man kann deshalb jetzt auch von strukturierten oder organisierten Systemen sprechen.

Natürlich ist die Untersuchung struktureller Systeme keineswegs neu. Sowohl für lineare, zeitkontinuierliche Systeme als auch für Folge- und Kombinationsschaltungen existieren systemtheoretische Beschreibungsmethoden und Untersuchungsergebnisse, und es gibt Wissenschaftsgebiete, die spezielle strukturierte Systeme zu ihrem Gegenstand haben, z. B. die Theorie elektrischer Netzwerke und die Regelungstheorie. Unabhängig davon gibt es seit längerer Zeit vor allem in der kybernetischen Grundlagenforschung Versuche, das strukturierte System sehr viel allgemeiner zu definieren, als es in den angesprochenen Gebieten geschieht, und darauf aufbauend zu allgemeinen Einsichten über solche Systeme zu gelangen. Diese Bemühungen haben bisher zu keiner einheitlichen Auffassung über die zweckmäßigste Art der formalsprachlichen Definition des strukturierten Systems geführt. Im allgemeinen wird es aber als eine Menge von Elementen genommen, welche die Zellen oder Bausteine des Systems ausmachen, und zu der als wesentlich Neues eine geeignete Beschreibung der Struktur des Systems hinzutritt, durch welche das Zusammenwirken dieser Elemente festgelegt ist. Diese Auffassung des strukturierten Systems findet sich bereits in den ersten Arbeiten der Systemschule um Bertalanffy und hat sich in der kybernetischen Literatur weitgehend durchgesetzt (vgl. z. B.

Bertalanffy [2], [3], Buslenko [1], Hall/Fagen [1], Känel [1], Lange [1], Stoschek [1], Wintgen [1]). Die Unterschiede in den einzelnen Formalisierungen betreffen hauptsächlich die Beschreibung der Struktur des Systems, die die eigentliche Schwierigkeit des Problems darstellt. Wir werden darauf hier allerdings nicht weiter eingehen, sondern einen anderen Weg wählen, der eine folgerichtige Fortsetzung der Gedanken aus den ersten beiden Kapiteln darstellt.

Im zweiten Kapitel wurde bereits festgestellt, daß die Kopplung von Systemen und ihre kompositorische Beschreibung die Beachtung bestimmter Kopplungsbedingungen verlangt, wenn das Gesamtsystem ein wohldefiniertes Verhalten besitzen soll. Außerdem haben wir dort bereits einfache strukturierte Systeme betrachtet. Wenn wir jetzt beliebig komplexe Kopplungen von Systemen behandeln, so muß dabei gesichert werden, daß auch dabei ein definiertes Verhalten des Gesamtsystems gewährleistet ist. Das kann am besten dadurch geschehen, daß die hier zu untersuchenden strukturierten Systeme auf induktivem Wege definiert werden. Die dabei entstehenden Systeme werden wir Netze allgemeiner dynamischer Systeme nennen oder einfach Netzwerke. Es sind dann solche strukturierte Systeme, die den Netzwerksaxiomen entsprechen. Ihre formalsprachliche Beschreibung erfolgt ohne Verwendung eines speziellen Strukturbegriffs und in ähnlich abstrakter Weise wie die des allgemeinen dynamischen Systems. Sie bietet damit die Grundlage für eine algebraische Untersuchung solcher Systeme, die natürlich keine Entwurfstheorie ergeben oder eine solche ersetzen kann, die aber gewisse allgemeine Einsichten über strukturierte Systeme zutage fördern kann, die für alle von den Netzwerksaxiomen erfaßten solchen Systeme gelten und damit sozusagen Invarianten spezieller Klassen strukturierter Systeme sind. Eine solche »Theorie von Netzen allgemeiner dynamischer Systeme« kann hier allerdings nicht wirklich ausgeführt werden. Aber es sollen einige ihrer Grundlagen dargelegt werden.

3.2. Netzwerksaxiome. Netzmodelle

Wir definieren den Begriff des Netzwerks über einer Familie M von Systemelementen auf folgende Weise.

Definition 3.1. Es sei $M = (S_i)_{i \in I_0}$ eine nichtleere Familie von allgemeinen dynamischen Systemen. Dann ist $\mathfrak{N}$ bis auf Isomorphie genau dann ein *Netzwerk* über M, wenn es auf Grund der folgenden Axiome festgelegt ist.

1. Sei $S \in M$ ein beliebiges allgemeines dynamisches System aus M mit

m Eingangs- und n Ausgangsgrößen. Dann ist $\mathfrak{N} = \{S\}$ ein Netzwerk über M mit den m Eingangs- und n Ausgangsgrößen von S.

2. Seien $\mathfrak{N}_1$ ein Netzwerk über M mit m_1 Eingangs- und n_1 Ausgangsgrößen und $\mathfrak{N}_2$ ein Netzwerk über M mit m_2 Eingangs- und n_2 Ausgangsgrößen ohne gemeinsame Ein- und Ausgänge. Dann ist $\mathfrak{N} = \{\mathfrak{N}_1, \mathfrak{N}_2\}$ ein Netzwerk über M mit den $m_1 + m_2$ Eingängen und $n_1 + n_2$ Ausgängen von $\mathfrak{N}_1$ und $\mathfrak{N}_2$.
3. Sei $\mathfrak{N}$ ein Netzwerk über M mit m Eingangs- und n Ausgangsgrößen, und sei für die Eingänge i und j ($i \neq j$) von $\mathfrak{N}$ $A_i = A_j$ und $X_i = X_j$. Dann entsteht durch Verbindung des Einganges i von $\mathfrak{N}$ mit dem Eingang j von $\mathfrak{N}$ ein Netzwerk $\mathfrak{N}'$ über M mit den $m - 1$ Eingängen $1, \ldots, i, \ldots, j - 1, j + 1, \ldots, m$ und den n Ausgängen $1, \ldots, n$ von $\mathfrak{N}$.
4. Sei $\mathfrak{N}$ ein Netzwerk über M mit m Eingangs- und n Ausgangsgrößen, und sei Ausgang j von $\mathfrak{N}$ mit Eingang i von $\mathfrak{N}$ koppelbar. Dann entsteht durch Verbindung des Ausganges j mit dem Eingang i ein Netzwerk $\mathfrak{N}'$ über M mit den $m - 1$ Eingängen $1, \ldots, i - 1, i + 1, \ldots, m$ und den $n - 1$ Ausgängen $1, \ldots, j - 1, j + 1, \ldots, n$ von $\mathfrak{N}$.

Interpretation. Zunächst besagt die Isomorphie-Einschränkung, daß natürlich z. B. eine Umnumerierung der Ein- und Ausgänge bei der Netzwerkbildung vorgenommen werden kann. Eine solche Umnumerierung führt zu isomorphen Bildern. Das folgt sofort aus Axiom 1 und Definition 1.12.

Nach Axiom 1 kann jedes allgemeine dynamische System als ein Netzwerk betrachtet werden, und nach Axiom 2 können auch zwei voneinander unabhängige allgemeine dynamische Systeme als Netzwerk aufgefaßt werden. Das zweite Axiom scheint zunächst unpassend zu sein, weil die gemeinsame Betrachtung voneinander unabhängiger Systeme als System nicht dem üblichen Systemverständnis von wechselwirkenden Elementen entspricht. Jedoch ist es im Hinblick auf den induktiven Aufbau von Netzwerken zweckmäßig. Zugleich entspricht es dem in Definition 2.4. eingeführten direkten Produkt zweier allgemeiner dynamischer Systeme. Die Axiome 3 und 4 definieren die zulässigen Kopplungen. Dabei führt Axiom 3 offenbar auf eine Form der Parallelkopplung, Axiom 4 auf eine Form der Reihen- oder Rückkopplung. Abb. 3.1. veranschaulicht den Inhalt der Axiome.

Definition 3.1. erlaubt den Aufbau komplexer Systemstrukturen durch wiederholte Anwendung der Netzwerksaxiome. So entsteht beispielsweise die in Abb. 2.1. dargestellte Struktur auf folgende Weise. Nach Axiom 1 kann jedes der drei Systeme S_1, S_2, S_3 als Netzwerk angesehen werden. Durch zweimalige Anwendung von Axiom 2 bilden die noch unverbundenen Systeme ein Netzwerk, aus dem dann durch fünfmalige Anwendung von Axiom 4 das dargestellte System entsteht, das demnach ein Netzwerk ist, wenn die Kopplungsbedingungen für die betreffenden Kopplungen erfüllt sind. Ebenso stellt das in Abb. 2.5. dargestellte direkte Produkt nach Axiom 2 ein Netzwerk dar. Die Parallelkomposition von Abb. 2.6. ist ein Netzwerk, das durch m-fache Anwendung von Axiom 3 entsteht, wenn beide Systeme m Eingangsgrößen besitzen. Die Serienkomposition von Abb. 2.7. entsteht durch n-fache Anwendung von Axiom 4, wenn S_1 n Ausgangsgrößen und S_2 n Eingangsgrößen hat. Schließlich entsteht auch die Rückkopplungskomposition durch Anwendung des Axioms 4.

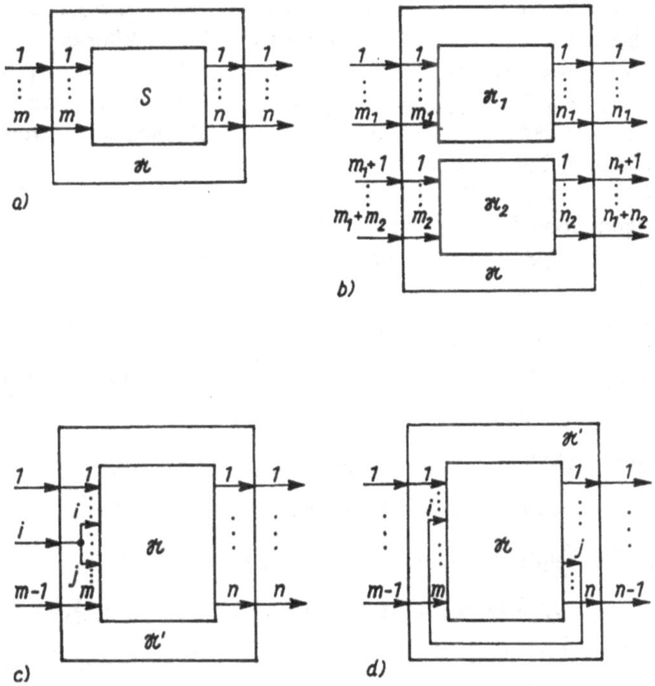

Abb. 3.1. Grundaufbau von Netzwerken

a) Netzwerk nach Axiom 1 c) Netzwerk nach Axiom 3
b) Netzwerk nach Axiom 2 d) Netzwerk nach Axiom 4

Der Aufbau von strukturierten Systemen, die Netzwerke sind, sichert, daß solche Systeme die Eigenschaften allgemeiner dynamischer Systeme besitzen. Wir beschränken uns der Einfachheit halber wieder auf zeitinvariante Systeme.

Satz 3.1. Jedes Netzwerk $\mathfrak{N}$ über einer Familie M (zeitinvarianter) allgemeiner dynamischer Systeme ist ein (zeitinvariantes) allgemeines dynamisches System.

Beweis. Wir zeigen durch vollständige Induktion (analog zu KOBRINSKI/TRACHTENBROT [1], S. 90f.), daß jedes Netzwerk global als eine Struktur $\mathfrak{N} = (A, X, B, Y, Z, T, f, g)$ mit den durch (2.12) und (2.13) bzw. (2.15) festgelegten Eigenschaften beschrieben werden kann.

1. Für $\mathfrak{N} = \{S\}$ mit $S = (A, X, B, Y, Z, T, f, g)$ und $M = (S)$ ist klar, daß die Mengen A, X, B, Y, Z des Netzwerks mit denen des Systems S identisch sind. Ebenso sind die Abbildungen f und g des Netzwerkes mit denen des Systems identisch und besitzen somit alle geforderten Eigenschaften.

2. $\mathfrak{N}$ sei durch Axiom 2 gegeben, und es sei bewiesen, daß $\mathfrak{N}_1$ und $\mathfrak{N}_2$ (zeitinvariante) allgemeine dynamische Systeme sind. Dann können $\mathfrak{N}_1$, $\mathfrak{N}_2$ nach Axiom 1 wie folgt beschrieben werden: $\mathfrak{N}_1 = (A_1, X_1, B_1, Y_1, Z_1, T, f_1, g_1)$, $\mathfrak{N}_2 = (A_2, X_2, B_2, Y_2, Z_2, T, f_2, g_2)$. Das Netzwerk $\mathfrak{N}$ ist damit durch die Gleichungen (2.25) von Definition 2.4. festgelegt und $\mathfrak{N}$ nach Folgerung 2.3. ein allgemeines dynamisches System.

3. Es sei $\mathfrak{N} = (A, X, B, Y, Z, T, f, g)$ ein Netzwerk über M und bewiesen, daß es ein allgemeines dynamisches System ist. Außerdem sei $A_i = A_j$ und $X_i = X_j$ mit $i \neq j$. Dann kann das nach Axiom 3 gebildete Netzwerk $\mathfrak{N}'$ wie folgt beschrieben werden.

Aus $\mathfrak{N} = (A, X, B, Y, Z, T, f, g)$ mit $A = A_1 \times \cdots \times A_m$ $(m > i, j)$, $X \subseteq \mathscr{W}(T, A)$ folgt $\mathfrak{N}' = (A', X', B, Y, Z, T, f', g')$ mit $A' = A_1 \times \cdots \times A_i \times \cdots \times A_{j-1} \times A_{j+1} \times \cdots \times A_m$, $X' \subseteq \mathscr{W}(T, A')$. Die Abbildungen f', g' werden folgendermaßen konstruiert.

$$f'(z, p') = \big(f_1(z, p_1, \ldots, p_i, \ldots, p_{j-1}, p_i, p_{j+1}, \ldots, p_m), \ldots,$$
$$\ldots, f_q(z, p_1, \ldots, p_i, \ldots, p_{j-1}, p_i, p_{j+1}, \ldots, p_m)\big) \tag{3.1.a}$$

$$g'(z, p') \simeq \big(g_1(z, p_1, \ldots, p_i, \ldots, p_{j-1}, p_i, p_{j+1}, \ldots, p_m), \ldots,$$
$$\ldots, g_n(z, p_1, \ldots, p_i, \ldots, p_{j-1}, p_i, p_{j+1}, \ldots, p_m)\big). \tag{3.1.b}$$

Hierbei ist $z \in Z$, $p' \in X'$, und f_i $(i = 1, \ldots, q)$, g_j $(j = 1, \ldots, n)$ sind gemäß (2.17) festgelegt. Der Einfachheit halber schreiben wir: $(p_1, \ldots, p_i, \ldots, p_{j-1}, p_i, p_{j+1}, \ldots, p_m) = \underline{p}$ und $(q_1, \ldots, q_i, \ldots, q_{j-1}, q_i, q_{j+1}, \ldots, q_m) = \underline{q}$. Wir zeigen die Gültigkeit der Systemeigenschaften.

(1.19.b): Es muß $f'(z, e') = z$ sein. Aus (3.1.a) und (2.17) folgt: $f'(z, e') = \big(f_1(z, \underline{e}), \ldots, f_q(z, \underline{e})\big) = (z_1, \ldots, z_q) = z$.

(1.19.c): Es muß $f'(z, p'q') = f'\big(f'(z', p'), q'\big)$ sein.

$$f'(z, p'q') = \big(f_1(z, \underline{pq}), \ldots, f_q(z, \underline{pq})\big) \qquad \text{(wegen (3.1.a))}$$
$$= \big(f_1\big(f_1(z, \underline{p}), \ldots, f_q(z, \underline{p}), \underline{q}\big), \ldots, f_q(\ldots)\big) \qquad \text{(wegen (2.17.o))}$$

$$f'(f'(z, p'), q') = (f_1(f'(z, p'), \underline{q}), \ldots, f_q(\ldots)) \qquad \text{(wegen (3.1.a))}$$

$$= (f_1(f_1(z, \underline{p}), \ldots, f_q(z, \underline{p}), \underline{q}), \ldots, f_q(\ldots)). \qquad \text{(wegen (2.17.o))}$$

Man erkennt die Übereinstimmung. Demnach ist die Zustandsbedingung erfüllt.

(1.19.e): Es muß $D(g'(z, p')) = D(p')$ sein. Aus (3.1.b) folgt, daß dies der Fall ist, wenn für alle p_i ($i = 1, \ldots, m$) $D(p_i) = D(p)$ ist. Dies ist aber durch (2.17) und mit $p \simeq (p_1, \ldots, p_m)$ gesichert.

(1.19.f): Es muß $g'(z, e') = e'$ sein. Aus (3.1.b) und (2.17) folgt: $g'(z, e') \simeq (g_1(z, \underline{e}), \ldots, g_n(z, \underline{e}) = (e, \ldots, e)) = \underline{e} \simeq e'$. Also ist $g'(z, e') = e'$.

(1.19.g): Damit die Kausalitätsbedingung erfüllt ist, muß $g'(z, p'q') = g'(z, p')\, g'(f'(z, p'), q')$ sein. Es ist:

$$g'(z, p'q') \simeq (g_1(z, \underline{pq}), \ldots, g_n(z, \underline{pq})) \qquad \text{(wegen (3.1.b))}$$

$$\simeq (g_1(z, \underline{p})\, g_1(f_1(z, \underline{p}), \ldots, f_q(z, \underline{p}), \underline{q}), \ldots,$$

$$\ldots, g_n(z, \underline{p})\, g_n(f_1(z, \underline{p}), \ldots, f_q(z, \underline{p}), \underline{q})) \qquad \text{(wegen (2.17.r))}$$

$$g'(z, p')\, g'(f'(z, p'), q') \simeq (g_1(z, \underline{p}), \ldots, g_n(z, \underline{p}))$$

$$\times\, (g_1(f_1(z, \underline{p}), \ldots, f_q(z, \underline{p}), \underline{q}), \ldots, g_n(\ldots)) \qquad \text{(wegen (2.17.b, d))}$$

$$\simeq (g_1(z, \underline{p})\, g_1(f_1(z, \underline{p}), \ldots, f_q(z, \underline{p}), \underline{q}), \ldots, g_n(\ldots)\, g_n(\ldots)).$$

Man erkennt die Übereinstimmung der rechten Seiten, und daraus folgt mit Satz 2.1. die Gleichheit der linken Seiten und somit die Gültigkeit der Kausalitätsbedingung. Demnach ist das nach Axiom 3 gebildete Netzwerk ein allgemeines dynamisches System.

4. Es sei $\mathfrak{N} = (A, X, B, Y, Z, T, f, g)$ ein Netzwerk über M, von dem bewiesen sei, daß es (zeitinvariantes) allgemeines dynamisches System ist. Ausgang j von $\mathfrak{N}$ sei koppelbar mit Eingang i von $\mathfrak{N}$. Dann ist das nach Axiom 4 durch Verbindung von Ausgang j mit Eingang i entstehende Netzwerk ein (zeitinvariantes) allgemeines dynamisches System. Es ist festgelegt durch $\mathfrak{N}' = (A', X', B', Y', Z, T, f', g')$ mit den nach (2.20.a—f) festgelegten Größen A', X', B', Y', f', g'. Ein Beweis erübrigt sich, da er fast vollständig mit dem Beweis von Satz 2.3. zusammenfällt. Es besteht nur insofern ein Unterschied, als dort die Menge $\overline{X}/X_i = X_1 \times \cdots \times X_{i-1} \times X_{i+1} \times \cdots \times X_m$ definiert ist, hier aber $X' \subseteq \mathscr{W}(T, A_1 \times \cdots \times A_{i-1} \times A_{i+1} \times \cdots \times A_m)$ verwendet wird. Aber natürlich ist das nur ein formaler Unterschied, der mit der Äquivalenz

$X' \simeq \overline{X} \mid X_i$ zum gleichen Ergebnis in der Beweisführung führt. Damit ist Satz 3.1. vollständig bewiesen.

Die Bedeutung des Netzwerkbegriffes besteht darin, daß er eine sehr allgemeine Klasse von strukturierten Systemen festlegt, für die aber andererseits gesichert ist, daß alle in ihr enthaltenen Systeme das wohldefinierte Verhalten eines allgemeinen dynamischen Systems besitzen, auf das alle Aussagen des Kapitels 1 zutreffen.

Nach Satz 3.1. läßt sich jedes Netzwerk als allgemeines dynamisches System beschreiben und demzufolge die Transformation eines Anfangszustandes des Netzwerks in einen neuen Zustand durch eine auftretende Eingangserregung und zugleich deren Transformation in eine Ausgangsgröße. Damit ist das globale Verhalten des Netzwerks erfaßt, jedoch nicht sein internes Verhalten, das sich dabei zugleich mit abspielt. Das Netzwerk ist ja eine komplexe Zusammenschaltung von Systemelementen, die selbst allgemeine dynamische Systeme sind. Die dabei entstehenden inneren Variablen, die in den Kopplungskanälen des Systems auftreten, werden in der globalen Netzwerksbeschreibung als allgemeines dynamisches System gar nicht ausgewiesen, interessieren aber natürlich bei der Betrachtung der Vorgänge im Systeminneren. Man benötigt deshalb zusätzlich zur globalen Netzwerkbeschreibung noch eine lokale Beschreibung der Vorgänge im Netzwerk, d. h. eine solche der Vorgänge in den Systemelementen, aus denen es besteht. Dies kann mit Hilfe einer Funktion geschehen, die wir Kompositionsfunktion nennen werden. Wir formulieren zunächst einen Satz und verwenden darin für die Beschreibung der Systemelemente nicht, wie sonst üblich, n-stellige Intervallfunktionen p bzw. y (vgl. Definition 2.1.), sondern n-Tupel von Intervallfunktionen $\overline{p}$ bzw. $\overline{y}$, die dazu äquivalent sind (vgl. Definition 2.2.). Demnach treten anstelle der Mengen X, Y die äquivalenten Mengen $\overline{X} \simeq X$, $\overline{Y} \simeq Y$ der n-Tupel von Intervallfunktionen. Um die Indizierung zu vereinfachen, schreiben wir aber weiterhin einfach X, Y statt $\overline{X}$, $\overline{Y}$.

Satz 3.2. Es sei $\mathfrak{N} = (A, X, B, Y, Z, T, f, g)$ ein Netzwerk über einer Familie $M = (S_i)_{i \in I_0}$ von (zeitinvarianten) allgemeinen dynamischen Systemen $S_i = (A_i, X_i, B_i, Y_i, Z_i, T, f_i, g_i)$ $(i \in I_0 = \{1, \ldots, N\})$. Dann existiert eine Abbildung $k = (k_1, \ldots, k_N)$ mit folgenden Eigenschaften:

1. Für alle $i \in I_0$ gilt:

$$k_i : Z \times X \to X_i \text{ mit } k_i(z, pq) = k_i(z, p)\, k_i\big(f(z, p), q\big) \tag{3.2.a}$$

2. $$f(z, p) = \Big(f_1\big(z_1, k_1(z, p)\big), \ldots, f_N\big(z_N, k_N(z, p)\big)\Big) \tag{3.2.b}$$

$$g(z, p) = \Big(g_{10}\big(z_1, k_1(z, p)\big), \ldots, g_{N0}\big(z_N, k_N(z, p)\big)\Big) \tag{3.2.c}$$

für alle $z \in Z$, $z_i \in Z_i$, $i \in I_0$, $p \in X$. $g_{i0}(z_i, k_i(z, p))$ bezeichnet hierbei die freie (d. h. nicht an der Kopplung beteiligte) Ausgangsfunktion von S_i.

Beweis. Wir zeigen zunächst, daß die Eigenschaft (3.2.a) aus der Gültigkeit von (3.2.b) folgt und beweisen danach (3.2.b, c). Sei (3.2.b) gegeben. Mit $z = (z_1, \ldots, z_N)$ und (3.2.b) folgt dann für $pq \in X$:

$$f(z, pq) = \bigl(f_1(z_1, k_1(z, pq)), \ldots, f_N(z_N, k_N(z, pq))\bigr) \tag{3.3.a}$$

$$f(f(z, p), q) = \Bigl(f_1\bigl(f_1(z_1, k_1(z, p)), k_1(f(z, p), q)\bigr), \ldots, \\ \ldots, f_N\bigl(f_N(z_N, k_N(z, p)), k_N(f(z, p), q)\bigr)\Bigr). \tag{3.3.b}$$

Da $\mathfrak{N}$ ein Netzwerk und damit ein allgemeines dynamisches System ist, für das $f(z, pq) = f(f(z, p), q)$ gilt, müssen die rechten Seiten von (3.3.a, b) gleich sein, d. h., es muß für alle $i \in I_0$ sein:

$$f_i(z_i, k_i(z, pq)) = f_i\bigl(f_i(z_i, k_i(z, p)), k_i(f(z, p), q)\bigr).$$

Weil S_i voraussetzungsgemäß allgemeines dynamisches System ist, gilt $f_i\bigl(f_i(z_i, k_i(z, p)), (k_i(z, p), q)\bigr) = f_i\bigl(z_i, k_i(z, p)\, k_i(f(z, p), q)\bigr)$. Also muß für alle $i \in I_0$ und beliebige $z_i \in Z_i$ gelten:

$$f_i(z_i, k_i(z, pq)) = f_i\bigl(z_i, k_i(z, p)\, k_i(f(z, p), q)\bigr).$$

Hieraus folgt (3.2.a), da anderenfalls die Zustandsüberführung im System S_i unabhängig von der Eingangsfunktion sein müßte.

Die Gültigkeit von (3.2.b, c) beweisen wir wieder durch vollständige Induktion über die Erzeugungsstufe von $\mathfrak{N}$.

1. Für $\mathfrak{N} = \{S\}$ existiert nur ein Systemelement ($I_0 = \{1\}$). X_i ist mit X identisch und demzufolge ist k_i gegeben durch: $k_i : Z \times X \to X$ mit $k_i(z, p) = p$ für alle $z \in Z$, $p \in X$. Außerdem sind alle Ausgangsfunktionen in diesem Falle freie Ausgangsfunktionen. Es gilt deshalb: $f(z, p) = (f(z, p))$, $g(z, p) = (g(z, p))$. (3.2.b, c) sind erfüllt.

2. Es sei $\mathfrak{N} = \{\mathfrak{N}_a, \mathfrak{N}_b\}$ nach Axiom 2 gegeben und für $\mathfrak{N}_a$, $\mathfrak{N}_b$ bereits bewiesen, daß k_a, k_b mit den Eigenschaften (3.2.b, c) existieren. Sei $\mathfrak{N}_a$ über einer Familie M_a von N_a Systemen und $\mathfrak{N}_b$ über einer Familie M_b von N_b Systemen definiert. Dann ist $f_a(z_a, p_a) = \bigl(f_{1a}(z_{1a}, k_{1a}(z_a, p_a)), \ldots, f_{Na}(z_{Na}, k_{Na}(z_a, p_a))\bigr)$, $g_a(z_a, p_a) = \bigl(g_{10a}(z_{1a}, k_{1a}(z_a, p_a)), \ldots, g_{N0a}(z_{Na}, k_{Na}(z_a, p_a))\bigr)$, und für $f_b(z_b, p_b)$, $g_b(z_b, p_b)$ gilt eine analoge Darstellung. Aus Definition 2.4. folgt, daß damit für das Netzwerk $\mathfrak{N}$ mit $z = (z_a, z_b)$, $p = (p_a, p_b)$ gilt:

$$f(z, p) = \bigl(f_{1a}(z_{1a}, k_{1a}(z_a, p_a)), \ldots, f_{Na}(z_{Na}, k_{Na}(z_a, p_a)), \\ f_{1b}(z_{1b}, k_{1b}(z_b, p_b)), \ldots, f_{Nb}(z_{Nb}, k_{Nb}(z_b, p_b))\bigr)$$

$$g(z, p) = \Big(g_{10a}\big(z_{1a}, k_{1a}(z_a, p_a)\big), \ldots, g_{N0a}\big(z_{Na}, k_{Na}(z_a, p_a)\big),$$
$$g_{10b}\big(z_{1b}, k_{1b}(z_b, p_b)\big), \ldots, g_{N0b}\big(z_{Nb}, k_{Nb}(z_b, p_b)\big)\Big).$$

Hieraus folgt, daß $k = (k_a, k_b)$ die gesuchte Abbildung mit den Eigenschaften (3.2) ist.

3. Es sei $\mathfrak{N}$ ein Netzwerk über M und $\mathfrak{N}'$ nach Axiom 3 durch Verbindung von Eingang i mit Eingang j entstanden. Für $\mathfrak{N}$ sei bewiesen, daß k mit den Eigenschaften (3.2.b, c) existiert. Dann leistet mit $k = (k_1, \ldots, k_N)$ für $\mathfrak{N}$, $k' = (k_1', \ldots, k_N')$ für $\mathfrak{N}'$ das Verlangte, wenn für alle $l \in I_0$ gilt:

$$k_l' : Z \times X' \to X_l \quad \text{mit} \quad k_l'(z, p') = k_l(z, p_1, \ldots, p_{j-1}, \; p_i, p_{j+1}, \ldots, p_m). \tag{3.4}$$

Das ist unmittelbar einleuchtend. Aus (3.1.) folgt nämlich

$$f'(z, p') = f(z, p_1, \ldots, p_{j-1}, p_i, p_{j+1}, \ldots, p_m)$$
$$g'(z, p') = g(z, p_1, \ldots, p_{j-1}, p_i, p_{j+1}, \ldots, p_m).$$

Nun ist voraussetzungsgemäß

$$f(z, p) = \Big(f_1\big(z_1, k_1(z, p)\big), \ldots, f_N\big(z_N, k_N(z, p)\big)\Big) \tag{3.5.a}$$
$$g(z, p) = \Big(g_{10}\big(z_1, k_1(z, p)\big), \ldots, g_{N0}\big(z_N, k_N(z, p)\big)\Big). \tag{3.5.b}$$

Also ist

$$f'(z, p') = \Big(f_1\big(z_1, k_1(z, p_1, \ldots, p_{j-1}, p_i, p_{j+1}, \ldots, p_m)\big), \ldots,$$
$$\ldots, f_N\big(z_N, k_N(z, p_1, \ldots, p_{j-1}, p_i, p_{j+1}, \ldots, p_m)\big)\Big)$$
$$g'(z, p') = \Big(g_{10}\big(z_1, k_1(z, p_1, \ldots, p_{j-1}, p_i, p_{j+1}, \ldots, p_m)\big), \ldots,$$
$$\ldots, g_{N0}\big(z_N, k_N(z, p_1, \ldots, p_{j-1}, p_i p_{j+1}, \ldots, p_m)\big)\Big).$$

Mit (3.4.) ist für alle $i \in I_0$ aber $f_i\big(z_i, k_i(z, p_1, \ldots, p_{j-1}, p_i, p_{j+1}, \ldots, p_m)\big) = f_i\big(z_i, k_i'(z, p')\big)$ und $g_{i0}\big(z_i, k_i(z, p_1, \ldots, p_{j-1}, p_i, p_{j+1}, \ldots, p_m\big) = g_{i0}\big(z_i, k_i'(z, p')\big)$. Weil außerdem weiterhin für alle S_i des Netzwerkes $f_i : Z_i \times X_i \to Z_i$ und $g_i : Z_i \times X_i \to Y_i$ gilt, ist

$$f'(z, p') = \Big(f_1\big(z_1, k_1'(z, p')\big), \ldots, f_N\big(z_N, k_N'(z, p')\big)\Big)$$
$$g'(z, p') = \Big(g_{10}\big(z_1, k_1'(z, p')\big), \ldots, g_{N0}\big(z_N, k_N'(z, p')\big)\Big),$$

und (3.2.b, c) ist erfüllt.

4. Es sei $\mathfrak{N}$ ein Netzwerk über M und $\mathfrak{N}'$ nach Axiom 4 durch Verbindung von Ausgang j mit Eingang i entstanden. Für $\mathfrak{N}$ sei bewiesen, daß $k = (k_1, \ldots, k_N)$ mit den Eigenschaften (3.2.) existiert. Dann leistet $k' = (k_1', \ldots, k_N')$ für $\mathfrak{N}'$

das Verlangte, wenn für alle $l \in I_0$ gilt:

$$k_l' : Z \times X' \to X_l \quad \text{mit}$$

$$k_l'(z, p') = k_l\big(z, p_1, \ldots, p_{i-1}, \lambda(z, p'), p_{i+1}, \ldots, p_m\big). \tag{3.6}$$

Hierin ist $p' = (p_1, \ldots, p_{i-1}, p_{i+1}, \ldots, p_m) \in X'$ und $\lambda(z, p')$ die durch (2.19.d) festgelegte Funktion, die bei Verbindung von Ausgang j mit Eingang i sowohl am Eingang i als auch am Ausgang j auftritt. Falls einfache Reihenkopplung auftritt, ist $\lambda(z, p') = g_j(z, p')$. Wir zeigen die Richtigkeit der Behauptung.

Aus (2.20.e) folgt

$$f'(z, p') = f\big(z, p_1, \ldots, p_{i-1}, \lambda(z, p'), p_{i+1}, \ldots, p_m\big). \tag{3.7.a}$$

Voraussetzungsgemäß ist wieder (3.5.a) erfüllt. Also ist

$$f'(z, p') = \Big(f_1\big(z_1, k_1\big(z, p_1, \ldots, p_{i-1}, \lambda(z, p'), p_{i+1}, \ldots, p_m\big)\big), \ldots,$$
$$\ldots, f_N\big(z_N, k_N(\ldots)\big)\Big).$$

Mit (3.6.) erhält man daraus

$$f'(z, p') = \Big(f_1\big(z_1, k_1'(z, p')\big), \ldots, f_N\big(z_N, k_N'(z, p')\big)\Big).$$

Da die Übertragungsfunktionen der Systemelemente unverändert bleiben, trifft (3.2.b) somit auf $\mathfrak{N}'$ zu.

Aus (2.20.f) folgt

$$g'(z, p') = \Big(g_1\big(z, p_1, \ldots, p_{i-1}, \lambda(z, p'), p_{i+1}, \ldots, p_m\big), \ldots,$$
$$\ldots, g_{j-1}(\ldots), g_{j+1}(\ldots), \ldots, g_n(\ldots)\Big). \tag{3.7.b}$$

Voraussetzungsgemäß ist wieder (3.5.b) erfüllt. Ausgang j gehöre zum System S_a. Dann ist wegen (2.17.d, h)

$$g_{a0}\big(z_a, k_a(z, p)\big) = \Big(g_{a1}\big(z_a, k_a(z, p)\big), \ldots, g_{a\mu}\big(z_a, k_a(z, p)\big), \ldots,$$
$$g_{an_a}\big(z_a, k_a(z, p)\big)\Big).$$

Es sei Ausgang μ von S_a der Ausgang j von $\mathfrak{N}$, der mit Eingang i von $\mathfrak{N}$ nach Axiom 4 gekoppelt wird. Dann ist $g_j(z, p) = g_{a\mu}\big(z_a, k_a(z, p)\big)$. Mit $\bar{g}_{a0}\big(z_a, k_a(z, p)\big) = \Big(g_{a1}\big(z_a, k_a(z, p)\big), \ldots, g_{a,\mu-1}(\ldots), g_{a,\mu+1}(\ldots), \ldots, g_{an_a}(\ldots)\Big)$ kann geschrieben werden:

$$g_{a0}\big(z_a, k_a(z, p)\big) = \Big(\bar{g}_{a0}\big(z_a, k_a(z, p)\big), g_j(z, p)\Big)$$
$$g(z, p) = \Big(g_{10}\big(z_1, k_1(z, p)\big), \ldots, \bar{g}_{a0}\big(z_a, k_a(z, p)\big), g_j(z, p), \ldots,$$
$$\ldots, g_{N0}\big(z_N, k_N(z, p)\big)\Big).$$

Mit (3.7. b) folgt weiter

$$g'(z, p') = \Big(g_{10}\big(z_1, k_1(z, p_1, \ldots, p_{i-1}, \lambda(z, p'), p_{i+1}, \ldots, p_m)\big), \ldots,$$

$$\ldots, \tilde{g}_{a0}\,\big(z_a, k_a(\ldots), \ldots, g_{N0}(z_N, k_N(\ldots))\big)$$

und mit (3.6.)

$$g'(z, p') = \Big(g_{10}\big(z_1, k_1'(z, p')\big), \ldots, \tilde{g}_{a0}\big(z_a, k_a'(z, p')\big)\;, \ldots,$$

$$\ldots, g_{N0}\big(z_N, k_N'(z, p')\big)\Big).$$

Damit (3.2. c) zutrifft für $\mathfrak{N}'$, muß sein:

$$g'(z, p') = \Big(g_{10}'\big(z_1, k_1'(z, p')\big), \ldots, g_{N0}'\big(z_N, k_N'(z, p')\big)\Big).$$

Es ist aber $g_{i0}' = g_{i0}$ für alle $i \in I_0 \setminus \{a\}$, dagegen für $i = a$ wegen (2.20. f): $g_{a0}' = \tilde{g}_{a0}$. Demnach ist (3.2. c) erfüllt und Satz 3.2. damit vollständig bewiesen.

Die Abbildung k aus Satz 3.2. ist der abstrakte Ausdruck der im System bestehenden Kopplungen und damit auch Ausdruck der komplexen Komposition des Netzwerks aus allgemeinen dynamischen Systemen. Wir werden sie daher als Kompositionsfunktion bezeichnen. Abb. 3.2. zeigt zwei Veranschaulichungen der Netzwerkbeschreibung mittels Kompositionsfunktion, die man als grafische Netzmodelle verstehen kann.

In analytischer Form kann das Netzwerk nun durch Hinzunahme der Familie M von allgemeinen dynamischen Systemen, aus denen es besteht, und der Kompositionsfunktion k beschrieben werden. In dieser Beschreibung ist neben der globalen Beschreibung des Netzwerks als allgemeines dynamisches System seine lokale Beschreibung der inneren Vorgänge eingeschlossen. Wir wollen sie, weil hierbei die lokale Beschreibung in den Vordergrund tritt, als lokale Netzwerkbeschreibung bezeichnen. Wir unterscheiden also zwei Formen der Netzwerkbeschreibung:

a) Globale Netzwerkbeschreibung: $\mathfrak{N} = (A, X, B, Y, Z, T, f, g)$.

b) Lokale Netzwerkbeschreibung: $\mathfrak{N} = (A, X, B, Y, Z, T, f, g, M, k)$ mit $M = (S_i)_{i \in I_0}$ und $S_i = (A_i, X_i, B_{i0}, Y_{i0}, Z_i, T, f_i, g_{i0})$.

Abschließend sollen noch einige Beispiele von Kompositionsfunktionen angegeben werden. Zunächst erkennt man durch Vergleich der Gleichungen (2.25. c, d), (2.26. c, d), (2.30. b, c) und (2.33) mit (3.5. a, b), daß die im Kapitel 2 beschriebenen Grundkompositionen Netzwerke mit folgenden Kompositionsfunktionen sind.

a) Direktes Produkt: $k = (k_1, k_2)$ mit $k_1(z_1, z_2, p_1, p_2) = p_1$ (3.8. a)

$$k_2(z_1, z_2, p_1, p_2) = p_2 \qquad (3.8.\text{b})$$

b) Parallelkomposition:

$$k = (k_1, k_2) \quad \text{mit} \quad k_1(z_1, z_2, p) = p, \tag{3.9.a}$$

$$k_2(z_1, z_2, p) = p. \tag{3.9.b}$$

c) Serienkomposition:

$$k = (k_1, k_2) \quad \text{mit} \quad k_1(z_1, z_2, p) = p \tag{3.10.a}$$

$$k_2(z_1, z_2, p) = g_1(z_1, p) \tag{3.10.b}$$

d) Rückkopplungskomposition: $k(z, p_1) = \big(p_1, \lambda(z, p_1)\big)$. (3.11)

Für das in Abb. 2.1. dargestellte System sind die Verhältnisse schon erheblich komplizierter. Es sei angenommen, daß die Netzwerkaxiome erfüllt sind.

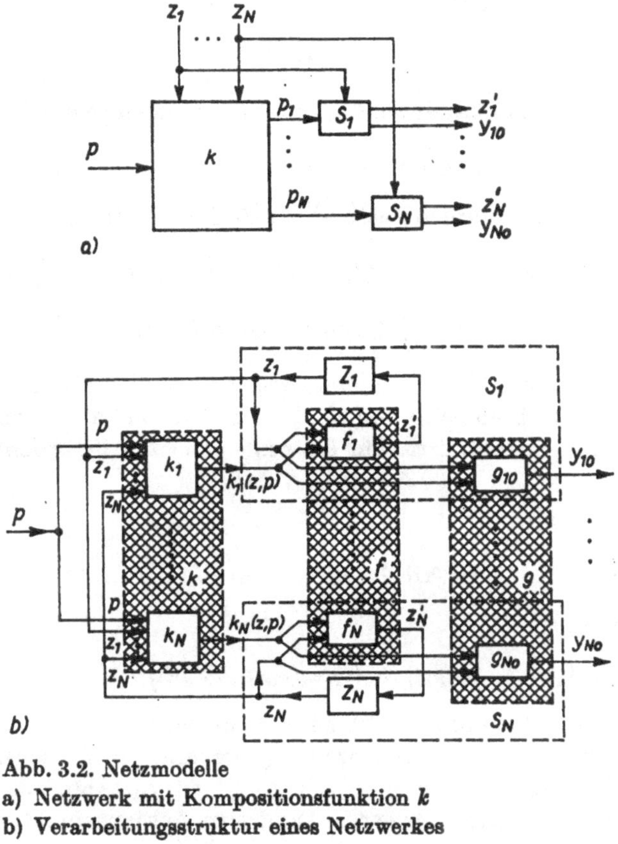

Abb. 3.2. Netzmodelle
a) Netzwerk mit Kompositionsfunktion k
b) Verarbeitungsstruktur eines Netzwerkes

Z_1, Z_2, Z_3 seien die Zustandsmengen der drei Systeme. Am zweiten Eingang von System S_1 steht nach Herstellung der Kopplung mit dem dritten Ausgang von S_3 (Netzwerksaxiom 4 und Rückkopplungsfall!) eine Funktion $y_{33} = \lambda(z_1, z_2, z_3, p_1)$. Die Überführungs- bzw. Ergebnisfunktion kann dann durch iteratives Vorgehen erhalten werden und ist gegeben durch:

$$\begin{aligned} f(z_1, z_2, z_3, p_1) = \Big(&f_1(z_1, p_1, \lambda(z_1, z_2, z_3, p_1)), f_2\big(z_2, g_{11}(z_1, p_1, \\ &\lambda(\ldots)), g_{12}(\ldots)\big), f_3\big(z_3, g_{22}(z_2, g_{11}(z_1, p_1, \\ &\lambda(\ldots)), g_{12}(\ldots)), g_{23}(\ldots)\big)\Big), \\ g(z_1, z_2, z_3, p_1) = \Big(&g_{13}(z_1, p_1, \lambda(\ldots)), g_{21}\big(z_2, g_{11}(z_1, p_1, \lambda(\ldots)), \\ &g_{12}(\ldots)\big), g_{31}\big(z_3, g_{22}(z_2, g_{11}(\ldots), g_{12}(\ldots)), \\ &g_{23}(\ldots)\big), g_{32}(\ldots)\Big). \end{aligned}$$

Demzufolge ist $k = (k_1, k_2, k_3)$ durch folgende Gleichungen gegeben:

$$k_1(z_1, z_2, z_3, p_1) = \big(p_1, \lambda(z_1, z_2, z_3, p_1)\big), \tag{3.12.a}$$

$$k_2(z_1, z_2, z_3, p_1) = \big(g_{11}(z_1, p_1, \lambda(\ldots)), g_{12}(z_1, p_1, \lambda(\ldots))\big), \tag{3.12.b}$$

$$\begin{aligned} k_3(z_1, z_2, z_3, p_1) = \Big(&g_{22}\big(z_2, g_{11}(z_1, p_1, \lambda(\ldots)), g_{12}(z_1, p_1, \\ &\lambda(\ldots))\big), g_{23}(z_2, g_{11}(\ldots), g_{12}(\ldots))\Big). \end{aligned} \tag{3.12.c}$$

Die vorherrschende Struktur der Serienkomposition wird besonders deutlich, wenn man auf der rechten Seite von (3.12.) die Abbildungen k_i verwendet. $k_1(z_1, z_2, z_3, p_1)$ bleibt unverändert. Für die beiden anderen Funktionen erhält man:

$$\begin{aligned} &k_2(z_1, z_2, z_3, p_1) \\ &= \big(g_{11}(z_1, k_1(z_1, z_2, z_3, p_1)), g_{12}(z_1, k_1(z_1, z_2, z_3, p_1))\big), \end{aligned} \tag{3.13.a}$$

$$\begin{aligned} &k_3(z_1, z_2, z_3, p_1) \\ &= \big(g_{22}(z_2, k_2(z_1, z_2, z_3, p_1)), g_{23}(z_2, k_2(z_1, z_2, z_3, p_1))\big). \end{aligned} \tag{3.13.b}$$

Aus den Gleichungen (3.12) bzw. (3.13) kann man deutlich erkennen, daß die Kompositionsfunktion auch die Beschreibung der inneren Variablen liefert, in unserem Beispiel also die von y_{11}, y_{12}, y_{22}, y_{23} und y_{33}. Abb. 3.3. zeigt die Verarbeitungsstruktur dieses Netzwerks. Die freien Ausgangsfunktionen sind in diesem Beispiel gegeben mit $g_{10} \equiv g_{13}$, $g_{20} \equiv g_{21}$, $g_{30} \equiv (g_{31}, g_{32})$. Die lokale Netzwerkbeschreibung werden wir im weiteren bei der Untersuchung der Isomorphie von Netzwerken verwenden.

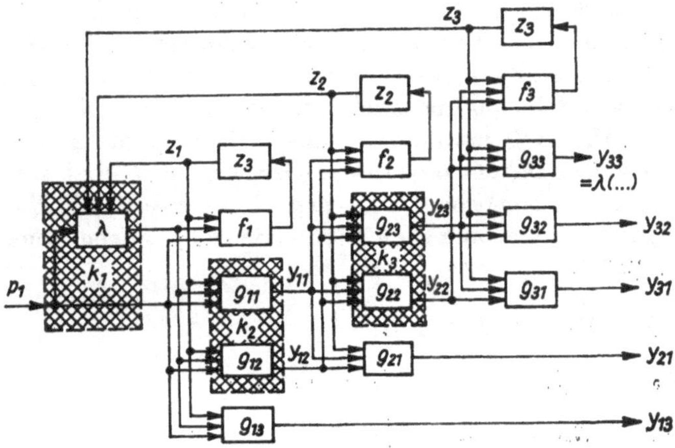

Abb. 3.3. Netzwerkmodell des Systems von Abb. 2.1. unter Verwendung einer Kompositionsfunktion $k = (k_1, k_2, k_3)$

3.3. Isomorphie

Die globale Beschreibung von Netzwerken als allgemeine dynamische Systeme erlaubt die Anwendung der Aussagen über Isomorphie und Homomorphie solcher Systeme aus Abschnitt 1.2. auf Netzwerke. Für den inneren Aufbau der Netzwerke müssen sich aber natürlich zusätzliche Aussagen ergeben, die das lokale Verhalten betreffen. Dies wollen wir im weiteren untersuchen und betrachten dabei zunächst ein Beispiel.

Gegeben seien zwei Netzwerke $\mathfrak{N} = (A, X, B, Y, Z, T, f, g)$ und $\mathfrak{N}' = (A', X', B', Y', Z', T, f', g')$. $\mathfrak{N}$ sei die Parallelkomposition zweier (zeitinvarianter) allgemeiner dynamischer Systeme S_1, S_2, $\mathfrak{N}'$ sei die Serienkomposition zweier solcher Systeme S_1', S_2'. Wir nehmen an, daß $\mathfrak{N}$ und $\mathfrak{N}'$ (X, Y, Z)-isomorph sind, d. h., daß ein $H = (h_A, h_X, h_B, h_Y, h)$ mit den bijektiven Abbildungen $h_A : A \to A'$, $h_X : X \to X'$, $h_B : B \to B'$, $h_Y : Y \to Y'$, $h : Z \to Z'$ existiert, welche die Bedingungen (1.75) erfüllen. Daß ein solcher (X, Y, Z)-Isomorphismus existieren muß, folgt aus den Überlegungen zur Komposition und Dekomposition allgemeiner dynamischer Systeme. Weil $\mathfrak{N}$ Parallelkomposition zweier Systeme ist, ist es selbst wieder allgemeines dynamisches System

(Folgerung 2.4., Satz 3.1.). Nach Satz 2.12. kann dann diese Parallelkomposition als parallele Dekomposition des Systems aufgefaßt werden, und es existieren die im Satz 2.12. geforderten Relationen R_1, R_2. Diese erlauben aber zugleich auch eine serielle Dekomposition des zur Parallelkomposition von S_1, S_2 isomorphen Systems S nach Satz 2.14., die ihrerseits ebenfalls isomorph zu S ist. Nun ist unmittelbar einzusehen, daß die Isomorphismusrelation in der Menge der allgemeinen dynamischen Systeme transitiv ist, d. h., wenn zwei Systeme S, S' isomorph sind und zwei Systeme S', S'' ebenfalls, so sind auch S, S'' isomorph. Und weil sowohl die parallele Dekomposition von S wie die entsprechende serielle Dekomposition von S isomorph zu S sind, sind sie demnach auch zueinander isomorph. Daraus folgt, daß es zwei (X, Y, Z)-isomorphe Netzwerke $\mathfrak{N}$, $\mathfrak{N}'$ der angenommenen Art und den zugehörigen Isomorphismus H gibt. Nach (2.26), (2.30) ist:

$$\begin{aligned} f(z, p) &= \big(f_1(z_1, p), f_2(z_2, p)\big), \\ f'(z', p') &= \big(f_1'(z_1', p'), f_2'\big(z_2', g_1'(z_1', p')\big)\big), \end{aligned} \tag{3.14.a}$$

$$\begin{aligned} g(z, p) &= \big(g_1(z_1, p), g_2(z_2, p)\big), \\ g'(z', p') &= g_2'\big(z_2', g_1'(z_1', p')\big). \end{aligned} \tag{3.14.b}$$

Andererseits ist nach (3.2):

$$f(z, p) = \big(f_1\big(z_1, k_1(z, p)\big), f_2\big(z_2, k_2(z, p)\big)\big), \tag{3.15.a}$$

$$g(z, p) = \big(g_1\big(z_1, k_1(z, p)\big), g_2\big(z_2, k_2(z, p)\big)\big), \tag{3.15.b}$$

$$f'(z', p') = \big(f_1'\big(z_1', k_1'(z', p')\big), f_2'\big(z_2', k_2'(z', p')\big)\big), \tag{3.15.c}$$

$$g'(z', p') = \big(g_2'\big(z_2', k_2'(z', p')\big)\big). \tag{3.15.d}$$

Voraussetzungsgemäß ist $h\big(f(z, p)\big) = f'\big(h(z), h_X(p)\big)$ und $h_Y\big(g(z, p)\big) = g'\big(h(z), h_X(p)\big)$. Mit $h(z) = z' = (z_1, z_2)$ sind auch zwei Funktionen h_1, h_2 derart definiert, daß $h(z) = \big(h_1(z), h_2(z)\big)$ mit $h_1(z) = z'$, $h_2(z) = z'$ ist (vgl. KLAUA [2] S. 107). Demnach ist:

$$\begin{aligned} h\big(f(z, p)\big) &= \Big(h_1\big(f(z, p)\big), h_2\big(f(z, p)\big)\Big) \\ &= f'\big(h_1(z), h_2(z), h_X(p)\big) \\ &= \Big(f_1'\big(h_1(z), h_X(p)\big), f_2'\Big(h_2(z), g_1'\big(h_1(z), h_X(p)\big)\Big)\Big) \qquad \text{(wegen (3.14.a))} \\ h_Y\big(g(z, p)\big) &= g_2'\Big(h_2(z), g_1'\big(h_1(z), h_X(p)\big)\Big). \qquad \text{(wegen (3.14.b))} \end{aligned}$$

Durch Vergleich der letzten beiden Gleichungen mit (3.15.c, d) erkennt man, daß gilt:

$$k_1'(h(z), h_X(p)) = h_X(p),$$

$$k_2'(h(z), h_X(p)) = g_1'(h_1(z), h_X(p)).$$

Weil $\mathfrak{N}$ Parallelkomposition von S_1, S_2 ist, gelten (3.9.a, b). Also:

$$k_1'(h(z), h_X(p)) = h_X(k_1(z, p)), \tag{3.16.a}$$

$$k_2'(h(z), h_X(p)) = g_1'\big(h_1(z), h_X(k_1(z, p))\big). \tag{3.16.b}$$

Die Gleichungen (3.16) zeigen, daß infolge (X, Y, Z)-Isomorphie von $\mathfrak{N}$ und $\mathfrak{N}'$ bestimmte Beziehungen zwischen den Kompositionsfunktionen beider Netzwerke bestehen, die man offenbar mittels geeigneter Abbildungen allgemein ausdrücken kann. Es möge

$$X_{\mathfrak{N}} = \{(k_1(z, p), \ldots, k_N(z, p)) \mid z \in Z, p \in X\} \tag{3.17.a}$$

$$X'_{\mathfrak{N}'} = \{(k_1'(z', p'), \ldots, k'_{N'}(z', p')) \mid z' \in Z', p' \in X'\} \tag{3.17.b}$$

die Menge der Eingangsfunktionen aller N Systemelemente von $\mathfrak{N}$ bzw. aller N' Systemelemente von $\mathfrak{N}'$ bezeichnen, die im jeweiligen Netzwerk auftreten können. Dann läßt sich eine Abbildung φ: $Z \times X_{\mathfrak{N}} \to Z' \times X'_{\mathfrak{N}'}$ definieren, so daß gilt:

$$\begin{aligned} &\varphi(z, k_1(z, p), \ldots, k_N(z, p)) \\ &= \big(h(z), k_1'(h(z), h_X(p),) \ldots, k'_{N'}(h(z), h_X(p))\big). \end{aligned} \tag{3.18.a}$$

Durch φ sind wieder Abbildungen $\varphi_i : Z \times X_{\mathfrak{N}} \to X_i'$ $(i = 1, \ldots, N')$ festgelegt, für die gilt:

$$\varphi_i(z, k_1(z, p), \ldots, k_N(z, p)) = k_i'(h(z), h_X(p)). \tag{3.18.b}$$

Durch φ bzw. φ_i wird in gewisser Weise die Transformation der Kompositionsfunktion des Netzwerkes $\mathfrak{N}$ in die Kompositionsfunktion des Netzwerkes $\mathfrak{N}'$ festgelegt, wenn beide isomorph zueinander sind. Für das Beispiel erhält man:

$$\varphi_1(z, k_1(z, p), k_2(z, p)) = h_X(k_1(z, p)), \tag{3.19.a}$$

$$\varphi_2(z, k_1(z, p), k_2(z, p)) = g_1'\big(h_1(z), h_X(k_1(z, p))\big). \tag{3.19.b}$$

Die Abbildungen φ_i sind eindeutig, aber nicht umkehrbar eindeutig, wie man unmittelbar aus (3.18) erkennen kann. Abb. 3.4. zeigt eine Veranschaulichung der Zusammenhänge.

In Verallgemeinerung der vorangegangenen Betrachtungen wollen wir einen Isomorphiebegriff für Netzwerke definieren, der φ-Isomorphie heißen soll.

Definition 3.2. Seien $\mathfrak{N}$, $\mathfrak{N}'$ zwei (X, Y, Z)-isomorphe Netzwerke über M, M'. Dann heißt eine Abbildung $\varphi : Z \times X_{\mathfrak{N}} \to Z' \times X'_{\mathfrak{N}'}$ mit

$$\varphi\big(z, k_1(z, p), \ldots, k_N(z, p)\big) = \big(h(z), k_1'\big(h(z), h_X(p)\big), \ldots, k'_{N'}\big(h(z), h_X(p)\big)\big) \tag{3.18. a}$$

für alle $(z, p) \in Z \times X$ ein φ-Isomorphismus von $\mathfrak{N}$ auf $\mathfrak{N}'$, und $\mathfrak{N}'$ heißt φ-isomorph zu $\mathfrak{N}$. $\mathfrak{N}$, $\mathfrak{N}'$ heißen φ-isomorph, wenn gilt:

$$\varphi^{-1} \cdot \varphi = \mathrm{id}_{Z \times X_{\mathfrak{N}}}.$$

$X_{\mathfrak{N}}$, $X'_{\mathfrak{N}'}$ sind hierbei durch (3.17) festgelegt.

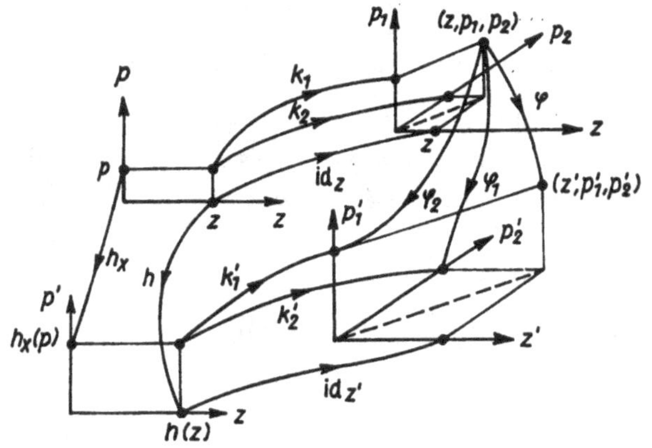

Abb. 3.4. Veranschaulichung der Abbildungsbeziehungen von zwei (X, Y, Z)-isomorphen Netzwerken

Wenn man zusätzlich zu der Abbildung φ von Definition 3.2. mit der Eigenschaft (3.18. a) noch folgende Abbildungen definiert:

$$\xi : Z \times X \to Z \times X_{\mathfrak{N}} \quad \text{mit} \quad \xi(z, p) = \big(z, k(z, p)\big), \tag{3.20. a}$$

$$\xi' : Z' \times X' \to Z' \times X'_{\mathfrak{N}'} \quad \text{mit} \quad \xi'(z', p') = \big(z', k'(z', p')\big), \tag{3.20. b}$$

$$\psi : Z \times X \to Z' \times X' \quad \text{mit} \quad \psi(z, p) = \big(h(z), h_X(p)\big), \tag{3.20. c}$$

wobei $k(z, p) = \big(k_1(z, p), \ldots, k_N(z, p)\big)$ und $k'(z', p') = \big(k_1'(z', p'), \ldots, k'_{N'}(z', p')\big)$ ist, dann lassen sich die Abbildungsbeziehungen eines zu einem Netzwerk $\mathfrak{N}$

φ-isomorphen Netzwerkes $\mathfrak{N}'$ durch das in Abb. 3.5. dargestellte kommutative Diagramm repräsentieren. In diesem Diagramm sind die vertikalen Abbildungen h_Y, h, h_X bijektiv wegen des vorliegenden (X, Y, Z)-Isomorphismus, die Abbildungen ξ und ξ' der rechten Hälfte dagegen eindeutig, aber i. allg. weder bijektiv noch injektiv. Die Abbildung ψ ist bijektiv, wie aus (3.20.c) zu erkennen ist. Die Eigenschaften von φ werden durch die nachfolgenden Betrachtungen deutlich werden. Daß das Diagramm auch in der rechten Hälfte kommutativ ist, folgt aus den Definitionen. Für beliebige $(z, p) \in Z \times X$ gilt:

$$\xi'(\psi(z, p)) = \xi'(h(z), h_X(p)) \qquad \text{(wegen (3.20.c))}$$

$$= (h(z), k'(h(z), h_X(p)), \qquad \text{(wegen (3.20.b))}$$

$$\varphi(\xi(z, p)) = \varphi(z, k(z, p)) \qquad \text{(wegen (3.20.a))}$$

$$= (h(z), k'(h(z), h_X(p))). \qquad \text{(wegen (3.18.a))}$$

Also ist $(\xi'\psi)(z, p) = (\varphi\xi)(z, p)$ für beliebige $(z, p) \in Z \times X$ erfüllt und das Diagramm kommutativ.

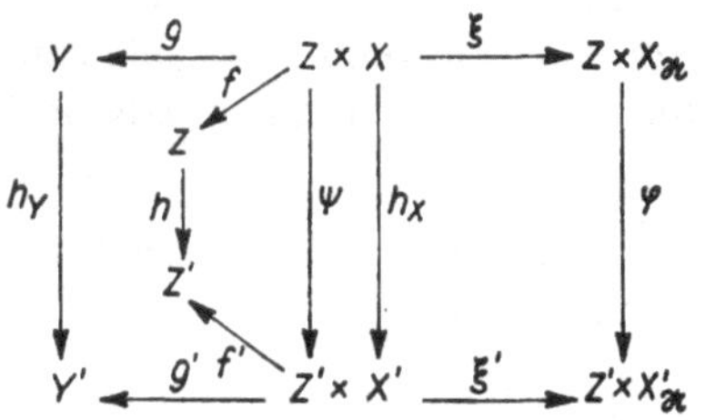

Abb. 3.5.

Satz 3.3. Zwei (X, Y, Z)-isomorphe Netzwerke $\mathfrak{N}$, $\mathfrak{N}'$ sind φ-isomorph.

Der Satz besagt, daß zu zwei (X, Y, Z)-isomorphen Netzwerken stets ein bijektiver φ-Isomorphismus φ von $\mathfrak{N}$ auf $\mathfrak{N}'$ und ein bijektiver φ-Isomorphismus $\varphi' = \varphi^{-1}$ von $\mathfrak{N}'$ auf $\mathfrak{N}$ existiert.

Beweis. Zunächst ist die nach (3.18.a) definierte Funktion φ eindeutig. Das ist der Fall, wenn für beliebige verschiedene Bilder bei φ auch die zugehörigen Urbilder voneinander verschieden sind. Mit s, $\underline{s} \in Z \times X_{\mathfrak{N}}$ ist $\varphi(s) \neq \varphi(\underline{s})$, wenn wenigstens ein Element aus dem Tupel $\varphi(s) = (h(z), k_1'(h(z), h_X(p)), \ldots, k_{N'}'(h(z), h_X(p)))$ verschieden von dem entsprechenden Element des Tupel $\varphi(\underline{s})$ ist. Sei $z' \neq z''$ mit $h(z) = z'$, $h(\underline{z}) = z''$. Dann muß wegen der Bijektion h $z \neq \underline{z}$ sein und somit $\varphi(s) \neq \varphi(\underline{s}) \Rightarrow s \neq \underline{s}$. Sei $p' \neq p''$ und $k_i'(z', p') \neq k_i'(z', p'')$ für ein beliebiges $i \in I_0'$. Dann ist wegen der Bijektion h_X mit $h_X(p) = p'$,

$h_X(\underline{p}) = p''$ auch $p \neq \underline{p}$. Dann muß es aber wenigstens ein k_i geben mit $k_i(z, p) \neq k_i(z, \underline{p})$. Also ist φ eindeutig.

φ ist injektiv, wenn $\varphi(s) = \varphi(\underline{s}) \Rightarrow s = \underline{s}$ gilt. Sei $\varphi(s) = \varphi(\underline{s})$:

$$\big(h(z), k_1'\big(h(z), h_X(p)\big), \ldots, k'_{N'}\big(h(z), h_X(p)\big)\big)$$
$$= \big(h(\underline{z}), k_1'\big(h(\underline{z}), h_X(\underline{p})\big), \ldots, k'_{N'}\big(h(\underline{z}), h_X(\underline{p})\big)\big).$$

Wegen der Bijektion h muß $z = \underline{z}$ sein. Ferner muß für alle $i \in J_0'$ gelten:

$$k_i'\big(h(z), h_X(p)\big) = \big(k_i'h(z), h_X(\underline{p})\big).$$

Sei $p \neq \underline{p}$. Dann muß wegen $h_X(p) \neq h_X(\underline{p})$ sein

$$k_i'\big(h(z), p'\big) = k_i'\big(h(z), p''\big), \qquad \forall i \in J_0'.$$

Dies kann für alle i aber nicht erfüllt sein. Also muß bei $k_i'\big(h(z), h_X(p)\big) = k_i'\big(h(z), h_X(p)\big)$ für alle $i \in I_0'$, $p = \underline{p}$ sein. Demnach ist φ injektiv.

Schließlich ist φ surjektiv. Das kann unmittelbar aus den Definitionen eingesehen werden. Damit ist φ eine Bijektion von $Z \times X_{\mathfrak{N}}$ auf $Z' \times X'_{\mathfrak{N}'}$. Demzufolge existiert φ^{-1} und ist ebenfalls Bijektion. Daraus folgt $\varphi^{-1} \cdot \varphi = \mathrm{id}_{Z \times X_{\mathfrak{N}}}$.

Die φ-Isomorphie benötigt eine Abbildung von $Z \times X_{\mathfrak{N}}$ auf $Z' \times X'_{\mathfrak{N}'}$, um eine Zuordnung der inneren Vorgänge der Netzwerke zu erreichen. Wir definieren jetzt eine andere Art der Isomorphie, die eine unmittelbare Zuordnung der Mengen $X_{\mathfrak{N}}$ und $X'_{\mathfrak{N}'}$ ermöglicht.

Definition 3.3. Seien $\mathfrak{N}$, $\mathfrak{N}'$ zwei (X, Y, Z)-isomorphe Netzwerke über M, M'. Dann heißt eine surjektive Abbildung

$$\pi : X_{\mathfrak{N}} \to X'_{\mathfrak{N}'}.$$

mit

$$\pi\big(k_1(z, p), \ldots, k_N(z, p)\big) = \big(k_1'\big(h(z), h_X(p)\big), \ldots, k_N'\big(h(z), h_X(p)\big)\big) \tag{3.21}$$

für alle $(z, p) \in Z \times X$ ein π-Isomorphismus von $\mathfrak{N}$ auf $\mathfrak{N}'$. $\mathfrak{N}'$ heißt π-isomorph zu $\mathfrak{N}$. $\mathfrak{N}$, $\mathfrak{N}'$ heißen π-isomorph, wenn:

$$\pi^{-1} \cdot \pi = \mathrm{id}_{X_{\mathfrak{N}}}$$

$X_{\mathfrak{N}}$, $X_{\mathfrak{N}'}$ sind hierbei durch (3.17) festgelegt.

Aus der Definition folgt unmittelbar, daß z. B. die serielle Komposition zweier Systeme zu einer Parallelkomposition von zwei Systemen nicht π-isomorph sein kann. Für die Parallelkomposition gilt nach (3.9): $k(z, p) = (p, p)$. Für die Serienkomposition gilt nach (3.10): $k'(z', p') = \big(p', g_1'(z_1', p)\big)$. Aus der Definition 3.3. folgt aber, daß allgemein gilt:

$$k_i'\big(h(z), h_X(p)\big) = \pi_i\big(k(z, p)\big), \tag{3.22}$$

wobei π_i die Projektion von π auf die i-te Komponente von $p' = (p_1', \ldots, p'_{N'})$ ist, d. h. aber, daß $k_i'(h(z), h_X(p))$ nur von $k(z, p)$ abhängig ist, falls π-Isomorphie vorliegt. Weil im Falle der Parallelkomposition $k(z, p) = (p, p)$ ist, müßte in der seriellen Komposition $k_i'(z', p')$ allein von p bzw. $h_X(p)$ abhängen. Das ist aber für $k_2'(h(z), h_X(p)) = g_1'(h_1(z), h_X(p))$ nicht der Fall, und folglich existiert kein π-Isomorphismus von der Parallel- auf die Serienkomposition.

Satz 3.4. Seien $\mathfrak{N}$, $\mathfrak{N}'$ zwei (X, Y, Z)-isomorphe Netzwerke über M, M' von (zeitinvarianten) allgemeinen dynamischen Systemen. $\mathfrak{N}'$ ist dann und nur dann π-isomorph zu $\mathfrak{N}$, wenn für beliebige z, $\underline{z} \in Z$, $p \in X$ mit $z \neq \underline{z}$ gilt:

$$k(z, p) = k(\underline{z}, p) \Rightarrow k'(h(z), h_X(p)) = k'(h(\underline{z}), h_X(p)). \tag{3.23}$$

Beweis. 1. Es muß gezeigt werden, daß bei Gültigkeit von (3.23) die nach (3.21) konstruierte Abbildung eindeutig und surjektiv ist. Mit (3.23) folgt zunächst:

$$\pi(k(z, p)) = (k_1'(h(z), h_X(p)), \ldots, k'_{N'}(h(z), h_X(p))),$$
$$\pi(k(\underline{z}, p)) = (k_1'(h(\underline{z}), h_X(p)), \ldots, k'_{N'}(h(\underline{z}), h_X(p))).$$

Wegen $k(z, p) = k(\underline{z}, p)$ ist die Abbildung π dann eindeutig, wenn (3.23) erfüllt ist. Daß π auch surjektiv ist und somit $W(\pi) = X_{\mathfrak{N}'}$ gilt, ergibt sich aus folgendem. Sei $(p_1', \ldots, p'_{N'}) \in X'_{\mathfrak{N}'}$ ein Element, das nicht Bild eines $(p_1, \ldots, p_N) \in X_{\mathfrak{N}}$ bei Anwendung von π ist. Dann müßte es wenigstens eine Komponente von $(p_1', \ldots, p'_{N'})$ geben, beispielsweise p_j', zu der kein $(z, p) \in Z \times X$ existiert, so daß $p_j' = k_j'(h(z), h_X(p))$ ist. Voraussetzungsgemäß (vgl. 3.17.b) ist aber $p_j' = k_j'(z', p')$, und weil h, h_X Bijektionen sind, gibt es kein z', das nicht Bild eines Elementes $z \in Z$ bei h ist, und kein p', das nicht Bild eines Elementes $p \in X$ bei h_X ist. Demnach kann es in $X'_{\mathfrak{N}'}$ kein Element geben, das nicht in $W(\pi)$ enthalten ist. Also ist π surjektiv.

2. Wir nehmen jetzt an, daß $\mathfrak{N}'$ π-isomorph zu $\mathfrak{N}$ ist, und zeigen die Gültigkeit von (3.23). Sei z, $\underline{z} \in Z$, $p \in X$ mit $z \neq \underline{z}$ und $k(z, p) = k(\underline{z}, p)$. Dann ist:

$$\pi(k_1(z, p), \ldots, k_N(z, p)) = (k_1'(h(z), h_X(p)), \ldots, k'_{N'}(h(z), h_X(p))),$$
$$\pi(k_1(\underline{z}, p), \ldots, k_N(\underline{z}, p)) = (k_1'(h(\underline{z}), h_X(p)), \ldots, k'_{N'}(h(\underline{z}), h_X(p))).$$

Wegen $k(z, p) = k(\underline{z}, p)$ ist somit:

$$(k_1'(h(z), h_X(p)), \ldots, k'_{N'}(h(z), h_X(p)))$$
$$= (k_1'(h(\underline{z}), h_X(p)), \ldots, k'_{N'}(h(\underline{z}), h_X(p))).$$

Damit ist der Satz 3.4. vollständig bewiesen.

Satz 3.5. Seien $\mathfrak{N}$, $\mathfrak{N}'$ zwei (X, Y, Z)-isomorphe Netzwerke über Familien M, M' von (zeitinvarianten) allgemeinen dynamischen Systemen mit der Eigenschaft

$$(\forall z, \underline{z} \in Z, p \in X) \left[k(z, p) = k(\underline{z}, p) \Rightarrow k'\big(h(z), h_X(p)\big) = k'\big(h(\underline{z}), h_X(p)\big)\right], \tag{3.24.a}$$

$$(\forall z', z'' \in Z', p' \in X') \left[k'(z', p') = k'(z'', p') \Rightarrow k\big(h^{-1}(z'), h_X^{-1}(p')\big) = k'\big(h^{-1}(z''), h_X^{-1}(p')\big)\right]. \tag{3.24.b}$$

Dann sind $\mathfrak{N}$, $\mathfrak{N}'$ π-isomorphe Netzwerke.

Beweis. Durch Satz 3.4. ist bewiesen worden, daß bei Gültigkeit von (3.24.a) $\mathfrak{N}'$ π-isomorph zu $\mathfrak{N}$ ist und daß bei Gültigkeit von (3.24.b) $\mathfrak{N}$ π-isomorph zu $\mathfrak{N}'$ ist. Bezeichnen wir den letztgenannten π-Isomorphismus mit π', so bleibt zu zeigen, daß $\pi' = \pi^{-1}$ ist. Es ist für alle $z' \in Z'$, $p' \in X'$:

$$\pi'\big(k_1'(z', p'), \ldots, k'_{N'}(z', p')\big) = \Big(k_1\big(h^{-1}(z'), h_X^{-1}(p')\big), \ldots, k_N\big(h^{-1}(z'), h_X^{-1}(p')\big)\Big). \tag{3.25.a}$$

Da diese Gleichung für alle $z' \in Z'$, $p' \in X'$ gilt, so auch für $z' = h(z)$ und $p' = h_X(p)$. Weil h, h_X Bijektionen sind, ist $h^{-1}\big(h(z)\big) = z$, $h_X^{-1}\big(h_X(p)\big) = p$ und somit

$$\pi'\Big(k_1'\big(h(z), h_X(p)\big), \ldots, k'_{N'}\big(h(z), h_X(p)\big)\Big) = \big(k_1(z, p), \ldots, k_N(z, p)\big). \tag{3.25.b}$$

Für die Verknüpfung der Abbildungen π, π' gilt für alle $z \in Z$, $z' \in Z'$, $p \in X$, $p' \in X'$:

$$\pi'\Big(\pi\big(k(z, p)\big)\Big) = \pi'\Big(k'\big(h(z), h_X(p)\big)\Big) = k(z, p), \qquad \text{(wegen 3.18.a, 3.25.b)}$$

$$\pi\Big(\pi'\big(k'(z', p')\big)\Big) = \pi\Big(k\big(h^{-1}(z'), h_X^{-1}(p')\big)\Big) \qquad \text{(wegen 3.25.a)}$$

$$= k'\Big(h\big(h^{-1}(z^1)\big), h_X\big(h_X^{-1}(p')\big)\Big) \qquad \text{(wegen 3.18.a)}$$

$$= k'(z', p').$$

Es ist demnach $\pi' \cdot \pi = \mathrm{id}_{Z \times X_{\mathfrak{N}}}$ und $\pi \cdot \pi' = \mathrm{id}_{Z' \times X'_{\mathfrak{N}'}}$. Nach einem Satz der Mengenlehre (Klaua [1], S. 65) ist danach sowohl π, wie auch π' bijektiv mit

$$\pi' = \pi^{-1} \quad \text{und} \quad \pi = (\pi')^{-1}.$$

Damit ist Satz 3.5. vollständig bewiesen.

Satz 3.6. Sei $\mathfrak{N}$ bzw. $\mathfrak{N}'$ ein Netzwerk über der Familie $M = (S_i)_{i\in I}$ bzw. $M' = (S_j')_{j\in I'}$ von (zeitinvarianten) allgemeinen dynamischen Systemen. Sei $\eta: I \to I'$ eine solche bijektive Abbildung, daß $S'_{\eta(i)} \in M'$ für alle $i \in I$ (X, Y, Z)-isomorph zu S_i ist. Dann sind $\mathfrak{N}$ und $\mathfrak{N}'$ genau dann (X, Y, Z)-isomorph, wenn für alle $i \in I$ gilt:

1. $h_{iX}: X_i \to X'_{\eta(i)}$ hat mit $p_i = (p_{i0}, p_{ik})$ die Eigenschaft:

$$h_{iX}(p_{i0}, p_{ik}) = \big(h_{iX0}(p_{i0}), h_{iXk}(p_i)\big) = (p'_{\eta(i)_0}, p'_{\eta(i)_k}) \tag{3.26.a}$$

p_{i0} bzw. $p'_{\eta(i)_0}$ bezeichnet die freien, p_{ik} bzw. $p'_{\eta(i)_k}$ die gekoppelten Eingänge von S_i bzw. $S'_{\eta(i)}$.

2. $h_{iY}: Y_i \to Y'_{\eta(i)}$ hat die Eigenschaft:

$$h_{iY}(y_{i0}, y_{ik}) = \big(h_{iY0}(y_{i0}), h_{iYk}(y_i)\big) = (y'_{\eta(i)_0}, y'_{\eta(i)_k}) \tag{3.26.b}$$

y_{i0} bzw. $y'_{\eta(i)_0}$ bezeichnet die freien, y'_{ik} bzw. $y'_{\eta(i)_k}$ die gekoppelten Ausgänge von S_i bzw. $S'_{\eta(i)}$.

3. Es existiert eine bijektive Abbildung $\gamma_i: \mathfrak{Z}_i \to \mathfrak{Z}'_{\eta(i)}$ mit den Eigenschaften:

a) $\gamma_i\big([(z_1, \ldots, z_N, p_{10}, \ldots, p_{N0})]_i\big)$

$$= \Big[\big(h_1(z_1), \ldots, h_N(z_N), h_{1X0}(p_{10}), \ldots, h_{NX0}(p_{N0})\big)\Big]_i\Big) \tag{3.26.c}$$

b) $$\gamma_i = \beta_i'^{-1} h_{iX} \beta_i \tag{3.26.d}$$

für alle $[(z, p)]_i \in \mathfrak{Z}_i$, $[(z', p')]_{\eta(i)} \in \mathfrak{Z}'_{\eta(i)}$ · $\mathfrak{Z}_i$ bezeichnet hierbei die Zerlegung von $Z \times X$ modulo der von der zu S_i gehörenden Abbildung k_i induzierten Äquivalenzrelation R_i in $Z \times X$. $\mathfrak{Z}'_{\eta(i)}$ bezeichnet die analoge Zerlegung für das isomorphe System $S'_{\eta(i)}$. α_i bezeichne die kanonische Abbildung von $Z \times X$ auf $\mathfrak{Z}_i$. β_i ist eine injektive Abbildung von $\mathfrak{Z}_i$ in X_i derart, daß $k_i = \beta_i \alpha_i$ ist. $\alpha'_{\eta(i)}$, $\beta'_{\eta(i)}$, $k'_{\eta(i)}$ bezeichnet die analogen Größen für $S'_{\eta(i)}$.

Beweis. 1. Es seien die Bedingungen (3.26) erfüllt. Dann muß die Existenz eines Tupels $H = (h_A, h_X, h_A, h_Y, h)$ von bijektiven Abbildungen mit der Eigenschaft (1.75) gezeigt werden. Zunächst folgt aus der Existenz von η, daß $\operatorname{card} I = \operatorname{card} I'$ ist. Durch geeignete Umnumerierung in M' kann erreicht werden, daß $\eta(i) = i$ für alle $i \in I$ gilt. Wir wollen vereinfachend annehmen, daß dies geschehen ist. Die Existenz des Tupels H beweisen wir, indem wir die gewünschten Bijektionen konstruieren und zeigen, daß sie die geforderten Eigenschaften haben.

$h: Z \to Z'$.

Wir definieren h auf folgende Weise. Mit $Z = Z_1 \times \cdots \times Z_N$, $Z' = Z_1' \times \cdots \times Z_N'$ und $h_i: Z_i \to Z_i'$ für alle $i \in I$ wird festgelegt:

$$h(z_1, \ldots, z_N) = \big(h_1(z_1), \ldots, h_N(z_N)\big). \tag{3.27.a}$$

h ist offensichtlich injektiv, da h_i für alle $i \in I$ voraussetzungsgemäß bijektiv ist. Außerdem ist h surjektiv. Gäbe es nämlich in Z' einen Zustand, der nicht Bild eines Zustandes $z \in Z$ wäre, so müßte es wenigstens ein System $S_i' \in M'$ geben, dessen Zustandsmenge einen Zustand enthält, der nicht Bild eines Zustands des isomorphen Systems in M bei Anwendung von h_i ist. Das kann aber nicht sein, weil h_i bijektiv ist. Also ist die nach (3.27.a) definierte Abbildung injektiv und surjektiv und somit auch bijektiv.

$h_X: X \to X'$.

Wir definieren h_X auf folgende Weise. Mit $D(p_{10}) = D(p_{20}) = \cdots = D(p_{N0})$ ist

$$h_X(p_{10}, \ldots, p_{N0}) = \big(h_{1X0}(p_{10}), \ldots, h_{NX0}(p_{N0})\big). \tag{3.27.b}$$

Da h_{iX} für alle $i \in I$ voraussetzungsgemäß bijektiv ist, ist es auch h_{iX0}. Folglich ist auch h_X nach (3.27.b) bijektiv.

$h_A: A \to A'$.

h_A wird folgendermaßen festgelegt:

$$h_A\big(p(t)\big) = h_X(p)\,(t) \text{ für alle } p \in X,\ t \in D(p). \tag{3.27.c}$$

Für die Abbildung h_A gilt dann mit (3.27.b):

$$\begin{aligned} h_A\big(p(t)\big) &= \big(h_{1X0}(p_{10})\,(t), \ldots, h_{NX0}(p_{N0})\,(t)\big) \\ &= \big(h_{1A}\big(p_{10}(t)\big), \ldots, h_{NA}\big(p_{N0}(t)\big)\big) \quad \text{(lt. Voraussetzung).} \end{aligned}$$

Alle h_{iA} ($i \in I$) sind voraussetzungsgemäß bijektiv, also auch h_A.

$h_Y: Y \to Y'$.

Wir legen h_Y auf folgende Weise fest. Mit $D(y_{10}) = D(y_{20}) = \cdots = D(y_{N0})$ ist

$$h_Y(y_{10}, \ldots, y_{N0}) = \big(h_{1Y0}(y_{10}), \ldots, h_{NY0}(y_{N0})\big). \tag{3.27.d}$$

h_{iY} ist für alle $i \in I$ voraussetzungsgemäß bijektiv, also auch h_{iY0}. Somit ist auch h_Y nach (3.27.d) bijektiv.

$h_B: B \to B'$.

h_B wird wie folgt definiert:

$$h_B\big((yt)\big) = h_Y(y)\,(t) \text{ für alle } y = (y_{10}, \ldots, y_{N0}) \in Y,\ t \in D(y). \tag{3.27.e}$$

Für h_B gilt mit (3.27.d):

$$h_B(y(t)) = (h_{1Y0}(y_{10})(t), \ldots, h_{NY0}(y_{N0})(t))$$
$$= (h_{1B}(y_{10}(t)), \ldots, h_{NB}(y_{N0}(t))) \quad \text{(lt. Voraussetzung)}$$

Alle h_{iB} ($i \in I$) sind voraussetzungsgemäß bijektiv, folglich auch h_B. Damit ist das Tupel H eindeutig festgelegt. Wir müssen nun zeigen, daß die Eigenschaften (1.75) gelten.

(1.75.d, e): $D(h_X(p)) = D(p)$ ist nach (3.27.b) erfüllt, wenn für beliebige $i \in I$ $D(h_{iX0}(p_{i0})) = D(p_{i0})$ ist. Das ist aber voraussetzungsgemäß der Fall, weil h_{iX} Bestandteil des Isomorphismus H_i von S_i auf S_i' ist. Andererseits ist $D(h_Y(y)) = D(y)$ gemäß (3.27.d) erfüllt, wenn für alle $i \in I$ $D(h_{iY0}(y_{i0})) = D(y_{i0})$ ist. Auch dies ist voraussetzungsgemäß der Fall, weil h_{iY} ebenfalls Bestandteil des Isomorphismus H_i ist.

(1.75.f, g): Die Eigenschaften folgen unmittelbar aus den Definitionen (3.27.c, e).

(1.75.h): Es muß $h(f(z, p)) = f'(h(z), h_X(p))$ gelten. Es ist

$$h(f(z, p)) = h(f_1(z_1, k_1(z, p)), \ldots, f_N(z_N, k_N(z, p))) \quad \text{(wegen 3.2.b)}$$
$$= (h_1(f_1(z_1, k_1(z, p))), \ldots, h_N(f_N(z_N, k_N(z, p)))) \quad \text{(wegen 3.27.a)}$$
$$= (f_1'(h_1(z_1), h_{1X}(k_1(z, p))), \ldots, f_N'(h_N(z_N), h_{NX}(k_N(z, p)))). \tag{3.28.a}$$

(3.28.a) folgt aus der Voraussetzung, daß S_i, S_i' (X, Y, Z)-isomorph sind ($i = 1, \ldots, N$). Andererseits ist wegen (3.b): 2.

$$f'(h(z), h_X(p)) = (f_1'(h_1(z_1), k_1'(h(z), h_X(p))), \ldots,$$
$$\ldots, f_N'(h_N(z_N), k_N'(h(z), h_X(p)))).$$

Demnach ist (1.75.h) erfüllt, wenn für alle $i \in I$ und beliebige $(z, p) \in Z \times X$ gilt:

$$h_{iX}(k_i(z, p)) = k_i'(h(z), h_X(p)). \tag{3.28.b}$$

Mit (3.27.a, b) ist

$$k_i'(h(z), h_X(p)) = k_i'(h_1(z_1), \ldots, h_N(z_N), h_{1X0}(p_{10}), \ldots, h_{NX0}(p_{N0})). \tag{3.28.c}$$

Andererseits ist wegen (3.26.d) $h_{iX} = \beta_i'\gamma_i\beta_i^{-1}$ und somit

$$h_{iX}\big(k_i(z, p)\big) = (\beta_i'\gamma_i\beta_i^{-1})\,\big(k_i\,(z, p)\big)$$

$$= \big(\beta_i'\gamma_i(\beta_i^{-1}(k_i(z, p))\big)$$

$$= \beta_i'\big(\gamma_i([z, p]_i)\big) \qquad \text{(wegen } \alpha_i = \beta_i^{-1}k_i)$$

$$= \beta_i'\Big(\big[\big(h_1(z_1), \ldots, h_N(z_N), h_{1X0}(p_{10}), \ldots, h_{NX0}(p_{N0})\big)\big]_i\Big) \qquad \text{(wegen (3.26.c))}$$

$$= k_i'\big(h_1(z_1), \ldots, h_N(z_N), h_{1X0}(p_{10}), \ldots, h_{NX0}(p_{N0})\big). \qquad (3.28.\text{d})$$

(3.28.d) folgt aus $k' = \beta_i'\alpha_i$. Der Vergleich von (3.28.c) mit (3.28.d) zeigt Übereinstimmung. Demnach ist (3.28.b) erfüllt.

(1.75.i): Es muß $h_Y\big(g(z, p)\big) = g'\big(h(z), h_X(p)\big)$ für alle $z \in Z$, $p \in X$ gelten. Es ist:

$$h_Y\big(g(z, p)\big) = h_Y\Big(g_{10}\big(z_1, k_1(z, p)\big), \ldots, g_{N0}\big(z_N, k_N(z, p)\big)\Big) \quad \text{(wegen (3.2.c))}$$

$$= \Big(h_{1Y0}\big(g_{10}(z_1, k_1(z, p)\big), \ldots, h_{NY0}\big(g_{N0}(z_N, k_N(z, p)\big)\Big) \qquad \text{(wegen (3.27.d))}$$

$$= \Big(g_{10}'\big(h_1(z_1), h_{1X}(k_1(z, p))\big), \ldots, g_{N0}'\big(h_N(z_N), h_{NX}(k_N(z, p))\big)\Big).$$

Die letzte Gleichung folgt aus der Voraussetzung, daß S_i, S_i' (X, Y, Z)-isomorph sind ($i \in I$) und aus (3.26.b). Andererseits ist

$$g'\big(h(z), h_X(p)\big)$$

$$= \Big(g_{10}'\big(h_1(z_1), k_1'(h(z), h_X(p))\big), \ldots, g_{N0}'\big(h_N(z_N), k_N'(h(z), h_X(p))\big)\Big)$$

wegen (3.2.c). Demnach ist auch (1.75.i) erfüllt, wenn (3.28.b) für alle $i \in I$ und beliebige $(z, p) \in Z \times X$ gilt. Das wurde aber bereits bewiesen.

2. Wir nehmen jetzt an, daß die beiden Netzwerke mit ihren paarweise (X, Y, Z)-isomorphen Systemen auch (X, Y, Z)-isomorph sind und zeigen, daß dann die Gleichungen (3.26) gelten. Vereinfachend nehmen wir wieder an, daß S_i' das zu S_i (X, Y, Z)-isomorphe System ist, d. h., daß die Elemente in M' entsprechend numeriert sind.

Voraussetzungsgemäß ist $h\big(f(z, p)\big) = f'\big(h(z), h_X(p)\big)$. Mit $f(z, p) = \Big(f_1\big(z_1, k_1(z, p)\big), \ldots, f_N\big(z_N, k_N(z, p)\big)\Big)$ und $f'(z', p') = \Big(f_1'\big(z_1', k_1'(z', p')\big), \ldots, f_N'\big(z_N', k_N'(z', p')\big)\Big)$ ist also:

$$h\big(f(z, p)\big)$$

$$= \Big(f_1'\big(h^1(z), k_1'(h(z), h_X(p))\big), \ldots, f_N'\big(h^N(z), k_N'(h(z), h_X(p))\big)\Big).$$

Hierbei ist $h(z) = (h^1(z), \ldots, h^N(z))$ als Schreibweise für die Abbildung von z auf die Komponenten von $h(z)$ verwendet worden. Da nun für alle $i \in I$ gilt, daß $h_i: Z_i' \to Z_i'$, $h_{iX}: X_i \to X_i'$ bijektiv existieren, muß zunächst $h_i(z) = h^i(z_1, \ldots, z_i, \ldots, z_N) = h_i(z_i)$ sein. Ferner muß $h_{iX}(k_i(z, p)) = k_i'(h(z), h_X(p))$ für alle $(z, p) \in Z \times X$ umkehrbar eindeutig sein. Das bedeutet, daß für alle (z^*, p^*) mit $k_i(z^*, p^*) = k_i(z, p)$ auch $k_i'(h(z^*), h_X(p^*)) = k_i'(h(z), h_X(p))$ sein muß. Es muß also zu jeder Zerlegungsklasse $([z, p])_i \in \mathfrak{Z}_i$ genau eine Zerlegungsklasse $[(z', p')]_i \in \mathfrak{Z}_i'$ mit $([z', p'])_i = [(h(z), h_X(p))]_i$ geben. Wäre nämlich bei $(z^*, p^*) \in ([z, p])_i$ $(h(z^*), h_X(p^*)) \notin [(h(z), h_X(p))]_i$, so wäre h_{iX} nicht eindeutig. Wäre aber $(z^*, p^*) \notin [(z, p)]_i$ und $(h(z^*), h_X(p^*)) \in [(h(z), h_X(p))]_i$, so wäre h_{iX} nicht injektiv. Außerdem kann es in $\mathfrak{Z}_i'$ keine Zerlegungsklasse $([z', p')]_i$ geben, für die gilt, daß z' kein Bild eines Zustandes $z \in Z$ und p' kein Bild einer Eingangsfunktion $p \in X$ ist, denn h und h_X sind voraussetzungsgemäß Bijektionen. Es folgt, daß eine bijektive Abbildung $\gamma_i: \mathfrak{Z}_i \to \mathfrak{Z}_i'$ mit den Eigenschaften $\gamma_i([(z, p)]_i) = [(h(z), h_X(p))]_i$ und $\gamma_i = \beta_i'^{-1} h_{iX} \beta_i$ für alle $i \in I$ existiert. Dabei ist auch (3.26.c) erfüllt, wenn $h(z) = (h_1(z_1), \ldots, h_N(z_N))$ und $h_X(p) = (h_{1X0}(p_{10}), \ldots, h_{NX0}(p_{N0}))$ gilt. Ersteres ist der Fall, wie oben gezeigt wurde. Die Gültigkeit der zweiten Gleichung ergibt sich aus folgendem.

Es sei $p_i \in X_i$ festgelegt durch $p_i = k_i(z, p) = (p_{i0}, k_{ik}(z, p))$ mit p_{i0} als freier Eingangsfunktion. Dann ordnet die Bijektion h_{iX} dem p_i eine Funktion $p_i' = h_{iX}(p_{i0}, k_{ik}(z, p)) \in X_i'$ zu. Angenommen, es ist $p_i' = (p_{i0}', p_{ik}')$. Dann ist $p_{i0}' = h_{iX0}(p_{i0}, k_{ik}(z, p))$, $p_{ik}' = h_{iXk}(p_{i0}, k_{ik}(z, p))$. Es ist folglich p_{i0}' nur dann unabhängig von z, wenn für alle $z^* \in Z$ gilt: $k_{ik}(z^*, p) = k_{ik}(z, p)$. Das ist aber i. allg. nicht der Fall. Deswegen muß $p_{i0}' = h_{iX0}(p_{i0})$ sein. Umgekehrt gilt mit der inversen Abbildung h_{iX}^{-1}: $p_i = h_{iX}^{-1}(p_{i0}', k_i'(z', p')) = (h_{iX0}^{-1}(p_{i0}', k_i'(z', p')), (h_{iXk}^{-1} p_{i0}', k_i'(z', p')))$. Auch jetzt kann p_{i0} nur dann unabhängig von z' sein, wenn gilt: $p_{i0} = h_{iX0}^{-1}(p_{i0}')$. Wenn wir nun annehmen, daß S_i' keine freien Eingänge besitzt, dann muß es ein anderes System mit freien Eingangsfunktionen geben, z. B. S_j', so daß sich die freien Eingangsfunktionen von S_i auf die freien Eingangsfunktionen von S_j' umkehrbar eindeutig abbilden lassen. Sei ξ_i diese Abbildung und $\xi_i(p_{i0}) = p_{j0}'$. Das isomorphe System S_j darf nun aber keine freien Eingänge besitzen, denn sonst würde ein p_{j0} existieren mit $p_{j0} = h_{jX0}^{-1}(\xi_i(p_{i0}))$. Es würde also eine umkehrbar eindeutige Zuordnung zwischen p_{j0} und p_{i0} existieren, bei deren Anwendung beide Abbildungen ξ_i und h_{jX} das gleiche Bildelement liefern. Für alle anderen Kombinationen $(\underline{p}_{i0}, \underline{p}_{j0})$ trifft das nicht zu, und damit ist h_X nicht eindeutig, was im Widerspruch zur Voraussetzung steht. Weil also S_j keine freien Eingangsfunktionen besitzt, ist $p_{j0}' = h_{jX0}(k_j(z, p))$. Also muß sein:

$$\xi_i(p_{i0}) = h_{jX0}(k_j(z, p_{10}, \ldots, p_{i0}, \ldots, p_{N0})). \tag{3.29.a}$$

$k_j(z, p)$ muß demnach unabhängig von $(z, p_{10}, \ldots, p_{i-1,0}, p_{i+1,0}, \ldots, p_{N0})$ sein, und wir können schreiben: $k_j(z, p_{10}, \ldots, p_{N0}) = k_j^*(p_{i0})$. Dies bedeutet aber weiter, daß k_j^* sogar injektiv sein muß, damit (3.29.a) erfüllt ist. Da nun aber keine Voraussetzungen über die Natur der Kopplung in $\mathfrak{N}$ gemacht wurden, könnte dieser Fall nur ausnahmsweise eintreten, aber nicht im allgemeinen zutreffen. Also muß das zu S_i (X, Y, Z)-isomorphe System S_i' über freie Eingänge verfügen, wenn das bei S_i der Fall ist und umgekehrt.

Es bleibt die Gültigkeit von (3.26.b) zu zeigen. Voraussetzungsgemäß existiert h_Y mit $h_Y(g(z, p)) = g'(h(z), h_X(p))$. Mit $g(z, p) = \big(g_{10}(z_1, k_1(z, p)), \ldots, g_{N0}(z_N, k_N(z, p))\big)$ und $g'(z', p') = \big(g'_{10}(z_1', k_1'(z', p')), \ldots, g'_{N0}(z_N', k_N'(z', p')\big)$ ist:

$$h_Y(g(z, p)) = \Big(g'_{10}\big(h_1(z_1), k_1'(h(z), h_X(p))\big), \ldots,$$
$$g'_{N0}\big(h_N(z_N), k_N'(h(z), h_X(p))\big)\Big). \qquad (3.29.\text{b})$$

Andererseits existiert für alle $i \in I$ die Bijektion $h_{iY} : Y_i \to Y_i'$ mit

$$h_{iY}\big(g_i(z_i, k_i(z, p))\big) = g_i'\big(h_i(z_i), h_{iX}(k_i(z, p))\big).$$

Mit $g_i'\big(h_i(z_i), h_{iX}(k_i(z, p))\big) = \Big(g'_{i0}\big(h_i(z_i), h_{iX}(k_i(z, p))\big), g'_{ik}(\ldots)\Big)$ und $g_i(z_i, k_i(z, p)) = \big(g_{i0}(z_i, k_i(z, p)), g_{ik}(\ldots)\big)$ wird

$$h_{iY}\big(g_{i0}(z_i, k_i(z, p)), g_{ik}(\ldots)\big)$$
$$= \Big(g'_{i0}\big(h_i(z_i), k_i'(h(z), h_X(p))\big), g'_{ik}(\ldots)\Big).$$

Also ist

$$h_{iY0}\big(g_{i0}(\ldots), g_{ik}(\ldots)\big) = g'_{i0}\big(h_i(z_i), k_i'(h(z), h_X(p))\big)$$
$$= h_Y{}^i\Big(g_{10}(z_1, k_1(z, p)), \ldots, g_{N0}(z_N, k_N(z, p))\Big). \qquad (\text{wegen } 3.29.\text{b})$$

Hierbei bezeichnet $h_Y{}^i$ eine Abbildung der freien Ausgangsgrößen von $\mathfrak{N}$ auf die freie Ausgangsgröße von S_i' in $\mathfrak{N}'$, d. h., $h_Y{}^i$: $Y \to Y'_{i0}$. Sei $(z, p^*) \in [(z, p)]_i$ und $(z, p^*) \notin [(z, p)]_j$ für alle $j \in I$ mit $j \neq i$. Dann ist $k_i(z, p^*) = k_i(z, p)$ und $k_j(z, p^*) \neq k_j(z, p)$ für $j \in I$ und $j \neq i$. Also ist $g_{i0}(z_i, k_i(z, p^*)) = g_{i0}(z_i, k_i(z, p))$ und $g_{ik}(z_i, k_i(z, p^*)) = g_{ik}(z_i, k_i(z, p))$, somit $h_{iY0}\big(g_{i0}(z_i, k_i(z, p^*)), g_{ik}(\ldots)\big) = h_{iY0}\big(g_{i0}(z_i, k_i(z, p)), g_{ik}(\ldots)\big)$. Andererseits ist $g_{j0}(z_j, k_j(z, p^*)) = g_{j0}(z_j, k_j(z, p))$ für $j \in I$ mit $j \neq i$ nicht allgemein erfüllt. Demnach kann $h_{iY0}\big(g_{i0}(z_i, k_i(z, p^*)\big) = h_Y{}^i\big(g_{10}(z_1, k_1(z, p)), \ldots, g_{N0}(z_N, k_N(z, p))\big)$ nur erfüllt sein, wenn für $h_Y{}^i$ gilt: $h_Y{}^i\big(g_1(\ldots), \ldots, g_N(\ldots)\big) = \underline{h}_Y{}^i\big(g_{i0}(z_i, k_i(z, p))\big)$. Also ist $h_{iY0}\big(g_{i0}(z_i, k_i(z, p)), g_{ik}(\ldots)\big)$

$= \underline{h}_Y{}^i(g_{i0}(z_i, k_i(z, p)))$, d. h. von g_{ik} unabhängig und (3.26. b) somit erfüllt. Damit ist Satz 3.6. vollständig bewiesen.

Wir schließen damit die Betrachtungen über Netzwerke ab. Es ist natürlich offenkundig, daß weitere Untersuchungen in der eingeschlagenen Richtung sowohl über die Isomorphie von Netzwerken als auch über den Zusammenhang von Eigenschaften des Netzwerkes mit denen seiner Systemelemente möglich sind. Würde man sie durchführen, käme man voraussichtlich zu einem tieferen Verständnis der strukturellen Zusammenhänge und Abhängigkeiten. In dem hier gegebenen Rahmen kann dies nicht geschehen.

4. Anwendungsaspekte

Wenn man den in der Einleitung skizzierten Gedanken über die verschiedenen Aspekte der Theorie allgemeiner dynamischer Systeme folgt, dann darf die Aufgabe ihrer Anwendung nicht zu eng gesehen werden und nicht nur unter einem Aspekt. Man muß auch sagen, daß ihr Wert bis zu einem gewissen Grade in sich selbst ruht, indem sie allgemeine Zusammenhänge formuliert und damit den stärker anwendungsorientierten Forschungen gewisse Grundorientierungen zur Verfügung stellt und indem sie außerdem eine gemeinsame Sprachgrundlage für viele mit der Systemforschung befaßten Disziplinen schafft, die verbindend, integrierend und rationalisierend wirkt. Das setzt natürlich voraus, daß sich die Theorie der allgemeinen dynamischen Systeme gegenüber den speziellen Systemtheorien überhaupt durchzusetzen und Anerkennung zu verschaffen vermag. Dazu muß ihre Verbindung mit diesen Theorien hergestellt werden, und dies gilt vor allem für die wichtigen, mit Differentialsystemen befaßten systemtheoretischen Disziplinen. Wir wollen im weiteren der Einfachheit halber zusammenfassend von der Theorie der Differentialsysteme sprechen, obwohl es, strenggenommen, eine einheitliche Theorie der Differentialsysteme nicht gibt und dieses Gebiet eigentlich genauer zu unterscheiden ist nach linearen, bilinearen, analytischen Differentialsystemen usw.

Um die Theorie der allgemeinen dynamischen Systeme mit der Theorie der Differentialsysteme zu verbinden, müssen zunächst die Modellzusammenhänge herausgestellt werden, also die Möglichkeiten des Überganges von dem allgemeinen Systemmodell zu den reicher strukturierten Modellen der Differentialsysteme bzw. umgekehrt. Sodann ist die Transformation solcher Aussagen der allgemeinen Theorie in die Sprache der Differentialsysteme erforderlich, die nicht selbst durch Verallgemeinerungen von Ergebnissen über solche Systeme gewonnen worden sind. Nur dabei kann sich ihr praktischer Nutzen für spezielle Systemklassen erweisen.

Bei der Transformation von Ergebnissen der allgemeinen Systemtheorie in den Bereich der Differentialsysteme treten zwei Fälle auf. Einerseits kann eine allgemeine Aussage durch eine entsprechende Konkretisierung mittels geeigneter mathematischer Strukturen zur direkten Anwendbarkeit führen, also zu Lösungsmethoden für bestimmte Probleme u. dgl. Andererseits wird es häufig erforderlich sein, nicht nur zu konkretisieren, sondern zugleich auch unter Zuhilfenahme der neu eingeführten mathematischen Strukturen konstruktive Verfahren hinzuzufügen, um Lösungsmethoden zu finden. Dies gilt immer dann, wenn die Aussagen der allgemeinen Theorie Existenzaussagen sind, die etwas über die Existenz bestimmter Systeme oder Systemeigenschaften aussagen. Als ein Beispiel für den erstgenannten Fall behandeln wir in diesem Abschnitt eine Anwendung des Dekompositionstheorems für parallele Dekomposition.

Neben der Anwendung in traditionellen Systemtheorien kommt der Theorie allgemeiner dynamischer Systeme u. E. vor allem auch Bedeutung zu für die Behandlung von Systemproblemen in den Fällen, wo die analytischen Methoden der klassischen Theorien überhaupt versagen, weil die vorliegenden Verhältnisse die Einführung der erforderlichen mathematischen Strukturen gar nicht erlauben. Wir wollen solche Systeme als schwach strukturierte Systeme bezeichnen. Es ist einleuchtend, daß eine diesen Systemen angemessene Systemtheorie mit einem ebenfalls schwach strukturierten Systemkonzept arbeiten muß. Gerade dies ist ja aber in der Theorie allgemeiner dynamischer Systeme der Fall. Schwach strukturierte Systeme finden sich im organisatorisch-technischen Bereich, in der Projektierung, in der Technologie, in der Planung und Leitung und in manchen nicht-technischen Bereichen. Entsprechende Systemprobleme treten auch auf bei der Globalbeschreibung von Systemzusammenhängen großer Systeme, komplexer technologischer Prozesse und beim Systementwurf großer Systeme der Produktions- oder Informationstechnik. Man kann vermuten, daß die allgemeine Systemtheorie in solchen Fällen vor allem methodologische Hinweise und auch Beschreibungsgrundlagen bei der Formalisierung der Systeme liefern kann, d. h. ihren hauptsächlichen Nutzen im Problemfeld der Modellierung besitzen wird. Sie kann damit dazu beitragen, die Probleme schärfer zu fassen, die bestehenden Abhängigkeiten und Wechselwirkungen besser aufzudecken und formalsprachliche Grundlagen für die weitergehende mathematische Durchdringung von Teilproblemen zu liefern. Sie wird dabei vor allem dazu dienen, die Gesamtzusammenhänge zu beschreiben und zu sichern, also den Systemcharakter des Ganzen herauszustellen, das ja gerade bei sehr komplexen und großen Systemen in der Gefahr ist, durch die Fülle der Teile und Einzelheiten und ihrer mathematischen Beschreibung aus dem Blick zu geraten und verloren zu gehen oder nicht erkannt bzw. angemessen berücksichtigt zu werden. Ob sich die Theorie allgemeiner dynamischer

Systeme in dieser Hinsicht zu bewähren vermag, wird sich zeigen, wenn sie bei der Lösung praktischer Probleme tatsächlich eingesetzt wird.

Ein dritter denkbarer Anwendungskomplex, den wir hier allerdings nicht behandeln, ist der Einsatz der Theorie zur Erschließung neuer, bisher wenig oder gar nicht erforschter Systemklassen. Das allgemeine Systemkonzept bietet eine gute Grundlage für die Systematisierung spezieller Systemklassen und damit auch für die Aufdeckung von unerforschten Klassen. Es ist natürlich nicht gesagt, daß eine solche Klasse nur deshalb studiert werden muß, weil sie noch unerforscht ist. Sicher wird nicht jede von ihnen praktisch bedeutsam sein. Aber gerade die zunehmende Bedeutung der schwach strukturierten Systeme läßt die Vermutung zu, daß man zur Durchdringung von Systemklassen wird fortschreiten müssen, die gewisse zusätzliche algebraische Grundstrukturen aufweisen, aber eben nicht die reichen analytischen Strukturen der physikalisch-technischen Systeme klassischer Art. Daß aber selbst für solche Systeme die Einführung neuer Systemklassen förderlich sein kann, geht aus den Arbeiten von Gössel u. a. zur Verallgemeinerung des Superpositionsprinzips deutlich genug hervor (Gössel [1], [2], [3], [4], Gössel/Pöschel [1], Steinmüller/Gössel [1]). Die in jüngster Zeit weltweit betriebene Erforschung nichtlinearer Systeme ist ebenfalls notwendig verbunden mit der Einführung neuer Systemklassen; denn es genügt ja nicht, Systeme negativ gegen andere abzugrenzen, sondern man muß auch bestimmte Eigenschaften einführen, die solche Systeme entweder wirklich oder näherungsweise besitzen und auf die man die weitere theoretische Durchdringung gründen kann. Auch hierbei mag die Theorie allgemeiner dynamischer Systeme nützlich sein, sei es methodologisch oder durch direkte Anwendung ihrer Ergebnisse. Die Zukunft wird zeigen, ob das der Fall ist.

Die Anwendung der Theorie allgemeiner dynamischer Systeme auf Differentialsysteme wirft zuerst die Frage nach dem Zusammenhang der entsprechenden Systemmodelle auf. Das heute übliche Modell des Differentialsystems ist das Zustandsraummodell. Wir zeigen im folgenden den Übergang vom allgemeinen dynamischen System zum Zustandsraummodell für Differentialsysteme. Dieses Problem ist von Wunsch behandelt und vom Autor auf den hier vorliegenden Systembegriff übertragen worden (Wunsch [1], S. 53f., Locke [4], S. 77ff.). Auch bei Kalman finden sich ähnliche Gedankengänge (Kalman/Arbib/Falb [1], S. 28f.). Wir geben den Zusammenhang in Form eines Satzes an.

Satz 4.1. Sei $S = (A, X, B, Y, Z, T, F, G)$ ein allgemeines dynamisches System mit folgenden Eigenschaften.

1. $T = \mathbb{R}$.
2. A, B, Z sind Euklidische Räume.

3. $X_{\bar{t}}$, $Y_{\bar{t}}$ sind für alle $\bar{t} \in T^+$ Banach-Räume (linear, normiert, vollständig), und es gilt für alle $p \in M$ mit $M \in \{X, Y\}$ und alle $s \in D(p)$ mit $s = t - t_0$:

a) $$\lim_{s \to +0} p_{(0,s]} = \{(+0, p(+0))\} \tag{4.1.a}$$

b) p ist stückweise stetig und differenzierbar in $D(p)$. (4.1.b)

c) $$p \in M \Rightarrow p_{(0,s]} \in M \text{ und } \nabla^s p_{(0,t_p-s]} \in M \tag{4.1.c}$$

d) $p \in M \Rightarrow p_0 \in M$ mit $p_0(s) = p(+0)$ für alle $s \in D(p)$. (4.1.d)

4. $Z \times X_{\bar{t}}$ ist für alle $\bar{t} \in T^+$ ein Banach-Raum mit der Norm

$$\|(z, p)\| = \|z\| + \|p\|. \tag{4.1.e}$$

5. f_{t_0} ist für alle $t_0 \in T$ eine stückweise stetige Abbildung des Produktraums $Z \times X$ in den Raum Z mit folgenden Eigenschaften

a) $$\lim_{h \to +0} f_{t_0}(z_0, p_{(0,h]}) = f_{t_0}\big(z_0, \{(+0, p(+0))\}\big) = z_0 \tag{4.1.f}$$

b) $f_{t_0}(z_0, p)$ ist differenzierbar nach t. (4.1.g)

c) $$\|f_{t_0}(z_0, p_{(0,h]}) - f_{t_0}(z_0, p'_{(0,h]})\| \leqq h\,|l(h)|\,\|p_{(0,h]} - p'_{(0,h]}\| \tag{4.1.h}$$

für alle $z_0 \in Z$, $p, p' \in X_{\bar{t}}$, $\bar{t} \in T^+$ und mit $|l(h)| < \infty$ für alle $0 \leqq h < \infty$.

6. g_{t_0} ist für alle $t_0 \in T$ stückweise stetige Abbildung des Produktraums $Z \times X$ in dem Raum Y mit der Eigenschaft:

$$\lim_{h \to +0} g_{t_0}(z_0, p_{(0,h]})\,(h) = g_{t_0}\big(z_0, \{(+0, p(+0))\}\big)(+0) = y(t_0). \tag{4.1.i}$$

Dann existieren zwei Funktionen $f\colon Z \times A \times T \to Z$ und $g\colon Z \times A \times T \to B$ mit folgenden Eigenschaften.

1. Für alle $z \in Z$, $x(t) \in A$, $t \in T$ gilt:

$$\frac{\mathrm{d}z(t)}{\mathrm{d}t} = f\big(z(t), x(t), t\big) \tag{4.2.a}$$

$$y(t) = g\big(z(t), x(t), t\big) \tag{4.2.b}$$

mit $y(t) \in B$.

2. $z(t) = f_{t_0}\big(z(t_0), p_{(0,s]}\big)$ ist eine Lösung der Differentialgleichung (4.2.a) und erfüllt (4.2.b), wobei $x(t) = p_{(0,s]}(s)$ ist, d. h., für beliebige $z(t_0) \in Z$,

$p \in X$ mit $p_{(0,s]} \in X$ gilt

$$\frac{\mathrm{d}f_{t_0}(z(t_0), p_{(0,s]})}{\mathrm{d}t} = f\big(f_{t_0}(z(t_0), p_{(0,s]}), p_{(0,s]}(s), t\big), \tag{4.2.c}$$

$$g_{t_0}(z(t_0), p_{(0,s]})(s) = g\big(f_{t_0}(z(t_0), p_{(0,s]}), p_{(0,s]}(s), t\big). \tag{4.2.d}$$

Erläuterung. Ehe wir den Beweis durchführen, wollen wir einige Erläuterungen voranstellen. Zunächst ist eine Bemerkung zur Schreibweise des Zustands notwendig. Es ist in den Gleichungen sowohl $z \in Z$ als auch $z(t)$ bzw. $z(t_0) \in Z$. Nun bezeichnet aber, strenggenommen, $z(t)$ den Wert einer Funktion z im Zeitpunkt t. z wird hier also in der Doppelbedeutung gebraucht, daß es einmal den Zustand selbst bezeichnet, andererseits eine Zeitfunktion, die ein Zeitintervall in die Zustandsmenge abbildet, die sog. Zustandstrajektorie in der Theorie zeitkontinuierlicher Systeme. Wir haben darauf verzichtet, für diese Zeitfunktion ein anderes Symbol einzuführen. Es geht jeweils aus dem Kontext hervor, ob mit z ein Zustand oder eine Trajektorie gemeint ist. $z(t)$ bezeichnet dagegen ausdrücklich den zum Zeitpunkt t bestehenden Zustand.

Die Mengen A, B, Z usw. sind als Räume festgelegt, d. h. als Mengen, deren Elemente gewissen Raumaxiomen unterworfen sind. Es sind also strukturierte Mengen. Die Abbildung $f_{t_0}\colon Z \times X \to Z$ heißt stetig in $Z \times X$, wenn sich für beliebige $\varepsilon > 0$ und jedes $(z, p), (z_0, p_0) \in Z \times X$ ein $\delta > 0$ so wählen läßt, daß gilt: $\|(z, p) - (z_0, p_0)\| < \varepsilon \Rightarrow \|z - z_0\| < \delta$. Hierbei bezeichnet $\|(z, p) - (z_0, p_0)\|$ die Norm des Banach-Raums $Z \times X$ und $\|z - z_0\|$ die Norm des Euklidischen Raums Z. Analoges gilt für die anderen Abbildungen.

Die Bedingung (4.1.a) schreibt vor, daß bei unbegrenzter Annäherung von s an den Nullpunkt $p_{(0,s]}$ einem Grenzwert zustrebt und für $s = +0$ den Funktionswert $p(+0)$ zugeschrieben bekommt. Das ist eine wichtige Voraussetzung für die Überführung der allgemeinen Systemgleichungen auf die Form (4.2.), die wir als kanonische Beschreibung bezeichnen wollen. $p(0)$ ist ja zunächst überhaupt nicht definiert, da $(0, t_p]$ links offen ist. Wir schreiben jetzt vor, daß für $+0$ der Funktionswert von p gelten soll, den die Funktion annimmt, wenn man von rechts in den Nullpunkt geht. Die Bedingung (4.1.b) entspricht den in der Praxis der Differentialsysteme verwendeten Funktionen. (4.1.c, d) sind für die Herleitung der kanonischen Beschreibung des dynamischen Verhaltens erforderlich, wie sich im Beweis zeigen wird. In (4.1.c) bezeichnet $V^s p_{(0,t_p-s]}$ das über $(s, t_p]$ definierte und in den Ursprung nach links verschobene Segment der Funktion p:

$$V^s p_{(0,t_p-s]}(s') = p(s' + s) \text{ für alle } s' \in (0, t_p - s).$$

Bedingung (4.1.c) sichert, daß der Raum $Z \times X_i$ vollständig und normiert ist, wenn das für die Räume Z, X_i zutrifft, was voraussetzungsgemäß der Fall ist. (4.1.f) legt die Existenz des Grenzwertes $\lim\limits_{h\to+0} f_{t_0}(\ldots)$ und seine Übereinstimmung mit dem Zustand $z(t_0)$ fest und steht in Übereinstimmung mit der Eigenschaft (1.19.b) des allgemeinen dynamischen Systems. (4.1.g) sichert die Existenz der Ableitung $f_{t_0}(z, p)$ nach t. Das bedeutet, daß für jedes $z_0 \in Z$, $p \in X$ eine differenzierbare Funktion $(t_0, t_0 + t_p] \to Z$, die wir auch einfach mit z bezeichnen, so existiert, daß $z(t) = f_{t_0}(z(t_0), p_{(0,s]})$ für alle $t \in (t_0, t_0 + t_p]$ gilt, wobei wieder der Zusammenhang $t - t_0 = s$ besteht. (4.1.h) erweist sich ebenfalls als notwendig für die Herleitung der kanonischen Beschreibung (4.2). Schließlich stellt (4.1.j) die Existenz eines Grenzwertes $\lim\limits_{h\to+0} g_{t_0}(\ldots)$ sicher und schreibt ihn der Ausgangsfunktion im Punkt t_0 zu. Es ist der Wert, den $y(t)$ annimmt, wenn man von rechts an den Nullpunkt herangeht. Hier besteht ein gewisser Unterschied zu (1.19.f) wonach $g_{t_0}(z, e) = e$ für $h = 0$ entsteht. (4.1.j) definiert dagegen den Funktionswert $y(t_0 + 0)$ als Grenzwert einer unbegrenzten Annäherung von h an den Nullpunkt. Wir beweisen nun Satz 4.1.

Beweis. Voraussetzungsgemäß existiert der Differentialquotient $\mathrm{d}z(t)/\mathrm{d}t$ und ist gegeben durch:

$$\frac{\mathrm{d}z(t)}{\mathrm{d}t} = \lim_{h\to+0} \frac{f_{t_0}(z(t_0), p_{(0,s+h]}) - z(t)}{h}$$
$$= \lim_{h\to+0} \frac{f_t(z(t), \nabla^s p_{(0,h]}) - z(t)}{h} \tag{4.3}$$

mit $z(t) = f_{t_0}(z(t_0), p_{(0,s]})$. Es sei nun der Sonderfall betrachtet, daß $\nabla^s p_{(0,h]} = \nabla^s p_{0(0,h]} = \{(\tau, \nabla^s p_{(0,h]}(+0)) \mid \in (0, h]\}$ ist, d. h. daß die Funktion im Intervall $(0, h]$ den Grenzwert von $\nabla^s p_{(0,h]}$ (h) für $h \to +0$ als Funktionswert besitzt und somit konstant ist. Dann ist $f_t(z(t), \nabla^s p_{0(0,h]})$ eindeutig durch t, h, $z(t)$, $\nabla^s p_{0(0h]}(+0)$ bestimmt, ebenso der Differenzenquotient in (4.3) und dessen Grenzwert. Es läßt sich folglich schreiben:

$$\lim_{h\to+0} \frac{f_t(z(t), \nabla^s p_{0(0,h]}) - z(t)}{h} = f(z(t), \nabla^s p_{(0,h]}(+0), t). \tag{4.4.a}$$

Damit erhält man folgende Gleichung:

$$\frac{\mathrm{d}z(t)}{\mathrm{d}t} - f(z(t), \nabla^s p_{(0,h]}(+0), t)$$
$$= \lim_{h\to+0} \frac{1}{h} \left[f_t(z(t), \nabla^s p_{(0,h]}) - f_t(z(t), \nabla^s p_{0(0,h]})\right]. \tag{4.4.b}$$

Wegen der Eigenschaft (4.1.h) ist

$$\left\| f_t\left(z(t),\, \nabla^s p_{(0,h]}\right) - f_t\left(z(t),\, \nabla^s p_{0(0,h]}\right) \right\| \leqq h\, |l(h)| \cdot \| \nabla^s p_{(0,h]} - \nabla^s p_{0(0,h]} \|.$$

Voraussetzungsgemäß ist $\lim\limits_{h \to +0} \nabla^s p_{(0,h]} = \lim\limits_{h \to +0} \nabla^s p_{0(0,h]}$ und somit ist $\lim\limits_{h \to +0} (\nabla^s p_{(0,h]} - \nabla^s p_{0(0,h]}) = \lim\limits_{h \to +0} \nabla^s p_{(0,h]} - \lim\limits_{h \to +0} \nabla^s p_{0(0,h]} = 0$ Nullelement des entsprechenden Raumes. Weil in linearen, normierten Räumen für die Norm eines Elementes m des Raumes gilt, daß $\|m\| = 0$ genau dann ist, wenn m das Nullelement des Raumes ist, gilt: $\lim\limits_{h \to +0} \nabla^s p_{(0,h]} - \nabla^s p_{0(0,h]}\| = 0$. Also ist:

$$\lim_{h \to +0} \frac{1}{h} \left\| \left[f_t\left(z(t),\, \nabla^s p_{(0,h]}\right) - f_t\left(z(t),\, \nabla^s p_{0(0,h]}\right) \right] \right\|$$

$$\leqq \lim_{h \to +0} |l(h)| \cdot \| \nabla^s p_{(0,h]} - \nabla^s p_{0(0,h]} \| = 0 \tag{4.5}$$

weil $\lim\limits_{h \to +0} |l(h)| < \infty$ ist. Demnach ist auch die linke Seite von (4.5) Null und der Ausdruck in der eckigen Klammer von (4.5), dividiert durch h, ebenfalls. Letzteres folgt aus der Eigenschaft eines linearen, normierten Raumes, daß für ein beliebiges Element a des Operatorbereiches K des Raums und ein beliebiges Element m des Raumes $\|am\| = |a| \cdot \|m\|$ gilt. Damit ist

$$\frac{1}{h} \left\| \left[f_t\left(z(t),\, \nabla^s p_{(0,h]}\right) - f_t\left(z(t),\, \nabla^s p_{0(0,h]}\right) \right] \right\|$$

$$= \left\| \frac{f_t\left(z(t),\, \nabla^s p_{(0,h]}\right) - f_t\left(z(t),\, \nabla^s p_{0(0,h]}\right)}{h} \right\|$$

und dieser Ausdruck wird für $h \to +0$ wegen (4.5) Null. Hieraus folgt weiter, daß in (4.4.b) die rechte Seite Null ist und daß demnach gilt:

$$\frac{\mathrm{d}z(t)}{\mathrm{d}t} = f\left(z(t),\, \nabla^s p_{(0,h]}(+0),\, t\right).$$

Nun ist aber $p(s) = p(t - t_0) = x(t)$ (vgl. 1.21.) und $\nabla^s p_{(0,h]}(+0) = p_{(0,s+h]}(s+0) = x(t+0)$ und somit $\nabla^s p_{(0,h]}(+0) = x(t+0)$. Also ist

$$\frac{\mathrm{d}z(t)}{\mathrm{d}t} = f\left(z(t),\, x(t),\, t\right). \tag{4.6.}$$

Dies ist die gesuchte Gleichung (4.2.a) mit der Funktion f.

Für die Ergebnisgröße folgt aus (4.1.i) sofort, daß $y(t)$ aus derselben Überlegung heraus vollständig durch $z(t)$, $x(t)$ und t bestimmt ist:

$$y(t) = \lim_{h\to+0} g_{t_0}\big(z(t_0), p_{(0,s+h]}\big)(s+h) \qquad \text{(wegen 1.22)}$$

$$= \lim_{h\to+0} g_t\big(z(t), \nabla^s p_{(0,h]}\big)(h) \qquad \text{(wegen 1.19.g)}$$

$$= g_t\big(z(t), \{(+0, \nabla^s p_{(0,h]}(+0))\}\big)(+0) \qquad \text{(wegen 4.1.i)}.$$

Also ist mit $\nabla^s p_{(0,h]}(+0) = x(t+0)$ und somit $y(t)$ eindeutig durch $z(t)$, $x(t)$ und t festgelegt. Also existiert eine Funktion g, so daß geschrieben werden kann

$$y(t) = g\big(z(t), x(t), t\big).$$

Damit sind die Gleichungen (4.2.a, b) hergeleitet worden. Sie beschreiben das dynamische Verhalten des Systems in kanonischer Form.

Daß $z(t) = f_{t_0}\big(z(t_0), p_{(0,s]}\big)$ die Differentialgleichung für beliebige $z \in Z$ und $p \in X$ mit $p_{(0,s]} \in X$ erfüllt, folgt unmittelbar aus der Beweisführung für die Herleitung von (4.2.a). Ebenso folgt (4.2.d) aus der Herleitung von (4.2.b). In beiden Fällen spielen die eingeführten Stetigkeitseigenschaften eine wesentliche Rolle, für f darüber hinaus noch die im Satz formulierten Differenzierbarkeitseigenschaften. Damit ist Satz 4.1. vollständig bewiesen.

Es ist naheliegend, nach der Umkehrung zu fragen, d. h. nach der Beschreibung eines durch eine Differentialgleichung dargestellten Differentialsystems als allgemeines dynamisches System. Wir nehmen an, es sei ein Differentialsystem durch eine Differentialgleichung

$$\frac{\mathrm{d}z(t)}{\mathrm{d}t} = f\big(z(t), x(t), t\big)$$

beschrieben. Dabei sollen $z \in Z^+$ und $x \in X^+$ sein, wo Z^+ eine Menge von Funktionen mit Definitionsbereich $\mathbb{R}^+ = [0, \infty)$ und Wertebereich $\mathbb{R}^q$ ist und X^+ eine Menge von Funktionen mit Definitionsbereich $\mathbb{R}^+$ und Wertebereich $\mathbb{R}^m$. f sei stetig bis auf endlich viele Punkte und erfülle bez. z eine Lipschitz-Bedingung. Dann existieren eindeutige Lösungen von (4.6). Die Funktionen z, x können i. allg. als stückweise stetig und differenzierbar angenommen werden.

Die Existenz eines durch ein solches Differentialgleichungssystem festgelegten allgemeinen dynamischen Systems beweisen wir hier nicht streng mathematisch und formulieren den Zusammenhang auch nicht als Satz, sondern begnügen uns damit, seine wesentlichen Konturen aufzuzeigen.

Zunächst taucht das Problem des Zusammenhangs auf zwischen Mengen beschränkter Eingangsfunktionen, wie sie bei allgemeinen dynamischen Systemen verwendet werden, und Mengen von unbeschränkten Funktionen, wie sie i. allg. bei Differentialsystemen auftreten. Dieses Problem ist von Ihle in einer Studie über den Vergleich verschiedener Systembegriffe untersucht worden (Ihle [1]). Wir übernehmen seine Ergebnisse.

Sei $\mathfrak{X}$ die Klasse der als Eingangsfunktionenmengen eines allgemeinen dynamischen Systems möglichen Mengen $X\big(X \in P(\mathscr{W}(T, A)),\ \mathfrak{X} \subseteq P(\mathscr{W}(T, A))\big)$. Für alle $X \in \mathfrak{X}$ wird angenommen, daß X Halbgruppe bez. der Verkettungsoperation ist und daß für alle $p \in X$ gilt: $p_{(0,s]} \in X$ und $V^s p_{(0,t_p-s]} \in X$. Andererseits sei $\mathfrak{X}^+$ die Klasse der Mengen unbeschränkter Eingangsfunktionen eines Differentialsystems: $\mathfrak{X}^+ \subseteq A^T$ mit $A^T = \{x \mid x : \mathbb{R}^+ \to A\}$. w sei eine Abbildung, die jeder Menge $X \in \mathfrak{X}$ eine Menge $X^+ \in \mathfrak{X}^+$ wie folgt zuordnet:

$$w\colon \mathfrak{X} \to P(A^T) \text{ mit } w(X) = X^+ = \{x \mid \forall\, t \in T^+ : x_{(0,t]} \in X\}.$$

v' sei eine Abbildung, die jeder Menge $X^+ \in P(A^T)$ eine Menge $X \subseteq \mathscr{W}(T, A)$ folgendermaßen zuordnet:

$$v'\colon P(A^T) \to P\big(\mathscr{W}(T, A)\big) \text{ mit } v'(X^+) = X = \overline{M}$$

$$M = \{p \mid (\exists\, x \in X^+, \exists\, t, t' \in T^+)\,(p = V^t x_{(t,t']})\}.$$

Hierin ist $x_{(t,t']}$ die Einschränkung von x auf das Intervall $(t, t']$ und $V^t x_{(t,t']}$ die nach links in das Intervall $(0, t' - t]$ verschobene Intervallfunktion $x_{(t,t']}$. $\overline{M} \subseteq \mathscr{W}(T, A)$ bezeichnet die Hülle von M bezüglich der Verkettungsoperation. Enthält X^+ nur Funktionen, die bis auf endlich viele Punkte für alle $t \in \mathbb{R}^+$ stetig und differenzierbar sind, so ist jedes $p \in v'(X^+)$ aus stückweise stetigen und differenzierbaren Intervallfunktionen zusammengesetzt und auf den Rändern i. allg. linksseitig stetig und differenzierbar. Legt man die Klasse $\mathfrak{X}^+$ wie folgt fest:

$$\mathfrak{X}^+ = \{X^+ \mid X^+ \subseteq A^T \wedge w\big(v'(X^+)\big) = X^+\} \tag{4.7}$$

und bezeichnet v die Einschränkung von v' auf $\mathfrak{X}^+$, d. h. $v\colon \mathfrak{X}^+ \to \mathfrak{X}$ mit $v(X^+) = v'(X^+)$ für alle $X^+ \in \mathfrak{X}^+$, so kann gezeigt werden, daß v eine bijektive Abbildung von $\mathfrak{X}^+$ auf $\mathfrak{X}$ und $v^{-1} = w$ ist (vgl. Locke/Ihle [3]). Jeder Menge X^+ aus $\mathfrak{X}^+$ ist also umkehrbar eindeutig eine Menge X aus $\mathfrak{X}$ zuordenbar. Der eingangs für das Differentialsystem festgelegten Menge X^+ entspricht demnach auch umkehrbar eindeutig eine Menge X, die Eingangsfunktionenmenge des gesuchten allgemeinen dynamischen Systems ist. Natürlich ist klar, daß für dieses System $A = \mathbb{R}^m$ sein muß, weil der Wertebereich der Funktionen $x \in X^+$ der m-dimensionale Raum $\mathbb{R}^m$ ist.

Wir müssen nun Zustandsmenge und Überführungsfunktion festlegen. Da der Wertebereich von $z \in Z^+$ der Raum $\mathbb{R}^q$ ist, muß $Z = \mathbb{R}^q$ sein. f_{t_0} definieren wir folgendermaßen. Es sei $x \in X^+$ und $z(t)$ für alle $t \in [t_0, \infty)$ eine Lösung der Differentialgleichung (4.6) für dieses x und den Anfangswert $z(t_0)$. Dann wird f_{t_0} definiert durch

$$z(t) = f_{t_0}\left(z(t_0),\ \nabla^{t_0} x_{(t_0,t]}\right) \tag{4.8}$$

für alle $z(t_0) \in Z$, $\nabla^{t_0} x_{(t_0,t]} \in X$. f_{t_0} ordnet also einer beliebigen Situation $(z_0, p) \in Z \times X$ denjenigen Zustand zu, der sich als Lösung der Differentialgleichung (4.6) im Zeitpunkt t einstellt, wenn zum Zeitpunkt $t_0 < t$ der Zustand z_0 besteht und eine Funktion $x \in X^+$ auftritt, die im Intervall $(t_0, t]$ mit der in dieses Intervall verschobenen Funktion p übereinstimmt bzw. für die gilt: $\nabla^{t_0} x_{(t_0,t]} = p$. Für $t = t_0$ ist natürlich $p = e$ und voraussetzungsgemäß $z(t) = z(t_0)$. Also gilt $f_{t_0}(z, e) = z$, d. h., f_{t_0} besitzt die Eigenschaft (1.19.b).

Die Gültigkeit von (1.19.c) läßt sich wie folgt zeigen. Wenn $z(t)$ bei $x \in X^+$, $z_0 = z(t_0)$ Lösung von (4.6) für alle $t \in [t_0, \infty)$ ist, so auch bei demselben x, aber $z_0' = z(t')$, für alle $t \in [t', \infty)$ mit $t' > t_0$. Aus der Definition (4.8) folgt:

$$\begin{aligned} z(t) &= f_{t_0}\left(z(t_0),\ \nabla^{t_0} x_{(t_0,t]}\right) \\ &= f_{t'}\left(z(t'),\ \nabla^{t'} x_{(t',t]}\right) \\ z(t') &= f_{t_0}\left(z(t_0),\ \nabla^{t_0} x_{(t_0,t]}\right). \end{aligned}$$

Also ist:

$$f_{t_0}\left(z(t_0),\ \nabla^{t_0} x_{(t_0,t]}\right) = f_{t'}\left(f_{t_0}\left(z(t_0),\ \nabla^{t_0} x_{(t_0,t']}\right),\ \nabla^{t'} x_{(t',t]}\right).$$

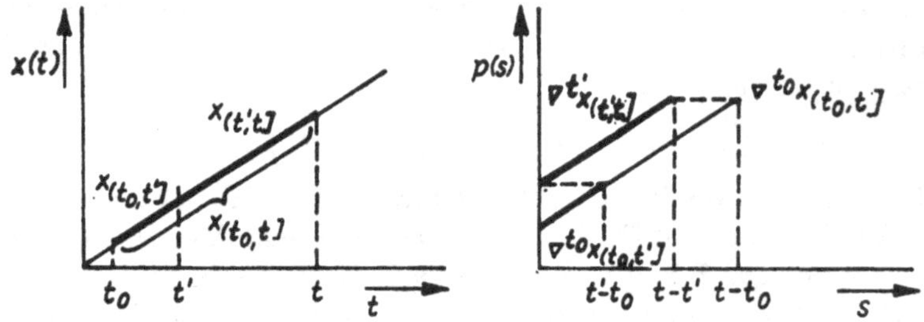

Abb. 4.1. Zusammenhang zwischen $x \in X^+$ und $p \in X$

Es ist nun aber $\nabla^{t_0} x_{(t_0,t]} = \nabla^{t_0} x_{(t_0,t']}\ \nabla^{t'} x_{(t',t']}$ (vgl. Abb. 4.1.), und demnach ist (1.19.c) auch erfüllt.

Damit ist das allgemeine dynamische System bis auf die Ausgangsgrößen festgelegt. Man kann es nun dabei belassen und hat ein Quasisystem vorliegen, oder man ergänzt es zum Medvedev-System nach (1.29). Dann ist es beschrieben durch $S = \left(\mathbb{R}^m, X, \mathbb{R}^q, Y, \mathbb{R}^q, (f_{t_0})_{t_0 \in T^+}, (g_{t_0})_{t_0 \in T^+}\right)$, wobei für alle $t_0 \in T^+$ (4.8) gilt und für alle $t_0 \in T^+$, $s \in D(p)$, $z \in Z$, $p \in X$,

$$g_{t_0}(z, p)(s) = f_{t_0}(z, p_{(0,s]}) \tag{4.9}$$

ist. Außerdem ist $X = v(X^+)$, und die Funktionen $y \in Y$ sind durch (4.9) definiert, Y selbst ist einfach die Menge dieser Funktionen. Auf den Nachweis der Gültigkeit der Gleichungen (1.19.f, g) verzichten wir. Es ist offensichtlich, daß sie nachweisbar sein muß. Die Eigenschaft (1.19.e) muß zusätzlich eingeführt werden, weil nach (4.9) für $s = 0$ gilt: $f_{t_0}(z, e) = z = g_{t_0}(z, e)(0)$, was im Widerspruch zu (1.19.e) steht.

Im folgenden zeigen wir die Anwendung des Dekompositionssatzes 2.12. auf zeitinvariante, lineare Differentialsysteme, bei denen die Gleichungen (4.2.) bekanntlich die folgende Gestalt annehmen:

$$\frac{\mathrm{d}z(t)}{\mathrm{d}t} = Az(t) + Bx(t), \tag{4.10.a}$$

$$y(t) = Cz(t) + Dx(t). \tag{4.10.b}$$

In solchen Systemen ist die Zustandsmenge Z ein Euklidischer Raum, jeder Zustand $z \in Z$ ein Vektor dieses Raums. Wir benötigen jetzt die Begriffe *lineare Äquivalenzrelation* und *lineare Quasikongruenzrelation*. Eine Äquivalenzrelation R in der Menge Z ist eine lineare Äquivalenzrelation, wenn für beliebige (z, z'), (z_1, z_1') $(z_2, z_2') \in Z$ und für beliebige λ aus einem Körper K gilt:

$$(z_1, z_1') \in \mathsf{R} \wedge (z_2, z_2') \in \mathsf{R} \Leftrightarrow (z_1 + z_2, z_1' + z_2') \in \mathsf{R} \tag{4.11.a}$$

$$(z, z') \in \mathsf{R} \Leftrightarrow (\lambda z, \lambda z') \in \mathsf{R}. \tag{4.11.b}$$

Eine lineare Äquivalenzrelation in Z ist genau dann eine lineare Quasikongruenzrelation in S, wenn sie eine Quasikongruenzrelation in S ist. Es lassen sich damit folgende Sätze formulieren.

Satz 4.2. Seien S ein (zeitinvariantes) lineares allgemeines dynamisches System und R eine lineare Äquivalenzrelation in Z. Sei $[0]_{\mathsf{R}}$ die Klasse aller zum Nullzustand äquivalenten Zustände mod R:

$$[0]_{\mathsf{R}} := \left\{z \in Z \mid z \overset{\mathsf{R}}{\sim} 0\right\}. \tag{4.12}$$

Dann gilt:

a) $$(z, z') \in \mathsf{R} \Rightarrow (z - z') \in [0]_{\mathsf{R}} \tag{4.13.a}$$

b) $[0]_{\mathsf{R}}$ ist ein Unterraum Z_0 von Z. (4.13.b)

Beweis. Wir beweisen zunächst (4.13. a). Z ist Träger eines linearen Raumes bzw. einfach der lineare Raum. Deshalb ist mit $z \in Z$ auch $-z \in Z$. Weil $(-z', -z') \in \mathsf{R}$ für beliebige $z' \in Z$ gilt, folgt aus $(z, z') \in \mathsf{R}$ und $(-z', -z') \in \mathsf{R}$ auch $\big((z - z'), (z' - z')\big) \in \mathsf{R}$ und somit $(z - z') \overset{\mathsf{R}}{\sim} 0$. Also gilt: $(z, z') \in \mathsf{R} \Rightarrow (z - z') \in [0]_{\mathsf{R}}$. Andererseits folgt aus $(z - z') \overset{\mathsf{R}}{\sim} 0$ sofort $(z - z') \overset{\mathsf{R}}{\sim} (z' - z')$ und damit wegen der Linearitätseigenschaft von R: $(z, z') \in \mathsf{R} \wedge (-z', -z') \in \mathsf{R}$, also auch $(z, z') \in \mathsf{R}$.

Zum Beweis von (4.13. b) muß gezeigt werden, daß $[0]_{\mathsf{R}}$ folgende Eigenschaften besitzt:

a) $\quad z, z' \in [0]_{\mathsf{R}} \Rightarrow z + z' \in [0]_{\mathsf{R}},$

b) $\quad z \in [0]_{\mathsf{R}} \wedge \lambda \in K \Rightarrow \lambda z \in [0]_{\mathsf{R}}.$

Die Eigenschaft a) ergibt sich aus

$$z \overset{\mathsf{R}}{\sim} 0 \wedge z' \overset{\mathsf{R}}{\sim} 0 \to (z + z') \overset{\mathsf{R}}{\sim} 0 \Rightarrow (z + z') \in [0]_{\mathsf{R}}.$$

Die Eigenschaft b) folgt aus

$$z \overset{\mathsf{R}}{\sim} 0 \Rightarrow \lambda z \overset{\mathsf{R}}{\sim} \lambda 0 \Rightarrow \lambda z \in [0]_{\mathsf{R}}.$$

Damit ist Satz 4.2. bewiesen.

Folgerung 4.1. Sei R eine lineare Äquivalenzrelation in der Zustandsmenge eines linearen allgemeinen dynamischen Systems. Dann sind alle Vektoren einer Äquivalenzklasse untereinander kongruent mod Z_0, und Vektoren aus verschiedenen Äquivalenzklassen sind inkongruent mod Z_0.

Diese Schlußfolgerung folgt unmittelbar aus Satz 4.2. Kongruent modulo des Unterraums Z_0 von Z werden zwei Vektoren $z, z' \in Z$ dann genannt, wenn $(z - z') \in Z_0$ ist (vgl. Gantmacher [1], S. 167). Nun gilt nach Satz 4.2. für alle Zustände einer Äquivalenzklasse, daß ihre paarweise gebildete Differenz Element des Unterraums Z_0 ist. Da alle Zustände von Z zugleich Vektoren eines linearen Raumes sind, ergibt sich daraus die Folgerung 4.1.

Für *kongruente Vektoren* $z, z' \in Z$ mod Z_0 schreiben wir $z \overset{Z_0}{\equiv} z'$, oder $z \equiv z'$ mod Z_0. Sie besitzen folgende Eigenschaften (Gantmacher [1], S. 168):

a) $\quad z_1 \overset{Z_0}{\equiv} z_1' \quad z_2 \overset{Z_0}{\equiv} z_2' \Rightarrow z_1 + z_2 \overset{Z_0}{\equiv} z_1' + z_2',$ (4.14.a)

b) $\quad z \overset{Z_0}{\equiv} z' \Rightarrow \lambda z \overset{Z_0}{\equiv} \lambda z' \quad (\lambda \in K).$ (4.14.b)

Es ist offensichtlich, daß durch kongruente Zustände mod Z_0 eine lineare Äquivalenzrelation in Z definiert wird. In jeder ihrer Äquivalenzklassen $[z]_{\mathsf{R}}$

liegen die mod Z_0 kongruenten Vektoren aus Z:

$$[z]_R = \{z' \in Z \mid (z' - z) \in [0]_R\}.$$

Die Klasse $[0]_R$ ist natürlich selbst eine dieser Klassen, nämlich die Klasse aller zum Nullvektor kongruenten Vektoren. Die Vektoren der Klasse $[z]_R$ lassen sich in der Form $z' = z_0 + z$ mit $z_0 \in [0]_R$, $z \in [z]_R$ darstellen.

Satz 4.3. Seien S ein (zeitinvariantes) lineares allgemeines dynamisches System mit den Eigenschaften (4.1) und R eine lineare Äquivalenzrelation in der Zustandsmenge Z von S. R ist dann und nur dann eine lineare Quasikongruenzrelation in S, wenn der von $[0]_R$ gebildete Unterraum Z_0 von Z Φ-invariant ist, wobei Φ die Fundamentalmatrix des Systems ist.

Beweis. Wir bemerken zunächst, daß die Lösung von (4.10.a) folgendermaßen gegeben ist (vgl. z. B. Reinisch [1], S. 41, Unbehauen [1], S. 48f.):

$$z(t) = e^{A(t-t_0)}z(t_0) + \int_{t_0}^{t} e^{A(t-\tau)}Bx(\tau)\,d\tau. \tag{4.15}$$

Der Raum Z_0 aller zum Nullvektor kongruenten Vektoren aus Z wird Φ-invariant genannt, wenn alle Vektoren aus Z_0 durch den der Fundamentalmatrix $\Phi = e^{A(t-t_0)}$ zugeordneten Operator in Vektoren aus Z_0 abgebildet werden. Ein solches System überführt in freier Bewegung, d. h., wenn das Eingangssignal für alle t Null ist, einen in Z_0 liegenden Anfangszustand für beliebige $t > t_0$ in einen ebenfalls in Z_0 liegenden Zustand. Wir führen jetzt den Beweis durch.

1. R sei eine lineare Quasikongruenzrelation in S. Es wird bewiesen, daß Z_0 Φ-invariant ist. Sei $z'(t_0), z(t_0) \in [z]_R$ mit $[z]_R \neq [0]_R$ und $z_0(t_0) \in [0]_R$. Wir nehmen an, daß $x(\tau) \equiv 0$ für alle $\tau \in [t_0, t)$. $z(t), z'(t)$ sollen die Folgezustände von $z(t_0)$ bzw. $z'(t_0)$ sein. Dann ist

$$\begin{aligned} z'(t) - z(t) &= \Phi(t - t_0)\big(z'(t_0) - z(t_0)\big) && \text{(wegen (4.15))} \\ &= \Phi(t - t_0)\big(z_0(t_0)\big) && \text{(wegen } z'(t_0) = z_0(t_0) + z(t_0)) \\ &= z_0(t). \end{aligned}$$

Voraussetzungsgemäß ist $\big(z'(t_0), z(t_0)\big) \in$ R und R eine Quasikongruenzrelation. Also gilt auch $\big(z'(t), z(t)\big) \in$ R. Da R auch lineare Quasikongruenzrelation ist, gilt so mit $z'(t) - z(t) \in [0]_R$ und demnach ist $z_0(t) \in [0]_R$, d. h., der Folgezustand von $z_0(t_0) \in [0]_R$ liegt wieder im Unterraum Z_0 der zum Nullzustand kongruenten Vektoren. Z_0 ist also Φ-invariant.

2. Z_0 sei Φ-invariant. Wir zeigen, daß R eine Quasikongruenzrelation ist.

Es muß gezeigt werden, daß für beliebige $p \in X$ gilt:

$$z - z' \in [0]_R \Rightarrow \big(f(z, p) - f(z', p)\big) \in [0]_R .$$

Wegen der vorausgesetzten Φ-Invarianz des Unterraumes Z_0 ist $f(z - z', \mathbf{0}) \in [0]_R$ bei $(z - z') \in [0]_R$. $\mathbf{0}$ bezeichnet ein beliebiges Nulleingangssignal. Mit $p - p = \mathbf{0}$ folgt:

$$\begin{aligned} f(z, p) - f(z', p) &= f(z - z', p - p) \qquad \text{(wegen 1.52.g)} \\ &= f(z - z', \mathbf{0}) \in [0]_R . \end{aligned}$$

Damit ist Satz 4.3. vollständig bewiesen.

Satz 4.4. Sei S ein (zeitinvariantes) lineares allgemeines dynamisches System mit den Eigenschaften (4.1). Der von $[0]_R$ gebildete Unterraum Z_0 des Zustandsraums Z ist genau dann Φ-invariant, wenn er A-invariant ist, d. h., wenn für beliebige $t \in T$ gilt:

$$z(t) \in Z_0 \Rightarrow Az(t) \in Z_0 .$$

A bezeichnet hierbei die Systemmatrix des Systems.

Beweis. 1. Z_0 sei Φ-invariant. Dann ist mit $z(t_0) \in Z_0$ auch $z(t) = \Phi(t - t_0) \times z(t_0) \in Z_0$ für beliebige t. Durch Differentiation erhält man

$$\frac{\mathrm{d}z(t)}{\mathrm{d}t} = \frac{\mathrm{d}\Phi(t - t_0)}{\mathrm{d}t} z(t_0) .$$

Wenn der Unterraum Z_0 bez. des durch $\frac{\mathrm{d}\Phi(t - t_0)}{\mathrm{d}t}$ definierten Operators invariant ist, dann ist $\frac{\mathrm{d}z(t)}{\mathrm{d}t} \in Z_0$, falls $z(t_0) \in Z_0$ ist. Wegen $\frac{\mathrm{d}z(t)}{\mathrm{d}t} = Az(t)$ und $z(t) \in Z_0$ ist dann also Z_0 auch A-invariant. Die Invarianz von Z_0 mod $\frac{\mathrm{d}\Phi(t - t_0)}{\mathrm{d}t}$ ergibt sich aber aus folgendem. Wegen der Φ-Invarianz des Z_0 besitzt Φ bei geeigneter Basiswahl des Zustandsraums die Gestalt

$$\Phi = \begin{pmatrix} \Phi_1 & \Phi_3 \\ 0 & \Phi_2 \end{pmatrix} . \tag{4.16}$$

Hierin ist Φ_1 eine (l, l)-Matrix, wenn Z_0 ein l-dimensionaler Unterraum von Z ist. Φ_3 ist eine $(l, q - l)$-Matrix (q ist die Dimension des Raums Z), Φ_2 eine $(q - l, q - l)$-Matrix, und 0 ist eine Nullmatrix vom Typ $(q - l, l)$. Die Invarianz des Unterraumes Z_0 findet ihren Ausdruck darin, daß der vierte Block links unten eine Nullmatrix ist (vgl. Gantmacher [1], S. 175). Aus (4.16) folgt wegen

$$\frac{\mathrm{d}\Phi(t-t_0)}{\mathrm{d}t} = \begin{pmatrix} \frac{\mathrm{d}\Phi_1(t-t_0)}{\mathrm{d}t} & \frac{\mathrm{d}\Phi_3(t-t_0)}{\mathrm{d}t} \\ 0 & \frac{\mathrm{d}\Phi_2(t-t_0)}{\mathrm{d}t} \end{pmatrix}$$

die Invarianz des Z_0 bez. des durch $\frac{\mathrm{d}\Phi}{\mathrm{d}t}$ definierten Operators und somit auch seine A-Invarianz.

2. Z_0 sei A-invariant. Es ist

$$\Phi(t-t_0) = \mathrm{e}^{A(t-t_0)} = E + A(t-t_0) + A^2 \frac{(t-t_0)^2}{2!} + \cdots. \tag{4.17}$$

Die Konvergenz dieser Reihe kann für jede quadratische Matrix A und jedes endliche t gezeigt werden (vgl. Smirnow [1], S. 271, Unbehauen [1], S. 48). Mit (4.17) ist

$$z(t) = \Phi(t-t_0)\, z(t_0) = Ez(t_0) + (t-t_0)\, Az(t_0) + \frac{(t-t_0)^2}{2!} A^2 z(t_0) + \cdots$$

Wegen der A-Invarianz des Z_0 ist jedes Glied dieser Reihe ein Vektor aus Z_0, sofern $z(t_0) \in Z_0$ ist. Die Konvergenz dieser Reihe folgt aus der Existenz und Eindeutigkeit der Lösungen von $\frac{\mathrm{d}z(t)}{\mathrm{d}t} = Az(t)$ (vgl. Smirnow [1], S. 376). Folglich ist $z(t) \in Z_0$ bei $z(t_0) \in Z_0$, und somit ist der Unterraum Z_0 auch Φ-invariant, wenn er A-invariant ist. Damit ist Satz 4.4. vollständig bewiesen.

Die Anwendung des Dekompositionssatzes 2.12. erfordert also zunächst die Festlegung eines A-invarianten Unterraums. Dann läßt sich eine Kongruenz mod Z_0 definieren. Nach Satz 4.3. und Satz 4.4. ist damit zugleich eine Quasikongruenzrelation R gefunden. Die durch sie induzierte Zerlegung von Z entspricht der Menge von Klassen kongruenter Zustandsvektoren. Jede solche Klasse ist eine Äquivalenzklasse mod R. Die Vektoren des Unterraums Z_0 bilden dabei die Äquivalenzklasse $[0]_{\mathsf{R}}$. Die Zustandsmenge Z/R des zugehörigen Faktorsystems ist gleich der Menge dieser Äquivalenzklassen, und für die Dimension des entsprechenden Vektorraumes gilt (vgl. Kuhnert [1], S. 81): $\dim Z/\mathsf{R} = \dim Z - \dim [0]_{\mathsf{R}}$.

Das für die Dekomposition benötigte Faktorsystem ist durch (2.38) festgelegt. Ein solches System ist, wie die Gleichungen (2.38) zeigen, ein Medwedew-System (vgl. Definition 1.6.6), das wir jetzt einfach als Quasisystem schreiben (Definition 1.6.4): $\tilde{S} = (A, X, Z/\mathsf{R}, T, \tilde{f})$. R ist hierbei die durch Definition des A-invarianten Unterraumes Z_0 und der darauf definierten Kongruenz festgelegte Quasikongruenzrelation in S bzw. Äquivalenzrelation in Z. $\tilde{f}$ ist nach (2.38.b) gegeben durch: $\tilde{f}([z]_{\mathsf{R}}, p) = [f(z, p)]_{\mathsf{R}}$. Wir definieren nun ein Z-isomorphes Quasisystem $QS = (A, X, Z_1, T, f_1)$ mit einer Zustandsmenge Z_1, die Auswahlmenge der Faktormenge Z/R und Teilmenge von Z ist:

$$Z_1 \subseteqq Z \wedge (\forall\ [z]_{\mathsf{R}} \in Z/\mathsf{R}) \big(\exists !! z_1 \in (Z_1 \cap [z]_{\mathsf{R}})\big).$$

($\exists !!$ bedeutet: »Es existiert genau ein«.) Von der Menge Z_1 fordern wir weiter, daß sie ein zum Z_0 orthogonaler Unterraum von Z ist. In einem Euklidischen Raum ist das möglich (GANTMACHER [1], S. 229). Es existiert also eine Auswahlfunktion $\varphi\colon Z/\mathsf{R} \to Z$ mit $D(\varphi) = Z/\mathsf{R} \wedge (\forall\ [z]_{\mathsf{R}} \in Z/\mathsf{R}) \big(\varphi([z]_{\mathsf{R}}) \in [z]_{\mathsf{R}}\big)$. Von φ fordern wir noch, daß $\varphi([0]_{\mathsf{R}}) = 0$ ist, d. h., daß φ aus der Menge $[0]_{\mathsf{R}}$ das Nullelement auswählt. f_1 wird folgendermaßen definiert:

$$f_1\big(\varphi([z]_{\mathsf{R}}), p\big) = \varphi\big([f(z, p)]_{\mathsf{R}}\big) \quad (p \in X). \tag{4.18}$$

φ ist damit ein Z-Isomorphismus von $\tilde{S}$ auf QS, denn die Isomorphismusbedingung $\varphi\big(\tilde{f}([z]_{\mathsf{R}}, p)\big) = f_1\big(\varphi([z]_{\mathsf{R}}), p\big)$ ist erfüllt. Die linke Seite ist nämlich mit $\tilde{f}([z]_{\mathsf{R}}, p) = [f(z, p)]_{\mathsf{R}} : \varphi\big([f(z, p)]_{\mathsf{R}}\big)$.

Man kann nun Q wieder zu einem Medwedew-System erweitern: $S_1 = (A, X, Z_1, Y_1, Z_1, T, f_1, g_1)$ mit

$$Y_1 \subseteqq \mathscr{W}(T, Z_1), \tag{4.19.a}$$

$$g_1(z_1, p)\,(s) = f_1(z_1, p_{(0,s]}) \tag{4.19.b}$$

für alle $s \in D(p)$ und $p \in X$. Es ist offensichtlich, daß die Dimension des Zustandsraumes Z_1 mit der des Faktorraumes Z/R übereinstimmt, so daß $\dim Z_1 = \dim Z - \dim Z_0$ gilt.

Wir betrachten nun wieder das Ursprungssystem S mit seinem Zustandsraum Z. Dieser Raum kann als direkte Summe des A-invarianten Unterraumes Z_0 und des orthogonalen Komplementes Z_k dargestellt werden: $Z = Z_0 \oplus Z_k$. Für alle $z \in Z$ gilt: $z = z_0 + z_k$ mit $z_k \perp z_0$ und $z_0 \in Z_0$. Beide Räume Z_0, Z_k besitzen Orthonormalbasen, da sie endlichdimensionale Vektorräume sind (GANTMACHER [1], S. 242). Dann ergibt die Summe dieser Basen eine Basis des Raumes Z (KUHNERT [1], S. 85). Die der Wahl dieser Basis entsprechende und zur Systemmatrix A äquivalente Matrix bezeichnen wir mit P. Von ihr kann vorausgesagt werden, daß sie folgende Gestalt hat:

$$P = \begin{pmatrix} P_1 & P_3 \\ 0 & P_2 \end{pmatrix}. \tag{4.20}$$

Hierin ist P_1 eine (l, l)-Matrix, wenn dim $Z_0 = l$ ist. P_3 ist eine $(l; q - l)$-Matrix, wenn dim $Z = q$ ist. P_2 ist eine $(q - l, q - l)$-Matrix und 0 eine Nullmatrix vom Typ $(q - l, l)$. Da die Elemente der k-ten Spalte der Matrix P mit den Koordinaten des transformierten k-ten Basisvektors des Raumes Z übereinstimmen und dieser transformierte Basisvektor im Unterraum Z_0 liegt, falls $k < l$ ist, weil es sich dann um einen transformierten Basisvektor des Unterraumes Z_0 handelt, der wegen der A-Invarianz des Z_0 wieder im Z_0 liegen muß, müssen die letzten $q - l$ Koordinaten dieses Vektors Null sein. Daher die Nullmatrix links unten in P.

Um P zu bestimmen, gehen wir von der Annahme aus, daß die Basis des Zustandsraums bekannt ist, bei der dem zugrunde liegenden Operator die Systemmatrix A entspricht. Die gleiche Annahme setzen wir für die Basis voraus, die sich als Summe der Orthonormalbasen von Z_0 und Z_1 ergibt. Dann gilt für die gesuchte Matrix (GANTMACHER [1], S. 62f.):

$$P = T^{-1}AT. \tag{4.21}$$

Hierin ist T eine Transformationsmatrix, welche die Koordinaten eines Vektors in der alten Basis durch seine Koordinaten in der neuen Basis ausdrückt. Ihre k-te Spalte enthält die Koordinaten des k-ten Basisvektors der neuen Basis, die er in der alten Basis besitzt. T ist bekannt, wenn die Koordinaten der Vektoren der einen Basis in bezug auf die andere Basis gegeben sind. Das haben wir aber vorausgesetzt. Seien $e_1^*, \ldots, e_q^*$ die Basisvektoren der alten Basis und $e_1, \ldots, e_q$ die der neuen aus den Orthonormalbasen von Z_0 und Z_k entstandenen Basis. Dann ist (GANTMACHER [1], S. 56):

$$\begin{array}{l} e_1 = t_{11}e_1^* + \cdots + t_{q1}^*e_q^* \\ \text{-----------------} \\ e_q = t_{1q}e_1^* + \cdots + t_{qq}e_q^* \end{array}.$$

Die »alten« Koordinaten eines Vektors erhält man aus seinen »neuen« durch die Beziehung

$$\begin{pmatrix} z_1^* \\ \vdots \\ z_q^* \end{pmatrix} = \begin{pmatrix} t_{11} & \cdots & t_{1q} \\ \vdots & & \vdots \\ t_{q1} & \cdots & t_{qq} \end{pmatrix} \begin{pmatrix} z_1 \\ \vdots \\ z_q \end{pmatrix}. \tag{4.22}$$

T ist also die folgende Matrix

$$T = \begin{pmatrix} t_{11} & \cdots & t_{1q} \\ \vdots & & \vdots \\ t_{q1} & \cdots & t_{qq} \end{pmatrix}. \tag{4.23}$$

Aus (4.10.a) erhält man nun mit (4.22) und (4.21) die allgemeine Darstellung der Systemgleichungen in folgender Gestalt:

$$\frac{dz_0(t)}{dt} = P_1 z_0(t) + P_3 z_1(t) + Q_1 x(t), \tag{4.24.a}$$

$$\frac{dz_1(t)}{dt} = P_2 z_1(t) + Q_2(t), \tag{4.24.b}$$

$$y(t) = V_1 z_0(t) + V_2 z_1(t) + Dx(t) \tag{4.24.c}$$

mit $z_0(t) \in Z_0$, $z_1(t) \in Z_k$. Die Matrizen Q_1, Q_2 bzw. V_1, V_2 erhält man aus $T^{-1}B$ bzw. CT. Q_1 enthält die ersten l Zeilen der Matrix $T^{-1}B$, Q_2 deren Zeilen von $l + 1$ bis q. V_1 enthält die ersten l Spalten von CT, V_2 die letzten $q - l$ Spalten davon. Dabei ist angenommen, daß $\dim Z_0 = l$ ist.

Aus (4.24) können nun auch unmittelbar die Systemgleichungen des zum Faktorsystem von S isomorphen Systems S_1 abgeleitet werden. Sie sind gegeben durch

$$\frac{dz_1(t)}{dt} = P_2 z_1(t) + Q_2 x(t), \tag{4.25.a}$$

$$y_1(t) = z_1(t) \tag{4.25.b}$$

mit $z_1(t) \in Z_k$, $x(t) \in A$. Dabei ist Z_k der Zustandsraum von S_1, also mit Z_1 aus der Beschreibung (4.19) identisch.

Die Richtigkeit dieser Aussage kann man folgendermaßen einsehen. Es muß (4.18) erfüllt sein. Diese Gleichung kann aber folgendermaßen interpretiert werden. Wenn durch die Auswahlfunktion φ ein bestimmter Zustand ausgewählt worden ist, dann muß die Überführungsfunktion f_1 des Systems S_1 diesen Zustand bei Einwirkung einer beliebigen Eingangsgröße p in einen neuen Zustand überführen, der gerade dem Auswahlzustand aus der Menge derjenigen Zustände gleich ist, die dem Folgezustand äquivalent mod R sind, in den das System S einen Zustand aus $[z]_\mathsf{R}$ bei Einwirkung der gleichen Eingangsgröße p überführt. Da wir φ so bestimmt haben, daß es aus jeder Äquivalenzklasse $[z]_\mathsf{R} = [(z_0, z_1)]_\mathsf{R}$ gerade den zum A-invarianten Unterraum Z_0 orthogonalen Zustand z_1 auswählt, ist $Z_1 = Z_k$ und (4.18) erfüllt, wenn $f(z_0, z_1, p)$ kongruent $f_1(z_1, p)$ mod Z_0 ist, d. h., wenn $\big(f(z_0, z_1, p) - f_1(z_1, p)\big) \in Z_0$ für beliebige $z_0 \in Z_0$, $p \in X$, erfüllt ist.

Es sei $\bar{z} = (\bar{z}_0, \bar{z}_1)$ eine Lösung von (4.24) für eine beliebige Eingangsfunktion $x \in X^+$ des Differentialsystems mit $\bar{z}_0 \in Z_0$, $\bar{z}_1 \in Z_k$, und z_1^* sei eine Lösung von (4.25.a) für die gleiche Eingangsfunktion. Für die Anfangszustände gelte, daß

S_1 sich im Zustand z_{10}, S sich im Zustand $z_a = (z_{00}, z_{10})$ befunden hat. Dann muß für beliebige t sein

$$\tilde{z}(t) - z_1^*(t) \in Z_0$$

und somit $\tilde{z}_1(t) = z_1^*(t)$. Daß dies erfüllt ist, kann aber leicht eingesehen werden. Wie der Vergleich der Differentialgleichungen (4.24.b) und (4.25.a) zeigt, ist die Lösung $z_1^*(t)$ bei gleichen Anfangszuständen identisch mit dem Lösungsanteil $\tilde{z}_1(t)$ der Lösung $\tilde{z}(t)$ von (4.24). Demnach ist $\tilde{z}(t) - \tilde{z}_1^*(t) = \tilde{z}(t) - \tilde{z}_1(t)$ ein Vektor in Z_0. $\big(f(z_0, z_1, p) - f_1(z_1, p)\big) \in Z_0$ ist also erfüllt, und S_1 ist mit den Gleichungen (4.25) das gesuchte isomorphe System.

Für die Paralleldekomposition wird nun noch ein zweites System $S_2 = (A, X, Z_2, Y_2, Z_2, T, f_2, g_2)$ benötigt, das isomorph zu einem zweiten Faktorsystem S/R_2 mod einer zweiten Quasikongruenzrelation R_2 in S ist. Die Dekomposition ist überhaupt nur dann möglich, wenn diese zweite Relation existiert. Dazu muß ein zweiter A-invarianter Unterraum existieren, auf dem sich dann wieder eine Kongruenz, die zugehörige Zerlegung in Äquivalenzklassen und schließlich das System S_2 definieren lassen. Es wird beschrieben durch

$$\frac{dz_2(t)}{dt} = \tilde{P}_2 z_2(t) + \tilde{Q}_2 x(t), \tag{4.26.a}$$

$$y_2(t) = z_2(t). \tag{4.26.b}$$

$\tilde{P}_2$, $\tilde{Q}_2$ werden analog zu P_2, Q_2 bestimmt. Nach Satz 2.12. ist die Parallelkomposition von S_1 und S_2 eine parallele Dekomposition des ursprünglichen Systems S. Im Satz 2.12. ist diese Aussage zwar für die Faktorsysteme S/R_1, S/R_2 getroffen worden, doch gilt sie natürlich auch für die dazu isomorphen Systeme S_1, S_2. Allerdings ist nach Satz 2.12. noch zu fordern, daß $\emptyset \neq (\mathsf{R}_1 \cap \mathsf{R}_2) \subseteqq \mathsf{R}_0$ ist, wobei R_0 eine Äquivalenzrelation ist, die äquivalente Zustände im Sinne der Definition 1.13. einander zuordnet. Der folgende Satz sagt aus, unter welchen Bedingungen diese Forderung erfüllt ist.

Satz 4.5. Gegeben seien ein (zeitinvariantes) lineares allgemeines dynamisches System S, das den Bedingungen (4.1) genügt und zwei Quasikongruenzrelationen R_1, R_2 in der Zustandsmenge Z von S. Dann ist $\emptyset \neq (\mathsf{R}_1 \cap \mathsf{R}_2) \subseteqq \mathsf{R}_0$ mit der Kongruenzrelation R_0 dann erfüllt, wenn

a) R_1 durch eine Zerlegung des Zustandsraums Z in Klassen kongruenter Vektoren modulo eines A-invarianten Unterraumes Z_{01} und R_2 durch eine Zerlegung des Z in Klassen kongruenter Vektoren modulo eines ebenfalls A-invarianten Unterraumes Z_{02} induziert ist;

b) der Durchschnitt $[z]_{R_1} \cap [z']_{R_2}$ zweier beliebiger Klassen kongruenter Vektoren $[z]_{R_1} \in Z/R_1$ und $[z']_{R_2} \in Z/R_2$ nicht leer ist;
c) Z_{01} und Z_{02} nur den Nullvektor gemeinsam haben.

Beweis. Zunächst ist klar, daß die mod Z_{01} bzw. Z_{02} kongruenten Vektoren Klassen bilden und damit jeweils eine Zerlegung der Zustandsmenge Z fixieren, durch die eine Äquivalenzrelation R_1 bzw. R_2 definiert ist. Wegen der A-Invarianz der Räume Z_{01}, Z_{02} sind diese Äquivalenzrelationen aber sogar Quasikongruenzrelationen, wie im Beweis von Satz 4.3. bereits gezeigt wurde. Wir weisen nun nach, daß $(R_1 \cap R_2) = \{(z, z) \mid z \in Z\}$ ist. Wenn das der Fall ist, dann ist $(R_1 \cap R_2) \subseteqq R_0$ mit $(R_1 \cap R_2) \neq \emptyset$, wie man sofort sieht. $(R_1 \cap R_2) = \{(z, z) \mid z \in Z\}$ ist erfüllt, wenn für beliebige $[z]_{R_1} \in Z/R_1$ und $[z']_{R_2} \in Z/R_2$ gilt

$$[z]_{R_1} \cap [z']_{R_2} = \{z''\}. \tag{4.27}$$

Der Durchschnitt zweier linearer Mannigfaltigkeiten eines Vektorraums ist entweder leer oder wieder eine lineare Mannigfaltigkeit (Bosek [1], S. 30). Nach Bedingung b von Satz 4.5. ist der Durchschnitt der Mannigfaltigkeiten $[z]_{R_1}$, $[z']_{R_2}$ nicht leer. z'' sei ein Vektor aus $[z]_{R_1} \cap [z']_{R_2}$. Wegen $[z]_{R_1} = [0]_{R_1} + z$ und $[z']_{R_2} = [0]_{R_2} + z'$ ist folglich

$$z'' = z_{01} + z = z_{02} + z' \tag{4.28}$$

mit $z_{01} \in [0]_{R_1}$, $z_{02} \in [0]_{R_2}$. Andererseits gilt nach einem Satz über lineare Mannigfaltigkeiten (vgl. Bosek [1], S. 28) mit $z'' \in [z]_{R_1}$ und $z'' \in [z']_{R_2}$ auch

$$[z]_{R_1} = [0]_{R_1} + z'',$$

$$[z']_{R_2} = [0]_{R_2} + z''.$$

Mit (4.28) ist also ein Vektor z^* genau dann ein Element des Durchschnitts $[z]_{R_1} \cap [z]_{R_2}$, wenn ein $z_0 \in [0]_{R_1} \cap [0]_{R_2}$ existiert, so daß $z^* = z_0 + z''$ gilt. Daraus folgt

$$[z]_{R_1} \cap [z']_{R_2} = ([0]_{R_1} \cap [0]_{R_2}) + z''.$$

Wegen der Voraussetzung, daß $[0]_{R_1} \cap [0]_{R_2}$ nur den Nullvektor enthält (Bedingung c von Satz 4.5), besitzt der Durchschnitt $[z]_{R_1} \cap [z']_{R_2}$ zweier beliebiger Klassen kongruenter Vektoren $[z]_{R_1} \in Z/R_1$, $[z']_{R_2} \in Z/R_2$ immer genau einen Vektor. Damit ist (4.27) erfüllt, und demnach sind auch die Bedingungen $(R_1 \cap R_2) \subseteqq R_0$, $(R_1 \cap R_2) \neq \emptyset$ erfüllt, und Satz 4.5. ist bewiesen.

Man muß also bei der Wahl der beiden für die Dekomposition erforderlichen A-invarianten Unterräume sichern, daß sie nur den Nullvektor gemeinsam haben und daß die darauf definierten Äquivalenzklassen beider Zerlegungen Bedingung b des Satzes 4.5. erfüllen. Dann wird die gesuchte Dekomposition $S_1 \| S_2$ des durch (4.10) beschriebenen Systems S durch folgende kanonische Darstellung repräsentiert:

$$\frac{dz_1(t)}{dt} = P_2 z_1(t) + Q_2 x(t), \tag{4.29.a}$$

$$\frac{dz_2(t)}{dt} = \tilde{P}_2 z_2(t) + \tilde{Q}_2 x(t), \tag{4.29.b}$$

$$y(t) = \begin{pmatrix} z_1(t) \\ z_2(t) \end{pmatrix}. \tag{4.29.c}$$

Wir wollen abschließend nun noch einige Bemerkungen zur Anwendung auf *schwach strukturierte Systeme* machen. Es wurde bereits gesagt, daß damit Systeme gemeint sind, bei denen die klassischen Methoden nicht anwendbar sind oder bei denen eine komplette analytische Beschreibung wegen der Komplexität des Gesamtsystems nicht möglich ist. In diesen Fällen werden gegenwärtig *Objektmodelle* erarbeitet, die ganz auf den jeweiligen Anwendungszweck zugeschnitten sind, i. allg. aber nicht auf gesicherte Erkenntnisse über zugrunde liegende Systemmodelle zurückgreifen können. Mitunter wird die Notwendigkeit des Studiums solcher Systemmodelle auch einfach verneint. Natürlich kann und will die hier vorgestellte Theorie allgemeiner dynamischer Systeme keinen Anspruch darauf erheben, für die angesprochenen Systemprobleme eine fertige systemtheoretische Grundlage zu sein. Aber sie kann doch vielleicht Anregungen in dieser Richtung geben und auf die Entwicklung befruchtend einwirken. Auf alle Fälle liefert sie aber begriffliche Grundlagen als »Handwerkszeug«.

Die Modellierung eines komplexen Systems wird immer ein schrittweises Vorgehen erfordern, bei dem iterativ ein dem vorgegebenen Verwendungszweck angepaßtes Modell hervorgebracht wird. Die Literatur zur sogenannten Systemanalyse bietet zahlreiche Beispiele dafür (vgl. z. B. SYDOW [1]). Sie zeigt auch, daß auf diesem Wege ebensowohl komplexe analytische Modelle entstehen, die im nächsten Schritt Modellvereinfachungen und Dimensionsreduzierungen erfordern, wie auch Modelle, die ganz oder teilweise qualitativer Natur sind, aber dennoch formalsprachliche Darstellungen von Systemzusammenhängen repräsentieren und den Ansatzpunkt für weiterführende Modellierungen von Teilzusammenhängen bieten, die dann natürlich auch quantitative Untersuchungen erlauben, z. B. auf dem Wege der Simulation. Mitunter sind die quantitativen Teilmodelle auch schon implizit im Gesamtmodell enthalten. Es gibt zahlreiche Abstufungen und Nuancierungen auf diesem Gebiet, so daß eine Klassifizierung oder Ordnung nach bestimmten Gesichtspunkten schwierig ist und unseres Erachtens bisher auch nicht durchgeführt wurde.

Bei der auftretenden Fülle von Objektmodellen unterschiedlicher Genres ist es ziemlich fraglich, ob es eine allgemeine Methode der Modellierung geben kann oder überhaupt nur jeweils eine bestimmte Methode. Auswahl und Festlegung der Modellstruktur sind im konkreten Fall keineswegs eindeutig. Die Anwendung der hier vorgestellten theoretischen Grundlage bietet aber dort, wo ihre Voraussetzungen zutreffen, wenigstens eine allgemeine Orientierung für die Vorgehensweise und gibt auch Empfehlungen für sinnvolle Modelluntersuchungen. Natürlich müssen die grundlegenden Voraussetzungen übereinstimmen. Das bedeutet vor allem, daß eine deterministische Beschreibung möglich sein muß, denn die Theorie geht von dieser Grundannahme aus. Damit ist ihr Anwendungsbereich z. B. im Falle sog. großer Systeme sicher eingeschränkt, denn dort wird man häufig mit nicht-deterministischen Methoden arbeiten müssen. Jedoch weist die Literatur andererseits auch aus, daß der deterministische Ansatz dennoch einen beachtlichen Anwendungsbereich besitzt. Dafür finden sich in der Fachliteratur zahlreiche Beispiele, insbesondere in den Veröffentlichungen zu bedeutenden Konferenzen zur Systemanalyse, Modellierung und Simulation (vgl. Atherton [1], Marchuk [1], Sydow [1], Modes [1]). Auch existieren bei großen Systemen Modelle gemischter Struktur, bei denen Wechselbeziehungen teils stochastisch, teils deterministisch beschrieben werden und die somit einen partiellen Einsatz der Theorie allgemeiner dynamischer Systeme ermöglichen.

In welcher Weise die Anwendung erfolgt, das hängt vom konkreten Einzelfall und seinen Umständen ab, also z. B. davon, ob ein tatsächlich existierendes System modelliert werden soll, beispielsweise ein komplizierter technologischer Prozeß o. ä., der in seiner Struktur gegeben ist, oder ob ein Modell gesucht wird, mit dessen Hilfe Strukturvarianten oder Steuerstrategien u. dgl. simuliert werden können, oder ob ein Projektierungs- bzw. Systementwurfsprozeß modelliert werden soll u. a. m. Es hängt weiter davon ab, welche Aufgaben das Modell hat, ob es das Globalverhalten eines Systems beschreiben soll oder den Einfluß äußerer Einwirkungen auf die Systemelemente oder die innere Organisation der Systemzusammenhänge usw. Je nachdem werden unterschiedliche Ansatzpunkte für die Modellierung auftreten. Der systemtheoretische Leitfaden bleibt dabei weitgehend gleich und kann die Orientierung für das im einzelnen unterschiedliche Vorgehen abgeben. Folgende Schritte sollten aus systemtheoretischer Sicht gegangen werden.

I. Fall: Modellierung eines Globalverhaltens.

1. Aufstellung des Modells. Dieser Schritt muß die Variablenmenge der in die Betrachtung einzubeziehenden wesentlichen Variablen des Systems festlegen und die jeder Variablen zugeordnete Menge ihrer möglichen Werte. Weiter muß er die Unterscheidung von Eingangs-, Ausgangs- und Zustandsgrößen ermöglichen. Danach können die Mengen A, B, Z gebildet werden, nämlich als Teilmengen der Kreuzprodukte, die aus den Wertemengen der in Frage kommenden Variablen aufgebaut werden. Können keine Zustandsgrößen erkannt werden, so muß die weitere Modellierungsstrategie auf die Gewinnung einer Systemabbildung im Sinne von Definition 1.20. gerichtet sein, aus der dann ein allgemeines dynamisches System durch Realisierung gewonnen werden kann. Im ersten Schritt sind weiter die Funktionenmengen X, Y festzulegen. Dies wird häufig nach mathematischer Zweckmäßigkeit getan, wenn der Spielraum dazu gegeben ist. Wesentlich ist, daß die in diesen Mengen erklärte Verkettungsoperation tatsächlich auch für das Modell gesichert wird, was sicherlich nicht immer einfach sein wird. Außerdem muß hier natürlich auch die Entscheidung über die zu verwendende Zeitmenge getroffen werden. Es schließt sich hieran die Ermittlung der Abbildungen f_t, g_t bzw. φ_t an, wobei es immer erstrebenswert ist, zeitinvariante Verhältnisse wenigstens näherungsweise einzuführen, wenn es irgendwie vertretbar ist. Die Abbildungen werden im Falle schwach strukturierter Systeme häufig nicht analytisch gegeben sein, sondern algorithmisch in der Weise, daß Algorithmen existieren, die einem Eingangssignal und einem Anfangszustand das Ausgangssignal und den neuen Zustand zuordnen. Diese Algorithmen müssen allerdings so aufgebaut sein, daß sie die Systemeigenschaften aus Definition 1.19. verwirklichen bzw. die Bedingungen (1.108.a, b). Nur dann besitzt das Modell die Eigenschaften eines allgemeinen dynamischen Systems bzw. einer Systemabbildung. Das gilt auch bei Anwendung des Dateienkonzepts (vgl. Peschel [1], S. 83f.), bei dem einfach alle beobachteten Ursache-Wirkungszusammenhänge zur Grundlage der Speicherung der Abbildungen genommen werden. Selbstverständlich wird man bei allen bisher behandelten Teilschritten versuchen, mögliche zusätzliche mathematische Strukturierungen der Mengen und Abbildungen einzuführen, wenn es sinnvoll erscheint. Das ist besonders auch für die Realisierung einer Systemabbildung durch ein allgemeines dynamisches System wünschenswert, weil für die Anwendung der Realisierungssätze noch konstruktive Verfahren entwickelt werden müssen. Jedenfalls liegt am Ende des ersten Schrittes ein Modell vor, das die Eigenschaften eines allgemeinen dynamischen Systems besitzt. Wir geben nochmals zusammengefaßt die Teilschritte an, die je nach der Kompliziertheit des konkreten Falles mehrfach iterativ durchlaufen werden müssen.

Aufstellung der Variablenmenge

↓

Bestimmung der Wertemengen der Variablen

↓

Klassifizierung der Variablen

↓

Festlegung der Mengen A, B, Z
Festlegung der Funktionenmengen für Ein- und Ausgangsfunktionen

↓		↓
Ermittlung der Abbildungen f_t, g_t		Ermittlung der Systemabbildungen
↓		↓
$S = (A, X, B, Y, Z, T, F, G)$	←	Realisierung der Systemabbildungen

Bei diesem Vorgehen gibt es eine prinzipielle Schwierigkeit dann, wenn es nicht gelingt, f_t und g_t auf der ganzen Situationenmenge $Z \times X$ zu definieren, da die in dieser Arbeit vorgestellte Theorie von dieser Annahme ausgeht. Sicherlich lassen sich einige ihrer Aussagen auch auf partielle Systeme übertragen, also auf solche, bei denen f_t und g_t auf Teilmengen von $Z \times X$ definiert sind, aber gewiß nicht alle. Man wird also versuchen, ein partielles System zu einem vollständig bestimmten System zu erweitern, notfalls durch fiktive Annahmen für die unbekannten Situationen.

2. *Untersuchung von Modelleigenschaften.* Aus systemtheoretischer Sicht kann die eigentliche Modellierungsphase noch nicht mit der im ersten Schritt erfolgten Ausarbeitung eines Modells als abgeschlossen angesehen werden. Ganz abgesehen davon, daß die praktische Überprüfung des Modells noch zu erfolgen hat, die u. U. erneute iterative Veränderungen nach sich ziehen wird, geht es vor allem auch darum, gewisse allgemeine Eigenschaften zu untersuchen, die für weitere Modellierungsschritte bedeutungsvoll sind. Das betrifft vor allem Eigenschaften der Zustandsmenge bzw. des Zustandsraums. Die dabei zunächst wohl wichtigste Frage ist die, ob die Zustandsmenge reduziert ist oder nicht, denn daraus folgt sofort die Orientierung für die weitere Behandlung des Modells. Die Untersuchungen dazu werden zweckmäßigerweise zugleich die Feststellung der eventuellen charakteristischen Anfangszustände des Systems einbeziehen, die Beobachtbarkeit und Steuerbarkeit, bzw. ob es zusammenhängend, stark zusammenhängend ist, welches die erzeugende Zustandsmenge und was der Kern des Systems ist. Dazu können die betreffenden im 1. Kapitel formulierten Sätze und Folgerungen verwendet werden, je nachdem, wie das am zweckmäßigsten ist, also z. B. die Sätze 1.3., 1.14., 1.15., 1.16.,

1.17. und die Folgerungen 1.2., 1.17.—1.19., 1.30—1.33. Diese Aussagen geben die Richtung der durchführbaren Untersuchungen an und sagen etwas aus über die Existenz der Lösungen.

3. Zustandsreduktion und Modellvereinfachung. In diesem Schritt geht es darum, das zuerst gefundene Modell des Systems auf der Grundlage der im zweiten Schritt gewonnenen Erkenntnisse zu vereinfachen. Das bedeutet die Durchführung einer vollständigen oder partiellen Zustandsreduktion, wenn es nicht zustandsreduziert ist, und die Vereinfachung des Modells, wenn es reduziert ist. Dazu können die im Abschnitt 1.3. formulierten Aussagen eingesetzt werden bzw. weitere daraus abgeleitete Verfahren, die von eventuell vorhandenen zusätzlichen mathematischen Strukturen Gebrauch machen. Dies erfordert dann allerdings die Konkretisierung der Aussagen für die jeweils vorliegenden speziellen Systemklassen. Und die im Abschnitt 4 dargelegte Konkretisierung des Satzes über Paralleldekomposition auf lineare Differentialsysteme zeigt ja, wie kompliziert das sein kann. Am Ende des dritten Schrittes liegt dann jedenfalls ein Modell des Systems vor, das zustandsreduziert oder in wohlbestimmter Weise vereinfacht oder beides ist. Es kann unmittelbar der praktischen Testung und Verwendung zugeführt werden, oder es kann sich ein weiterer Schritt anschließen.

4. Suche nach geeigneteren Modellen und nach Dekompositionsmöglichkeiten. Da das reduzierte System nur bis auf Isomorphie festgelegt ist (Sätze 1.15., 1.16., Folgerung 1.18.), kann es isomorph auf ein äquivalentes System abgebildet werden (Folgerung 1.13.), das eventuell eine günstigere mathematische Beschreibung erlaubt. Die Eigenschaft der Steuerbarkeit bleibt dabei erhalten (Satz 1.11). Ebenso werden die Kerne aufeinander abgebildet (Satz 1.12), so daß man diesbezüglich keine neuen Untersuchungen anstellen muß. Natürlich bleibt auch die Beobachtbarkeit erhalten. Das ergibt sich aus Folgerung 1.30. und der Isomorphiebeziehung. Wünschenswert wäre es, Isomorphie- bzw. Homomorphiebeziehungen zwischen Systemen mit unterschiedlicher Zeitmenge zu kennen, um die Simulation zeitkontinuierlicher Systeme durch zeitdiskrete zu ermöglichen und Veränderungen des Zeitmaßstabes der Dynamik. Hierzu wurden in der vorliegenden Arbeit keine Untersuchungen angestellt. Man findet Ansätze dazu in der Simulationstheorie, in deren Bereich man an dieser Stelle eintritt (vgl. Gerhardt [1], Schwarze [1], Gerhardt/Schwarze [1], Schwarze/Gerhardt [1], Kindler [1] u. a.). Eine begriffliche Grundlage ist auch in Locke [6], S. 99ff. gegeben.

Eine weitere Möglichkeit, das Modell handhabbarer zu gestalten, besteht in seiner Dekomposition nach einem der Dekompositionssätze aus Abschnitt 2.4. (Sätze 2.12., 2.14.). Da diese Sätze nicht von der Existenz einer »natürlichen« Zerlegung nach Zustandsvariablen ausgehen, die unabhängig voneinander gesteuert werden können, sind sie auch universell anwendbar und erhalten dadurch ihren besonderen Wert. Sie ermöglichen also die Dekomposition ganz allgemein, auch wenn keine verdeckte Parallel- oder Serienstruktur vorliegt, die es »nur« aufzuklären gilt. Das Problem der Dekomposition besteht im allgemeinen Fall in der geeigneten Wahl der in den Sätzen 2.12. und 2.14. auftretenden Relationen R_1, R_2. Dabei kann von der Eigenschaft der Verbandsstruktur Gebrauch gemacht werden und vor allem davon, daß mit zwei Relationen R_1, R_2, die Quasikongruenzrelationen sind, auch $R_1 \cdot R_2$ und $R_1 + R_2$ ebenfalls Quasikongruenzrelationen sind, was die Konstruktion weiterer Relationen aus zwei anfänglich gefundenen ermöglicht. Sicherlich wird man hier aber auch zusätzliche Kenntnisse über Verbände hinzuziehen, die die mathematische Literatur bereithält. Aus der Definition der Dekomposition (vgl. 2.8.) folgt, daß ein Teilsystem von ihr isomorph zum Ursprungssystem ist, das wir ja als reduziertes System entwickelt haben. Folglich ist dieses Teilsystem auch steuerbar bzw. zusammenhängend, wenn das für das Originalsystem zutrifft. Außerdem ist es vollständig beobachtbar.

Die Modellierung schwach strukturierter Systeme wird nun allerdings häufig nicht auf ein globales Modell gerichtet sein, das dann vielleicht dekomponiert wird, sondern auf die Modellierung eines aus mehreren Systemelementen aufgebauten Gesamtsystems. In unserer systemtheoretischen Sprache wird es also oft um die Modellierung von Systemkompositionen bzw. Netzen allgemeiner dynamischer Systeme gehen.

II. Fall: Modellierung von Netzen bzw. Kompositionen.

Diese Modellierung schließt die im ersten Fall dargelegte Modellierung in sich ein, nämlich bezogen auf das Globalverhalten der Systemelemente, das für die Untersuchung des Netzwerkes benötigt wird. Hier ist dies aber nur Teil eines umfangreicheren Modellierungsprozesses, der ja zusätzlich das Wechselspiel der Elemente wesentlich zu erfassen sucht bzw. das daraus resultierende Gesamtverhalten des Systems. Folgende Schritte müssen gegangen werden, wobei wir hier allerdings nur eine Beschreibung in den Grundzügen angeben wollen, wie schon im ersten Fall.

1. Aufstellung eines Grobmodells. Dieses Modell muß in geeigneter Weise Informationen über die externen Eingangs- und Ausgangsvariablen, über die zu berücksichtigenden Systemelemente und über Relationen zwischen den Variablen, zwischen externen Eingangsvariablen und Systemelementen sowie zwischen den Systemelementen enthalten. Diese Phase der Modellierung erfolgt i. allg. heuristisch unter Verwendung aller erfaßbaren relevanten theoretischen und auch experimentellen Kenntnisse, und sie verläuft ebenfalls in mehreren Iterationsschritten, die mehr von der Kunst der Modellbauer geprägt werden als von streng wissenschaftlichen Prinzipien. Es werden dazu umfangreiche wissenschaftliche Kenntnisse benötigt und auch ein vielfältiges methodisches Werkzeug, aber die Art und Weise der Auswahl, der Verknüpfung usw. erfolgt heuristisch. Dafür bietet unsere Theorie keine relevanten Mittel an.

2. *Umformung des Grobmodells auf der Basis eines Systemkonzepts.* Dieser zweite Schritt betrifft die mögliche Qualifizierung des ersten Modells zu einem solchen, das systemtheoretisch abgesichert ist bzw. diese Möglichkeit bietet. In der Praxis wird darauf oft verzichtet. Das ist deswegen bedauerlich und mitunter wohl auch fahrlässig, weil dabei die unterliegenden Annahmen und Voraussetzungen sowie daraus resultierende Grundeigenschaften zumeist unklar bleiben, gelegentlich einfach auch übersehen werden usw., so daß die mit einem solchen Modell erhaltenen Aussagen dann auch nicht unbedingt sichere Erkenntnisse liefern. Solange es dabei nur um Analyse geht, mag das noch angehen. Werden daraus aber Maßnahmen abgeleitet, sei es zur Steuerung oder zu strukturellen Veränderungen u. dgl., dann können im ungünstigsten Falle doch recht schwerwiegende Fehler vorkommen. Es ist deshalb sicherlich richtiger, das Modell auf ein Systemkonzept zu gründen, und d. h. eben, es in eine entsprechende Form zu bringen bzw. es so weiterzuentwickeln, daß dies möglich wird. Bei Anwendung der Theorie allgemeiner dynamischer Systeme bedeutet dies folgendes.

a) Aufstellung eines Netzwerkmodells. Das Hauptproblem besteht in der Aufdeckung der Kopplungen zwischen den Systemelementen. Die Beziehungen der Systemelemente realisieren sich über Kopplunggen von Eingangsgrößen eines Elementes mit Ausgangsgrößen eines anderen, die den Netzwerksaxiomen gehorchen müssen. Es muß deshalb festgestellt werden, welche Eingangsgrößen jedes Systemelementes mit welchen Ausgangsgrößen anderer Elemente übereinstimmen, welche Ausgangsgrößen des betrachteten Elements zugleich Eingangsgrößen anderer Elemente sind und ob diese Kopplungen zulässig im Sinne der Netzwerksaxiome sind. Nun kann es sein, daß einige der im Grobmodell enthaltenen Relationen direkte Informationen darüber enthalten, so daß daraus unmittelbar Kopplungen abgeleitet werden können. Aber andererseits werden diese Relationen häufig Beziehungen ausdrücken, die nicht unmittelbar die Kopplungsstruktur aufdecken, sondern allgemeine Aussagen zum Inhalt haben, beispielsweise über Hierarchiebeziehungen zwischen Elementen oder über Effekte von Umwelteinwirkungen auf Elemente u. dgl. In diesem Falle ist die Ermittlung der unterliegenden Kopplungsstruktur deswegen wesentlich komplizierter, weil sie die Einbeziehung anderer Systemelemente erfordern kann, ja sogar die Erfassung neuer Elemente, über die sich die betrachteten Relationen realisieren, oder weil die Hinzunahme neuer Variabler in die Variablenmengen von Elementen erforderlich ist usw. Die Herausarbeitung der Kopplungsstruktur muß ergänzt werden von der Untersuchung bzw. Sicherstellung der Kopplungsbedingungen zur Erfüllung der Netzwerksaxiome. Dies kann aber u. U. nur iterativ und im Gefolge der Ermittlung der lokalen Netzwerksbeschreibung erfolgen, vor allem dann, wenn unverzögerte Rückkopplungen auftreten oder wenn die Möglichkeit dazu besteht. Dann werden die Bedingungen der Definition 2.3. relevant, die sicherstellen, daß das Verhalten des rückgekoppelten Systems bzw. des Netzwerks mit internen Rückkopplungen eindeutig determiniert sind.

b) Ermittlung der Netzwerksbeschreibung. Diese Aufgabe impliziert die Festlegung der Mengen A, X, B, Y, Z, T der globalen Netzwerksbeschreibung, die Systembeschreibung der Systemelemente des Netzwerkes und die Ermittlung der Abbildungen f, g, k des Netzwerkes (vgl. Abschnitt 3.2.). A, X, B, Y, T und die Beschreibung der Systemelemente erfolgen so wie im Falle der Modellierung eines Globalverhaltens (vgl. Fall I). Die Zustandsmenge Z erhält man zunächst als Kreuzprodukt der Zustandsmengen der Systemelemente. f und g hängen mit k gemäß (3.2. b, c) zusammen. Die Ermittlung dieser Abbildungen tritt als eigentlich neue Aufgabe hinzu, die durch schrittweises Vorgehen gelöst werden muß. Dabei kann so vorgegangen werden, daß die Kopplungen zunächst aufgetrennt und dann schrittweise aufgebaut werden, wobei das dabei entstehende Globalverhalten nach dem im Beweis von Satz 3.1. verwendeten Verfahren bestimmt wird. Auf diesem Wege gelangt man zu einer Beschreibung von f und g, die die Struktur von (3.2. b, c) hat und der man $k_i(z_1, \ldots, z_N, p)$ für alle $i = 1, \ldots, N$ entnehmen kann, wobei $p \in X$ ist. Damit ist die Kompositionsfunktion $k = (k_1, \ldots, k_N)$ eindeutig festgelegt. Im Abschnitt 3.2. haben wir einige einfache Beispiele dafür angegeben. Dieses Vorgehen setzt allerdings voraus, daß die Kopplungsbedingungen aus Definition 2.3. erfüllt sind, vor allem auch die Bedingung (2.18. c) der rückwirkungsfreien Kopplung. Aber diese Absicherung kann nach Abarbeitung des Schrittes a) als gegeben angesehen werden.

Falls die Beschreibung der Systemelemente nicht in der hier angenommenen Weise vorliegt, sondern wegen einer möglichen reicheren mathematischen Strukturierung in einer kanonischen Darstellung, beispielsweise in Form von Differentialgleichungen, dann ändert sich natürlich auch die Beschreibung des gesamten Netzwerkes entsprechend. Wir haben dies hier nicht untersucht. Es bleibt eine Aufgabe der weiteren Anwendung dieser Theorie, und der Weg dahin wurde wenigstens angedeutet. Am prinzipiellen Vorgehen der Modellierung des Netzwerkes ändert sich dabei nichts.

3. Untersuchung des Netzwerks. Es können nun Untersuchungen zu den Eigenschaften des gefundenen Modells angeschlossen werden, die insbesondere Aufschluß über die Zustandsmenge des Netzwerks, seine Steuerbarkeit und

Beobachtbarkeit sowie die seiner Elemente und über die Existenz isomorpher Netzwerke zu geben vermögen. Dazu liefern die Aussagen der ersten drei Kapitel die Grundlage. Sie können entweder auf das gesamte Netzwerk oder Teile davon oder auch nur auf einzelne Systemelemente angewendet werden. Dabei kommt man u. U. zu einer weiteren Verfeinerung des Modells, z. B. hinsichtlich der Präzisierung der tatsächlichen Zustandsmenge des Netzwerks, oder zu einem vielleicht geeigneteren isomorphen Modell. Auch hier muß natürlich die Übereinstimmung des Modells mit der modellierten Wirklichkeit getestet werden, und eventuell müssen erforderliche Korrekturen durchgeführt werden, um sie herbeizuführen. Daran kann sich die eigentliche Untersuchung des modellierten Systems anschließen, also vor allem die Analyse seines dynamischen Verhaltens.

Die hier vorgetragenen Gedanken zur Anwendung der Theorie allgemeiner dynamischer Systeme auf Modellierungsprobleme vor allem schwach strukturierter Systeme sind als Anregungen und Orientierungen zu verstehen. Im Einzelfall wird man sie weiterentwickeln, konkretisieren und abwandeln müssen. Wenn das geschieht, kann man erwarten, am Ende ein Modell zu erhalten, das im Sinne der hier vorgestellten Theorie systemtheoretisch fundiert ist und damit die daraus resultierende Sicherheit bietet, und das außerdem auch unter den möglichen vergleichbaren Modellen in gewisser Weise die beste Variante darstellt.

5. Literaturverzeichnis

Alexandroff, P. S.
[1] Einführung in die Mengenlehre und die Theorie der reellen Funktionen. VEB Deutscher Verlag der Wissenschaften, Berlin 1956.

Anderson, B. D. O.
[1] A Control Theorist Looks at Abstract Nonsense. Proc. of the First Intern. Symposium on Category Theory Applied to Computation and Control, San Francisco, Febr. 25–26, 1974.

Anderson, B. D. O.; Arbib, M. A.; Manes, E. G.
[1] Foundations of System Theory: Finitary and Infinitary Conditions. Springer Verlag, Berlin, Heidelberg, New York 1976.

Arbib, M. A.
[1] Allgemeine Theorie abstrakter Automaten. Akademie-Verlag, Berlin 1973.
[2] Trend and Focus in Control. Automatica **12** (1976), 629–632.

Arbib, M. A.; Manes, E. G.
[1] Foundations of System Theory: Decomposable Systems. Automatica **10** (1974), 285–302.

Arbib, M. A.; Falb, P. L.; Kalman, R. E.
[1] Siehe Kalman/Falb/Arbib [1]

Asser, G.
[1] Grundbegriffe der Mathematik. VEB Deutscher Verlag der Wissenschaften, Berlin 1973.

Atherton, D. P.
[1] Multivariable Technological Systems. Proc. of the 4th Intern. Symposium on Multivariable Technological Systems, Fredericon, Canada, July 4–8, 1977; Pergamon Press, Oxford u. a.

Belavkin, V. P.
[1] General Statistical Systems Theory and its Application to the Control of Quantum Dynamical Objects. Systems Science VI, Intern. Conference on Systems Science, Wroclaw, Sept. 10–13, 1979.

Bertalanffy, L.
[1] General System Theory. Georg Braziller. New York, 1968.

[2] The Theory of Open Systems in Physics and Biology. Science, Vol. 111 (1950).
[3] General Systems Theory. General Systems, Yearbook of the Society for Advancement of General Systems Theory, Vol. I, 1956, 1–10.

BLOMBERG, H.
[1] On Set Theoretical and Algebraic Systems Theory – Part I. In: Advances in Cybernetics and Systems Research, Vol. I (Eds. PICHLER, F. and TRAPPL, R.), London, Transcripts Books, 1973.
[2] On Set Theoretical and Algebraic Systems Theory – Part II. Espoo 1972 (Unpublished Manuscript).

BLOMBERG, H.; YLINEN, R.
[1] Foundations of the Polynomial Theory for Linear Systems. Int. J. General Systems 1978, Vol. 4, 231–242.

BOSEK, H.
[1] Einführung in die Theorie der linearen Vektorräume. VEB Deutscher Verlag der Wissenschaften, Berlin 1967.

BROCKETT, R.
[1] Volterra Series and Geometric Control Theory. Automatica 12 (1976), 167–176.

BUSLENKO, N. P.
[1] Modellierung komplizierter Systeme. Verlag Die Wirtschaft, Berlin 1972.

CAVALLO, R. E.; PICHLER, F.
[1] General Systems Concepts for Process Control. In: Advances in Control (Eds. LAINIOTIS, D. G.; TANNES, N. S.), Reidel Publishing Company, Dordrecht, Boston, London 1980, 56–64.

D'ALLESANDRO, P.; ISIDOR, A.; RUBERTI, A.
[1] Realization and Structure Theory of Bilinear Dynamical Systems. SIAM J. Control, Vol. 12, No. 3, Aug. 1974, 517–535.

DAUSCHA, W.; NÜRNBERG, G.; STARKE, P. H.; WINKLER, K. D.
[1] Theorie der determinierten zeitvariablen Automaten. EIK 9 (1973), H. 7/8, 455 bis 511.

EILENBERG, S.
[1] Decomposition Theorems. In: Mathematical Systems Theory, Udine 1975 (Ed. Marchesini, G.), Springer, Berlin, Heidelberg, New York 1976.

FASOL, K. H.
[1] Theoretical Model Building and Simulation of Industrial Processes. Siehe SYDOW [1], 48–61.

FRAZHO, A. E.
[1] A Shift Operator Approach to Bilinear System Theory. SIAM J. Control and Optimization 18 (1980), No. 6, 640–658.

GANTMACHER, F. R.
[1] Matrizenrechnung I, II. VEB Deutscher Verlag der Wissenschaften, Berlin 1958 (Teil I), 1959 (Teil II).

GÉCSEG, F.; PEÁK, I.
[1] Algebraic Theory of Automata. Akadémiai Kiado, Budapest 1972.

GERHARDT, H.-D.
[1] The Beginning of a Mathematical Simulation Theory. Kybernetica 13 (1977), No. 5, 320—332.
GERHARDT, H.-D.; SCHWARZE, G.
[1] Zum Problem der Simulierbarkeit. ZfR-Informationen ZfR-C-76.20, Akademie der Wissenschaften der DDR, Zentrum für Rechentechnik, Berlin-Adlershof, 1976.
GLUSCHKOW, W. M.
[1] Theorie der abstrakten Automaten. VEB Deutscher Verlag der Wissenschaften, Berlin 1963.
GÖSSEL, M.
[1] Ein erweitertes Superpositionsprinzip für binäre Automaten. Messen-Steuern-Regeln, Berlin, 18 (1975), H. 4, S. 133ff.
[2] Binäre + und ≡ — superponierbare Automaten. Z. elektr. Inform.- und Energietechnik, Leipzig 6 (1976) 3, 225—235.
[3] Zur Modellierung binärer diskreter Systeme unter Verwendung verallgemeinerter Impulsantworten. ZKI-Informationen 2/1976, 6—9.
[4] Zur Verallgemeinerung der Theorie linearer Systeme. Nachrichtentechnik-Elektronik, Berlin 28 (1978), H. 1, 354.
[5] Zur Verallgemeinerung der Theorie linearer zeitdiskreter Systeme. Z. elektr. Inform.- u. Energietechnik, Leipzig 8 (1978) 6, 517—522.
GÖSSEL, M.; PÖSCHEL, R.
[1] On $\mathscr{L}$-linear Automata, their Characterization by a Superposition Principle and State Depending Modelling. Foundation of Control Engineering 1 (1976), No. 4, 223—234.
HALL, A. D.; FAGEN, R. E.
[1] Definition of System. In: General Systems, Yearbook of the Society for the Advancement of General Systems Theory, Vol. I, 1956, 18—28.
HARPER, T. R.; RUGH, W. J.
[1] Structural Features of Factorable Volterra Systems. IEEE Trans. on Aut. Control, Vol. AC-21, No. 6, Dec. 1976, 822—832.
HARTMANIS, J.; STEARNS, R. E.
[1] Algebraic Structure Theory of Sequential Machines. Prentice-Hall, Inc., Englewood Cliffs, N.J. 1966.
HERMES, H.
[1] On Local and Global Controllability. SIAM J. Control 12 (1974), 252—261.
HEYMANN, M.
[1] Structure and Realization Problems in the Theory of Dynamical Systems. Springer, Wien, New York 1975.
HOEHNKE, H. J.
[1] Algebraic Theories, Structural Synthesis and Complexity of Networks of Automata. Discrete Systems, Intern. Symposium, Riga, Sept. 30—Oct. 4, 1974.
IHLE, E.
[1] Ein an der Automatentheorie orientierter abstrakter Systembegriff und seine Be-

ziehungen zum »kausalen System« nach Windeknecht. Z. elektr. Inform.- u. Energietechnik, Leipzig **8** (1978) 6, 501–507.

IIJIMA, J.

[1] Some Considerations on Decomposition of a General System. Systems Science VII, Intern. Conference on Systems Science, Wroclaw, Sept. 15–18, 1981.

JACAK, W.; SIEROCKI, I.

[1] Complete Decomposition of General Dynamical Systems. Systems Science VII, Intern. Conference on Systems Science, Wroclaw, Sept. 15–18, 1981.

KALMAN, R. E.

[1] Algebraic Structure of Linear Dynamical Systems. Proc. Nat. Acad. Science (USA) **53** (1965 B), 1503–1508.

[2] New Developments in Systems Theory, relevant to Biology. In: Systems Theory and Biology, Springer, Berlin u. a. 1968

[3] On Structural Properties of Linear, Constant, Multivariable Systems. 3rd IFAC Congress, London 1968.

[4] Irreducible Realizations and the Degree of a Rational Matrix. SIAM J. Control **13** (1965 A), 520–544.

KALMAN, R. E.; FALB, P. L.; ARBIB, M. A.

[1] Topics in Mathematical Systems Theory. McGraw-Hill, New York 1967.

KÄNEL, S. v.

[1] Einführung in die Kybernetik für Ökonomen. Verlag Die Wirtschaft, Berlin 1972.

KINDLER, E.

[1] On the Way to Mathematical Theory of Simulation. EIK 1976, H. 10, 497–504.

KLAUA, D.

[1] Grundbegriffe der axiomatischen Mengenlehre, Teil 1. Akademie-Verlag, Berlin 1973.

[2] Allgemeine Mengenlehre, Bd. I. Akademie-Verlag, Berlin 1970.

KLIR, G.

[1] An Approach to General Systems Theory. Van Nostrand Reinhold Company, New York 1969.

[2] Trends in General Systems Theory. Wiley Interscience, New York 1972.

KOBRINSKI, N. E.; TRACHTENBROT, B. A.

[1] Einführung in die Theorie endlicher Automaten. Akademie-Verlag, Berlin 1967.

KUHNERT, F.

[1] Vorlesungen über lineare Algebra. VEB Deutscher Verlag der Wissenschaften, Berlin 1976.

LANGE, O.

[1] Ganzheit und Entwicklung in kybernetischer Sicht. Akademie-Verlag, Berlin 1966.

LIEPA, P. E.; WONHAM, W. M.

[1] Feedback Systems in a General Algebraic Setting. IEEE Trans. on Circuits and Systems, Vol. CAS-25, No. 9, Sept. 78, 728–740.

LOCKE, M.

[1] Entwicklungslinien der Systemtheorie. Wiss. Z. der TH Leipzig **1** (1977), H. 5, 331–338.

[2] Zur Homomorphie abstrakter Systeme. Z. elektr. Inform.- u. Energietechnik, Leipzig 8 (1978) 6, 482—486.

[3] Some Considerations on General Dynamical Systems. Systems Science V, Intern. Conference on Systems Science, Wroclaw, Sept. 10—13, 1978.

[4] Allgemeine dynamische Systeme — Ein Beitrag zur mathematischen Systemtheorie. Forschungsbericht WTB 69/79, TH Leipzig, Sektion Automatisierungsanlagen, 1979.

[5] Über eine Dekomposition stetiger, linearer Systeme. Wiss. Z. der TH Leipzig 5 (1981), H. 2, 65—76.

[6] Allgemeine dynamische Systeme — Probleme, Entwicklungsstand, Anwendungen. Nachrichtentechnik-Elektronik 31 (1981), H. 11, 461—465.

Locke, M.; Ihle, E.

[1] Ergebnisse der Formalisierung einiger grundlegender Begriffe sowie Aussagen über Äquivalenz, Reduktion und Eingabe-Ausgabe-Verhalten abstrakter Systeme. Forschungsbericht WTB 1/75 TH Leipzig, Sektion Automatisierungsanlagen, 1976.

[2] Einige Ergebnisse systemtheoretischer Untersuchungen an der Sektion Automatisierungsanlagen. Wiss. Berichte. TH Leipzig, 1976, H. 14, 11—26.

[3] Beitrag zur Theorie deterministischer Systeme. Forschungsbericht WTB 36/76, TH Leipzig, Sektion Automatisierungsanlagen, 1976.

[4] Über einige Grundlagen für eine allgemeine Theorie deterministischer Systeme. Z. elektr. Inform.- u. Energietechnik, Leipzig 8 (1978) 1, 51—60.

Locke, M.; Stegemann, K.; Ihle, E.

[1] Untersuchungsergebnisse zur Formalisierung, Dekomposition und Optimierung strukturierter Systeme. Forschungsbericht WTB 17/75, TH Leipzig, Sektion Automatisierungsanlagen, 1976.

Macko, D.

[1] General Systems Theory Approach to Multivariable Systems. Techn. Report SRC 106-A-67-44. Systems Research Centre, Case Western Reserve University, Cleveland (Ohio), 1967.

Manes, E. G.

[1] Category Theory Applied to Computation and Control (Ed.). Lecture Notes in Computer Science, Vol. 25, Springer, New York u. a. 1975.

Marchesini, G.; Mitter, S. K.

[1] Mathematical Systems Theory. Proc. of the Intern. Symposium Udine, Italy, June 16—27, 1975, Springer, Berlin u. a., 1976.

Marchuk, G. I.

[1] Modelling and Optimization of Complex Systems (Ed.). Proc. of the IFIP-TC 7 Working Conference, Novosibirsk, UdSSR, July 3—9, 1978, Springer, Berlin(West) u. a., 1979.

Massey, J. L.; Sain, M. K.

[1] Codes, Automata and Continuous Systems — Explicit Interconnections. IEEE Trans. on Aut. Control, Vol. AC-12, Dec. 1967, 644—650.

MATSUO, T.
[1] Realization Theory of Continuous-Time Dynamical Systems. Springer, Berlin (West), Heidelberg, New York 1981.
MESAROVIĆ, M. D.
[1] Towards the Development of a General Systems Theory. Neue Technik, Zürich, Vol. 5, No. 7 (1963), 370–377.
[2] Systems Theory and Biology. In: Systems Theory and Biology, Springer, Berlin (West) u. a. 1968, 59–87.
[3] Mathematical Theory of General Systems. In: Trends in General Systems Theory (Ed. G. Klir), Wiley Interscience, New York 1972, 251–269.
MESAROVIĆ, M. D.; ECKMAN, D. P.
[1] On Some Basic Concepts of the General Systems Theory. Proc. 3rd Intern. Congr. on Cybernetics, Namur 1961.
MESAROVIĆ, M. D.; TAKAHARA, Y.
[1] General Systems Theory: Mathematical Foundations. Academic Press, New York 1975.
Models
[1] Global and Large Scale Models. Proc. of the Centre for Advanced Studies Intern. Summer Seminar Dubrovnik, Yugoslavia, Aug. 12–26, 1978, Springer, Berlin (West) u. a. 1979.
NERODE, A.
[1] Linear Automaton Transformation. Proc. Amer. Math. Soc. **9**, 1958.
PESCHEL, M.
[1] Grundprinzipien der Modellbildung. Messen-Steuern-Regeln, Berlin **19** (1976), H. 11, 373ff.
[2] Modellbildung für Signale und Systeme. VEB Verlag Technik, Berlin 1978.
PESCHEL, M.; WUNSCH, G.
[1] Methoden und Prinzipien der Systemtheorie. VEB Verlag Technik, Berlin 1972.
PICHLER, F.
[1] Mathematische Systemtheorie. Walter de Gruyter, Berlin, New York 1975.
[2] General Systems Transformations. Systems Science VII, Intern. Conference on Systems Science, Wroclaw, Sept. 15–18, 1981.
PICHLER, F; OTTENDÖRFER, W.
[1] Decomposition of General Dynamical Systems. Systems Science V, Intern. Conference on Systems Science, Wroclaw, Sept. 12–15, 1978.
PUCHOV, G. J.
[1] Siehe SYDOW [1], S. 158.
REICHARDT, TH.
[1] Beitrag zur Entwicklung der Modellmethode als Hilfsmittel beim Entwurf von optimalen und suboptimalen Steuerungen für technologische Prozesse mit äußerer Prozeßinstationarität. Dissertationsschrift A, TH Leipzig, Sektion Automatisierungsanlagen, 1982.
REINISCH, K.
[1] Analyse und Synthese kontinuierlicher Steuerungssysteme. VEB Verlag Technik, Berlin 1979.

[2] Kybernetische Grundlagen und Beschreibung kontinuierlicher Systeme. VEB Verlag Technik, Berlin 1974.

SAIN, M.

[1] Introduction to Algebraic System Theory. Academic Press Inc., London 1981.

SCHWARZE, G.

[1] Digitale Modellierungs- und Simulationssysteme — Aufbau-Typen-Anwendungen. Mathematiker-Kongreß der DDR 1981, 28. 9.—2. 10. 1981, Leipzig.

[2] Towards Software for Modelling and Simulation. Siehe Sydow [1], 113—123.

SCHWARZE, G.; GERHARDT, H.-D.

[1] Siehe GERHARDT/SCHWARZE [1].

SMIRNOW, W.

[1] Lehrgang der höheren Mathematik, Teil III. 2. VEB Deutscher Verlag der Wissenschaften, Berlin 1959.

STARKE, P. H.

[1] Abstrakte Automaten. VEB Deutscher Verlag der Wissenschaften, Berlin 1969.

[2] Allgemeine Probleme und Methoden in der Automatentheorie. EIK 8 (1972) 8/9, 489—518.

STEINMÜLLER, K. H.; GÖSSEL, M.

[1] Über zeitkontinuierliche superponierbare Systeme. 11. Fachkolloquium Informationstechnik, Dresden 1978.

STOSCHEK, E.

[1] Angewandte Strukturtheorie. Akademie-Verlag, Berlin 1981.

STRAKA, G.

[1] A Strict Causal State Description of Input-Output-Systems. Universität Linz, Inst. f. Mathematik, Institutsbericht 78, März 1977.

[2] State-Space-Decomposition of General Dynamical Systems. Universität Linz, Inst. f. Mathematik, Institutsbericht 118, Sept. 1978.

SYDOW, A.

[1] Systems Analysis and Simulation 1980 (Hg.). Proc. of the Intern. Symp. held at Berlin (GDR), Sept. 1—5, 1980, Akademie-Verlag, Berlin 1980

[2] Mathematische Modellierung — eine aktuelle Aufgabe der Kybernetikforschung. Messen-Steuern-Regeln, Berlin 18 (1975), H. 9, S. 305.

[3] Mathematical and Simulation Models in Systems Analysis. Siehe SYDOW [1], 36—47.

TAKAHARA, Y.

[1] Category of Basic Linear Systems — A Category Theoretic Foundation of Linear Systems. Forschungsbericht, Tokyo Inst. of Technology, Nagatsuta, Yokohama, Japan, 1981

[2] Significances of Categorial Approach to Mathematical General Systems Theory. Forschungsbericht, Tokyo Inst. of Technology, Nagatsuta, Yokohama, Japan, 1981.

[3] Decomposability Conditions for General Systems. Forschungsbericht, Tokyo Inst. of Technology, Nagatsuta, Yokohama, Japan, 1981.

[4] A Characterization of Interactions. Forschungsbericht, Tokyo Inst. of Technology, Nagatsuta, Yokohama, Japan, 1980.

TANG, W; MICHEL, A. N.; HAK, H. W.
[1] On Structure and Stability of Interconnected Dynamical Systems IEEE Trans. on Circuits and Systems, 1980, Vol CAS-27, No. 5, 391—404.
Topics
[1] Topics in Systems Theory. Acta Polytechnica Scandinavica, Mathematics and Computer Science Series No. 31, Helsinki 1979.
UNBEHAUEN, R.
[1] Systemtheorie — Eine Einführung für Ingenieure. Akademie-Verlag, Berlin 1980.
WENZEL, V.; KNIJNENBURG, A.; MATTHÄUS, E.
[1] Simulation System Sonches. Siehe SYDOW [1], 410—414.
WINDEKECHT, T. G.
[1] Mathematical Systems Theory: Causality. In: Mathematical Systems Theory, Springer, New York 1967.
[2] General Dynamical Processes — A Mathematical Introduction. Academic Press, New York 1971.
[3] Concerning on Algebraic Theory of Systems. Proc. of the Conference on Computer and Systems Science, in: Systems and Computer Science, Toronto University Press, Toronto 1967.
WINTGEN, G.
[1] Zur mengentheoretischen Definition und Klassifizierung kybernetischer Systeme. Wiss. Z. Humboldt-Universität Berlin, Berlin 1968, H. 6, Gesellschafts- und Sprachwissenschaftliche Reihe, 867—885.
WUNSCH, G.
[1] Systemtheorie. Akademische Verlagsgesellschaft Geest & Portig, Leipzig 1975.
[2] Zellulare Systeme. Akademie-Verlag, Berlin 1977.
[3] Entwicklungstendenzen der Systemtheorie. Nachrichtentechnik-Elektronik **25** (1975), H. 1, 6—8, H. 2, 45—49.
[4] Algebraische Grundbegriffe. VEB Verlag Technik, Berlin 1970.
[5] Determinierte Prozesse — Zustandsdarstellung. Z. elektr. Inform.- u. Energietechnik Leipzig **11** (1981) 6, 483—500.
WYMORE, A. W.
[1] A Mathematical Theory of Systems Engineering — The Elements. J. Wiley and Sons, Inc., New York u. a. 1967.
[2] A Wattled Theory of Systems. In: Trends in General Systems Theory (Ed. Klir), Wiley, New York u. a. 1972.
[3] The Tricotyledon Theory of System Design. In: MANES [1].
YLINEN, R.; RUUTH, S.; SINERVO, J.
[1] On Set Theoretical and Algebraic Theory for Linear Differential and Difference Systems. In: TOPICS [1], 150—167.
ZANDER, H. J.
[1] Entwurf von Folgeschaltungen. VEB Verlag Technik, Berlin 1974.
ZEMANIAN, A. H.
[1] Realizability Theory of Continuous Linear Systems. Academic Press, New York, London 1972.

6. Sachwortverzeichnis

LUDOVIC LEBART
ALAIN MORINEAU
JEAN PIERRE FÉNELON

Statistische Datenanalyse

Methoden und Programme
Übersetzung aus dem Französischen
Herausgegeben von OLAF BUNKE

1984. 188 Seiten — 29 Abbildungen — 15 Tabellen — 14,5 × 21,5 cm — EVP DDR 19,50 M
Bestell-Nr. 7632566
Bestellwort: Lebart u. a. 6777

Die Autoren stellen einen Komplex von Methoden zur Analyse großer Datenmengen vor, die in letzter Zeit von Ingenieuren und Wissenschaftlern der verschiedensten Gebiete erfolgreich angewendet wurden. Sie geben eine Einführung in die Hauptkomponenten-, die Korrelations-, die Faktor-, die Kanonische, die Diskriminanz- und die Clusteranalyse sowie in die „analyse des correspondances".

NORBERT AHLBEHRENDT
VOLKER KEMPE

Analyse stochastischer Systeme

— nichtlineare dynamische Systeme —
(Informatik — Kybernetik — Rechentechnik)

1983. 334 Seiten — 37 Abbildungen — 7 Tabellen — 17 × 24 cm — Lederin
EVP DDR 58,— DM; Ausland 68,— DM
Bestell-Nr. 7631221
Bestellwort: Ahlbehrendt/Kempe 6714

In systematischer Weise werden moderne Methoden zur Analyse stochastischer Systeme dargelegt, deren Eingangs- und Ausgangsbeziehungen durch nichtlineare Differentialgleichungen beschrieben werden. In einem vergleichenden Überblick werden anhand mehrerer gleicher Beispiele die Leistungsfähigkeit und der Schwierigkeitsgrad der einzelnen Methoden erläutert, die helfen sollen, ein dem Problem angepaßtes Analyseverfahren zu finden. Einige neue Ergebnisse werden hier erstmals publiziert.

Bitte richten Sie Ihre Bestellungen an eine Buchhandlung

AKADEMIE-VERLAG · BERLIN
DDR-1086 Berlin, Leipziger Straße 3—4

FSC
www.fsc.org
MIX
Papier | Fördert
gute Waldnutzung
FSC® C083411

Zeitfracht Medien GmbH
Ferdinand-Jühlke-Straße 7
99095 Erfurt, Deutschland
produktsicherheit@kolibri360.de